普通高等教育"十一五"国家级规划教材

汽车营销

第3版

主 编 杨立君 苑玉凤
副主编 姚丽萍 魏仁干 周恩德
参 编 王秀丽 王 苑 毛 帅
　　　 殷元星 刘昕雨

机械工业出版社

本书第 2 版被教育部评为"普通高等教育'十一五'国家级规划教材"。第 3 版在维持第 2 版主体结构基本不变的前提下，对内容进行了更新、补充与改进。本书的主要内容有：汽车营销概述、汽车市场竞争、汽车购买行为分析、汽车市场调研与预测、汽车目标市场、汽车产品策略、汽车定价策略、汽车分销策略、汽车促销策略、汽车服务营销和汽车营销创新。每章的引导案例和讨论案例均选自近年来我国企业的汽车营销实践，具有很强的可读性与实用性。

本书可作为普通高等学校管理类和汽车类各专业的教科书，也可作为 MBA 和 MEM 的教材，还可供从事汽车设计、生产、营销及服务的人员参考。

图书在版编目（CIP）数据

汽车营销 / 杨立君, 苑玉凤主编. — 3 版. — 北京：机械工业出版社，2019.4（2024.9重印）

普通高等教育"十一五"国家级规划教材

ISBN 978-7-111-62157-7

Ⅰ.①汽… Ⅱ.①杨…②苑… Ⅲ.①汽车—市场营销学—高等学校—教材 Ⅳ.①F766

中国版本图书馆CIP数据核字（2019）第038681号

机械工业出版社（北京市百万庄大街22号 邮政编码100037）
策划编辑：冯春生 责任编辑：冯春生 何 洋
责任校对：杜雨霏 封面设计：张 静
责任印制：邓 博
北京盛通印刷股份有限公司印刷
2024年9月第3版第10次印刷
184mm×260mm·17印张·421千字
标准书号：ISBN 978-7-111-62157-7
定价：43.00元

凡购本书，如有缺页、倒页、脱页，由本社发行部调换

电话服务 网络服务
服务咨询热线：010-88379833 机 工 官 网：www.cmpbook.com
读者购书热线：010-68326294 机 工 官 博：weibo.com/cmp1952
教育服务网：www.cmpedu.com
封面无防伪标均为盗版 金 书 网：www.golden-book.com

前 言

随着我国经济步入新常态，我国汽车工业也在经历了十多年的井喷式增长之后，进入了结构调整和转型升级的新阶段。《中国制造2025》的深入实施以及"一带一路"倡议的稳步推进，为我国汽车工业的发展带来了新机遇。同时，世界各大汽车巨头通过加大在华投资或加大新车投放力度，继续抢占我国汽车市场，从而加剧了我国汽车市场的竞争，使汽车市场营销发生了新变化。

为了及时反映汽车营销的最新理论成果，更好地适应我国汽车市场的新变化与新特点，应机械工业出版社的要求，并根据读者的反馈意见，我们对2010年出版的《汽车营销》（第2版）进行了修订。本次修订主要体现在以下四个方面：

1）在保持第2版教材主体结构基本不变的前提下，对部分章节的结构进行了微调。第1章增加了"1.1 汽车工业的发展及其重要地位"一节，同时在"1.2 汽车市场"一节中，增加了全球汽车市场格局、我国汽车市场格局、我国汽车市场的特点及发展趋势等内容。此外，对第2、5、8章的内部结构也做了细微调整，从而使教材的结构更为合理。

2）吸纳汽车营销最新的理论、方法与实践，对第2版教材的内容进行了更新、改写与增补，删除了一些过时的或重复的内容，增补了与汽车市场及汽车营销紧密相关的新知识，改写或更换了各章的实例、习题及部分内容表述，更新了相关数据，使教材内容更具新颖性与实用性。

3）在各章的体系框架与编写风格上也有所创新，增加了"引导案例""讨论案例""本章小结""自测习题"等环节。同时，每一章都增加了1~2个拓展知识的"延伸阅读"，使教材的体系更加完整、可读性更强。

4）增加了11个引导案例，更换了全部的讨论案例，且各章的引导案例和讨论案例都是根据国内外知名汽车公司近几年的营销经典案例改编而成的，案例具有很强的真实性与典型性，并与所在章节的内容十分贴近。

本书由湖北汽车工业学院杨立君、苑玉凤任主编，姚丽萍、魏仁干、周恩德任副主编。本次修订的具体分工是：杨立君负责第2章、第5章以及第1章1.1、1.2、1.4节的编写和修改；苑玉凤负责第4章、第1章1.3节的编写和修改；姚丽萍负责第6章和第10章的编写和修改；魏仁干负责第8章和第9章的编写和修改；周恩德负责第3章和第7章的编写和修改；王秀丽和王苑负责第11章的编写和修改。王秀丽、毛帅、殷元星、刘昕雨负责各章引导案例、讨论案例和自测习题的编写。全书由杨立君统稿。

本书在编写过程中参考了大量书籍和文献资料，在此谨向这些书籍和文献的作者表示衷心的感谢。

由于编者水平有限，书中的不妥之处在所难免，敬请读者批评指正。

编 者

目　录

前言

第1章　汽车营销概述...... 1
1.1　汽车工业的发展及其重要地位......2
1.1.1　世界汽车工业的发展......2
1.1.2　我国汽车工业的发展......3
1.1.3　汽车工业在宏观经济中的地位和作用......5
1.1.4　我国汽车工业的世界地位......6
1.2　汽车市场......7
1.2.1　市场的概念与功能......7
1.2.2　全球汽车市场格局......7
1.2.3　我国汽车市场格局......8
1.2.4　我国汽车市场的类型......9
1.2.5　我国汽车市场的特点......10
1.2.6　我国乘用车市场的发展趋势......11
1.3　汽车市场营销......11
1.3.1　市场营销的概念......11
1.3.2　汽车市场营销概述......13
1.3.3　汽车市场营销观念......14
1.3.4　新时期我国汽车市场营销的特点......17
1.4　汽车营销环境......18
1.4.1　汽车营销环境概述......18
1.4.2　汽车营销微观环境......19
1.4.3　汽车营销宏观环境......20

第2章　汽车市场竞争...... 25
2.1　市场竞争分析......26
2.1.1　行业竞争性分析......26
2.1.2　市场竞争类型......29
2.1.3　竞争平衡理论......31
2.1.4　竞争者地位......32
2.2　竞争者分析......33
2.2.1　识别企业的主要竞争者......33
2.2.2　识别竞争者的策略......34
2.2.3　判断竞争者的目标......35
2.2.4　评估竞争者的优势与劣势......35
2.2.5　判断竞争者的反应模式......36
2.2.6　选择竞争者以便进攻或回避......36
2.3　基本竞争战略......37
2.3.1　成本领先战略......37
2.3.2　差异化战略......38
2.3.3　目标集聚战略......40
2.3.4　选择竞争战略的原则......41
2.4　不同市场地位的竞争策略......42
2.4.1　市场领导者竞争策略......42
2.4.2　市场挑战者竞争策略......44
2.4.3　市场跟随者竞争策略......45
2.4.4　市场利基者竞争策略......46
2.5　市场营销组合......47
2.5.1　市场营销组合的内涵......47
2.5.2　市场营销组合的作用......48
2.5.3　市场营销组合的特点......48
2.5.4　大市场营销的概念......49
2.5.5　大市场营销的意义......50

第3章　汽车购买行为分析...... 54
3.1　汽车消费市场与购买行为......55
3.1.1　汽车消费市场的主要特点......55
3.1.2　心理因素对汽车购买行为的影响......56
3.1.3　个人特征对汽车购买行为的影响......59
3.1.4　文化因素对汽车购买行为的影响......60
3.1.5　社会因素对汽车购买行为的影响......60
3.1.6　政策及经济因素对汽车购买行为的影响......61
3.1.7　汽车消费者购买行为的基本模式......61
3.1.8　汽车消费者购买行为......62
3.2　汽车业务市场与购买行为......63
3.2.1　汽车业务市场的顾客......63
3.2.2　汽车业务市场的特点......64

3.2.3　影响汽车业务市场购买行为的
　　　　　主要因素 65
　　3.2.4　汽车业务市场购买行为的类型 67
　　3.2.5　汽车业务市场购买行为分析 67
3.3　主要汽车业务市场的购买
　　　行为分析 69
　　3.3.1　汽车中间商市场购买行
　　　　　为分析 69
　　3.3.2　汽车零部件市场购买行
　　　　　为分析 71
　　3.3.3　政府部门采购行为分析 72

第4章　汽车市场调研与预测 77
4.1　汽车市场调研 78
　　4.1.1　汽车市场调研的概念和意义 78
　　4.1.2　汽车市场调研的类型 79
　　4.1.3　汽车市场调研的步骤 81
　　4.1.4　原始数据的收集 83
　　4.1.5　二手资料的收集 85
　　4.1.6　调研资料的整理与分析技术 87
4.2　汽车市场预测 88
　　4.2.1　汽车市场预测的概念、类型和
　　　　　内容 88
　　4.2.2　汽车市场预测的环节 89
　　4.2.3　汽车市场需求 90
　　4.2.4　汽车市场需求预测的步骤
　　　　　和方法 94
4.3　市场营销信息系统 97
　　4.3.1　建立市场营销信息系统的
　　　　　必要性 97
　　4.3.2　市场营销信息系统的基本组成 98
　　4.3.3　应用市场营销信息系统需
　　　　　注意的问题 100

第5章　汽车目标市场 104
5.1　汽车市场细分概述 105
　　5.1.1　市场细分的概念 105
　　5.1.2　市场细分的作用 106
　　5.1.3　市场细分的原则 107
　　5.1.4　市场细分的依据 108
　　5.1.5　超市场细分与反市场细分 110
5.2　汽车市场细分方法 111
　　5.2.1　市场细分的一般方法 111
　　5.2.2　汽车市场细分的方法 111
　　5.2.3　汽车行业的几种市场
　　　　　细分方法 112
　　5.2.4　汽车市场细分的几个误区 113

5.3　汽车目标市场策略 114
　　5.3.1　汽车目标市场的选择 114
　　5.3.2　目标市场的范围策略 115
　　5.3.3　目标市场的营销策略 117
　　5.3.4　目标市场营销策略的选择 119
5.4　汽车目标市场定位 121
　　5.4.1　目标市场定位的概念 121
　　5.4.2　目标市场定位的步骤 122
　　5.4.3　目标市场定位的方式 123
　　5.4.4　目标市场定位的战略 124

第6章　汽车产品策略 129
6.1　汽车产品的整体概念 129
　　6.1.1　产品的概念 130
　　6.1.2　汽车产品的整体概念 130
6.2　汽车产品组合 131
　　6.2.1　汽车产品组合的概念 131
　　6.2.2　汽车产品组合的类型 132
　　6.2.3　汽车产品组合的分析 133
　　6.2.4　汽车产品组合策略 135
6.3　汽车产品的生命周期 137
　　6.3.1　产品生命周期理论 137
　　6.3.2　产品生命周期各阶段的判断 138
　　6.3.3　汽车产品生命周期的
　　　　　市场策略 139
6.4　形式产品策略 142
　　6.4.1　产品质量策略 143
　　6.4.2　产品特色和外形设计策略 144
　　6.4.3　品牌和商标策略 144
　　6.4.4　企业形象识别策略 148
　　6.4.5　互联网域名策略 148
6.5　汽车新产品开发策略 148
　　6.5.1　汽车新产品的概念和特点 149
　　6.5.2　汽车新产品的开发方式 150
　　6.5.3　汽车新产品的开发过程 151

第7章　汽车定价策略 157
7.1　汽车产品的价格 158
　　7.1.1　汽车价格的构成 158
　　7.1.2　影响汽车定价的内部因素 158
　　7.1.3　影响汽车定价的外部因素 161
　　7.1.4　汽车定价目标 162
　　7.1.5　市场供需分析 164
　　7.1.6　市场竞争分析 165
　　7.1.7　汽车定价程序 165
7.2　汽车产品的定价方法 167
　　7.2.1　成本导向定价 167

  7.2.2 竞争导向定价 169
  7.2.3 需求导向定价 170
 7.3 汽车产品的定价策略 172
  7.3.1 新产品定价策略 172
  7.3.2 产品生命周期定价策略 174
  7.3.3 竞争定价策略 175
  7.3.4 产品组合定价策略 175
  7.3.5 心理定价策略 176
  7.3.6 地区定价策略 178

第8章 汽车分销策略 181

 8.1 汽车分销渠道概述 182
  8.1.1 汽车分销渠道的概念 182
  8.1.2 汽车分销渠道的意义 183
  8.1.3 汽车分销渠道的类型结构 183
 8.2 汽车分销渠道的构建 186
  8.2.1 影响分销渠道选择的因素 186
  8.2.2 汽车分销渠道的决策 189
  8.2.3 汽车经销商的招募 192
 8.3 汽车分销渠道的管理 194
  8.3.1 渠道成员的指导与服务 194
  8.3.2 渠道成员绩效评估 195
  8.3.3 渠道成员间的矛盾协调 196
 8.4 汽车分销渠道的调整与变革 197
  8.4.1 汽车分销渠道的调整 197
  8.4.2 汽车分销渠道的整合 198
  8.4.3 汽车分销渠道的联合 199
  8.4.4 汽车分销渠道的网络化 200

第9章 汽车促销策略 203

 9.1 汽车促销组合 204
  9.1.1 汽车促销的概念 204
  9.1.2 汽车促销的作用 204
  9.1.3 汽车促销组合 205
 9.2 汽车人员促销策略 207
  9.2.1 汽车人员促销策略概述 207
  9.2.2 汽车人员促销的特点 208
  9.2.3 汽车销售人员的形象素质 208
  9.2.4 汽车人员促销的流程方法 209
 9.3 汽车营业推广策略 210
  9.3.1 汽车营业推广的特征和类型 210
  9.3.2 对最终用户的营业推广 210
  9.3.3 对中间商的营业推广 213
  9.3.4 对本企业销售代表及终端推销人员的营业推广 214
 9.4 汽车广告宣传促销 215
  9.4.1 广告宣传概述 215
  9.4.2 汽车广告促销策略 216
  9.4.3 汽车宣传促销策略 219
 9.5 汽车公共关系促销策略 220
  9.5.1 公共关系概述 220
  9.5.2 汽车公共关系促销的实施步骤 220
  9.5.3 公共关系促销的主要方法 221
  9.5.4 CIS公关促销策略 222

第10章 汽车服务营销 227

 10.1 顾客满意理论与服务营销 228
  10.1.1 顾客满意理论 228
  10.1.2 CS营销战略的实施 229
  10.1.3 服务与服务营销 230
  10.1.4 服务营销策划应考虑的因素 231
 10.2 汽车产品的服务营销 232
  10.2.1 汽车产品的服务营销理念 232
  10.2.2 汽车产品的服务营销策略 234
  10.2.3 汽车产品服务营销策划 237
 10.3 汽车产品的情感营销 240
  10.3.1 情感营销的概念 240
  10.3.2 汽车产品的情感设计 241
  10.3.3 汽车产品的情感服务 242
  10.3.4 汽车产品的情感公关 242

第11章 汽车营销创新 246

 11.1 概述 247
  11.1.1 体验营销 247
  11.1.2 概念营销 248
  11.1.3 名人营销 249
  11.1.4 订单营销 250
  11.1.5 展会营销 251
  11.1.6 网络营销 252
  11.1.7 公益营销 253
  11.1.8 跨界营销 254
 11.2 事件营销 255
  11.2.1 事件营销的概念 255
  11.2.2 事件营销策略 256
  11.2.3 汽车事件营销创新的方向 256
 11.3 文化营销 257
  11.3.1 文化营销的概念 257
  11.3.2 汽车文化营销策略 259
 11.4 体育营销 260
  11.4.1 体育营销的概念 260
  11.4.2 汽车体育营销策略 262

参考文献 266

第 1 章 汽车营销概述

汽车新政引发汽车业淘汰赛

2018年,我国公布了一系列汽车行业新政策,其中对中国汽车企业影响最大的有两个:放开汽车企业合资股比与下调进口汽车关税。这两项新政的实施,意味着汽车行业的政策保护逐渐减弱,中国汽车行业正面临着越来越多来自世界的挑战。这会加剧中国汽车行业的充分竞争,引发汽车业淘汰赛。

为支持本土汽车企业发展,我国在1994年对外资车企的持股比例做出规定,要求外资车企必须与中国企业建立合资企业才能在华投资建厂,且持股比例不得超过50%。2018年4月,国家发展和改革委员会(简称发改委)宣布将大幅度放宽外商投资准入,并公布了放宽汽车行业的外资股份比例限制的时间表:2018年取消专用车、新能源汽车外资股比限制;2020年取消商用车外资股比限制;2022年取消乘用车外资股比限制。

此消息一出,顾虑技术分享而在华建厂迟迟未成的特斯拉就有了新动作。2018年6月5日,特斯拉CEO埃隆·马斯克(Elon Musk)宣布特斯拉将在上海建立除美国之外的首座工厂,工厂命名为"Dreadnought"(无畏舰)。该工厂将同时组装车辆和生产电池,且采用全自动化生产。这也意味着特斯拉将成为中国第一家外资独资整车企业。

取消外资股比限制,将提高外资方的话语权,双方将展开全面谈判,外资方新增了独自建厂的新选择。未来两三年内,造车新势力会迎来更为激烈的竞争,车企的关停并转、兼并重组将不再是新闻,一些汽车品牌将被无情地淘汰。

经国务院批准,自2018年7月1日起,将税率分别为25%、20%的汽车整车关税降至15%;将税率分别为8%、10%、15%、20%、25%的汽车零部件关税降至6%。

降低进口汽车关税,对汽车市场的影响无疑是巨大的。一方面,进口车价格降低会刺激国内消费者购买高端汽车品牌的欲望,推动消费升级;对于合资品牌和造车新势力来说,进口汽车零部件价格下降,汽车的制造成本也会降低,价格上就会有更大的让利空间。另一方面,国外知名品牌汽车的进口量短期内会大幅增加,从而加大国产自主品牌汽车的竞争压力。这将倒逼自主品牌汽车高质量发展,提高自主创新能力,增强市场竞争力。

1.1 汽车工业的发展及其重要地位

1.1.1 世界汽车工业的发展

从世界上第一家汽车公司——德国奔驰汽车公司 1887 年成立至今，世界汽车工业走过了 130 多年历程，成为"改变世界的机器""推动社会进步的动力和促进经济发展的引擎"。

1. 汽车工业诞生于德国

德国是汽车工业的发源地，卡尔·本茨（Karl Benz）于 1887 年创立奔驰汽车公司，戈特利布·戴姆勒（Gottlieb Daimler）于 1890 年创立戴姆勒汽车公司，两家公司于 1926 年 6 月合并为戴姆勒 - 奔驰汽车公司，所生产的汽车命名为"梅赛德斯 - 奔驰"。早在 1908 年，德国就有 53 家汽车公司，如今只剩下戴姆勒 - 奔驰、宝马和大众三大汽车集团。其中，大众汽车集团在 2016 年成功实现对丰田汽车集团的"逆袭"，成为全球汽车业的新霸主。这一年，大众汽车集团在全球范围内的总销量达 1030 万辆，营业收入达 2366 亿美元，在世界 500 强中排名第 7。德国目前是世界第四大汽车生产国，其产品以质量好、安全可靠而著称，奔驰、宝马、奥迪等豪华车和保时捷跑车在世界车坛享有盛誉、经久不衰，品牌含金量极高。

2. 汽车工业成熟于美国

汽车工业的第一次飞跃发展要归功于美国的亨利·福特（Henry Ford）。亨利·福特于 1903 年创立福特汽车公司，并于 1908 年推出了著名的福特 T 型车，售价仅为 300 美元，只有当时同类汽车价格的 1/6 甚至更低，福特的 T 型车战略使汽车成为真正意义上的大众交通工具。1913 年，福特公司首先在生产中使用流水线装配汽车，这给世界汽车工业乃至整个制造业带来了惊天动地的革命性变化——标准化、流水线和大规模生产，极大地促进了汽车生产的高效率与低成本。大批量流水生产成为世界汽车工业乃至整个制造业一个十分重要的里程碑。美国汽车工业从 20 世纪初到 21 世纪初的 100 多年里，几乎主宰了世界汽车工业的发展，虽然在产量上于 2009 年被中国超越而位居第二，但它仍然是名副其实的汽车强国。目前美国主要有通用、福特和克莱斯勒三大汽车集团，其中，通用汽车集团是目前世界上最大的汽车集团。

3. 汽车工业兴旺于欧洲

欧洲是汽车工业的摇篮，也一度是世界汽车工业的中心。汽车领域的许多技术突破和发明创造都源于欧洲，世界上大多数知名汽车品牌来自欧洲，全球的顶级豪华汽车大部分产自欧洲。除德国外，法国、英国、西班牙、意大利、捷克等都是世界上主要的汽车大国。法国以科技创新推动世界汽车工业的发展，目前有标致雪铁龙（PSA）和雷诺两大汽车集团。英国汽车一直被认为是代表着汽车工艺的极致以及品位、豪华、典雅的完美体现，英国的劳斯莱斯（Rolls-Royce）、宾利（BENTLEY）、路虎（Landrover）、阿斯顿·马丁（Aston-Martin）、MINI、罗孚（Rover）、捷豹（Jaguar）等都是享誉全球的汽车品牌。意大利的汽车产量在 2016 年虽然只有 100 多万辆，但它却是一个盛产豪华车和超级跑车的国家，大家比较熟悉的法拉利（Ferrari）、玛莎拉蒂（Maserati）、兰博基尼（Lamborghini）、阿尔法 - 罗密欧（Alfa-Romeo）、蓝旗亚（LANCIA）等均受到世界各国爱车人士的青睐。

4. 汽车工业激增于亚洲

20世纪70年代以后，世界汽车工业的重心逐渐向亚洲转移。日本汽车工业起步较晚，1960年日本汽车产量仅为16万辆，远低于美国和欧洲各主要汽车生产国的产量。但以丰田汽车公司为代表的日本汽车企业采用"准时化（JIT）生产方式"（之后演变为"精益生产方式"）和"全面质量管理（TQC）"，使汽车生产成本大幅降低，质量明显提升。同时，利用20世纪70年代中东石油危机开发汽车节油技术，从而极大地促进了日本汽车工业的高速发展。到1980年，日本汽车生产量达到1100万辆，出口量猛增到600万辆，超过美国成为世界最大的汽车生产国和出口国。继日本之后，韩国、中国和印度的汽车工业在政府的扶持下也得以迅速发展，其中，韩国注重自主汽车品牌的发展，中国走的是合资发展道路，印度则大力发展平民化小型汽车。中国、日本、韩国、印度四国目前分别是世界第一、第三、第五和第六大汽车生产大国，亚洲成为继美国和欧洲之后的第三个汽车工业发展中心。

延伸阅读

汽车的诞生

1867年，德国工程师尼古拉斯·奥古斯特奥托（Nikolaus August Otto）研制成功世界上第一台往复活塞式四冲程内燃机。1885年，德国工程师卡尔·本茨（见图1-1）购买了奥托的内燃机专利，并于同年10月，将一台单缸两冲程0.9①马力汽油机和一台加速器安装在一辆三轮马车上，制成了世界上第一辆三轮汽车（见图1-2）。此车具备了现代汽车的一些特点，如火花点火、水冷循环、钢管车架、钢板弹簧悬架、后轮驱动、前轮转向和制动把手等。

1886年1月29日，德国曼海姆专利局批准了卡尔·本茨申请的汽车专利，这是世界上第一份汽车发明专利，这一天也被公认为现代汽车的诞生日。

图1-1　卡尔·本茨

1883年，德国工程师戈特利布·戴姆勒发明了世界第一台高压缩比内燃发动机，并于1886年将自己研制的发动机安装在一辆四轮马车上，制成了世界上第一辆四轮汽车。

本茨和戴姆勒是人们公认的以内燃机为动力的现代汽车的发明者，他们的发明创造成为汽车发展史上最重要的里程碑，因而他们被世人尊称为"现代汽车之父"。

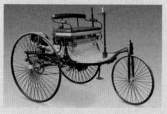

图1-2　第一辆三轮汽车

1.1.2　我国汽车工业的发展

我国汽车工业起步于20世纪50年代初，从第一汽车制造厂奠基算起，已经走过60多年。从步履蹒跚到大踏步迈进，我国汽车工业走出了一条独特的发展道路，如今已成为世界第一汽车制造大国和第一汽车消费大国。

---

① 1马力=735.499W

我国汽车工业60多年的发展历程，大致可以分为四个阶段：

1. 初创期（1953—1980年）

这个阶段是我国汽车工业从无到有、从创业到初步成长的时期。1953年第一汽车制造厂破土动工，标志着我国汽车工业的诞生；1958年，北京汽车制造厂、上海汽车制造厂、南京汽车制造厂相继成立；1969年9月，第二汽车制造厂在湖北省十堰市开工建设。这个时期以引进和仿制国外汽车产品为主，代表性产品主要有解放牌载货车、东风牌越野车、红旗牌轿车等。

2. 开拓期（1981—1998年）

这个阶段是我国汽车工业从小到大、从独立自主发展到合资发展转变的时期。改革开放政策为我国汽车工业带来了新的曙光，20世纪80年代（1981—1989年）出现了第一代合资潮，通用、大众、丰田等国外汽车品牌纷纷来到我国市场寻求合作，我国汽车工业的改革大幕由此拉开。1983年5月，北京吉普汽车有限公司成立，这是我国第一家整车合资企业。1984—1985年，天津夏利、上海大众、广州标致三家合资企业相继成立。90年代（1990—1998年）迎来了第二代合资潮，我国汽车工业的重心从载货汽车转到轿车上来，一汽大众、神龙汽车、重庆长安、上海通用、广州本田、一汽丰田等一大批合资企业相继成立，通过以市场换技术的方式与国外大型企业集团合资合作，加快了我国大型汽车集团的发展步伐。1994年出台的《汽车产业发展政策》确定了汽车工业在我国经济中的支柱产业地位。

3. 爆发期（1999—2010年）

这个阶段是我国汽车工业进入"井喷式"发展的时期。2001年11月，我国加入世界贸易组织（WTO），我国汽车市场成为全球汽车界关注的焦点，我国汽车制造业面临更为广泛的国际合作与竞争。在国外汽车资本和技术大举进入、合资汽车企业的规模极速增长的同时，国家提出了自主品牌发展战略，吉利、奇瑞、比亚迪、长城等自主品牌得到了前所未有的发展。得益于我国经济的持续高速增长，市场对各类汽车的需求呈现爆炸式增长。这是我国汽车工业发展最快的10年，产销量分别从1999年的183.4万辆和183.7万辆猛增到2010年的1826.5万辆和1806.2万辆，增长了将近10倍，并在全球汽车市场遭遇重创的2009年，一举超越美国和日本，成为全球第一汽车生产大国和第一汽车消费大国。

4. 转型期（2011年至今）

这个阶段是我国汽车工业回归理性、转型发展的时期。在经历了10年"井喷式"发展之后，我国汽车工业开始从跨越全球第一大市场的兴奋中回归理性。在《中国制造2025》以及"互联网+"的推动下，我国汽车工业从规模扩张向结构调整和转型升级转变，由汽车大国向汽车强国转变。汽车行业合资走向多元化，合作层面更加深入，依托我国巨大的消费市场以及我国企业的资金优势，中方在合资企业中开始取得真正意义上的控股权和控制权。我国汽车行业的技术创新能力显著提高，自主品牌发展进入快车道；产业结构进一步优化，市场集中度稳步提升；新能源汽车进入产业化发展，智能网联汽车成为行业关注焦点。我国连续9年蝉联世界汽车产销第一的位置，2017年，我国汽车产销量分别达到2901.5万辆和2887.9万辆，占全球汽车总销量的30%以上，成为拉动全球汽车工业持续增长的新引擎。

1.1.3 汽车工业在宏观经济中的地位和作用

1. 汽车工业对宏观经济的贡献

（1）汽车工业是拉动经济增长的引擎　随着我国汽车产业持续快速发展，汽车产业在国民经济中的地位也在不断提升，已经成为支撑和拉动我国经济持续快速增长最重要的支柱产业和主导产业之一。我国汽车工业增加值在全国 GDP 中所占比例也由 1996 年的 0.85% 上升至 2017 年的 1.96%，汽车工业增加值的增速远高于 GDP 的增速。近几年，我国汽车工业对国民经济的综合贡献率均保持在 5% 以上。

（2）汽车工业是收入、利润和税收的重要来源　汽车是一种单位价值高、附加值大、需求巨大且增长迅速的产品，汽车工业每年为国家创造巨大的收入、利润和税收。以 2016 年为例，我国汽车行业工业增加值同比增长 15.5%，高于全国 GDP 增速 8.8 个百分点，高于全国规模以上工业增速 9.5 个百分点。2016 年，汽车行业 15445 家规模以上企业累计实现主营业务收入 83345.25 亿元，累计实现利润总额 6886.24 亿元，累计缴纳税款总额 3927.49 亿元，如果加上销售和使用环节的税收，则至少在 8300 亿元以上。

（3）汽车工业是拉动上下游关联产业快速发展的发动机　汽车工业具有产业链长、上下游产业关联度高、辐射面广、综合性强等特点，汽车工业的蓬勃发展可以显著拉动上下游关联产业的快速发展。有关统计资料表明，汽车工业可以带动 150 多个上下游相关产业的发展，包括钢铁、石化、橡胶、玻璃、电子、机械等上游产业和金融、保险、维修、保养、租赁、旅游等下游产业。国务院发展研究中心对 2005 年我国 62 个部门的投入产出流量表进行了分析，结果显示，汽车制造业每增值 1 元，就可带动上下游关联产业增值 2.64 元。随着汽车工业规模不断扩大、汽车产品技术不断发展、汽车工业链条不断完善，汽车工业对上下游产业的拉动效应将更为显著。

（4）汽车工业是提供庞大就业岗位的产业　汽车工业既是资金密集型和技术密集型产业，又是劳动密集型产业，为社会创造了大量的就业机会。相关资料显示，2016 年我国汽车制造业直接就业人数为 430 多万人。不仅汽车工业本身能够提供数量庞大、范围广泛的就业平台，而且可以带动相关产业产生更多的就业机会。国家信息中心分析认为，汽车产业（包括汽车零部件企业在内）与相关产业的就业比例关系是 1:7，即汽车产业每增加 1 个就业岗位，就会带动相关产业增加 7 个就业岗位。据此推算，我国汽车工业至少为其他相关产业新创造了 3010 多万个就业机会。

（5）汽车工业是国家出口创汇的重要产业　汽车工业是资金和技术密集的大批量生产产业，不是任何国家都有条件发展汽车工业的。但是，世界上所有国家都需要大量汽车，这就决定了汽车工业成为强大的出口产业的地位，成为世界制造业中出口创汇最高的产业之一。据中国汽车工业协会提供的数据，2017 年我国汽车出口金额约 930 多亿美元。

2. 汽车对人类生活方式的影响

如今，汽车已经成为人们日常生活中不可或缺的重要组成部分。汽车的普遍使用，不仅改变了社会经济结构，带动了经济发展，推动了社会进步，而且拓展了人类的活动空间，改变了人类的生活方式，丰富了人们的文化生活。

（1）汽车拓展了人类的活动空间　汽车的便利性、运行速度和载重能力使人类如虎添翼。汽车大大缩短了空间距离，改变了人们的时空观念和效率观念，大大拓展了人们的活动半径和生活空间。自行车将人类的工作距离增加到 10km 以内，汽车则将工作地点与居住地的距离扩展到 50km 以上，汽车的大量普及为人们在更大的区域范围内选择工作单位和住宅带来了便利。同时，汽车还为人与人之间的交流提供了便利，增加了结伴旅游、朋友聚会的概率，在每年的"五一""十一"等长假期间，亲朋好友结伴到外地"自驾游"已经成为一种新的旅游方式。

（2）汽车改变了人类的生活方式　汽车能实现"门对门"的交通，使人们可以自如、快捷地出行，因而大大改变了人们的周末生活和夜间生活。现在，周末郊游越来越普遍，许多人一到周末就开车去郊外，登山、踏青、赏花、健步走，去欣赏大自然的美景，呼吸清新的空气，品尝绿色的农家菜。同时，汽车方便了城乡之间的联系，促进了城乡的交流和发展，促进了不同区域、不同民族的文化交流与融合。

（3）汽车丰富了人们的文化生活　随着现代汽车技术的飞速发展和汽车文化的兴起，汽车在创造物质文明的同时，也通过丰富人类文化来创造精神文明，由汽车衍生出来的精神文化产品内容丰富、形式多样。如今，各种车展和各种赛车（方程式赛、耐力赛、拉力赛、越野赛、泥地赛等）运动，还有汽车博物馆、汽车俱乐部、汽车餐厅、汽车旅馆，以及各类汽车报纸、杂志、网站等，不仅极大地丰富了人们的闲暇生活，而且对人们的文化生活产生了深远的影响。可以说，汽车文化已经成为人们精神和物质文化生活的重要组成部分。

1.1.4　我国汽车工业的世界地位

1. 产业规模

我国汽车产销量 2009 年首次超越美国和日本，跻身全球汽车产销第一大国；2013 年首次突破 2000 万辆，至 2017 年达到 2900 万辆。我国在全球汽车制造业的市场份额已从 2000 年的 3.5% 提高到 2017 年的 30.4%，成为名副其实的世界汽车制造大国。

2. 细分市场

我国乘用车产量自 2005 年以来，以年均 18.9% 的增速持续增长，2017 年达到 2480.67 万辆，占全球乘用车总产量的 34.5%。其中，基本型乘用车（轿车）1193.78 万辆，运动型多用途乘用车（SUV）1028.7 万辆，均居全球首位。

我国商用车产量 2017 年达到 420.87 万辆，占全球商用车总产量的 16.9%。其中，中重型载货车产量占全球中重型载货车总产量的比例高达 42.5%，自 2007 年以来一直稳居世界首位；客车产量占全球客车总产量的比例更是高达 61.9%，自 2003 年以来一直独占鳌头；轻型载货车的产量也居全球第二位。

3. 市场地位

虽然我国汽车工业已进入缓速增长期，但世界各大汽车巨头依然看好中国汽车市场，并纷纷把中国汽车市场作为未来发展的重点，或通过不断引进新产品，或通过继续投资建厂，或采取协调经销商利润等方式，进一步挖掘中国市场的潜力，不断提升我国在其全产业链战略布局中的地位。

与此同时，跨国车企纷纷国产化以抢占中国市场。据中国汽车工业协会的数据显示，2017 年排名前十的豪华品牌，除了雷克萨斯外，其余 9 个品牌均已不同程度地实现国产化。早期通过国产化在我国取得成功的豪华品牌三强——奥迪、宝马和奔驰已经成为国产化的标杆，占据我国豪华车市场 75% 的份额；而紧随其后的捷豹路虎、英菲尼迪、沃尔沃等二线豪华品牌，甚至宾利、保时捷、法拉利等超豪华品牌也纷纷宣布国产。中方企业在合资企业中的地位和话语权逐步增强，我国汽车工业在世界汽车工业中的地位持续提升。

1.2 汽车市场

1.2.1 市场的概念与功能

1. 市场的概念

市场是社会分工和商品生产的产物。列宁说过："哪里有社会分工和商品生产，哪里就有市场。"

市场是一个具有多重含义的概念，以下是对市场的几种不同解释：

1）市场是商品交换的场所。这是日常生活中人们的习惯说法，是"作为场所的市场"，如集市、超市、交易市场、批发市场等。

2）市场是一定时间、地点条件下商品交换关系的总和。这是马克思主义政治经济学的观点，是指商品生产者、中间商和消费者交换关系的总和。

3）市场是某种产品的所有现实购买者和潜在购买者的欲望或需求的集合。这是菲利普·科特勒（Philip Kotler）的理论，市场规模取决于有某种需求并拥有交换资源同时愿意以这种资源换取需求的人数。

2. 市场的构成要素

从营销的角度看，市场包括三个基本要素：有某种需要的人、为满足这种需要的购买能力以及购买欲望。用公式表示就是

$$市场 = 人口 + 购买力 + 购买欲望$$

人口是构成市场的最基本条件，有人的地方才会有需求，才可能有市场。购买力是消费者支付货币、购买商品或劳务的能力，有支付能力的需求才是有意义的市场。购买欲望是消费者购买商品或劳务的愿望或要求。

市场的这三个要素是相互制约、缺一不可的。没有消费者就谈不上购买力和购买欲望，或者消费者没有购买力和购买欲望，也不能形成现实的市场。只有三个要素结合起来，才能构成现实的市场。

3. 市场的功能

市场具有以下三大功能：

（1）实现功能 通过市场交易，商品货币易位，商品生产者售出产品，实现了商品的价值；消费者取得商品，需求获得了满足。

（2）调节功能 通过供求与价格的相互作用，供求形势的变化和市场竞争的开展，对生产者、经营者和消费者的买卖行为起着调节作用，最终使供求平衡，促进社会资源合理配置。

（3）反馈功能 市场是信息汇集的场所，不仅为企业的微观决策提供依据，有利于更好地组织生产经营活动，也为政府的宏观决策提供依据，有利于加强宏观调控。

1.2.2 全球汽车市场格局

汽车工业经过130多年的发展，已成为世界上规模最大和最重要的产业之一。全球汽车

总产量由 2001 年的 5630 万辆增至 2016 年的 9497 万辆，全球汽车总销量由 2001 年的 5579 万辆增至 2016 年的 9385 万辆，15 年间全球汽车产销量分别增长了 68.7% 和 68.2%。

从各单一市场的销售情况来看，可以分为三个梯队：处在第一梯队的只有我国和美国两个国家，两国的汽车年总销量接近全球汽车总销量的一半，其中我国市场的年销量 2017 年已经突破 2900 万辆，约占全球汽车总销量的 30%，稳居全球汽车市场第一；第二梯队包括日本、德国、印度、英国、法国、意大利、巴西、加拿大、韩国、墨西哥、俄罗斯、西班牙、澳大利亚、印度尼西亚、土耳其 15 个国家，汽车年销量在 100 万~500 万辆；其余国家为第三梯队，汽车年销量在 80 万辆以下。

从市场集中度来看，大众、丰田、通用、雷诺-日产、现代起亚、福特、菲亚特、本田八大车企的汽车销量占到全球汽车总销量的 63% 以上，其中，大众、丰田、通用三大集团在全球的汽车销量均已突破或接近 1000 万辆大关，三大集团近 10 年稳居全球车企销量前三甲，三大集团的总销量约占全球汽车总销量的 1/3。近 10 年来，全球汽车市场集中度有所降低，同时，在前三甲中销量冠军几度易主，而且第 4~10 名的排序也不断变化，现代起亚、菲亚特逐步超越了本田、标志雪铁龙（PSA）、戴姆勒、宝马等传统汽车强企，尤其是现代起亚作为行业后起之秀，一跃成为全球排名第五的特大型汽车企业集团。

从系列和品牌来看，日系、德系和美系车长期稳居全球汽车销量前三名，在全球品牌销量十强中占据七席，分别是日系车中的丰田、本田和日产，德系车中的大众和奔驰以及美系车中的福特和雪佛兰。其中，丰田连续多年位居全球品牌销量第一。在近几年全球汽车车型销量百强榜中，日系、德系和美系车共有约 70 款车型上榜，其中，丰田的卡罗拉（含雷凌）、福特的 F 系列皮卡两个车型的年销量均已超过 100 万辆。

1.2.3 我国汽车市场格局

1. 产业结构

随着我国宏观经济的企稳向好和供给侧结构性改革的深入实施，并受购置税优惠政策等促进因素的影响，我国汽车工业保持快速增长势头，继续呈现产销两旺发展态势。

与此同时，产业结构进一步优化，汽车行业重点企业（集团）的主导作用日益凸显，汽车产业集中度保持较高水平且基本稳定。汽车销量排名前十位企业集团的市场占有率保持在 88.5% 以上，排名前五位的企业集团近几年排序基本没有发生变化，依次为上汽集团、东风汽车、一汽集团、长安汽车和北汽集团，且前五家企业集团的市场占有率稳定在 70% 左右。

但从单个企业来看，我国乘用车市场的集中度还比较低，销量排名前十的乘用车制造企业的市场占有率不足 60%。与发达国家前五名汽车制造企业占市场份额达 60%~80% 的市场格局相比，我国乘用车市场集中度依然较低。

2. 产品结构

在我国私人汽车消费持续增长的形势下，我国汽车市场的产品结构也不断发生变化。主要表现为以下三大特征：

（1）乘用车的市场主体地位进一步巩固　过去十余年，我国经济高速发展，国民购买力提升，以私家车为主的乘用车逐渐成为汽车市场消费主力，乘用车市场销量保持持续高速增长，汽车市场"商/乘"比持续下降，乘用车牢牢占据汽车市场主导地位，市场份额逐年

第1章 汽车营销概述

上升，已高达86%以上。

（2）运动型多用途车（SUV）细分市场迅猛增长　在乘用车细分市场中，虽然轿车依旧占主导地位，但增速明显放缓。受消费者消费升级、二次购车、个性化需求提升等因素的影响，近年来我国SUV市场快速增长，年均增速高达50%，市场占比大幅上升。

（3）新能源汽车市场发展势头强劲　近五年（2012—2017年）销量同比增速均超过50%，占汽车总销量比例接近3%。到2020年，我国新能源汽车年产量有望达到200万辆，到2025年，我国新能源汽车有望实现20%的市场占比目标。

3. 品牌结构

经过近几年的战略调整和研发铺垫，我国自主品牌汽车企业的后发优势开始显现，其市场份额呈现稳步攀升，由2013年的40.5%上升到2017年的43.9%。但由于我国整车特别是乘用车制造业的特有模式为中外合资，目前我国乘用车市场仍以合资品牌占据主导地位，乘用车销量排名前九的均为合资品牌。轿车作为汽车行业中竞争最激烈的细分市场，自主品牌市场占有率有所下滑，尤其是在中高档轿车细分市场，几乎是清一色的合资品牌。但以长城汽车、长安汽车、吉利汽车、广汽乘用车、江淮汽车等为代表的自主品牌车企，抓住近年来我国SUV市场快速增长的契机，表现突出。自主品牌SUV连续多年稳居销量第一，2017年销售量突破600万辆，占SUV销售总量的60%，在销量排名前十的SUV品牌中，我国自主品牌占据了6席。

1.2.4　我国汽车市场的类型

1. 按需求主体与应用领域划分的汽车市场类型

按照需求主体与应用领域的不同，我国汽车市场可分为以下五种类型：

（1）公务用车市场　从一般概念来讲，公务用车是指各级党政机关、事业单位和社会团体等执行公务所需的车辆。这些公务用车的主要功能是辅助政府机构的运行和职能部门、社会团体开展活动，因此具有非营利的特征。对用户来讲，车辆购置与运营费用不与其活动本身的经济效益挂钩，购车资金来源一般是财政拨款。公务用车市场的需求基本上是乘用车，品种结构比较集中。在2000年以前，我国公务用车市场规模巨大，但2000年以后逐年下降。特别是2014年国家正式全面推进公务用车制度改革以来，公务用车市场的需求开始出现负增长。

（2）私人用车市场　私人用车是指为满足个人或家庭各种需要的各类汽车。从世界范围来看，分布最广泛、需求最大的就是私人用车市场，占据了每年世界汽车销量的绝大部分。我国从2000年开始，私人用车市场逐步取代公务用车市场，成为需求最旺、增长最快的汽车消费市场。根据我国公安部提供的信息，截至2017年年底，全国载客汽车（含乘用车和客车）保有量达1.85亿辆，其中以个人名义登记的（即私家车）轿车、SUV、MPV（多功能乘用车）以及微型客车达1.70亿辆，占载客汽车的91%以上。

（3）商务（经营）用车市场　商务（经营）用车是指企业用于生产经营活动，作为盈利工具的车辆，主要是指商用车，包括各类载重车、工程车和客车，如公路客运车、旅游客车、城市公交车、各类载重（物流）车辆、矿山用车、工程用车等。目前，我国商务（经营）用车市场的需求占全部汽车市场需求的16%左右。

（4）社会用车市场　社会用车是指政府机关、社会组织和企业用于社会服务的车辆。

9

它不同于公务用车，不是政府机关和社会组织开展公务活动所用；也不同于商务（经营）用车，不是企业用作盈利的工具。它主要有消防车、救护车、洒水车、清扫车、垃圾车等，是为社会提供特种服务的车辆，其市场规模较小。

（5）租赁用车市场　这是一种特殊的经营用车市场，主要是指传统的出租车市场，以及最近几年出现的共享汽车（快车、专车等网约车）市场。

2. 汽车后市场

汽车后市场是指在汽车销售以后，围绕汽车使用过程中所需要的各种服务而产生的一系列交易活动的总称。具体包括汽车金融与保险、汽车养护、汽车维修及配件、汽车美容、汽车用品与饰品、汽车快修及改装等。

随着我国汽车保有量的迅速攀升，汽车后市场行业正迎来巨大的市场空间。从世界主要汽车大国的情况来看，每1元的购车消费会带动0.65元的汽车售后服务。2017年，我国汽车后市场的规模已接近1万亿元。据《2013—2017中国汽车后市场蓝皮书》估算，汽车后市场整体行业利润可达到40%~50%，汽车后市场利润一般是汽车销售利润的3倍。

目前，中国汽车后市场正由"群雄逐鹿"迈向"合纵连横"阶段。例如，上汽集团倾力打造的中国汽车后市场O2O电商平台"车享家"宣布获得了A轮融资，资本规模达亿元级别；京东商城与北迈网签约，推进汽车零配件数据标准化进程，优化汽配供应链，深挖汽车后市场B2C的需求；阿里巴巴集团旗下的汽车后市场平台车码头也正在加大开店速度，加速市场布局。

1.2.5　我国汽车市场的特点

1. 市场由供给主导转向需求主导

近年来，我国汽车市场特征发生了诸多变化：一方面，汽车生产企业不断调整策略，各种措施无不在迎合消费者的需求变化；另一方面，消费者的购车意愿也更趋理性。因此，由卖方市场逐步转变为买方市场将成为汽车市场的重大变化之一。

2. 消费升级趋势越发明显

目前我国私人保有汽车达1.7亿辆，取得汽车驾驶证的人数超过4亿人，如此庞大的保有客户群和潜在客户群将源源不断地为汽车增、换购提供潜在客源。随着我国经济持续向好、居民收入不断增长以及汽车消费群体的日益年轻化，这些因素都将大大促进汽车消费的升级。

3. 市场竞争加剧，优胜劣汰升级

汽车市场蕴含着产业结构调整优化和发展环境改善的重要机遇。一方面，行业盈利能力将受到严重影响，部分企业可能会面临生产经营的困难；另一方面，也提供了兼并重组、产业组织结构调整的机会。

4. 自主品牌面临空前挑战与机遇

国内方面，在竞争日益加剧的新常态下，自主品牌唯有持续掌握消费需求变化趋势，才有望将市场份额提升至50%。

出口方面，"一带一路"倡议的推进将为汽车市场带来新的商机。同时，自主品牌也将迎来整合全球化资源、提升自主研发产品国际知名度的机遇。

5. 渠道变革，多种销售模式共存

以4S店为主的单一模式将向多种销售模式转型。首先，改变单一品牌的经营思路，升级为汽车大卖场；其次，我国汽车电商模式（尤其是 O2O 模式）有望取得突破。

6. 消费群体多元化，消费趋势复杂化

我国将持续扩大二胎政策实施范围，人口结构将发生较大变化，这将进一步刺激空间相对较大的 MPV 和 SUV 的需求。同时，年轻的消费者逐渐成为社会主流，消费向多元化、个性化、年轻化的方向发展，消费环境也将更复杂、多变。

1.2.6 我国乘用车市场的发展趋势

1. 乘用车市场将进入低增长态势

随着汽车保有量的大幅提高和我国经济进入新常态，乘用车市场将进入低增长时代。同时，受消费群体和消费环境变化影响，轿车和交叉型乘用车的市场份额将会持续下滑，SUV 的市场份额将会大幅提升。

2. 中高级轿车市场份额将稳步提升

未来几年，市场主力仍是 A 级车，但受消费升级和换购影响，中高级（B 级车及以上）轿车份额将会稳步提升。具体来看，受消费年轻化趋势影响，A 级车中追求运动及操控的车型份额将会保持增长；A_0 级及以下份额将进一步萎缩；自主 B 级车将取得一定突破。

3. 紧凑型 SUV 将迎来又一个高速增长机遇期

SUV 市场将会呈现百花齐放的态势。小型 SUV 增速逐渐回落；紧凑型 SUV 将在 2020 年以后迎来新的高速增长期；高端七座的 SUV 将受到中高收入人群的青睐。

4. 微客型 MPV 增速将会下降

MPV 将继续保持中国特色的发展方式。微客型 MPV 增速下降，但份额仍保持绝对优势；高端家用 MPV 加速增长；商务型 MPV 随经济发展保持微增长。

5. 新能源乘用车市场潜力巨大

随着新能源汽车制造技术的逐步成熟，其销量也逐步上升。据中国汽车工业协会统计，2013 年，我国新能源乘用车销量仅为 1.76 万辆；到 2017 年，我国新能源乘用车销量已增至 56 万辆。随着国家对新能源汽车各项扶持政策的推出、消费者对新能源汽车认知程度的逐步提高、公共充电设施的不断完善，新能源乘用车必将迎来其高速发展时期。

1.3 汽车市场营销

市场营销作为一门建立在经济科学、行为科学和现代管理理论基础上的应用科学，它是一门能使企业在市场竞争中成为强者、能有效应对各种需求状况的管理学科。

1.3.1 市场营销的概念

市场营销是一个与市场紧密相关的概念，并且随着市场概念的不断深化而发展。

1. 市场营销的定义

关于市场营销，国内外学者有不同的定义，企业界对营销的理解更是各有千秋。其中，美国西北大学教授菲利普·科特勒的观点和美国市场营销协会（AMA）的定义较具代表性。

菲利普·科特勒认为，市场营销是指企业"认识目前未满足的需要和欲望，估量和确定需求量大小，选择和决定企业能最好地为其服务的目标市场，并决定适当的产品、劳务和计划（或方案），以便为目标市场服务"的管理过程。

美国市场营销协会（AMA）在2004年公布了市场营销的最新定义：市场营销既是一种组织职能，也是为了组织自身及利益相关者的利益而创造、传播、传递客户价值，管理客户关系的一系列过程。

AMA的新定义以关注客户价值为核心，明确了客户地位，承认了客户价值，并强调了与客户的互动；同时肯定了市场营销是一个过程，是一项组织职能，不仅要以组织自身的利益为目标，而且要兼顾利益相关方的利益。

关于市场营销较为通俗的定义是，市场营销是通过市场交换满足现实或潜在需要的综合性经营销售过程。根据这一定义，市场营销的目的是满足消费者现实或潜在的需要，市场营销的中心是达成交易，而达成交易的手段则是开展综合性的营销活动。

市场营销的含义不是固定不变的，它随着企业市场营销实践的发展而变化。

2. 市场营销的核心概念

（1）需要、欲望和需求　人类的需要和欲望是市场营销活动的出发点和基石。所谓需要，是指没有得到某些基本满足的感受状态，是指人们与生俱来的基本需要，存在于人类自身生理和社会之中，存在于营销活动之前。欲望是指想得到上述基本需要的具体满足物的愿望，是个人受不同文化及社会环境影响表现出来的对需要的特定追求。需求是指人们有能力购买并愿意购买某个具体产品的欲望。人的需要有限，但欲望无限，当具有购买能力时，欲望便转化成需求。

将需要、欲望和需求加以区分，是要告诉人们：市场营销人员不能凭空创造需要，只能通过努力并连同社会上的其他因素影响和激发人们的欲望，然后通过创造、开发及销售特定的产品和服务来满足消费者的需求。

（2）产品和服务　在营销学中，产品特指能够满足人的需要和欲望的任何事物。产品的价值在于它给人们带来对欲望的满足，如人们购买轿车不是为了得到这种机械，而是要得到它所提供的交通服务。产品实际上只是获得服务的载体，这种载体可以是有形的物品（如汽车、计算机、手机等），也可以是不可触摸的、无形的服务（如旅游、美容、音乐会等）。市场营销者必须清醒地认识到，其创造的产品不管形态如何，如果不能满足人们的需要和欲望，就必然会失败。

（3）效用、价值和满足　效用是消费者对产品满足其需要的全部能力的评价，是指产品满足人们欲望的能力。效用实际上是一个人的自我心理感受，它来自人的主观评价。价值是一个比较复杂的概念，一般是指消费者所购买产品的效用与所支付费用的比值，这也是一种主观评价。消费者通常会根据不同产品满足其需要的能力以及为得到这些产品所需支付的费用来决定这些产品的价值，并根据产品的价值来做出购买决定。例如，某人为解决其每天上班和周末郊游的交通需要，会对可能满足这种需要的产品选择组合（如轿车、SUV、MPV、摩托车等）和他的需要组合（如性能、安全、舒适、经济等）进行评价，以决定哪一种能为其提供最大的总满足。

（4）交换、交易和关系　交换是市场营销的核心概念，营销的全部内容都包含在交换概念之中。所谓交换，是指从别人那里取得所需之物，而以自己的某种东西作为回报的行为。交换的发生必须具备以下条件：至少有两方，每一方都有被对方认为有价值的东西，每一方都能沟通信息和传送物品，每一方都可以自由接受或拒绝对方的产品，每一方都认为与另一方进行交换是适当的或称心如意的。

交易是交换的基本组成单位，是交换双方之间的价值交换。交换是一个过程，在这个过程中，如果双方达成一项协议，就称之为发生了交易行为。交易通常有两种方式：一是货币交易，如某人用 10 万元购买一辆汽车；二是非货币交易，包括以物易物、以服务易服务的交易等。

建立在交易基础上的营销可称为交易营销。为使企业获得相较交易营销得到的更多，就需要关系营销。关系市场营销是指营销者与其顾客、分销商、零售商、供应商以及广告代理等建立、保持并加强长期的合作关系，通过互利交换及共同履行诺言，使有关各方实现各自目的的营销方式。关系营销可以节约交易的时间和成本，强调顾客忠诚度。其营销宗旨从追求每一次交易利润最大化转向与顾客和其他关联方共同长期利益最大化，即实现"双赢"或"多赢"。

（5）市场营销与市场营销者　在交换双方中，如果一方比另一方更主动、更积极地寻求交换，则前者称为市场营销者，后者称为潜在顾客。所谓市场营销者，是指希望从别人那里取得资源，并愿意以某种有价之物作为交换的人。市场营销者可以是卖方，也可以是买方。假如有几个人同时想买正在市场上出售的某种奇缺产品，每个准备购买的人都尽力使自己被卖主选中，这些购买者就都在进行市场营销活动。当买卖双方在积极寻求交换时，就把双方都称为市场营销者，并把这种情况称为相互市场营销。

1.3.2　汽车市场营销概述

所谓汽车市场营销，是指汽车企业为了更好地满足特定目标市场对汽车产品的现实和潜在的需求，并实现企业经营目标所实施的一系列营销活动。

1. 汽车市场营销的功能

汽车市场营销作为汽车企业的一项重要活动，除了具有市场营销的三项基本功能（交换功能、供给功能和便利功能）外，还具有以下四项功能：

（1）发现和了解消费者现实和潜在的需求　现代市场营销观念强调市场营销应以消费者为中心；最大限度地满足消费者需求是市场营销的出发点。汽车企业也只有通过满足消费者的需求，才可能实现企业的目标。因此，发现和了解消费者现实和潜在的需求是市场营销的首要功能。

（2）确定适合本企业的目标市场　通过市场营销，可以帮助汽车企业在多个细分市场中找到适合自身发展的目标市场，并准确地为目标市场的特定客户开发其所需要的汽车产品。

（3）指导企业制定有效的营销策略　企业经营战略决策正确与否是企业成败的关键。企业要谋得生存和发展，做好经营战略决策很重要。企业通过市场营销活动，分析市场营销外部环境的动向，了解消费者的需求和喜好，研究竞争对手的优势与劣势，从而指导企业在产品、定价、分销、促销和服务等方面制定有效的营销组合策略。

（4）稳定现有市场和开拓新市场　通过市场营销活动，了解行业竞争的总体状况，对各细分市场的需求及变化趋势进行调查与预测，不断改进产品、调整策略，以保持和稳定现有市场，并积极开发新产品，建立更有效的分销渠道及采用更多的促销形式，开拓新的市场。

2. 汽车市场营销的地位与意义

汽车市场营销是汽车企业最重要的三项职能之一，也是企业与众不同的独一无二的职能，它是连接市场需求与企业研发及生产的桥梁和纽带。汽车市场营销通过对市场的分析与研究，发现对企业经营发展有影响的各种变数，引导企业以市场为导向来开展经营活动，从而有效地满足顾客需求，提升企业的竞争优势。管理大师彼得·德鲁克（Peter F.Drucker）指出："市场营销是企业的基础，不能把它看成是单独的职能……市场营销的成败往往决定着企业的成败。"

因此，确立市场营销在汽车企业的中心地位，对于汽车企业做大做强、实现可持续发展，具有十分重要的意义。

（1）汽车市场营销是赢得竞争优势的法宝　汽车行业是一个完全竞争的行业，生存的规则是通过竞争实现优胜劣汰。汽车企业如果不能顺应市场需求的变化，不能及时调整自己的营销组合策略，就无法赢得竞争优势，更不可能在激烈的市场竞争获胜。

（2）汽车市场营销是促进企业发展的主要动力　只有开展有效的市场营销，才能及时了解和精准识别消费者对汽车产品的需求，汽车企业才能有针对性地开发适销对路的汽车产品，才能敏锐地抓住市场机会、开拓新市场，才能最大限度地满足消费者需求。因此，汽车市场营销是促进企业发展的主要动力，是企业竞争制胜的有效途径。

（3）汽车市场营销是我国汽车工业走向世界的必要途径　我国目前虽然是汽车制造大国，但还不是汽车制造强国，这里既有制造技术和自主创新能力的问题，也有营销手段和营销策略的问题。因此，中国汽车工业要想走向世界，成为汽车制造强国，必须重视并强化汽车市场营销。韩国等汽车领域的后起之秀在我国、俄罗斯等国家的强势发展，就是很好的"他山之石"。

3. 汽车市场营销的目标

营销目标是指对企业营销活动的未来成果所做的设想和努力发展的方向。营销目标是营销计划的核心部分，对营销策略和行动方案的拟订具有指导作用。

营销目标是在分析营销现状并预测未来的机会和威胁的基础上确定的，一般可分为销售目标、市场目标和财务目标三大类，通常以量化指标体现出来。

（1）销售目标　汽车市场营销的销售目标一般是指汽车企业在计划期内所要达到的销售量（车型销售量及总销售量）和销售增长率两个指标。无论是国际汽车市场还是国内汽车市场，也无论是按公司还是按车型，目前均采用按销量进行排名。

（2）市场目标　市场目标主要包括市场占有率、市场地位（行业排名）、市场覆盖率、渠道覆盖率等指标。销售量是一个绝对指标，而市场占有率是一个相对指标。市场占有率的高低决定了企业的市场地位；市场覆盖率和渠道覆盖率反映了汽车企业的营销能力，并对销售量和市场占有率产生影响。

（3）财务目标　汽车市场营销的财务目标主要包括销售额（或营业收入）、利润总额等。

上述营销目标按时间长短划分，有长期营销目标（一般是3~5年）、年度营销目标、季度营销目标和月度营销目标；按地域范围划分，有全球营销目标、全国营销目标、分区域（省、市）营销目标等。

1.3.3　汽车市场营销观念

所谓市场营销观念，也称市场营销管理哲学，是企业领导者对市场的根本态度和看法，是一切经营活动的出发点。具体来讲，市场营销观念是企业在开展市场营销活动的过程中，在处理企业、消费者和社会三者利益方面所持的态度、思想和观念。它是企业拓展市场、实现经营和销售目标的根本指导思想,即如何处理企业、消费者和社会三者利益之间的比重,以什么为中心来开展企业的生产经营活动。所以,市场营销观念的正确与否,对企业的兴衰成败具有决定性作用。

汽车市场营销观念(管理哲学)的演变,大体经历了三个阶段,表现为六种不同的市场营销观念,如图1-3所示。

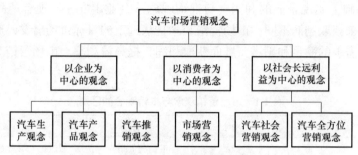

图1-3　汽车市场营销观念

1. 以企业为中心的营销观念

以企业为中心的市场营销观念,是以企业自身利益为根本取向和最高目标,忽视或不考虑消费者和社会利益的营销观念。它具体有以下三种表现:

(1)汽车生产观念　汽车生产观念是在卖方市场条件下产生的,它是指导企业行为的最古老的观念之一。这种观念是指企业的一切经营活动以生产为中心,考虑的是如何扩大生产规模、提高生产效率、降低成本,消费者的需求和欲望并不受重视。具体表现为:"我们能生产什么,就卖什么。"福特汽车公司在20世纪初采用的就是汽车生产观念,美国汽车大王亨利·福特曾宣称:"不管顾客需要什么颜色的汽车,我只有一种黑色的汽车。"在当时全世界汽车供不应求的情况下,采用这种观念是适宜的。福特汽车公司1914年开始生产的T型轿车就是在"生产导向"经营哲学的指导下创造奇迹的,到1921年,福特T型车在美国市场的占有率达到56%。但是,这种观念只有在产品供不应求的情况下才是适用的。在当前竞争激烈的市场上,企业如果仍然奉行这种观念,必将没有立足之地。

(2)汽车产品观念　汽车产品观念认为,在市场上的汽车产品有选择的情况下,消费者会喜欢质量最优、性能最好、功能最多、配置最全、油耗最低、性价比最高的汽车产品。因此,企业应致力于持续不断地改进产品,不断提高质量、改进性能,做到物美价廉。这种观念过分强调产品的质量与特色,而不重视市场营销,认为"只要产品好,不愁没销路",即所谓"酒香不怕巷子深"。这种观念只适用于市场经济不发达、产品供需大体平衡甚至稍微供不应求、市场竞争不明显的情况。

(3)汽车推销观念　汽车推销观念具体表现为"我卖什么汽车,顾客就会买什么汽车"。生产观念和产品观念都不重视产品的销售活动,这在没有竞争或者竞争不明显的"卖方市场"是行得通的。但随着科学技术的进步和生产规模的扩大,汽车产量迅速增加,逐渐出现了市场产品供过于求、汽车企业之间竞争加剧的情况,因而迫使企业重视采用广告术与推销术推销产品。许多企业家感到,即使拥有物美价廉的产品,也未必能卖得出去。企业要在日益激烈的市场竞争中求得生存和发展,就必须重视推销。推销观念认为,消费者一般不会因自身的需求与欲望而主动地购买某种商品,必须通过推销刺激才能诱使其采取购买行为。产品是"卖出去的",而不是"被买去的"。这种观念虽然比前两种观念前进了一步,开始重视广告术与推销术,但其实质仍然是以企业利益为中心,不考虑消费者的需求,不研究市场的需求变化。

2. 以消费者为中心的营销观念

以消费者(顾客)为中心的营销观念又称市场营销观念,这是在买方市场条件下产生的经营哲学。市场营销观念认为,企业的一切计划与策略应以满足消费者需求为中心,在满足消费者需求的基础上实现企业的利润。与推销观念从企业出发,以现有产品为中心,通过大量推销和促销来获取利润不同,市场营销观念是从选定的目标市场出发,通过整体营销活动,实现消费者需求的满足和满意,进而获取利润,提高盈利率。市场营销观念与推销观念的区别见表1-1。

表1-1 市场营销观念与推销观念的区别

营销观念	出发点	中心	方法	目标
推销观念	厂商	产品	推销和促销	通过扩大消费者需求获取利润
市场营销观念	目标市场	顾客需求	协调市场营销	通过满足消费者需求创造利润

市场营销观念形成于20世纪50年代中期。第二次世界大战后,大量军工企业转向民品生产,社会商品供应量迅速增加;西方各国企业更加重视研究和开发,产品种类也大量增加,导致市场竞争进一步加剧。与此同时,西方各国政府相继推行高福利、高工资、高消费政策,消费者有较多的可支配收入和闲暇时间,对生活质量的要求更高,消费需求变得更加多样化,购买选择更加精明。这种形势迫使企业改变以企业为中心的思维方式,将重心转向认真研究消费者需求、正确选择为之服务的目标市场,以满足目标消费者的需要。

市场营销观念具体表现为:"消费者需要什么,我们就生产什么。"许多大公司的口号是:"哪里有消费者需要,哪里就有我们的机会。"企业的主要目标已不是单纯追求销售量的短期增长,而是从长远出发,力求占领市场,抓住消费者。

市场营销观念相信,得到消费者的关注和消费者价值才是企业的获胜之道。它要求企业贯彻"消费者至上"的原则,将营销管理的重心放在首先发现和了解"外部"的目标消费者需要,然后再协调企业"内部"的活动,千方百计地去满足顾客的需要并使消费者满意,从而实现企业目标。因此,企业在决定其生产和经营时,必须进行市场调研,根据市场需求及企业自身的条件,选择目标市场,组织生产经营。其产品设计、生产、定价、分销和促销活动,都要以消费者需求为出发点;产品销售出去以后,还要了解消费者的意见,根据消费者意见改进营销工作,最大限度地提高顾客满意度。

3. 以社会长远利益为中心的营销观念

以社会长远利益为中心的营销观念,是在兼顾企业、消费者和社会三者利益的同时,以维护全社会利益为中心的一种营销观念。它具体有以下两种观念:

(1)汽车社会营销观念 社会营销观念是对市场营销观念的补充、完善和扩展,被誉为市场营销的第二次革命。它产生于20世纪70年代。1971年,菲利普·科特勒和杰拉尔德·扎尔曼(Gerald Zalman)最早提出了"社会市场营销"的概念。

社会市场营销观念认为,企业的任务是确定各个目标市场的需要、欲望和利益,并以保护或提高消费者和社会福利的方式,比竞争者更有效、更有利地向目标市场提供能够满足其需要、欲望和利益的产品或服务。社会市场营销观念要求市场营销者在制定市场营销策略时，要统筹兼顾企业利润、消费者需要的满足和社会利益，正确处理三者的利益比重关系。

（2）汽车全方位营销观念　进入20世纪90年代以后，经济全球化和一体化趋势日益显著，世界汽车市场的格局发生了重大变化，同时，人们的社会意识、环保意识和生态意识逐渐增强。营销观念也有了新的发展，在社会市场营销观念的基础上进行了补充和完善，产生了关系营销观念、绿色营销观念、生态营销观念、文化营销观念、整体营销观念、整合营销观念、体验营销观念、网络营销观念、合作营销观念等。在《营销管理》（第13版·中国版）中，菲利普·科特勒等提出了全方位营销（Holistic Marketing）的新观念。全方位营销认为"所有的事物都与营销有关"，因此需要一种广泛的、整合的观念。全方位营销包括五个组成部分，即关系营销、整合营销、内部营销、绿色营销和绩效营销。其中，绩效营销强调从营销活动和营销方案中获得商业回报，并更加广泛地关注营销对法律、伦理、社会和环境的影响和效应。

1.3.4　新时期我国汽车市场营销的特点

随着全球新一轮产业革命的兴起，以及我国经济发展进入新常态，我国汽车市场营销也呈现出以下新的特点：

1）从发展速度看，由高速增长转为中低速增长。2001—2010年我国汽车市场的年均增长率是24.3%，呈现高速增长；2010年以后，我国汽车市场进入到了调整时期，增速大幅下降。我国汽车工业和汽车产业的发展进入了"新常态"，给汽车市场营销带来了新的挑战。

2）从行业结构看，传统汽车的转型升级和新能源汽车的发展同步推进。在2012年以后的五年，一些汽车企业已经开始从过去的以扩大规模为主，逐渐向依靠核心技术创新、发展的方向转型，同时新能源汽车的发展也开始加速。特别是2016年和2017年，新能源汽车的产销量同比增长均在300%以上。可以预期的是，随着政策效应的释放，新能源汽车的产销会继续保持高速增长的态势。

3）从汽车产业的产业链环节来看，汽车行业正在经历从制造环节向制造与服务环节并重的转型。一个成熟的汽车市场，汽车行业主要的利润来源实际上已经从制造环节开始转向制造与服务环节并重，甚至主要依靠服务环节。制造环节的平均利润率在绝大多数国家远低于服务环节。在这样一个新的背景下，整个汽车行业都需要重新审视行业的发展模式，从产品的研发设计、供应体系、销售模式以及汽车使用等各个环节来进行创新，培育新的竞争优势。

4）从供需情况看，市场总体呈现供给略大于需求的买方市场格局，竞争不断加剧，推动汽车价格持续走低。近年来随着市场不断扩大，每年有近百种新款车型投放市场。大量新车低价上市，进一步加剧了新老车型市场竞争，导致库存上升、价格下降。现阶段供求关系仍是决定汽车价格的最主要因素，供给略显宽松是近年我国汽车市场的主要特征。从市场发展角度看，任何一个持续快速发展的成熟市场，都会伴有适度的产能过剩，通过市场充分竞争优胜劣汰，从而保持市场发展活力。

5）从企业运营情况看，生产规模扩大促使生产成本降低，为汽车价格下降提供了空间。近年在产业政策引导下，汽车企业兼并重组以及整体上市进程加快，使企业优质资产持续注入，产业结构不断优化，生产运营管理、盈利水平大幅提升。而随着企业利润的增长，自主研发、产品创新的投入也持续加大，促进了产业技术升级和企业生产能力不断提升，使得运营成本、财务费用逐步下降，促使单车生产成本降低，为汽车价格下降提供了空间。

1.4 汽车营销环境

任何事物的发展变化都有其外因和内因。外因是变化的条件，内因是变化的根据，外因通过内因发挥作用。汽车市场需求和发展前景是汽车企业赖以生存的基础，汽车市场营销环境则是汽车企业在生存中要适应和利用的重要因素。目前我国汽车市场正由高速增长转为中低速增长，竞争日益激烈，机遇与挑战并存。汽车企业必须结合自身实际，扬长避短，抓住机遇，规避风险，才能做大做强。

1.4.1 汽车营销环境概述

1. 汽车营销环境的概念

所谓汽车营销环境，是指那些对汽车企业的营销活动产生重要影响的全部因素。按照这些因素对企业营销活动的影响不同，汽车营销环境可以划分为宏观环境和微观环境两种类型。其中，宏观环境包括自然环境、人口环境、经济环境、政治法律环境、社会文化环境和科学技术环境等因素；微观环境包括企业内部环境、供应商、营销中介、竞争者、顾客和公众等因素，如图1-4所示。

（1）宏观环境 宏观环境是指那些对于企业来说是外在的、对企业营销活动产生重要影响而又不为企业所控制的环境因素，主要包括政治和法律环境、经济和市场环境、自然和人口环境、文化和科技环境等。

宏观环境对企业的影响可以是积极的，称之为机遇，即影响企业市场营销的有利因素；也可能是消极的，称之为风险，即影响企业市场营销的不利因素。无论是机遇或者风险，都是不以企业意志为转移的客观存在，"顺之者则昌，逆之者则亡"是宏观环境发挥作用的特点。但是，这并不意味着企业在宏观环境面前是无能为力的，只要掌握了这些

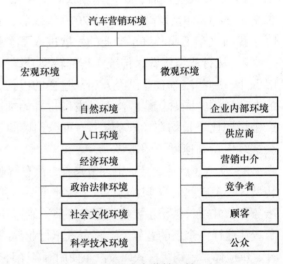

图1-4 汽车营销环境

因素发挥作用的规律，因时制宜、因地制宜，制定出相应的营销对策，不但可以使企业抓住机遇，乘风而上，产生锦上添花的营销效果，而且可以使企业迎接挑战，化险为夷，得到绝处逢生的理想结果。

（2）微观环境 微观环境是指与企业紧密相连、直接影响企业营销能力的各种参与者，包括企业内部环境因素和企业外部环境因素两部分。企业内部环境因素是指那些对于企业来说是内在的、可以控制的环境因素，包括企业实力、经营能力、企业文化、组织结构以及营销部门与其他部门的关系等；企业外部环境因素是指企业不可控制的外部因素，包括竞争者、供应商、营销中介、顾客和社会公众等。

微观环境因素决定着企业的竞争能力。微观环境因素优于竞争对手的方面，称之为优势；微观环境因素不如竞争对手的方面，称之为劣势。企业必须扬长避短，充分发挥自身的

长处或优势，弥补自己的短处或劣势，以己之长击彼之短，才能在激烈的竞争中获胜。

2. 汽车营销环境的特点

汽车营销环境是一个多因素、多层次而且不断变化的综合体，具有如下特点：

（1）不可控性　汽车营销环境是客观存在的、不以营销者意志为转移的，尤其是宏观环境因素和微观环境中的外部环境因素，企业无法按照自身的要求和意愿去改变它。例如，企业不可能改变国家的政策、法令、社会文化和风俗习惯，也不可能控制人口数量、收入水平和消费结构等。但企业可以主动适应环境的变化和要求，制定并不断调整市场营销策略，满足目标顾客的需要，实现企业的经营目标。

（2）动态多变性　汽车营销环境是一个动态系统。构成企业市场营销环境的因素是多方面的，而且是不断变化的。例如，在宏观环境中，科技、经济、政治与法律因素的变化较之于人口、社会与自然因素的变化相对较大，速度较快。因此，企业必须用动态的观点研究汽车营销环境的变化以及由此给企业带来的影响，从中发现和挖掘有利的市场机会。

（3）相关性　汽车营销环境之间相互影响、相互制约，某一因素的变化会带动其他因素的相互变化，形成新的营销环境。例如，国家宏观调控政策中的财政与税收政策、通货膨胀、需求过旺、原材料短缺等因素都可能导致商品价格的上涨；科技、经济的发展会引起政治、经济体制的相应变革或变更，影响企业产品的质量及其更新换代的速度等。这种相关性给企业开展市场营销活动带来了更加复杂的客观环境。

（4）差异性　不同的国家或地区之间，宏观环境存在明显的差异；不同的企业，微观环境也千差万别；而且，即使同样一种环境因素的变化，对不同企业造成的影响也不同。例如，近几年国家为了支持新能源汽车发展，发改委、工业和信息化部（简称工信部）、科学技术部（简称科技部）等多个部委相继出台了一系列政策，包括新能源汽车购车补贴、购置税优惠等。这些政策对于率先开发和生产新能源汽车的企业来说，无疑是重大利好，但也给其他汽车企业带来了竞争压力。这就要求企业认真分析自身所处环境的特点，制定切合实际的营销策略。

1.4.2　汽车营销微观环境

汽车营销微观环境包括企业内部环境因素和企业外部环境因素两部分，其中外部环境因素又包括营销渠道企业、竞争者、顾客和公众等。

1. 企业内部环境因素

企业内部环境因素包括企业实力、经营能力、企业文化、营销部门与其他部门的关系等。

企业实力是指企业在人力资源、资金、设备、技术等方面的实力，具体包括人力资源的数量与结构，资金规模，设备的数量、类型与先进程度，技术水平等。企业实力是经营和发展的基础，决定着企业经营能力特别是营销能力的高低。

经营能力是企业新产品研发能力、生产能力、市场开拓能力、营销能力、质量控制能力、融资能力等的综合体现，往往以销售增长率、市场占有率、销售利润率等指标表现出来。

企业文化是指企业以在长期的生产经营过程中逐步生成和发育起来的以企业哲学、企业精神为指导、为核心的共同价值准则、行为规范、道德规范、生活信念和企业的风俗、习惯、传统，以及在此基础上生成、强化共同的经营指导思想、经营理念等。企业文化对营销活动及客户关系管理会产生重要的影响。

营销活动能否成功，首先受到企业内部各种因素的直接影响，营销部门与财务、采购、制造、研发等部门之间既有多方面的合作，也存在争取资源方面的矛盾。这些部门的业务状况如何，它们与营销部门的合作以及它们之间是否协调发展，对营销决策的制定与实施影响极大。

2. 企业外部环境因素

（1）营销渠道企业　营销渠道企业包括供应商和营销中介。

1）供应商。供应商是指向企业提供生产经营所需资源（包括设备、能源、原材料、零配件等）的企业或个人。供应商对企业营销业务有实质性影响：其所提供的原材料数量和质量将直接影响产品的数量和质量；所提供的资源价格会直接影响产品的成本、价格和利润。在资源供应紧张时，供应商更起着决定性的作用。因此，企业应加强供应商管理，尽可能与供应商保持良好的合作关系。

2）营销中介。营销中介是指协助企业促销、销售和经销其产品给最终购买者的机构。它包括中间商、实体分配公司、营销服务机构和财务中介机构等。

中间商分为代理中间商和经销中间商两类。代理中间商专门介绍客户或与客户磋商交易合同，不拥有商品所有权；经销中间商购买企业产品后再出售，拥有商品所有权。

实体分配公司包括仓储公司、运输公司和配送中心等。其作用是负责产品从原产地到销售目的地之间的存储、运输、包装、装卸搬运、配送等业务。企业必须综合考虑成本、速度及安全性等因素，以决定运输和存储商品的最佳方式。

营销服务机构包括市场调查公司、广告公司、传媒机构、营销咨询机构等。其作用是协助企业正确地选择市场以及促销产品。

财务中介机构包括银行、信贷公司、保险公司等。企业的融资要靠银行和信贷机构，企业间的财务往来要通过银行结算，财产和货物要通过保险进行风险保障。

（2）竞争者　任何企业都会面对形形色色的竞争对手。在竞争性的市场上，除了来自本行业的竞争者外，还有来自替代产品生产者、潜在进入者、供应者和购买者等多种力量。因此，企业必须加强对竞争者的研究，了解对企业形成威胁的主要竞争对手及其策略，做到知己知彼、扬长避短，才能有针对性地制定本企业的营销战略。

（3）顾客　顾客是企业的目标市场，是企业服务的对象，也是营销活动的出发点和归宿。企业的一切营销活动都应以满足顾客的需要为中心。因此，顾客是企业最重要的环境因素。

一般来说，顾客市场可分为消费者市场、生产者市场、中间商市场、政府市场和国际市场五种类型，五类市场各有其独特的顾客和不同的需求。

（4）公众　公众是指对企业的营销活动有实际或潜在利害关系和影响力的团体和个人，一般包括融资公众、媒介公众、政府公众、社团公众、社区公众、一般公众、内部公众等。公众对企业营销活动的开展会产生实质性影响，这就要求企业应采取有效措施与重要公众保持良好关系，适时开展正确的公关活动，在公众面前树立良好的企业形象。

1.4.3　汽车营销宏观环境

汽车营销宏观环境是指对汽车企业营销活动造成市场机会和环境威胁的社会力量和因素，包括人口环境、经济环境、自然环境、政治法律环境、文化社会环境和科学技术环境。

1. 人口环境

人口是构成市场的首要因素，人口的总量、结构、分布及家庭组成等因素，直接影响市场的潜在容量及需求结构。

一个国家或地区的人口数量,是衡量市场潜在容量的重要因素。截至 2016 年,我国人口已逾 13.8 亿人,超过欧洲和北美洲人口的总和,这是我国能够成为世界汽车产销第一大国的重要基础。

人口结构包括人口的年龄结构、性别结构、教育结构、职业结构、收入结构、阶层结构和民族结构等多种因素。其中,年龄结构和收入结构是影响汽车市场需求量以及汽车企业目标市场选择最直接、最主要的因素。

家庭是社会的细胞,也是汽车购买和消费的基本单位。家庭户数、家庭平均人数以及家庭组成状况等,直接影响汽车市场需求的产品结构。例如,随着我国二胎政策的放开,市场对七座 SUV 的需求量明显增大。

2. 经济环境

经济环境是指企业面临的社会经济条件及其运行状况和发展趋势,是除人口因素以外直接影响汽车市场需求的重要因素。经济环境对汽车市场营销影响较大的因素主要有国民经济的发展状况与速度(一般用 GDP 及其增速来衡量)、人均收入、消费者的支出模式及消费结构、消费者的储蓄与信贷、货币和物价总水平的稳定状况等。我国汽车工业的高速发展,不仅得益于庞大的人口规模,更得益于我国经济的持续快速发展和居民收入水平的普遍提高。

3. 自然环境

自然环境是指影响社会生产和影响活动的客观环境因素,主要包括自然资源的状况、生态环境和环境保护等方面的因素。随着我国工业化的迅猛发展和汽车的大量普及,在创造了丰富物质财富、提升了生活质量的同时,也造成了资源短缺、环境污染等问题。人类只有一个地球,自然环境的破坏往往是不可弥补的,因此,各国政府都加强了对环境保护的干预,颁布了一系列节能减排的政策和法规。例如,在我国近年来雾霾持续蔓延、大气环境污染日益严重的背景下,我国有关部门已连续三次提高机动车排放标准:从 2006 年实施的"国Ⅲ"排放标准,到更严格的"国Ⅴ"排放标准于 2017 年全面实施,目前正在制定"国Ⅵ"排放标准,预计于 2020 年在全国实施。汽车企业必须关注环境方面的动向及政策法规的变化,大力研发和生产新能源汽车,在营销战略中实行生态营销和绿色营销。

4. 政治法律环境

政治法律环境包括政治环境和法律环境。

政治环境是指企业市场营销的外部政治形势,具体包括一个国家的政治体制、政局的稳定性、政策的稳定性、国际政治关系等。政治环境对企业市场营销的影响,往往表现为由政府机构通过采取各种措施来干预、约束本国企业和外来企业的经营活动,如进口限制、出口限制、外汇管制、价格管制、关税政策等。

法律环境是指对企业市场营销产生重要影响的各项法规、法令和条例等。此外,产品的技术法规、技术标准以及商业惯例等也是市场营销法律环境的重要组成部分。政府对企业营销活动实行法律干预主要体现在四个方面:一是对企业营销活动的促进与限制,如《汽车销售管理办法》《中国制造 2025》等;二是监督、指导企业行为,保障企业间公平竞争,如《关于汽车业的反垄断指南》《有形汽车市场建设和管理规范》等;三是保障消费者的权益,如《家用汽车产品修理、更换、退货责任规定》《缺陷汽车产品召回管理条例实施办法》等;四是对社会利益的维护,如《中华人民共和国环境保护法》《生态环境损害赔偿制度改革试点方案》等。

5. 社会文化环境

社会文化环境是指一个国家或地区的民族特征、价值观念、宗教信仰、伦理道德、生活方式、审美观念、风俗习惯、语言文字等的总和。社会文化可分为核心文化和亚文化两部分。核心文化是某一社会群体所共同拥有且持久不变的核心信仰和价值观念。核心文化具有延续性，可以代代相传。亚文化是指按民族、经济、年龄、职业、性别、地理、受教育程度等因素划分的特定群体所具有的文化现象。它根植于核心文化，但比核心文化容易改变。一般来说，社会文化环境对汽车市场营销的影响主要表现在以下三个方面：一是影响人们对汽车的态度；二是影响人们对汽车的选择；三是影响汽车的消费方式。

6. 科学技术环境

科学技术环境是指一个国家或地区的整体科技水平的现状及其变化。科学技术是第一生产力，科学技术的进步对经济发展起着巨大的促进作用，不仅影响企业的生产和经营，而且还与其他环境因素相互作用，给企业营销活动带来有利或不利的影响。例如，新材料和新工艺的发展促进了汽车的轻量化，而汽车的轻量化不仅可以降低汽车的整备质量，提高汽车的动力性，而且可以减少燃料消耗、降低排气污染，还可以降低汽车的制造成本；人工智能和自动驾驶技术的发展将引领汽车产业生态及商业模式的全面升级与重塑。又如，汽车企业可以凭借自身在车用新型电池技术上的优势，获得在纯电动汽车领域的竞争优势。

通用汽车新能源战略因中国提速

自 2012 年以来，我国出台了 30 多项扶持新能源汽车发展的政策，包括新能源车企补贴、新能源购车补贴、购买新能源汽车免征购置税、一线城市购买新能源汽车不限号不摇号等。受新能源汽车各项扶持政策的强力拉动，近五年我国新能源汽车销量同比增速均在 50% 以上，截至 2017 年年底，我国新能源汽车累计销量达到 180 万辆，占全球新能源汽车累计销量一半以上。

由于中国政策和市场导向倾向于新能源汽车，通用汽车中国公司（简称通用汽车）加快了新能源汽车发展的步伐。2018 年 6 月 5 日，在通用汽车中国总部，通用汽车中国公司总裁钱惠康正式公布了该公司在中国的电气化发展路径及未来五年发展计划。该公司计划到 2020 年在中国市场推出 10 款新能源汽车，目前这一计划正在稳步推进，到 2023 年在华新能源产品总数实现翻番。相比之下，通用汽车在全球其他市场并没有如此激进的规划。

钱惠康认为，中国一直是通用汽车电气化战略的核心："通用汽车相信电气化在中国拥有巨大的发展前景，并将其定为公司在华发展战略的一大重点。"而这一点，通用汽车似乎与其主要竞争对手大众汽车集团以及日产汽车颇为类似。与其不同，丰田汽车仍然坚持混合动力汽车为主。

而引人注意的是，在上海浦东的上汽通用汽车动力电池系统发展中心现已投入运营，为在本土生产与销售的电动车组装电池。

作为通用汽车全球第二家电池组装机构，该中心对标美国布朗斯敦（Brownstown）电池组装工厂，严格遵循全球统一的生产流程和技术标准。这足以表明通用汽车对新能源汽车在中国发展的重视程度。

"凭借通用汽车在电气化领域的技术实力与本地化研发及制造能力的有效结合，我们将竭力为中国消费者量身定制安全、可靠的电动车产品。"钱惠康认为，新能源汽车应该价格亲民，同时具备非常高的安全性。

通用汽车相关技术人员介绍称，1996年，该公司曾率先推出电动汽车EV1，成为全球首家为电气化量身定制车型的制造商；2010年，通用汽车旗下雪佛兰Volt沃蓝达，开创了增程式混合动力汽车的类别。

近两年，雪佛兰还推出了Bolt纯电动车，这是汽车业首款同时兼备亲民价格和较长续航能力的电动汽车。不仅如此，截至2018年5月，通用汽车全球范围所有电动车的累计纯电动行驶里程已经超过50亿km。

"电动车的关键是电池。通用汽车很早就开始打造属于自己的电池研发能力，专注于电池材料与单体电池设计的基础研究，挑战极限，推动相关技术不断进步，哪怕只是最微小的进步。"通用汽车中国公司电气化总工程师高珍妮指出，在该公司研发的单体电池正式使用之前，会至少要用3~5年时间在实验室进行测试和验证，以便充分了解电池的各项性能与单体电池的化学成分，从而对电池包的安全性、耐久性、功率水平及能量密度了如指掌。而她带领的团队主要专注于锂电池研发。

钱惠康表示，目前，通用汽车旗下已有3款新能源产品投放中国市场，包括凯迪拉克CT6插电式混合动力车、别克VELITE 5增程型混合动力车及宝骏E100纯电动车。

不久之后，别克VELITE 6插电式混合动力车及其姊妹车型VELITE 6纯电动车也将陆续上市。截至2018年5月，通用汽车在华新能源车产品的累计纯电动行驶里程已超过7500万km。

案例讨论题：

1. 通用汽车公司为什么要在中国市场大力发展电动汽车？
2. 在新能源汽车发展方向上，为什么丰田汽车公司以混合动力汽车为主，而通用汽车公司以电动汽车为主？
3. 我国扶持新能源汽车发展的各项优惠政策，为本土汽车企业的发展带来了哪些机遇和挑战？

本章小结

本章阐述了汽车工业的发展、汽车市场、汽车市场营销和汽车市场营销环境。1.1节介绍了世界汽车工业和我国汽车工业的发展历程，论述了汽车工业在宏观经济中的地位和作用，分析了我国汽车工业的世界地位；1.2节阐述了市场的概念与功能，分析了全球汽车市场格局和我国汽车市场格局，描述了我国汽车市场的类型，总结了我国汽车市场的特点，分析了我国乘用车市场的发展趋势；1.3节介绍了市场营销的相关概念，对汽车市场营销的功能、地位与意义、目标进行了描述，阐述了汽车企业市场营销的六大观念，分析了新时期我国汽车市场营销的特点；1.4节阐述了汽车营销环境的概念及特点，从企业内部和企业外部两个层面分析了汽车营销的微观环境因素，分析了汽车营销宏观环境的六大因素。

 自测习题

Ⅰ.思考题

1. 我国汽车工业在全球汽车工业及我国宏观经济中占有什么样的地位？
2. 目前全球汽车市场以及我国汽车市场各呈现出怎样的市场格局？
3. 目前我国汽车市场具有什么样的特点？
4. 汽车企业市场营销观念经历了怎样的演变过程？
5. 微观环境因素是如何影响汽车营销活动的？
6. 宏观环境因素对汽车营销有何影响？

Ⅱ.判断题

1. 汽车工业的蓬勃发展可以显著拉动上下游关联产业的快速发展。（　　）
2. 中国汽车产销量自2009年开始稳居全球首位，约占全球总产销量的1/3。（　　）
3. 市场＝人口＋购买力＋购买欲望。（　　）
4. 中国汽车市场正在由需求主导向供给主导转变。（　　）
5. 汽车推销观念是以顾客需求为中心，可以表述为："顾客需要什么，我们就生产什么。"（　　）
6. 汽车全方位营销观念认为"所有的事物都与营销有关"。（　　）
7. 宏观环境对企业营销活动影响不大，且企业无法控制和改变。（　　）
8. 汽车营销环境包含多个因素，各因素不断变化且相互作用，但同一种环境因素对不同企业造成的影响是相同的。（　　）

Ⅲ.选择题

1. 不属于市场营销功能的是（　　）。
   A. 实现功能　　　　B. 供给功能　　　　C. 便利功能　　　　D. 交换功能
2. 近年来我国需求最旺、增长最快、销量最大的汽车消费市场是（　　）。
   A. 公务用车市场　　B. 私人用车市场　　C. 商务用车市场　　D. 社会用车市场
3. 未来几年，我国汽车市场潜在需求最大的细分市场是（　　）。
   A. 轿车　　　　　　B. 小型SUV　　　　C. 紧凑型SUV　　　D. MPV
4. 以社会长远利益为中心的营销观念是（　　）。
   A. 市场营销观念　　B. 社会营销观念　　C. 推销观念　　　　D. 产品观念
5. 不属于汽车营销微观环境因素的是（　　）。
   A. 企业经营能力　　B. 营销中介　　　　C. 竞争者　　　　　D. 产业政策
6. 在宏观环境因素中，对汽车市场潜在容量及需求结构影响最大的因素是（　　）。
   A. 人口环境　　　　B. 经济环境　　　　C. 政治法律环境　　D. 社会文化环境

第 2 章 汽车市场竞争

我国汽车市场竞争日渐白热化

我国汽车市场产销连续八年蝉联全球第一,成为全世界车企必争之地。然而,相对于 2016 年两位数的高速增长,我国车市产销 2017 年出现明显的增速放缓态势,其中乘用车产销增速同比下降明显,使得我国汽车市场竞争日渐白热化。

与过去不同的是,消费者的选择空间越来越大。现在消费者买车不仅关注价格,还关注新能源和智能网联技术,更关注售后服务。当前,除了消费者的多样化需求,我国汽车经销商正面临库存高企的局面,倒逼车企不得不在产品和市场方面加快转型升级。中国汽车流通协会秘书长肖政三表示,一方面,车企必须加强二、三、四线城市的市场开拓;另一方面,还要加快新能源和智能网联产品的更新换代,满足消费者多样化需求。

在我国汽车市场整体增速放缓的大背景下,受我国政府新能源汽车政策推动,新能源汽车市场一枝独秀,依旧保持高速增长。

为抢占我国新能源汽车市场,通用、大众、丰田、福特等众多国外车企巨头近期纷纷发布新能源汽车发展战略,并加大在华的产能建设和产品布局,推动产品和服务的转型升级。

我国车企也不甘示弱,国内不断涌现的造车新势力成为一支不可觑的力量。中国新能源网统计数据显示,一汽、上汽、长安、广汽、奇瑞、吉利、长城等 9 家自主车企发布的 2020 年新能源汽车销量目标已接近 200 万辆。目前,我国已基本建立了具有自主知识产权的燃料电池汽车动力系统技术平台,实现了百辆级动力系统与整车的生产能力。

中国科技部部长万钢表示,在未来车用能源中,氢燃料与电力将并存互补,共同支撑新能源汽车产业发展。同时,我国政府正在严控传统燃油车的产能建设,提高新能源汽车投资建设门槛,防止出现盲目建设和产能过剩。

全国乘用车市场信息联席会秘书长崔东树表示,从长期来看,随着在华车企纷纷布局新能源以应对"双积分"政策,加上 15 家获批车企逐渐走上正轨,市场将更具多元化。

分析人士认为,这意味着车企间的竞争也将日益白热化,国内外车企必须加快转型升级步伐,推出更多适合中国市场的汽车产品和服务,才能够掌握市场主动权。

我国汽车工业经过 60 多年的发展，已经进入成熟期，面临着产能过剩、行业竞争加剧等问题。汽车企业要想在日益激烈的竞争环境中求得生存并不断发展壮大，就必须认真研究汽车行业的市场格局与竞争态势，识别和分析竞争对手的优势、劣势及竞争策略，并有的放矢地制定本企业的竞争战略。

2.1　市场竞争分析

制定有效的市场竞争策略，必须首先明确影响行业竞争程度的主要因素，分析市场竞争的类型，并通过各方力量的对比，明确企业的竞争地位。

2.1.1　行业竞争性分析

一个行业的竞争，不仅仅取决于行业内部现有企业的数量、规模与结构，还受到其他一些因素的影响。战略管理的权威迈克尔·波特（Michael Porter）教授认为，一个行业的竞争态势与竞争强度，受到五种力量的影响，分别是行业内现有企业之间的竞争、潜在进入者的威胁、替代产品的威胁、购买者讨价还价的能力和供应商讨价还价的能力，提出了著名的波特"五力模型"，如图 2-1 所示。

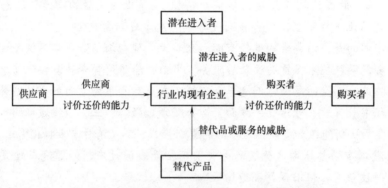

图 2-1　行业竞争的五种基本力量（波特五力模型）

这五种竞争力量此消彼长、相互制约。五种力量的状况及其综合强度，决定着行业的吸引力、竞争强度及盈利能力。例如，行业内竞争激烈，投资收益率将会下降，导致某些企业转向其他行业，潜在进入者和替代产品生产者对该行业也缺乏兴趣，最终使竞争趋向缓和；竞争强度减缓可能使该行业的获利能力回升，高利润则会吸引替代产品和潜在进入者，或促使行业内成员增加投资，最终加剧竞争的激烈程度。因此，对于某一企业来说，这五种力量都将对其起牵制作用，但它们造成的影响及作用程度大小不一。企业应着重分析及评估这些竞争力量的强弱，对比界定本企业的优势与劣势，然后确定自己在竞争中的有利位置。现对五种竞争力量分述如下：

1. 行业内现有企业之间的竞争

在同行业内部，现有企业之间是一种相互依存、相互竞争的关系。在上述行业竞争的五种基本力量中，行业内现有企业是反应最直接、表现最明显、程度最强烈的一种力量。行业内现有企业之间的竞争，是为了争夺更多的资源、获取更有利的市场。行业内现有企业也只有通过竞争，才能实现优胜劣汰，实现行业的良性发展。

现有企业之间常用的竞争手段主要有价格战、广告战、产品展示（如车展、汽车零部件展览等）、增加客户体验与服务项目、赞助大型体育赛事以及各种促销活动等。行业内现有企业之间竞争的激烈程度，主要取决于以下因素：

（1）行业的发展阶段　新兴的或处于成长期的行业，其市场潜力、市场的增长空间比较大，企业只要跟上行业的发展步伐，就会有立足之地，竞争也相对缓和；当行业处于成熟期时，市场达到饱和状态，各个企业为了争夺顾客、扩大市场占有率会导致竞争激烈。

（2）行业的集中度　若行业的集中度低，则该行业的企业数量众多且以中小企业为主，市场领导者的作用不明显，大多数企业势均力敌，难以形成超越对手的优势，则竞争也会十分激烈；相反，若行业的集中度高，则行业中少数几个龙头企业能够主宰整个行业的发展方向，带动整个行业的技术进步，其他众多企业只能跟随或者模仿龙头企业，竞争也就相对缓和一些。

（3）行业的增长速度　若整个行业连续多年的销售增长率较高，说明需求十分旺盛，则竞争也会相对缓和；当行业处于低速增长时，容易出现产能过剩，企业为了争夺有限的市场，提高本企业的市场占有率，会采取各种促销手段，从而使行业内的竞争白热化。

（4）行业中的企业数量及规模　若一个行业的企业数量较少且规模不大，竞争相对缓和；若行业不断地有大量新成员加入，或行业内某些成员为增强竞争能力而不断追加投资、扩大生产规模，就容易引起激烈的市场竞争。目前，我国整车制造企业共有 300 多家，超过了欧洲、美国和日本的总和。虽然我国汽车的产销量居世界第一，但单个生产企业的规模普遍较小，与国外大型汽车企业相比还有较大差距。

（5）各企业产品的差异程度　当行业内各企业所提供的产品没有明显的差异时，价格、广告、服务、公关等非产品因素的竞争就比较激烈；反之，如果各企业所提供的产品具有较明显的差异，则各企业可以利用这种差异性吸引不同的顾客，竞争也就相对缓和。

（6）行业的固定成本　若行业的固定成本高，说明设备和厂房的初始建设投资大，不仅要求企业自身有较强的资金实力和融资能力，而且会有较大的经营风险，这会使得一些企业不敢涉足该行业，竞争也就不会十分激烈；反之，若行业的固定成本低、资本利润率高，则会有大量的企业蜂拥而入，导致竞争加剧。

（7）行业的进出障碍　若一个行业的进入壁垒（政策壁垒、技术壁垒、法规壁垒、规模壁垒等）高，则会将许多潜在进入者挡在门外，行业内的企业不会太多，竞争也就相对缓和；若一个行业的退出壁垒高，即使在行业处于衰退时企业也只能留在该行业而无法全身而退，则会使现有行业的竞争更加激烈。

2. 潜在进入者的威胁

当某一行业前景乐观、有利可图时，会吸引新的企业进入，由于潜在进入者会带来新的生产能力，并有获取一定市场份额的愿望，则必然引起与现有企业的激烈竞争，使产品价格下跌；另一方面，潜在进入者要获得资源（如汽车生产中的钢材）进行生产，由于资源的相对稀缺性，可能导致行业生产成本上升。这两方面都会导致行业的获利能力下降。例如，在我国汽车行业发展的初期，只有一汽、二汽（东风）、上汽等几家大型国有汽车制造商，随着市场经济的发展以及各类政策的支持，在轿车行业出现了吉利、长城、比亚迪等多家民营汽车制造商，对于早期成立的国有汽车厂商而言，这些"后来者"已成为新进入的威胁者。特别是进入 2015 年以后，我国涌现了"蔚来""小鹏""云度""电咖"等一批互联网造车新势力，给传统汽车企业带来了挑战与威胁。

潜在进入者的威胁取决于进入壁垒的高低和原有企业的反击程度。如果进入壁垒高，原有企业激烈反击，潜在进入者就难以进入该行业，其威胁就小。例如，自从20世纪30年代以来，美国再也没有成功地建立新的国内汽车公司，就是因为建立汽车生产厂和开发代理营销网络需要巨额资金及技术实力支撑。决定进入壁垒高低的因素主要有以下几个方面：

（1）规模经济　规模经济的存在将使进入壁垒增高，迫使潜在进入者采取大规模的进入方式并冒着现有企业强烈反击的风险，或采取较小规模进入，但要长期忍受高成本的痛苦。汽车产业具有很强的规模经济性。1959年，英国学者马克西（G.Maxcy）和西尔伯斯通（A.Silberston）在其《汽车工业》一书中指出，当汽车的年产量从1000辆增加到5万辆时，单位成本会下降40%；从5万辆增加到10万辆时，单位成本会下降15%；从10万辆增加到20万辆时，单位成本会下降10%；从20万辆增加到40万辆时，单位成本会下降5%；当年产量达到100万辆时，再加大批量就不存在规模的经济性了。由于不同国家的经济发展水平不同，技术条件、生产要素资源等不同，对最小规模经济会有不同的测定结果。随着技术的进步、企业并购联合的进行，当初测算的最小规模经济值已经不符合现在情况了。目前，汽车经济规模的国际公认标准为200万辆。

（2）产品差异　产品差异是指原有企业所具有独特的品牌知名度、美誉度和客户的忠诚度形成的区隔。它是企业通过长期的广告、促销、客户服务、产品多样化等建立起来的。像通用、福特、大众、丰田等知名汽车公司都有一大批忠实的客户。产品差异所形成的进入壁垒，将迫使潜在进入者付出很大的代价来树立自己的形象和信誉去赢得客户，这种投资具有特殊的风险。

（3）资金要求　当进入某一行业需要大量的资金支持时，则该行业进入壁垒高。潜在进入者要在持有大量资金、冒很大风险的情况下才敢进入。

（4）转换成本　转换成本是指购买者变换供应商所支付的一次性成本。它包括重新培训业务人员、增加新设备、调整检测新工具等的费用。因此，转换成本高，则进入壁垒高。

（5）销售渠道　一个行业的正常销售渠道已经为现有企业服务，潜在进入者必须通过价格折让或大量的营销推广活动来说服这些销售渠道接受其产品，而大量成本的投入会减少潜在进入者的利润。

（6）成本优势　由于现有企业一般都已占有一些稀缺的要素和资源，有时无论潜在进入者的规模如何以及是否达到规模经济的程度，都无法达到已有企业可能拥有的成本优势。例如，微软为IBM个人计算机开发了广为采用的MS-DOS和Windows操作系统，相对于潜在进入者而言，IBM就具有了很大的成本优势。

3. 替代产品的竞争压力

替代产品（Substitute Goods）是指那些与本行业的产品具有相同功能、能满足同样需求的其他产品。随着科学技术的发展、消费者需求的改变，替代产品将越来越多。例如，电动车、摩托车、老年代步车等，都可能成为传统汽车的替代产品，给汽车市场带来新的市场竞争压力。某一行业的所有企业都将面临与生产替代产品的其他行业的企业进行竞争的局面，竞争的激烈程度取决于替代产品与原产品的密切程度、替代产品的成本水平和行业的获利水平。替代产品的存在限制了本行业产品的收益，替代产品的价格越具有吸引力，这种限制作用就越明显，对本行业构成的威胁也就越大。因此，抵御替代产品的威胁，仅靠少数几个企业的努力难以奏效，最好由行业采取集体行动，协同应对生产替代产品的竞争者。例如，组织行业协会、共同研制开发产品和改进产品的质量、联合开展持续性和大规模的广告宣传活动等。

4. 购买者讨价还价的能力

购买者的讨价还价能力也称"顾客压价"能力，是指购买者在要求企业提高产品质量、提供更多服务或降低产品价格方面的能力。在"顾客压价"能力背后的直接因素是"竞争者"能够提供更高质量或更低价格的同类产品或替代产品。因此，"顾客压价"实质上是企业与行业内现有竞争者竞争的间接表现。

"顾客压价"会导致行业的竞争者通过价格战等方式互相竞争，致使行业利润下降。随着国外大型汽车公司大量投资我国汽车市场、本土国有汽车企业的壮大、民营汽车企业的发展以及造车新势力的加入，我国汽车市场趋于饱和状态，顾客的选择余地越来越大，讨价还价的能力也越来越强。

5. 供应商讨价还价的能力

与购买者的讨价还价相反，供应商的讨价还价表现为供应商通过提高价格、降低产品质量和服务水平、停止供货等手段对企业施加压力。对于汽车整车企业而言，汽车零部件供应商的讨价还价能力主要取决于零部件供应商的实力。如果汽车零部件供应商规模大、掌握核心技术、品牌知名度高，则其在价格、库存、供货方式等方面的话语权就大，也就是其讨价还价能力强。如德国的博世、采埃孚、大陆，加拿大的麦格纳，日本的电装等汽车零部件巨头，就具有较强的讨价还价能力。而国内众多的汽车零部件企业，由于规模普遍较小、缺乏核心技术、品牌知名度低，对整车企业没有多少议价能力，只能受制于整车企业。整车企业不仅对零部件企业一再压价，还要延期支付货款，而且为了实现零库存，要求零部件企业负责库存与物流。

2.1.2 市场竞争类型

市场竞争是指不同的利益主体为在市场上争夺有利地位而进行的竞争。市场竞争包括买方之间和卖方之间为争取各自利益而进行的竞争。市场营销学着重研究的是卖方之间的市场竞争。这类竞争的核心是争取顾客、争夺市场销路，使本企业产品的销量得以扩大、市场占有率得以提高。在现代市场经济条件下，卖方之间的市场竞争，根据竞争程度的不同，可以分为完全垄断、寡头垄断、垄断竞争和完全竞争四种类型，其中，寡头垄断又可分为有差别的寡头垄断和无差别的寡头垄断两种形式，如表 2-1 所示。完全竞争市场和完全垄断市场是市场结构的两个极端，在现实经济生活中极为少见；寡头垄断市场和垄断竞争市场处于两个极端之间，是大量存在的市场结构。

表 2-1 卖方之间市场竞争类型

企业数量 产品	一家企业	少量企业	众多企业
产品无差异	完全垄断	无差别的寡头垄断	完全竞争
产品有差异		有差别的寡头垄断	垄断竞争

1. 完全垄断

完全垄断（Perfect Monopoly）是指只有一个卖主，即只有一家大型企业集团在某一市场提供产品或服务。这唯一的卖主完全垄断了整个市场，没有其他企业参与竞争，因而它能完全控制产品的市场价格，在法律允许的范围内随意给产品定价。完全垄断市场的存在必须具备以下条件：

1）卖方是独此一家，别无分店；而买家则很多。

2）由于各种条件的限制，如技术专利、专卖权、国家垄断等，使其他卖方无法进入市场。

3）市场客体是独一无二的，不存在替代产品。

在市场经济条件下，一个行业完全由一家企业控制的情况是极少的，何况垄断行业也还有来自替代品的竞争。例如，我国的铁路运输属于垄断行业，但是有公路、水路和航空运输等替代运输方式与其竞争；电力供应一般也属于垄断行业，却也有煤气、天然气、汽柴油和其他能源与之竞争。

在完全垄断的情况下，为了保护消费者和用户的利益，国家的法律限制和政府干预也会多一些。

2. 寡头垄断

寡头垄断（Oligopoly）市场是指为数不多但却占有相当大市场份额的特大型企业所构成的市场。在这种市场上，垄断与竞争并存。形成这种市场的主要原因是资源的有限性、技术的先进性、资本的密集以及规模经济等所形成的排他性。寡头垄断的显著特点是：少数几家特大型企业生产和销售了整个行业的绝大部分产品，其市场占有率一般高达85%以上。例如，我国的石化行业以及移动通信行业就属于这种类型。在石化行业，目前由中石油、中石化、中海油等几家企业所垄断；而在移动通信行业，则由中国移动、中国联通、中国电信三家企业所垄断。

寡头垄断有以下两种形式：

（1）有差别的寡头垄断，也称不完全的寡头垄断　在这种市场上，各家企业的产品是有差别的，买方不仅关心价格，还十分在意产品的品牌、质量、性能和服务等因素。所以，每个卖方都希望成为有差别的寡头垄断企业，使顾客相信其产品与别家不同、难以替代，这样就可以把产品价格定得高一些，获取差别利益。美国的汽车行业、飞机制造行业，基本上都属于这种类型。

（2）无差别的寡头垄断，也称完全的寡头垄断　在这种市场上，各家企业的产品是高度同质化的，如铝、铜、钢铁、水泥、塑料等原料市场。这些行业的产品多有规定标准，买方关心的是型号、规格和价格，一般不太在意是哪家企业生产。这种市场的价格较为稳定，一个卖方降价，会迫使其他卖方跟着降价或增加服务，否则就可能滞销。

3. 垄断竞争

垄断竞争（Monopolistic Competition）也称为不完全竞争，即竞争与垄断并存。这是最常见的一种市场结构，大多数产品市场都具有垄断竞争的属性。我国汽车行业基本上就属于这种类型。垄断竞争市场具有以下特点：

1）市场上有众多卖方，即行业内有大量的企业参与竞争，每个企业都不能完全控制市场。

2）各企业的产品存在差异，即不同品牌的产品在质量、性能、配置、式样、造型、包装、服务等方面各有特色。由于产品差异导致购买者有所偏好。因此，卖方对其产品有一定程度的垄断性。这是垄断竞争市场区别于完全竞争市场的根本特征。

3）新企业进入这一市场比较容易，由于各企业之间的产品具有替代性，因而竞争较为激烈。

在垄断竞争市场上，各个生产者或经营者首先要恰当地选择目标市场，并为目标市场提供富有特色的产品或服务，同时通过一系列营销手段，扩大本企业产品的品牌知名度与市场美誉度，从而赢得竞争优势，提高市场占有率。

4. 完全竞争

完全竞争（Perfect Competition）又称纯粹竞争，是指在市场活动中，任何人都无法通过自己的买卖行为或其他行为来影响市场产品的供求状态，改变产品的市场价格。这是由许多提供相同产品和服务的企业所组成的行业。这类行业的产品难以表现差异性，在许多企业都提供同价同质产品的条件下，竞争力主要表现在心理间隔和降低成本上。例如，许多农产品市场就可以看成无限近似于完全竞争市场，但是并不等同，因为完全竞争市场是理想化的。完全竞争市场具有以下特征：

1）有数量众多的买方和卖方参加同一种产品的交换，但各企业所购买或销售的数量都只占市场总交易额的一小部分，以至于无法对市场产生任何影响。

2）各企业提供的产品是高度同质化的，不存在差异，且购买者对产品的卖方没有特别的偏好。这样，不同的卖方之间就能够进行完全平等的竞争。

3）信息是充分的，有关市场供求变动的情况，买卖双方都可以及时获得。各方均不存在优势，交易完全建立在平等自愿的基础上。

完全竞争市场是最理想的一种市场类型，因为在这种市场状态下，价格可以充分发挥其调节作用，从整个社会的角度来看，总供给与总需求相等，资源得到了最优配置。但是，完全的竞争市场也有其缺点。例如，无差别的产品使顾客没有选择的自由；各厂商的平均成本最低不见得整个社会的成本最低；生产规模都很小的生产者无力进行重大的技术突破。完全竞争市场只是一种理论想象，其意义在于对竞争关系进行典型分析，但现实生活中几乎不存在，只有少数农产品市场比较接近。一般来说，竞争最后必然导致垄断的形成。

2.1.3 竞争平衡理论

对于不同的行业，竞争状态会有很大差异。在一些行业中，竞争者之间能够相对和平共处，关系和谐；而在另一些行业中则是无休止的争斗。按照波士顿咨询公司（BCG）的创始人布鲁斯·亨德森（Bruce Henderson）的观点，这主要取决于所谓的"竞争平衡（Competitive Equilibrium）或行业竞争生态"。亨德森的看法是：

（1）竞争对手情况相近　如果竞争者的条件几乎相同并以同一方式生存，那么，它们之间的竞争平衡将是不稳定的，平衡会被容易地打破。因此，在竞争能力处于均势的行业中可能存在着无休止的冲突。

（2）行业竞争集中于一个关键因素　如果只有一个关键因素决定着竞争，那么，竞争平衡就是不稳定的。任一企业在这一关键因素上的改进，都会敏感地打破原有的平衡。

（3）行业竞争集中于多个关键因素　如果多个因素共同起决定性作用，那么，各个竞争者都可能有某些有利条件并对顾客有吸引力，它们也就都有各自有利于竞争的细分市场。因此，许多企业便能各得其所，得以共存。

（4）竞争性变量的多少　竞争性变量起决定作用的数量越多，可能共存的竞争者数量也就越多。

那么，汽车行业是哪一种竞争类型呢？由于汽车行业的市场可以细分为高档车、中档车、大众经济车、轿车、客车、货车、跑车等，按照不同的细分方法，市场呈现出不同的情况。决定汽车企业市场业绩的因素也有很多，诸如研究与开发的技术水平、生产能力、价格水平、车款车型、销售服务甚至包括汽车生产企业所在国政府的政策支持等。因此，在汽车行业中可以有很多生产商并存，生产满足不同消费群体不同需要的、个性迥异的汽车。但是，在某一细分市场，竞争是相当激烈的，保持竞争平衡是比较困难的。

2.1.4 竞争者地位

作为市场活动的参与者，企业自身实力和资源的差距，使得各个企业在市场上占据不同的竞争位置。关于竞争者类型的划分有多种，其中将所有竞争企业按其竞争地位（市场份额）划分，可分为四种类型：市场领导者、市场挑战者、市场跟随者和市场利基者。任何一个企业在其目标市场中必然占据这四种市场竞争地位之一，如图2-2所示。

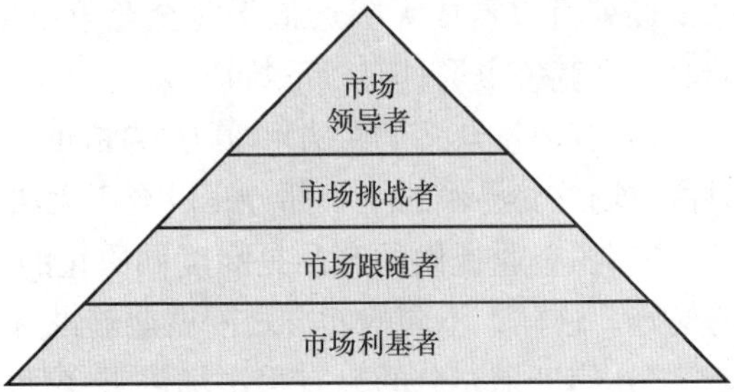

1. 市场领导者

市场领导者（Market Leader）也称市场主导者，是指在行业内享有最高的市场占有率，并在价格变动、新产品开发、分销渠道的宽度和促销力量等方面处于主宰地位，起着主导作用，从而深深地影响着行业内其他企业营销活动的企业。市场领导者是行业中的龙头老大，其他企业都承认它的统治地位，同时也可以向它发起挑战。行业中的龙头老大也可能江山易主。例如，在20世纪30年代以前，美国福特汽车公司一直稳居世界汽车行业的老大；到1931年，美国通用汽车公司取代福特汽车公司，并在之后的几十年时间里长期占据世界汽车行业的霸主地位；但2007年日本的丰田汽车公司首次超越通用汽车，成为全球销量第一的汽车公司，之后又在2012—2014年连续三年位居世界汽车销量第一。事实上，随着市场竞争加剧，大众、福特、克莱斯勒、丰田、日产等其他汽车业巨头也随时有问鼎汽车行业龙头的可能性。

图2-2 竞争者地位

2. 市场挑战者

市场挑战者（Market Challenger）是指那些在行业中处于第二、第三和以后位次的企业。它们的地位虽然次于领导者企业，但在行业中也是非常强大的，如通用汽车、福特、本田等公司。它们的共同之处是决心向领导者企业或其他竞争者发起进攻，夺取更大的市场占有率。例如广州本田的新雅阁，被有关人士认为是以"一手握着品牌大旗，一手又举起价格屠刀"的营销战略思想杀入汽车市场的。市场挑战者的决策主要由两方面内容组成：一是确定进攻对象和目标；二是选择适当的进攻策略。

3. 市场跟随者

市场跟随者（Market Follower）是指安于次要地位，不热衷于挑战的企业。居于次位的企业紧紧跟随市场领导者，有时会比向市场领导者发动挑战获得更多的收益。因此，市场跟随者一般采取跟随策略，模仿或改进市场领导者的产品、分销和广告等。当然，也不排除为争取更高的竞争地位，向市场领导者和市场挑战者发起进攻的策略。

4. 市场利基者

市场利基者（Market Nicher）基本属于行业中的小企业，它们不与那些大中企业竞争，而专营那些被大企业所忽略或是不屑一顾的小市场（即拾遗补阙）。在这些小市场上，企业通过专业化经营，为市场提供有用的产品或有效的服务，以最大限度地获取收益，也就是在大企业的夹缝中求得生存和发展。例如,一些生产特种汽车或专用汽车的小企业就属于这一类型。市场利基者成功的关键是专业化,有专业化的技术、人才、产品和促销手段。

上述四种类型,既可针对一个企业,也可针对一个企业的某种产品或产品线。同一个企业的产品有可能处于不同的竞争地位,需要制定不同的营销策略。

2.2　竞争者分析

竞争是市场经济的基本特性。市场竞争策略往往是针对竞争对手做出的反应。一个企业参与市场竞争,不仅要了解谁是自己的顾客,而且要弄清谁是自己的竞争者。对行业竞争环境的分析表明,企业的营销工作仅仅做到"顾客满意"是远远不够的,有效的营销战略和计划同样需要对竞争者做充分的了解。企业必须经常将自己的产品、价格、分销渠道和促销策略与竞争者进行比较。这样,企业才能确定竞争者的优势与劣势,从而发动更为准确的进攻,以及在受到竞争者攻击时能及时做出较强的防卫。

根据菲利普·科特勒的观点,竞争者分析过程一般包括以下六个步骤,如图2-3所示。

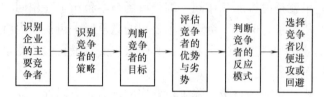

图 2-3　竞争者分析过程

2.2.1　识别企业的主要竞争者

一个企业识别竞争者似乎是一项简单的工作。例如,在美国,通用汽车的主要竞争者是福特、克莱斯勒;在中国,吉利汽车把与其生产同类车型的比亚迪、长城、长安汽车视为其竞争对手。但是,一个企业实际的和潜在的竞争范围可能是非常广泛的,而企业往往会患"竞争者近视症",即只看到当前最接近的竞争者,对潜在的竞争者没有给予足够的注意。经验表明,潜在竞争者常常会给企业带来更大的威胁。

1. 竞争者类型

按产品的替代观念,从由窄到宽的角度来界定,一个企业的竞争者可以分为以下四种类型,或称为四个层次:

(1)品牌竞争者　品牌竞争者是指以相似的价格向相同的顾客提供类似产品及服务(即产品相同,档次规格、型号等也相同)的企业,也称直接竞争者。这是狭义的竞争者,品牌几乎是区别产品的唯一因素。例如,在豪华车市场,奥迪、宝马、奔驰分别都推出了和对方在价格、性能、质量等方面相似的具有竞争性的汽车产品;在中档车市场,别克、福特、丰田、本田等汽车制造商分别视对方相似品牌产品为市场竞争目标,但它们不把宝马、奔驰等豪华汽车品牌看作主要竞争者。

(2)行业竞争者　行业竞争者是指同一行业生产同类产品(即相同产品,不同档次、型号、款式)的企业,也称同类产品竞争者。例如,在我国轿车行业中,一汽、东风、上汽、吉利、奇瑞、长安、长城、比亚迪等不同汽车制造商之间互为行业竞争者。

（3）形式竞争者　形式竞争者是指以不同产品提供相同服务的企业，也称提供相同服务的竞争者。例如，针对交通工具服务，汽车行业自身不仅有传统汽车领域、新能源汽车、无人驾驶汽车等制造商竞争，甚至与摩托车、助力车、自行车等其他交通工具的制造商之间也存在竞争。

（4）预算竞争者　预算竞争者是指在消费者不同的需求决策下，以不同的产品争取同一消费者购买的企业，也称争取同一消费基金的竞争者。这种竞争者是广义竞争者。例如，假设某消费者目前需要一辆小汽车、一套公寓、出国度假等，但其购买能力只允许满足其中之一。这时，小汽车、一套公寓、出国度假等之间就存在着竞争关系。

2. 竞争者识别

企业识别竞争者，可以从行业的角度和市场的角度来分析。

（1）从行业的角度识别竞争者　行业内现有企业之间的竞争是最直接、最显而易见的。这种竞争往往因为企业争取改善自身的市场地位而引发，并通过价格、新产品开发、广告及为顾客增加服务内容等手段来表现。

一般来说，汽车行业中的所有其他企业都是本汽车公司的竞争者，但只有那些为顾客提供的汽车产品在档次、配置、排量、价格等方面与本公司最接近的企业才是本公司最主要、最直接的竞争对手。也就是说，那些在同一细分市场与本公司争夺相同顾客的企业是本公司最主要、最直接的竞争对手。例如，奇瑞汽车公司的竞争对手包括国内所有生产乘用车的企业，包括所有的合资公司和自主品牌企业，但其中最主要、最直接的竞争对手是吉利、比亚迪、长城、东风乘用车等公司。

从行业的角度分析，企业的竞争者除了行业内的现有企业以外，还包括潜在进入者和替代产品生产者。例如，我国新出现的互联网造车新势力以及电动车、摩托车生产企业，都是现有汽车企业的竞争对手。

（2）从市场的角度识别竞争者　除了从行业的角度识别竞争者外，还可以从顾客需求的角度识别竞争者。例如，当顾客需要"出行"的便捷交通工具时，这种需要可由自行车、摩托车、汽车、火车、飞机、轮船等予以满足。汽车完全可以被其他功能相同并且更好的产品替代，这就构成了对汽车生产商的威胁。因此，站在购买者的角度来看，企业的竞争者是所有那些力求满足相同顾客需要或服务于同一顾客群的企业，包括前述的品牌竞争者、行业竞争者、形式竞争者和预算竞争者四种类型。

2.2.2　识别竞争者的策略

企业的策略差别通常表现在产品线、目标市场、产品档次、性能、技术水平、价格、服务、渠道等方面。企业最直接的竞争者是那些为相同的目标市场推行相同策略的企业。因此，企业必须识别出竞争者的策略及其策略的变化，才能掌握与对手博弈的主动权。

在大多数行业中，根据竞争者采取的策略不同，可以把竞争者分为不同的策略群体，每个策略群体由那些实行相同或相似策略的竞争者组成。例如，一个群体是以完整的产品系列、中等的价格及良好的服务来占领市场，而另一个群体则是以较窄的产品系列、较高的价格及高质量的服务来占领市场。同一策略群体内竞争最为激烈，不同的策略群体之间也存在竞争。

区别不同策略群体的价值在于：第一，可以了解进入各个群体的难易程度；第二，可以明确谁是企业的主要竞争者；第三，有助于企业采取恰当的进攻战略或有效地避开不利的冲突，以求稳中取胜。例如，潜在进入者一般较适合进入投资和声誉都较低的群体。如果企业决定进入某一群体，这个策略群体中的企业就将成为其主要竞争者。

2.2.3 判断竞争者的目标

在识别了企业的主要竞争者及它们采取的策略后，紧接着要回答的问题是：每个竞争者在市场上追求的目标是什么？

竞争者的目标由多种因素确定，包括企业对利润满意度的看法以及企业的规模、历史、专业化程度、经营管理状况等。竞争者的目标可以有总目标与分层目标、近期目标和远期目标等，这就要求企业采用动态的、具体分析的方法来判断竞争者的目标。其中至少要注意以下两点区别：

（1）不同企业对同一目标的重视程度有所不同　企业竞争的终极目标是追逐利润，但不同企业对长期利润和短期利润的重视程度不同，有些企业追求利润"最大化"目标，有些企业则追求利润"满足"目标。前者会采用高价格、高市场占有率、低成本的策略；而后者更注重于提高研发能力、不断开发新产品、不断提高产品和服务质量等方法来增强市场竞争能力，以获取长期的、适度的利润。

（2）在目标组合中的侧重点有所不同　竞争者通常会有多个目标，如利润、投资回报率、市场占有率、销售增长率、现金流量、成本降低、技术领先、行业地位、企业形象等。对这些目标，各企业有不同的侧重点，从而形成不同的目标组合。了解竞争者目标组合的侧重点非常关键，因为它可以判断和预知竞争者对不同竞争行为的反应。例如，一个以低成本领先为目标的企业，对竞争者在制造过程中的技术突破会做出强烈反应，而对竞争对手增加广告投入则不太在意。

2.2.4 评估竞争者的优势与劣势

"扬长避短"是市场竞争的重要原则之一，这就要求企业能准确地掌握竞争者的优势与劣势。评估竞争者的优势与劣势可以分为以下两个步骤：

（1）收集竞争者信息　企业应收集每个竞争者业务上最新的重要数据，如销售量、市场占有率、销售利润率、销售增长率、投资回报率、现金流量、新的投资、生产能力的利用情况等。

（2）根据所得资料综合分析竞争者的优势与劣势　企业可以设定一些评价优劣势的指标，将本企业与主要竞争者进行比较评价，从而确定主要竞争者有哪些优势（强项）、哪些劣势（弱项），见表2-2。

表 2-2 竞争者优势与劣势评价表

企业	产品性能	产品质量	成本	服务	研发能力	营销能力	品牌声誉
甲公司	A	A	C	B	A	A	A
乙公司	B	A	C	A	C	B	B
丙公司	B	C	B	C	A	B	B
丁公司	C	B	A	B	B	C	C

注：A 表示极佳；B 表示一般；C 表示较差。

由表 2-2 可知，甲公司在产品性能、产品质量、研发能力、营销能力以及品牌声誉等方面具有明显的优势，但产品成本较高；乙公司在产品质量和服务两个方面有优势，但产品成本高、研发能力弱；丙公司的研发能力强，但产品的质量问题较多，且售后服务不好；丁公司的产品成本最低，但产品性能以及公司的营销能力较弱、品牌声誉不高。

2.2.5 判断竞争者的反应模式

竞争者反应模式不仅受其目标和优势、劣势的制约，而且受到企业文化、企业价值观、经营哲学、营销观念等因素的影响。分析竞争者在遇到攻击时可能采取什么行动和做出何种反应，有助于企业正确地选择攻击的对象、因素和力度，实现每一次竞争行动的预期目标。

常见的竞争者反应模式有以下几类：

（1）从容型竞争者　这类企业对某一特定的来自竞争者的竞争行为并不迅速做出反应或者反应不强烈。其原因可能有两个方面：一是对顾客的忠诚度充满信心，充分相信自己的业务能力，确信竞争者的竞争行为不会影响本企业的产品销量和市场占有率；二是缺乏对竞争者的竞争行为做出反应的实力与能力，无法采取相应的对策，或者对竞争者的竞争行为没有足够的认识，反应迟缓。企业必须弄清从容型竞争者缺乏反应的具体原因。

（2）选择型竞争者　这类企业只对竞争者某些方面的攻击行为做出反应，而对其他方面的攻击则无动于衷或不予理会。例如，某些车企可能会对竞争者的降价行为做出针锋相对的回击，采取更大幅度的降价行为，但对竞争者增加广告费的行为不做任何反应，认为构不成威胁。

（3）强烈型竞争者　这类企业对竞争者的任何进攻都会做出迅速而强烈的反应，针锋相对、寸步不让。这类企业多为实力强大者，尤其是居于市场领导地位的企业。强烈反应的原因来自两个方面：一是要维护自己的市场地位，掌控市场竞争的主动权；二是居于市场领导地位的企业以此展示自己的实力，警告其他企业不要轻举妄动。

（4）随机型竞争者　这类企业对竞争攻击的反应具有随机性，有无反应和反应强弱无法根据既往的情况进行判断和预测。随机型竞争者一般都是实力较弱的小公司。

2.2.6 选择竞争者以便进攻或回避

通过对竞争者的策略、目标、优劣势及反应模式进行分析后，企业必须对要攻击或回避的竞争对手进行选择。当外部环境和行业环境将要发生变化时，找出那些可能会保持原有战略的从容型或选择型竞争者，攻击其准备不足、热情不足或最感胆怯的细分市场或市场战略，会使竞争者处于目标混淆或自相矛盾之中。如果竞争者可能对发起的进攻进行报复，则企业的战略重点应是选择最佳战场与竞争者抗衡；而对那些可能强烈报复、市场反应敏感的强烈型竞争者，企业应适当回避。

通过上述六个步骤的周密分析，企业就能明确自己在什么地方应加强防守，什么地方应主动退让，什么地方应集中优势进攻，攻击谁，回避谁，制定较为适合自己的市场竞争方针与策略，以使自身处于有利的竞争地位。

延伸阅读

我国汽车行业风云人物——李书福

作为浙江吉利控股集团董事长的李书福，从开照相馆、造电冰箱做起，历经30多年的艰难创业，成功创造了我国第一个民营汽车品牌——吉利汽车，并在我国汽车市场中占据重要席位。

吉利汽车能够取得骄人的成就，主要在于李书福所坚持的"一直求变"创业理念。在决定制造汽车以前，李书福先后有开照相馆、生产电冰箱、生产建材、制造摩托车等行业经历。1994年，虽然遭到家人和摩托车董事会的坚决反对，摩托车生意做得红火的李书福毅然决定"造汽车"。因为在他看来，当时的汽车产品价格太高了，未来市场有很大机会。1999年11月，历经坎坷的吉利豪情问世了。2001年11月，随着吉利JL6360轿车登上国家经济贸易委员会当年发布的产品公告，吉利轿车终于取得了"正式户口"。随后几年，吉利汽车走上了发展快车道，不但通过吉利豪情、美日和优利欧逐步打开市场，并且还投建了路桥和上海两大基地。大家本以为李书福该歇歇脚了，而他却又一次走上了改变之路。

2007年，吉利集团启动战略转型。李书福提出："通过增加投入提高技术水准，使吉利轿车的竞争优势由过去的以价格竞争为主导，转向以技术和性能领先为主导。"在这一经营方针的指导下，吉利集团收购了澳大利亚自动变速器生产商DSI和瑞典豪华汽车品牌沃尔沃。经过一系列的改变整合，在深度融合沃尔沃技术之后，吉利的第三代产品整体上达到了合资车的水平，在一些地方甚至超越日系车，达到德系车的水平。

2017年，吉利汽车全年的销售量突破124.7万辆，同比增长63%，成功跻身百万俱乐部。2016年在德国柏林发布的新品牌LYNK&CO，正式作为自主品牌冲击高端市场的先锋。沃尔沃也发布了以中国为基地的全新制造战略，开启国际化之路。然而，李书福的"求变之心"从未停止。吉利汽车在30周年庆典晚会上发布了"20200战略"，即吉利汽车集团到2020年实现年产销200万辆目标，进入全球汽车企业前十强，成为最具竞争力并且受人尊敬的中国汽车品牌之一。2018年2月，吉利收购了戴姆勒集团9.69%的股份，成为戴姆勒最大的单一股东。李书福已经把改变全球汽车市场格局定为了自己的下一个目标。

2.3 基本竞争战略

基本竞争战略（Generic Competitive Strategies）是企业在竞争中总的目标和制胜的总策略。美国著名的战略管理专家迈克尔·波特教授将基本的竞争战略划分为三种类型：成本领先战略、差异化战略和目标集聚战略。企业需要选择其中一种战略作为其主导战略，即企业要么把成本控制到比竞争者更低的程度；要么在产品和服务中形成与众不同的特色，让顾客感觉到你提供了比其他竞争者更多的价值；要么致力于服务某一特定的市场细分、某一特定的产品种类或某一特定的地理范围。

2.3.1 成本领先战略

成本领先战略（Overall Cost Leadership）又称低成本战略，是指致力于控制和降低成本，力求使本企业的成本低于竞争者，以成本优势获取竞争优势，以增强竞争力的竞争模式。成本领先战略要求企业建立起能达到有效规模的生产设施，全力以赴降低成本，严格控制管理费用，最大限度地减少推销、广告、研发、服务等方面的成本费用。为了达到这个目标，有必要在管理方面对成本控制给予高度重视。尽管质量、服务以及其他方面也不容忽视，但贯穿这一战略的主题是使成本低于竞争者。例如，日本丰田汽车公司就是在20世纪70—80年代有效采取此种战略，成功打入美国市场，最终提高了丰田在国际汽车市场上的竞争地位。

1. 成本领先战略的优势

即使处于竞争激烈的市场环境中，处于低成本地位的企业仍可获得高于行业平均水平的收益。实施成本领先战略的优势在于：

1）成本低于竞争者，具有进行价格战的良好条件。

2）可用低于竞争者的价格销售产品，从而扩大销售量，提高市场占有率。

3）更灵活地处理供应商的提价行为。

4）形成进入障碍。

5）比竞争者有更大的盈利空间，企业可以有更多的利润投入到更新设备、开发新产品中去，促使成本进一步下降，继续保持成本优势，实现良性循环。

成本领先战略对于汽车行业中以生产普通车型为主的汽车生产商尤有价值，因为对于同样关心性价比的普通车型的顾客来说，价格往往会起更大的作用。总成本领先的汽车生产商可以通过游刃有余的降价来提高性价比，以争取更多顾客和更大的市场份额。

2. 成本领先战略的风险

实施成本领先战略也会带来相应的风险：

1）过度追求低成本可能会导致产品质量下降。

2）企业可能把降低成本的压力转嫁给供应商，损害供应商的利益。

3）为追求更低的成本，必须采用自动化程度更高的设备，而增加投资会使成本上升。

4）过度关注成本可能会丧失对市场变化的预见能力。

5）过度关注成本容易忽视客户需求的变化，最终被市场淘汰出局。

3. 成本领先战略的实现途径

企业可以通过以下途径赢得低成本优势：

1）扩大生产规模，增加产量。生产规模大、产量高，则单位产品分摊的固定成本就会低一些。

2）做好供应链管理。与供应链上的合作伙伴（供应商、经销商）建立长期的战略合作伙伴关系，降低零部件采购费用和产品销售费用。

3）采用新技术、新材料、新工艺，采用汽车轻量化技术。

4）提高劳动生产率和材料利用率。

4. 成本领先战略的适用条件

当同行企业都采用各种措施使成本最小化达到或接近极限时，成本领先战略就失去了实用的意义。这一战略主要适合以下情形：

1）需求价格弹性大的产品，或价格竞争占有主导地位的行业。

2）所在行业的企业大多生产标准化产品。

3）产品制造工艺先进，易于用经济的方法制造。

4）固定成本高、原材料需求量大、产品差异性不大的行业。

2.3.2 差异化战略

差异化战略（Differentiation）是指企业在产品的性能、质量、功能、外观与内饰、配置、包装、经济性、售后服务等一个或某几个方面创造与众不同且优于竞争者的特色，从而形成竞争优势，增强竞争力的竞争模式。

　　汽车产品的差异主要是指汽车的内在差异和外在差异。汽车的内在差异主要由发动机、底盘、电气控制等基本部分组成；外在差异主要有汽车的外形、颜色、配置等。汽车产品在形象理念上也各有特点。例如，德国大众的"中档廉价"，奔驰汽车的"优质豪华"，沃尔沃的"安全可靠"，法拉利的"赛车领袖"，劳斯莱斯的"车中极品"等。

1. 差异化战略的优势

实施差异化战略具有以下优势：

1）差异化战略使企业拥有不同于竞争者的独特之处，从而可以赢得竞争优势。

2）可以更好地吸引顾客，有利于形成顾客对其产品的偏好和忠诚。

3）可以降低顾客对产品价格的敏感程度，从而避开价格竞争，甚至可以高于竞争者的价格销售产品，获得更多的利润。

4）具有特色的产品还可以阻碍替代产品生产者和潜在进入者的进入，提高与供应商、购买者讨价还价的能力，从而缓解来自供方和买方的压力。

2. 差异化战略的风险

实施差异化战略也会带来相应的风险：

1）实施差异化战略可能会导致成本上升，使得利润下降，或因价格高于行业平均水平而使销量下降，从而导致目标市场较为狭窄，无形中扩展了竞争对手的市场空间和价格优势。

2）实现产品差异化有时会与争取更大的市场份额相矛盾，两者不可兼顾。

3）竞争者的模仿可能会使企业的产品差异化优势丧失。

3. 差异化战略的实现途径

进入21世纪以后，汽车行业的竞争呈现出国际化和更加激烈化的趋势，汽车已进入差异化营销的时代。如何实现汽车产品的差异化，有以下途径可供选择：

（1）产品差异化　　汽车企业在车型以及汽车的性能、配置、可靠性、动力性、经济性、外观等方面创造自己的特色。

（2）质量差异化　　汽车企业使自己的汽车产品与竞争者的汽车产品有明显的质量差异，即在质量上优于竞争者，以赢得更多消费者的青睐。

（3）设计差异化　　企业可根据目标客户的需求来进行产品造型的特色设计，供购买者进行个性化选择。例如，流线型的"甲壳虫"、跑车典范的"法拉利"、刚劲有力的"斯太尔"、小巧玲珑的"奥拓"、女人味十足的"Polo"等。

（4）服务差异化　　汽车企业在购车体验、试乘试驾、配件供应、维修、保养等售前、售中和售后服务方面创造特色。

（5）品牌差异化　　品牌是指企业的名称、产品或服务的商标，它通常由文字、标记符号、图案和颜色等组成，是借以辨认组织产品或服务，并使之同竞争者的产品或服务区别开来的形式。例如，在全球范围内，有法拉利、劳斯莱斯、兰博基尼、宝马、奔驰等世界知名汽车品牌；在我国，有东风、解放、红旗等知名自主品牌。著名品牌可以提高产品身价，获得稳定市场。

（6）渠道差异化　　独特的营销渠道也能创造营销优势。目前，"互联网+营销"被越来越多的汽车企业所采用，并为企业创造了惊人的销售业绩。

（7）包装差异化　　包装具有保护商品、便于存放、促进销售及传递信息的作用。对汽车配件和散件组装（KD）来说，包装的作用尤其重要。此外，好的包装和物流，也是产品促销广告的传播方式之一。

4. 差异化战略的适用条件

需要指出的是，差异化战略并不意味着企业可以忽略成本，但此时成本不是企业的首要战略目标。差异化战略主要适合以下情形：

1）有多种使产品或服务差异化的途径，而且这些差异化被顾客认为是有价值的。

2）企业在技术或管理上具有创造差异化的能力。

3）顾客对产品或服务的需求具有差异性和多样性。

2.3.3 目标集聚战略

目标集聚战略（Focus）又称集中化战略或聚焦战略，是指企业的实力不足以在行业内进行更广泛的竞争，而将经营重点集中在某一细分市场（某特定的顾客群体，某产品系列或某一特定的地区市场）的战略，力争以更高的效率、更好的服务、更低的成本为这个市场的顾客提供量体裁衣式的服务，赢得竞争优势。例如，长城汽车把"坚持聚焦，做精品类"作为主要战略方针，聚焦SUV，集中资源和精力布局SUV细分市场，成功将哈弗SUV系列打造成了行业内的品牌产品。

目标集聚战略一方面能满足某些顾客群体的特殊需要，具有与差异化战略相同的优势；另一方面可以在较窄的领域以较低的成本进行经营，兼有与低成本战略相同的优势。

1. 目标集聚战略的类型

目标集聚战略有两种形式：一种是企业寻求目标市场上的成本领先优势，称为成本集聚战略；另一种是企业寻求目标市场上的差异化优势，称为差异化集聚战略。企业通过较好地满足特定对象的需要可能会采取差异化，也可能在某一产品领域实现低成本，或者二者兼得。

2. 目标集聚战略的优势

实施目标集聚战略具有以下优势：

1）经营目标集中，管理简单方便，可以集中使用企业的人、财、物等资源，更好地服务于某一特定的目标市场。

2）有条件深入钻研于有关的专门技术，熟悉产品市场及消费者的需求，有利于在细分市场做强，获得其他竞争对手难以匹敌的产品及市场优势。

3）由于生产高度专业化，可以达到规模经济效益，降低成本，增加收益。

4）将目标集中于特定的部分市场，企业可以更好地了解不断变化的市场需求，满足消费者的个性化需求。

5）有利于中小企业利用较小的市场空隙谋求生存和发展，使之能够以小搏大，在小市场做成大生意。

3. 目标集聚战略的风险

实施目标集聚战略也会带来相应的风险：

1）对环境的适应能力较差，有较大风险，放弃了其他市场机会。

2）市场容量有限，难以做大。

3）当顾客偏好发生变化、技术出现创新或有新的替代品出现时，该细分市场的需求就会急剧下降，从而使企业陷入困境。

4）若有较多竞争者进入了企业选定的目标市场，并且采取了优于企业的更集中化的战略，企业的原有优势就会丧失。

上述三种基本竞争战略各有其优缺点，它们的关系见表 2-3。

表 2-3 三种基本竞争战略的关系

产品范围	企业优势	企业的特色或战略优势	
		被顾客察觉的独特性	低成本地位
产品覆盖的范围	整个行业	差异化战略	成本领先战略
	部分细分市场	差异化集聚战略	成本集聚战略

2.3.4 选择竞争战略的原则

企业在选择市场竞争战略时还应把握以下原则：

1. 突出重点，发挥优势

由于企业内部的资源条件不同，企业所处的环境不同，每个企业都有自己的优势和劣势。成功的市场竞争战略意味着能最有效地发挥优势。最佳竞争战略必须把握企业特长，突出重点，扬长避短，使企业优势得以充分发挥。

2. 整体作战，协调配合

"正合奇胜"是企业在制定市场竞争战略时可借鉴的原则。对于企业来说，常规的市场竞争形式可以说是"正"，反映企业特点的特殊的市场竞争战略则是"奇"。"正""奇"相辅，既有重点，又全面攻防，才能在竞争中立于不败之地。

3. 争取时间，以快取胜

现代社会生活节奏快，各种经济活动日新月异，市场需求千差万别、瞬息万变。企业只有适应这种快节奏的时代脉搏，对市场需求变化具有高度的敏感，知己知彼，当机立断，及时做出市场竞争战略决策，快速应变，才能在市场竞争中应对自如。

4. 灵活机动，以变应变

在市场竞争中，竞争战略不可能有固定不变的模式，必须因时制宜、因地制宜、灵活机动，做到随市场需求变化而变化，随竞争对手策略的变化而变化，能变善变，争取市场竞争主动权，才能取得预期的成效。

悍马的兴衰史

悍马作为超豪华品牌，曾有两个身份：1992 年以前，是著名军用车生产厂商；1992 年后，是以"特别贵"和"特别耗油"著称的民用豪车。悍马的原型车是 20 世纪七八十年代，应美国陆军要求研发的一款用以取代吉普和各式皮卡的全地形多功能军用越野车，取名 HMMWV。在 1991 年的海湾战争中，HMMWV 承担了多种作战任务，美国五角大楼在公布的《波斯湾战争的胜利》报告中称赞道："悍马满足了一切要求，显示了极好的越野机动能力。"1992 年，悍马的制造商 AMG 转入了 RENCO 集团。凭借在海湾战争中的优异表现，AMG 推出了 HMMWV 的民用车，取名 HUMMER，译音"悍马"，大众意义上的悍马汽车由此诞生。1999 年，通用汽车公司取得了悍马的商标使用权和生产权，陆续推出了升级换代车型。2003 年推出 H2，适用于一般道路并升级更多舒适配置；2005 年推出 H2 SUT、H2 SUV 和 H3；2006 年推出 H3 X 和 H1 Alpha，进一步丰富了悍马家族车型。由于其具备良好的使用性能，在推出市场后受到了广泛青睐，一度被誉为"越野车之王"。

然而，随着 2008 年全球金融危机的到来，经济衰退，油价上涨；同时，随着世界汽车消费市场需求的变化，各大车企纷纷推出自己的高端 SUV，市场竞争加剧。反观悍马，虽然外观霸气、越野性能强大，但因为曾经的辉煌，之后因循守旧，转型速度慢，在油耗、环保和实用性等方面越来越难以满足市场的需求。虽然后来转变观念，顺应市场，推出了涡轮增压车型，但还是未能挽回市场，销量急剧下滑，亏损严重。2009 年 6 月，通用汽车公司对外公布了计划向中国四川腾中重工出售悍马品牌的消息；2010 年 2 月，腾中发表声明称，"由于未能获得中国相关监管机构对悍马交易的批准，终止签署最终协议"。2010 年 8 月，通用汽车公司宣布全面关闭悍马品牌。至此，在世界汽车市场纵横驰骋 18 年的民用悍马汽车正式退出市场。

2.4 不同市场地位的竞争策略

2.4.1 市场领导者竞争策略

市场领导者是在相关产品市场上占有率最高的企业。一般来说，大多数行业中都有一家企业被认为是市场领导者。它是市场竞争的主导者，也是其他企业挑战、效仿或回避的对象。如软件行业的微软、饮料行业的可口可乐、零售行业的沃尔玛等，不仅是美国市场上的领导者，也是全球市场上的领导者。又如我国的上海通用汽车公司，也是我国汽车行业的市场领导者。

市场领导者的地位是在竞争中自然形成的，也是不断变化的。市场领导者要想保住"龙头老大"的地位，通常可采取三种战略：一是扩大市场需求总量；二是保护现有市场占有率；三是提高市场占有率。

1. 扩大市场需求总量

当一种产品的市场需求总量扩大时，受益最大的无疑是处于市场领导地位的企业。一般来说，市场领导者可从以下三个方面来扩大市场需求总量：

（1）开发新用户，即发掘新的使用者　每类产品都有吸引新的购买者、增加使用者数量的潜力。这些潜在购买者可能根本不知道这类产品，或者因其价格不合理或缺少某些性能而拒绝购买。企业可以针对不同的情况采取不同措施，将潜在购买者转化为实际购买者。

企业能从三个方面寻找新的用户：①市场渗透，挖掘已有市场的潜力。例如，哈弗 SUV 系列一直受到年轻消费者的喜爱，但还有一部分年轻人认为合资品牌的汽车质量更好。企业可以从产品性价比出发，大力宣传其质量的优越性，将这部分潜在购买者转变为现实购买者。②开拓新市场，寻找新的消费群体。例如，哈弗 SUV 如何开发年轻消费者之外的市场，吸引更多的人购买。③地理扩展。例如，开发国外市场。基于产品的生命周期理论，发达国家的轿车企业往往将本国已进入衰退期的产品转移到发展中国家和欠发达国家市场上，寻找"第二春"。

（2）开辟新用途　企业应当分析消费者使用本企业产品的情况，积极发现和推广产品的新用途。"向和尚推销梳子"就是这一方法的应用。新用途可能是由新时尚带动的，因而企业要密切关注时尚和潮流，一旦发现产品的新用途，就可能给企业带来一个新的巨大市场。

例如，皮卡是一种轻型货车，由于其发动机功率大，前轮驱动，对不同道路适应性强，在雨雪天更有优势等优点，成为轻型货车的热卖点。近年来，人们受回归自然、追求洒脱的时尚驱动，皮卡成为家庭购车佳选。它既可用于上班，也可以方便家庭大量购物和全家外出旅游。在美国，拥有皮卡就是拥有一种时尚，皮卡已成为汽车公司的支柱产品之一。

（3）增加使用量　企业可以通过引导消费者增加产品的使用量、扩大使用范围、加快产品的更换等方式，扩大产品的需求量与销售量。例如，苹果公司不断推出新款 iPhone 手机，丰田汽车公司不断推出新的车型等。

2. 保护现有市场占有率

处于市场领先地位的企业，必须时刻防备竞争者的挑战，保卫自己的市场阵地。例如，可口可乐公司要防备百事可乐公司，丰田汽车公司要防备日产汽车公司，奔驰汽车公司要防备宝马汽车公司等。这些挑战者都是很有实力的，市场领导者稍有不慎就可能被取而代之。例如，通用汽车公司取代福特汽车公司，丰田汽车公司也曾取代通用汽车公司。因此，市场领导者任何时候都不能满足于现状，必须在产品的创新、服务水平的提高、分销渠道的畅通和降低成本等方面进行优化，持续增加竞争效益和顾客让渡价值，真正处于该行业的领先地位。综合来说，借鉴军事策略，市场领导者在保持自己的市场份额时，可以采用以下六种防御策略：

（1）阵地防御　阵地防御（Position Defense）是指企业在竞争者发起进攻时坚守原有的产品和业务阵地，并建立牢固的防线。当然，要更为主动地坚守阵地，还必须靠技术创新、新产品开发和业务领域扩展，为企业从根本上赢得竞争实力。阵地防御作为一种竞争策略，在军事和商业上都存在极高的风险。一方面，它为竞争者提供了显而易见的固定目标，如果竞争者猛烈攻击便可能摧毁僵化的防线，使领导者最终失去原有的市场地位；另一方面，它完全放弃了在市场上与竞争者一较高低的进攻主动权，被动挨打的结果很可能就是优势的丧失。

（2）侧翼防御　所谓侧翼防御（Flanking Defense），是指企业通过治理薄弱环节来防御竞争者乘虚而入，或建立一些次要业务作为防御的前沿阵地。显然，"侧翼"可理解为企业的薄弱环节或次要业务。挑战者在发动进攻时，往往是以攻击市场领导者的薄弱环节作为突破点。因此，加强对薄弱环节的管理，才能更好地保护自己的原有市场。

（3）先发防御　先发防御（Preemptive Defense）又称以攻为守，是指企业在竞争者对自己发动进攻之前，先发制人，抢先发起进攻来削弱或挫败竞争者。这是一种积极的进攻策略，其策略思想非常明确：进攻是最好的防御，先下手为强；与其坐等别人进攻，不如先向别人发动进攻。例如，我国的长城汽车、长安汽车、吉利汽车、广汽乘用车、江淮汽车等自主品牌车企，抓住近年来我国 SUV 市场快速增长的契机，主动进攻，在 SUV 细分市场持续发力，推出多款 SUV 车型，使得自主品牌 SUV 连续多年稳居全国 SUV 销量第一，占据了 SUV 市场销售总量的 60% 以上。

（4）反击防御　反击防御（Counteroffensive Defense）是指市场领导者在受到竞争者的攻击后采取的一种反击措施。这种反击防御，关键是选择反击的时机，既可迅速反击，也可延迟反击。如果竞争者采取与本企业相同的竞争策略，对自己的市场份额构成了较大的威胁，就要正面迎击对方的进攻。例如，竞争者开展大幅度降价或大规模促销活动，市场领导者就要凭借自己的资金实力和卓越的品牌声誉，有针对性地采取降价和促销活动，有效地击败对手。

（5）运动防御　运动防御（Mobile Defense）是指企业未雨绸缪，将其市场和产品拓展到可作为未来防御和进攻的新领域。这一策略的指导思想是：预防胜于治疗；事先做好准备，将来就能攻能守。这里的"新领域"是指可以拓展新的细分市场、区域市场，拓宽业务范围，实行多元化经营等。

（6）收缩防御　收缩防御（Contraction Defense）是指企业有计划、主动地放弃一部分无法防守的市场和实力弱小的领域。采用这一策略的理由是：在特定形势下，撤退才能更好地防守；与其被一部分次要的市场和产品拖累，不如尽早甩掉它以增援较强的领域。当然，这种有计划的收缩不是放弃整个市场，而是放弃一些较弱的领域，以便集中力量用于较强的领域。有计划的收缩防御可以保存并巩固企业在市场上的竞争实力。

3. 提高市场占有率

提高市场占有率是增加企业利润的有效途径。相关研究表明，利润率是随着市场占有率线性上升的，如市场占有率提高10个百分点，利润率也会提高10个百分点。在汽车市场上，由于市场容量巨大，市场占有率每提高1个百分点，就意味着销售额可以增加几千万元甚至几亿元。因而，市场领导者应当致力于提高自己的市场占有率。当然，在致力于提高市场占有率时，要注意不要引起反垄断的指控和制裁，同时还要注意降低成本。

2.4.2　市场挑战者竞争策略

市场挑战者是在行业中占有率仅次于市场领导者的企业。市场挑战者虽然也要解决防御的问题，但它们主要是市场竞争的进攻者。为了争取更大的市场占有率、更高的利润和扩大规模，市场挑战者向市场领导者和其他竞争者发起挑战。市场挑战者首先必须确定自己的战略目标和挑战对象，然后还要选择适当的进攻战略。

1. 确定战略目标和挑战对象

市场挑战者首先要明确其战略目标。"目标原则"要求每次行动必须指向一个明确规定的、决定性的和可以达到的目标。发起行动的关键是确定谁是竞争者，要向谁发起挑战。基本上，市场挑战者可以从以下三种类型的企业中选择一种进行攻击：

1）攻击市场领导者。这一战略具有高度风险，但同时也会有潜在的高回报。20世纪30年代，通用汽车公司利用福特汽车公司车型和颜色单一的弱点，抓住市场机会，开发年轻消费者喜欢的车型和颜色，从而一举从福特汽车公司手中夺走了汽车市场领导者的地位。

2）攻击与自己的规模相当，但目前经营状况不佳、财力拮据，或者研发力量弱、产品创新能力不强的企业。

3）攻击规模较小、资金实力相对不足、产品知名度不高、管理不够规范、目前经营困难的企业。很多处于市场挑战者地位的企业都是通过兼并收购这样的小企业来快速扩张自己的规模的。

2. 选择进攻战略

在确定战略目标和挑战对象之后，企业的进攻战略选择必须是把优势兵力集中于关键的时刻和地点，以取得决定性的胜利。可供选择的进攻战略有以下五种：

（1）正面进攻　正面进攻（Frontal Attack）是指挑战者集中力量直接攻击竞争者的长处、王牌市场和拳头产品。这是硬碰硬的攻坚战，挑战者必须实力过硬并在产品、广告、价格等主要方面大大超过对手，才有可能成功，否则不可采取这种进攻战略。正面进攻的胜负取决于双方力量的对比，挑战者的实力只有大于竞争者才有可能获胜。

（2）侧翼进攻　侧翼进攻（Flanking Attack）是指挑战者以自己的相对优势去攻击竞争者的薄弱环节。上述正面进攻是攻击竞争者的长处，而侧翼进攻则是攻击竞争者的短处，体现了"扬长避短、避实击虚"的竞争原则。侧翼进攻可分为两种情况：一种是地理性的侧翼进攻，即在全国或世界范围内寻找对手力量薄弱地区，在这些地区发动进攻；另一种是细分性侧翼进攻，即寻找领先企业尚未占领的细分市场，在这些小市场上迅速填空补缺。侧翼进攻的成功概率远远大于正面进攻，是一种最有效和最经济的策略形式。

（3）包围进攻　所谓包围进攻（Encirclement Attack），是指挑战者以更深的产品线或更广的市场来围攻竞争对手的阵地。相比正面进攻和侧翼进攻，包围进攻是一种全方位、大规模的进攻战略。实施包围进攻战略的挑战者的实力必须远远超过竞争者，包括具有雄厚的财力、强大的分销体系和研究开发能力；否则，力不从心的包围进攻就可能演变为实际上的正面进攻，最终导致失败。包围进攻可采用产品围攻和市场围攻两种策略类型。产品围攻是指挑战者推出大量品质、款式、功能、特性各异的产品，加深产品线来压倒竞争对手。市场围攻是指挑战者努力扩大销售区域来攻击竞争者。对于实力远远超过竞争者的挑战者，可以同时采取产品围攻和市场围攻。

（4）迂回进攻　迂回进攻（Bypass Attack）是一种最为间接的进攻战略，挑战者避免与竞争者正面冲突，而向竞争者尚未涉足的业务领域和市场发动进攻。相比其他进攻策略，迂回进攻的战略意图是绕过过分拥挤的现有竞争市场来寻找开拓发展的新天地。其具体办法有四种：①发展新产品，以新产品超越竞争对手；②实行与竞争者现有业务无关联的产品多元化经营，在更为广阔的市场空间寻求立足点；③以现有产品进入新地区的市场，实行市场多元化；④发展新技术、新产品，取代现有产品，建立自己的优势领域。

（5）游击进攻　游击进攻（Guerrilla Attack）是指挑战者向竞争者发动小范围、小规模、间歇性的进攻。其目的是骚扰对方，使之疲于应对，逐渐削弱竞争者，并最终使自己在市场上站稳脚跟。游击进攻常常是由较小企业向较大企业发起的。小企业通常没有能力发动正面的甚至有效的侧翼进攻，便发动一系列短期的、密集的促销和价格进攻。不过应当指出的是，游击进攻严格说来只是一种"准备战"，挑战者若想打败对手，光靠游击战不可能达到目的，还需要发动更强大的攻势。

市场挑战者可以采取的具体进攻策略主要有价格折扣策略、廉价产品策略、高价产品策略、名牌产品策略、产品扩散策略、产品创新策略、改进服务策略、分销创新策略、成本降低策略、密集广告策略等。

2.4.3　市场跟随者竞争策略

市场跟随者是那些模仿或跟随市场领导者的产品、价格等市场营销因素组合的企业。市场跟随者不以击败或威胁市场领导者为目标，而仅仅是模仿领导者的行动，依附于领导者，自觉地维持共处局面，并从中取得高额利润。这种自觉共处状态在资本密集且产品同质的行业（如钢铁、化工等）中是很普遍的现象。

在市场竞争中，居于次位的企业紧紧跟随市场领导者，有时会比向市场领导者发动挑战获得更多的收益。市场领导者一般要承担开发新产品、进行分销、向市场提供信息和引导、开发市场等巨额开支。若一家企业紧紧跟上，模仿或改进市场领导者推出的新产品，由于不必承担任何创新费用，这个跟随者可能会获得高额利润。但是，市场跟随者不是被动地单纯追随主导者，它必须找到一条不致引起竞争者报复的发展道路。以下是三种可供选择的跟随战略：

1. 紧密跟随

紧密跟随（Following Closely）也称为克隆者，是指跟随者尽可能在各个细分市场和市场营销组合领域模仿领导者，如紧跟模仿市场领导者的产品、分销和广告等。有些紧密跟随者甚至成为一名仿造者，或者组装市场领导者的产品。

2. 距离跟随

距离跟随（Distant Following）是指跟随者在目标市场、产品创新、价格水平和分销渠道等主要方面模仿领导者，而在其他次要方面则保持一定的距离和差异。这种距离包括收购同行业的小企业、适当多元化经营等。跟随者采用这种策略较容易被领导者接受：一方面，它没有干扰领导者的营销战略；另一方面，让跟随者获得一定的市场占有率，还有助于领导者免受实行垄断的指责。

3. 选择跟随

选择跟随（Selective Following）的战略重点在于选择"跟随和创新并举"。这种跟随者在某些方面紧跟领导者，而在另一些方面则保持自己的特色。也就是说，它不是盲目跟随，而是择优跟随，它只模仿领导者行之有效的策略，在能发挥自己特长的领域便致力于创新，发挥自己的独创性。这两者的结合可能使其以后发展成为市场挑战者。

2.4.4 市场利基者竞争策略

市场利基者也称市场补缺者，是那些在被大企业忽略或不屑一顾的小市场上，从事专门化经营的小企业。几乎每个行业中都有许多小企业为某些细分市场提供专门服务。它们往往占据着市场的小角落，通过专门化为那些被大企业忽略或放弃的市场进行有效的服务，拾遗补阙，见缝插针。对于小企业来说，关键在于找到理想的市场补缺点，寻找那些既安全又能获利的细小市场。

一般说来，一个理想的补缺点应具有以下几个特征：该补缺点有足够的市场潜量和购买力，企业为之服务可盈利；该补缺点有利润增长的潜力，有足够的发展空间；该补缺点对于强大的竞争者没有吸引力；企业要有占有此补缺点所需要的技能和资源；企业能够靠自己建立的顾客信誉，保卫自身的地位，对抗大企业的攻击。所以，小企业要成为一个成功的市场补缺者，必须是服务于某一小市场的专家，并在该市场实施专业化战略。其主要战略有：

（1）为最终用户服务　它是指针对某些最终用户进行专业化经营。例如，各种产品维修、维护服务，用于维修的零配件的生产与供应，各种咨询服务等。

（2）为某些特定顾客服务　为某些特定顾客服务，既可起到拾遗补阙的作用，又有利于专门化经营。例如，专门为另一企业提供差异化产品，这一产品具有标准化生产不易兼顾的功能；专门为千差万别的顾客提供定制产品，成为加工专家；只为某一家大企业提供所需的产品和服务。

（3）提供某种特定产品　其中包括：只为各行业生产某一层次所需的产品，如集中生产铜材、铜部件或铜制品，以满足各行业生产之需；或只生产某个产品线中的一种产品甚至其中的一种零部件，如福耀玻璃等。

总体而言，市场利基者的战略就是专业化，即企业以专门的产品、渠道并以专门的方式服务于专门的顾客，企业总是以补缺的角色出现。采用补缺战略能使低份额的企业获得较好的投资收益，因为它们目标高度集中，产品线窄，产品质量高，生产成本低，价格适中。

2.5 市场营销组合

市场营销组合（Marketing Mix）是市场营销学的一个重要概念，也是企业市场竞争的基本手段。汽车企业要真正掌握市场竞争策略和方法，必须进一步研究市场营销组合。

2.5.1 市场营销组合的内涵

市场营销组合是企业为满足目标市场的需求而加以组合的可控制的变数。自20世纪60年代以来，国外多位学者从不同角度进行了研究，提出了不同的营销组合理论。

美国密西根大学教授杰罗姆·麦卡锡（Jerome McCarthy）1960年在《基础营销》（Basic Marketing）一书中将营销组合策略归纳为产品（Product）、价格（Price）、地点（Place）、促销（Promotion），即著名的"4P理论"。麦卡锡4P营销组合的提出对市场营销模式和实践产生了深远的影响，被企业奉为经典，并在此基础上进行了大规模营销活动。

菲利普·科特勒1967年在《营销管理：分析、计划、执行和控制》中进一步确认了4P营销组合。之后，在麦卡锡"4P理论"的基础上，又加入了权力（Power）、公共关系（Public Relation）等7个因素，将营销组合扩展为"11P"模式。

此外，美国营销大师罗伯特·劳特朋（Robert F. Lauterborn）1990年提出了与4P一一对应的4C模式，即顾客需求（Customer Needs and Wants）、购买成本（Cost to the Customer）、便利性（Convenience）、有效沟通（Communication）。唐·舒尔茨（Don E.Schultz）2001年在4C模式的基础上提出了4R模式。他认为，在市场不断成熟和竞争日趋激烈的形势下，企业不仅应积极适应顾客需求，还应主动地创造需求，通过顾客关联（Relevancy）、市场反应（Respond）、关系营销（Relation）和利益回报（Retribution），与客户形成独特的、互动与双赢的关系。

4P营销组合自提出以来，对市场营销理论和实践产生了深刻的影响，被营销经理们奉为营销理论中的经典。目前，在国内外研究和应用较多的仍然是"4P"营销组合，如图2-4所示。

（1）产品（Product） 产品是指企业提供给目标市场的商品和劳务的集合体。它包括产品的效用、质量、外观、式样、品牌、包装、规格、服务和保证等。

（2）价格（Price） 价格是指企业出售商品和劳务的经济回报，通常又称为定价（Pricing）。

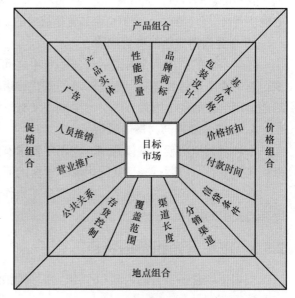

图2-4 4P营销组合

（3）地点（Place） 地点又称为分销（Distribution）或渠道（Channel），是指企业使其产品可进入和到达目标市场所进行的各种活动。

（4）促销（Promotion） 促销是指企业利用各种信息载体与目标市场进行沟通的多元活动。它包括广告、人员推销、营业推广、公共关系与宣传报道等。

产品、定价、分销和促销是企业市场营销可以控制的四个因素，也是企业市场营销的四个基本手段，即产品策略、定价策略、分销策略和促销策略，并称为四大营销策略。它们不是分离的，而是彼此相互依存、相互影响、相互制约的。在开展市场营销活动时，不能孤立地考虑某一因素（或手段），因为任何一个因素的特殊优越，并不能保证营销目标的实现，要对它们进行综合考虑、整体规划、合理编配、优化组合，使它们密切配合，发挥系统功能，实现最佳市场营销效果。将这四个因素进行合理编配、优化组合所形成的系统，称为4P's，即市场营销组合策略。

2.5.2 市场营销组合的作用

市场营销组合在市场营销活动中居重要地位，具有十分积极的作用。

1. 企业市场营销的基本手段

企业要很好地满足顾客需要，除调查了解顾客需要，进行市场细分，确定企业营销对象外，还需针对目标顾客的需要确定适当营销组合，最大限度地满足顾客需要，从而有效地实现企业营销目标。

如果没有市场营销组合，没有在市场营销组合观念指导下企业各部门以顾客为基本导向的协同努力，满足顾客需要将受到阻碍。所以，市场营销组合是实现营销目标的最佳途径。

2. 企业制定营销战略的基础

通常企业根据其发展战略制定营销目标，在营销目标指导下确定营销组合。

在制定营销战略时，为实现营销目标，企业既要强调营销组合各因素的协调配合，又要根据产品和市场的特点，充分发挥企业优势，重点运用某一个或某两个营销组合因素，形成企业的最佳营销组合。所以，营销组合是营销战略的基础，是保证企业营销目标得以实现的条件。

3. 企业赢得竞争的有力武器

任何企业的资源都是有限的，竞争对手之间，无论实力大小，都各有其优势和劣势。根据企业的资源条件和优势、市场环境的变化和市场竞争格局以及产品和市场的特点，巧妙灵活地运用组合的各个因素，既突出重点，又有整体配合，就能在市场竞争中克敌制胜。

4. 协调企业内部力量的纽带

市场营销组合就是整体营销，它不仅要求有组合各因素的协调配合，还要求企业各部门以顾客为中心，协调行动，共同为满足顾客的需要而努力。

在市场营销部门的协调下，各部门分工协作，形成一个统一的整体，发挥各部门在满足顾客需要中的作用。

2.5.3 市场营销组合的特点

根据市场营销组合的内涵和作用，市场营销组合主要有以下几个特点：

1. 可控性

营销组合的四大因素及其亚因素是企业可以控制的。企业可以根据目标市场的需要，决定生产经营什么产品，决定产品的销售价格，给产品选择什么分销渠道，选择广告宣传手段等。制定营销组合必须以深入细致的市场调研为基础，充分掌握市场环境变化态势及目标市场的需求特点。只有根据市场环境变化和目标市场需要制定的营销组合，才是最优组合。

2. 动态性

市场营销组合不是固定不变的静态组合，而是变化无穷的动态组合。因为市场营销组合是多个互相影响的营销因素的组合，这些因素受到内部条件和外部环境变化的影响，经常处于变化状态。为了适应市场环境和消费需求的变化，企业必须随时调整营销组合因素，使营销组合与市场环境保持一种动态的适应关系。"动"是绝对的，"不动"是相对的，只有在"动"中才能求生存、求发展。

3. 复合性

如前所述，营销组合的四大因素各自包括了多个次一级及至更次一级的因素，即在每种策略中又包含了一系列的具体手段。例如，产品策略中包含了产品组合、产品生命周期、新产品开发、包装、品牌等手段；定价策略中包含了成本核算、价格构成、定价技巧等手段；分销策略中包含了销售地点、销售渠道、存货控制、运输设施等手段；促销策略中，包含了广告、人员推销、营业推广等手段。所以，企业的营销组合不仅是四大因素的组合，而且包括各层次亚因素的组合。可以说，营销组合首先是四大因素的整体组合，然后是各个因素的内部组合。如此类推，使企业各层次、各环节的营销因素都协调配合，共同为实现企业营销目标发挥作用。

4. 整体性

营销组合要求企业市场营销的各个因素协调配合、一致行动，发挥整体功能。因此，在制定营销组合时，要追求整体最优，而不能要求各个因素最优，各个亚层次的组合也必须服从整体组合的目标和要求，维护营销组合的整体性。

2.5.4 大市场营销的概念

大市场营销（Mega Marketing）是美国市场营销大师菲利普·科特勒于1986年提出的新概念。它是指企业为了成功地进入特定市场，并在那里从事业务经营，在策略上协调地使用经济的、心理的、政治的和公共关系等手段，以争取外国或当地各有关方面的合作和支持。

1. 大市场营销概念的提出

根据菲利普·科特勒的定义，大市场营销实际上是企业进入特定市场所实施的特殊的市场营销策略。

所谓特定市场（Specific Market），是指进入屏障极高的封闭型或保护型市场。在一般市场上，进入屏障主要来自顾客；在特定市场上，设置屏障的既得利益集团，往往可以得到政府立法部门和管理部门、劳工组织、银行及其他组织的支持。它们极力把市场封闭起来，阻止其他竞争者进入。

极高的进入屏障大大增加了进入市场的难度，要解决这一问题，仅靠常规的市场营销手段显然难以奏效，必须采用更广泛的营销手段。正如科特勒所指出的，必须在策略上综合地使用经济的、心理的、政治的和公共关系等方面的手段，以谋求某些关键人物和部门的合作，打开市场之门，才能使市场营销顺利开展。

2. 大市场营销的特点

与一般的市场营销相比，大市场营销具有以下特点：

（1）大市场营销的目的是进入特定市场　大市场营销的目的是打开市场之门，进入特定市场。在一般市场营销活动中，市场已经存在，问题是如何开展有针对性的营销活动以满足市场需要，实现企业经营目标。而在大市场营销条件下，企业面临的首要问题是如何进入市场，影响和改变社会公众、顾客、中间商等企业营销活动对象的态度和习惯，使企业营销活动能顺利开展。

（2）大市场营销的涉及面比较广泛　在一般市场营销活动中，企业营销活动主要与顾客、经销商、广告代理商、资源供应者、市场研究机构发生联系。在大市场营销条件下，企业营销活动除了与上述各方面发生联系外，还涉及更为广泛的社会集团和个人，如立法机构、政府部门、政党、社会团体、工会、宗教机构等，企业必须争取各方面的支持与合作。

（3）大市场营销的手段较为复杂　在一般市场营销活动中，企业市场营销的基本手段是4P及其组合4P's。在大市场营销条件下，企业除运用4P's外，还应增加运用两个"P"——权力（Power）和公共关系（Public Relations），所以企业的营销组合是6P's。

（4）大市场营销并用积极的和消极的两种诱导方式　大市场营销既采用积极的诱导方式，也采用消极的诱导方式。在一般市场营销活动中，有时要采取消极的诱导方式，"软硬兼施"，促成交易。但消极的诱导方式有悖于职业道德，又可能引起对方的反感，因此应慎用或不用。

（5）大市场营销的投入较多　在大市场营销条件下，由于要与多个方面打交道，逐步消除或减少各种屏障，企业必须投入较多的人力和时间，花费较大的资本。

2.5.5　大市场营销的意义

大市场营销的提出，开阔了营销人员的视野，丰富了营销手段和方法，对企业市场营销具有较为深远的意义。

（1）加强了企业对处理好各方面关系的认识　在大市场营销中，由于企业的阻力不是首先来自顾客，而是来自其他营销活动的参与者，企业必须首先协调与这些参与者的关系，才能顺利开展营销活动。这就大大加深了企业对处理好各方面关系的认识，使企业充分意识到树立良好的企业形象和产品形象，取得顾客和各方面公众对企业的信任和支持，对企业实现营销目标具有十分重要的意义。

（2）打破了企业对外部环境因素完全不可控制的传统观念　在大市场营销条件下，某些环境因素可以通过企业的各种活动加以影响和改变，如政治、法律方面的活动和游说、谈判、公共关系以及广告宣传等。因此，企业不能对环境因素仅做被动的适应，而应采取积极的态度，在适应中影响环境、改变环境。

（3）加深了企业对市场营销的理解　在大市场营销条件下，由于某些社会和文化偏见，最初市场并不欢迎某种产品，但经过有效的大市场营销活动，市场转变了对这种产品的态度，接受了这种产品。这给企业的启示是：市场营销与市场需求之间并不是一种被动的适应关系，市场营销"传递和创造生活标准给社会"，对市场需求有积极的引导作用。

因此，企业不能仅仅满足于适应市场需求，而且要影响需求，创造新的需求。对市场营销的这一新理解，可以激励企业的创新精神，使企业永不满足于现状，积极主动地适应市场需求的变化。

讨论案例

销量缘何逆势增长？吉利市场竞争力分析

经过2014—2016年的三年努力，吉利汽车基本上完成了"一个吉利"战略，2017年吉利汽车总销量达到124.7万辆，成为中国汽车市场进步最快的汽车企业之一。

1. 战略篇

2014年4月18日，吉利发布"一个吉利"战略，以"潜心打造符合消费者需求的汽车精品，以崭新的技术支撑、产品品质和品牌形象打造一个不断进取、充满激情的新吉利"为理念，将帝豪、全球鹰、英伦三个子品牌纳入吉利品牌，将车型分为KC、帝豪、远景、金刚、熊猫五大车系，覆盖A_{00}级至B级车。截至2016年年底，吉利品牌的销售线索占比将近100%，意味着吉利基本回归"一个吉利"。

吉利之前的多品牌战略导致车多、渠道多、品牌多，简称"许三多"，加剧了内耗，牵制了价区提升。2014年吉利品牌线索集中于7万元以内，核心原因是吉利当时的技术储备不足。"一个吉利"战略先缩减车型、减少内耗，再推新车实现纵向布局，其成功的核心原因是技术升级。吉利内部格局已由之前的多品牌布局演化为目前的"三族鼎立"。其中，远景家族聚焦5万~7万元，帝豪家族聚焦6万~12万元，博族（博越+博瑞）聚焦10万~18万元。"三族鼎立"有利于吉利由低价车向中高价车上探、拓展消费群体。

2. 售价篇

2016年投放的博越、远景SUV、帝豪GL、帝豪GS等多款新车，让吉利汽车突然变贵了。其在9万~15万元价区的线索占比由2015年19.58%上升至49.80%，一举超越9万元以内价区，成为吉利新的第一价区，整体价区越来越接近雪佛兰、起亚等海外品牌，意味着更多的购车者会拿吉利车型与海外品牌对比，这有利于提升吉利的品牌价值。

同时，吉利精简车型聚焦"远景家族"，远景轿车替代帝豪成为吉利低价车线索占比最高的车型，实现了低价车的转型升级。2014—2016年吉利在9万~15万元价区取得了不错的成绩，同时，还成功打入15万~25万元价区。

3. 品牌篇

忠诚度是中国品牌最稀缺的资源，为此，吉利大力加强品牌建设，使吉利的品牌价值进一步提升，博越、帝豪GS等新车的品牌忠诚度大幅提升。特别是帝豪GS、远景SUV等车型品牌忠诚度的提升，补齐了吉利的一块短板，有利于提升盘活"存量资源"的效率，助力吉利开辟置换、汽车金融、品牌保养等新业务。

吉利用户忠诚度最高且提升最快的是紧凑型轿车，由2016年一季度的15.95%飙升至28.05%。新车意向置换仍选择吉利本品牌的比例高达34.97%，2017年一季度位居新车意向置换来源前五位的几乎都是吉利车型。可以看到，博越、博瑞等3.0车型留住了吉利大量的小型车等老用户，目前帝豪的保有量已超过100万辆，3.0车型就像打开这个宝库的金钥匙。

4. 区域篇

企业抢占市场区域作为自己的根据地，不仅能够稳固现有市场，还能进一步对其他市场形成辐射效应，逐步提升自身的市场销量与品牌价值。2016年吉利汽车进步巨大，市场渗透率提升，占领的市场区域范围进一步扩大。

2016年以前，吉利汽车几乎从没真正威胁到过大众、通用等主流海外品牌在华的优势地位，因为吉利的影响局限于五六线城市等低级别市场，在主要城市的线索渗透率一般都在2%以内，与海外品牌的市场几乎不重叠。2016年以来，基于3.0车型产品，吉利汽车表现强势，其市场由点快速向线、面推进，在长江流域部分大城市以及广州、海口、昆明、南宁等南方主要省会城市的线索增长都超过了100%。这说明吉利正在大踏步挺进一二线大城市，意味着吉利与主流海外品牌的正面冲突不可避免；这些大城市也将成为吉利打通区域市场、将南方市场连成片的重要纽带。

案例讨论题：
1. 吉利汽车在抢占市场过程中采取了哪些有效的市场竞争策略？
2. 吉利汽车的快速发展具有哪些借鉴价值与警示效应？
3. 吉利有哪些市场软肋？

本章小结

本章主要介绍了汽车市场竞争分析、竞争者分析、基本竞争战略、不同市场地位竞争者的竞争策略以及市场营销组合五部分内容。2.1节分析了行业竞争的五种力量，阐述了市场竞争的四种类型，介绍了竞争公平理论，描述了四种竞争者地位的特征；2.2节着重论述了竞争者分析的六个步骤，并对每一步骤的要点与方法进行了详尽的分析；2.3节全面分析了成本领先战略、差异化战略和目标集聚战略三种基本竞争战略的优势、风险、实现途径及适用范围；2.4节分别介绍了市场领导者、市场挑战者、市场跟随者和市场利基者四种市场地位企业可以采取的竞争策略；2.5节主要介绍了市场营销组合的内涵、作用、特点以及大市场营销的概念和意义。

自测习题

I. 思考题

1. 有哪些影响行业竞争的基本力量？市场竞争有哪些类型？
2. 企业在市场竞争中所处的位置可分为哪些类型？
3. 企业如何制定市场竞争策略？
4. 企业有哪些基本竞争战略？
5. 什么是市场营销组合？什么是大市场营销？它们各有哪些特点？

Ⅱ.判断题

1. 汽车企业的竞争战略是一个集成系统,是由多个系统或战略模块集合而成的,它包括一系列的重要步骤和内容。( )
2. 实施成本领先战略要求汽车企业必须以低于行业平均价格销售产品。( )
3. 市场利基者在竞争中应设法找到一个或多个安全的和有利可图的补缺基点。( )
4. 汽车行业的市场领导者要保护市场份额,就必须正面攻击市场挑战者。( )
5. 如果竞争对手已经采用差异性营销战略,则企业应以无差异营销战略与其竞争。( )
6. 通常情况下,汽车行业竞争结构不会随着时间的推移而变化。( )
7. 1984年,菲利普·科特勒在"4P"的基础上增加了权力和公共关系,企业营销组合成为"6P",后被称为"大市场营销组合"。( )
8. 市场营销组合的概念是由尤金·麦卡锡教授首先提出的。( )

Ⅲ.选择题

1. 市场竞争五力分析模型的提出者是( )。
   A. 迈克尔·波特　　B. 彼得·德鲁克　C. 菲利普·科特勒　D. 尤金·麦卡锡
2. 一个汽车企业若要识别其竞争者,通常可从以下哪方面进行考虑( )。
   A. 利润　　　　　　B. 分销渠道　　　C. 目标和战略　　　D. 行业和市场
3. 市场跟随者追求的与市场领导者的关系是( )。
   A. 和平共处　　　　B. 取而代之　　　C. 维持现状　　　　D. 保护自己
4. 市场利基者战略有一个关键性的概念,那就是( )。
   A. 进攻　　　　　　B. 跟随　　　　　C. 专门化　　　　　D. 差异化
5. 汽车产品由卖方随意定价的市场属于( )。
   A. 完全竞争　　　　B. 完全垄断　　　C. 垄断竞争　　　　D. 寡头垄断
6. 本田雅阁与丰田凯美瑞的产品档次一致,从竞争者类型看,它们相互之间是( )。
   A. 行业竞争者　　　B. 形式竞争者　　C. 品牌竞争者　　　D. 通常竞争者
7. 在我国目前情况下,汽车行业的市场领导者主要采取的策略是( )。
   A. 进攻策略　　　　B. 防御策略　　　C. 跟随策略　　　　D. 聚焦策略
8. 寻找主导企业尚未为之服务的细分市场,在这些小市场上迅速填空补缺的进攻策略是( )。
   A. 包围进攻　　　　B. 侧翼进攻　　　C. 迂回进攻　　　　D. 游击进攻

第 3 章　汽车购买行为分析

由豪华车购买人群的变化看"豪华"的新定义

随着"90 后"甚至"95 后"的兴起，如今我国社会的高端生活方式和豪华汽车的消费观发生了巨大的变化。随着人们生活水平的提高，豪华汽车的消费群体日趋年轻化，而创新的科技成了当今消费者所推崇的"豪华"价值观。

1. 全新的高端生活方式与豪华汽车消费观

如今，高端的生活方式不再以奢华作为主要诉求，优质的体验和个性化的体现成了当下高端生活方式的主线。人们已从单一追求高端品牌的拥有，转而关注产品带来的生活体验。近些年，人们已不仅仅追求品牌价值所带来的优越感，而更多的是将关注点转向产品本身和它将如何彰显人们的个性。正因如此，我国消费者对豪华汽车的消费观念产生了很大的转变。在过去的 5~10 年，人们购买豪华汽车更多是为了展示自己的成功、获得认同感。在那个时代，人们需要这种认同感；而现在，人们更注重汽车的本身、生活的本身、品牌的内涵、品牌代表的价值观、品牌带来的个性化以及技术的创新。

2. 用户群年轻化和产品豪华的品性

随着人们生活水平的提高，在我国，越来越多的年轻人成为豪华汽车的购买人群。在年轻人的心目当中，"豪华"在未来将由创新的科技来定义。和前一代人相比，生长在"富营养时代"的"80 后""90 后"，心态更加开放、视野更加国际化。他们喜欢摆脱老一辈传承的一些东西，创造属于自己的财富和经历。正因如此，现在的年轻人十分注重所选择的品牌是否具有创新的态度和精神。例如，大量的年轻消费者认为苹果是一个豪华品牌，这恰恰是因为创新的科技赋予了苹果豪华的品性。豪华汽车对自身品牌进行创意化、科技化、智能化和互联化的变革，不断增加其产品的科技元素，正体现了其对年轻消费者这一重要客户群体的重视。而年轻消费者对产品偏好的变化更激励着这些汽车品牌向着更新、更高的方向发展。例如，为解决驾驶新手泊车入库的烦恼，宝马推出了远程自动泊车系统。该系统能够在完全不需要驾驶员控制的情况下，自动将车辆停入停车位，即使是大型多层式停车场，系统也能完美执行停车指令。

> 当前我国汽车市场正在经历深刻而全面的变革，创造力和创新精神正成为这个时代最受推崇的价值。科技改变世界，更清洁、更安全、更智能、更互联是汽车消费者的需求所向，也是汽车发展的大势所趋。

不同于服装或日用品，汽车产品本身具有消费品和生产品的双重特征，因此，汽车市场通常分为汽车消费市场和汽车业务市场。汽车购买行为既包括汽车消费者购买行为，也包括汽车业务市场购买行为。这两个市场的购买行为虽然有一些相似之处，但也各具特点。汽车购买行为分析主要是研究个人、集团和组织如何选择、购买、使用汽车和获得相关的服务，以满足汽车生产企业的需要。

3.1 汽车消费市场与购买行为

汽车消费用户是指为了消费而购买和使用汽车商品的人，包括个体消费用户和家庭消费用户两类。其具体表现为个人消费，故也称汽车消费者。从这个角度来说，这里的汽车商品是最终消费品，它不用于再生产。我们把汽车消费用户所组成的市场称为汽车消费用户市场，它是汽车最终消费者市场。

3.1.1 汽车消费市场的主要特点

汽车消费市场的消费者由于受经济、社会、文化、自然以及政治与法律等因素的影响，呈现出千差万别、纷繁复杂的形态。此外，汽车消费品属高档耐用选购品，绝大多数属单件购买，消费者在挑选和购买此类商品的过程中要特别比较其可靠性、安全性、价格、造型式样等特性。因此，消费者在购买汽车产品时，往往会在多个汽车市场中研究多个汽车品牌。所以，与汽车业务市场相比，汽车消费市场具有以下明显的特征：

1. 市场容量大

无论是从发达国家的发展历史来看，还是从我国近几年的国家政策及汽车销售数量的增长来看，汽车消费越来越贴近生活。我国的私人汽车消费市场在不断壮大，而且已经成为我国汽车消费的主体市场。

2. 需求具有"五性"

汽车消费需求与其他消费需求有着明显的区别，主要表现在以下五个方面：

（1）多样性　汽车消费市场范围广、人数多，由于年龄、收入、地理环境、气候条件、文化教育、心理状况等的不同，汽车购买者的爱好和兴趣自然千差万别，对汽车的需求也就呈现出很大的差异性。因此，汽车企业在组织生产和货源时，必须对整个市场进行合理细分，不能把汽车消费市场只看作一个包罗万象的统一大市场。

（2）复杂性　从汽车市场看，由于消费者的需求多种多样，供求矛盾复杂，加之各类消费方式、消费结构、消费观念的变化，汽车消费需求越来越复杂多变。近年来，私人购买汽车不仅对价格反应敏感，而且对品牌、车型、性能、配置、技术含量、服务等都十分挑剔，这也对汽车企业和汽车服务业提出了更高的要求。

（3）时代性　人们对汽车商品的需求会随着生产力的发展和生活水平的改善而不断提

高。同时,汽车消费需求常常受到时代精神、风尚、环境等的影响。在美国历史上,每当经济周期处于发展期的时候,豪华型轿车就会成为汽车市场的主流产品;而当经济衰退或者石油价格上升时,低油耗的经济型轿车就会成为市场的宠儿。随着汽车消费观念由代步工具到体验消费工具的转变,消费者对未来汽车消费的个性化和互动化要求也会越来越高,汽车消费已经进入体验消费时代。

(4) 发展性　在现代社会中,人们对汽车的需求总是随着其消费方式、消费观念、消费结构的变化而变化,因此,人们对汽车需求的发展也会永无止境。20世纪90年代初期,我国汽车购买者最关心的是汽车的价格和基本实用性,至于式样、外观、品牌、时尚程度,基本上不被重视;如今,这些因素都成为购车者所关注和用以判断是否购买汽车的主要因素。特别是对于那些中高收入的人群,品牌经常是他们的首选。

(5) 伸缩性　一方面,汽车作为一种高档耐用消费商品,具有较大的价格弹性,即当汽车价格上升,或汽车税率提高,或燃油价格上调时,汽车需求就会被压抑或最终被放弃;另一方面,对于可互相替代的商品,一旦某种商品销量上升,其他替代品的销量就会下降,因此,如果一段时间内二手车市场相对繁荣,就不可避免地会使一手车市场的销售量下降。

3. 属非专业购买

大多数消费者购买汽车时往往缺乏汽车方面的专门知识,很难判断各种汽车产品的质量优劣或质价是否相当,所以很容易受广告宣传或其他促销方法的影响和诱导。汽车企业必须十分注意广告及其他促销工作,通过营销活动的努力,建立良好的商誉,使潜在需求成为现实的消费,甚至创造出新的消费需求。随着汽车消费市场的不断拓展以及互联网、自媒体等现代信息手段的普及,汽车消费者的专业素养日渐提高,这一点需要引起汽车制造及销售企业的重视。

4. 维权意识越来越强

有些汽车生产厂家为了迎合某些消费者的心理,车型变化过快,而部分整车性能、配件质量难以保证。一些国外引进的车型,对国内环境的适应性较差。另外,部分汽车销售人员的职业道德操守较差,为推销车辆,故意夸大整车或某种配置的性能,误导消费者,从而引发纠纷。一些中高档车型,近年来出现车身覆盖件漏雨,甚至发生自燃等重大事故。少数汽车生产厂家和维修企业道德缺失,导致消费者对产品质量和服务质量产生不信任。就目前来讲,对汽车质量的投诉仍居首位。值得注意的是,由于产品缺陷引发的消费者对某一品牌共有问题的投诉增加,群发性、集体投诉越来越频繁。一旦出现相同的质量问题,车主们会很快团结起来,集体投诉,这些均表明我国汽车消费者的维权意识越来越强。汽车企业必须增强社会责任感,面对产品出现的质量问题,面对企业形象危机,应采取积极的态度,不拖拉、不找借口、不推卸责任,尽可能使事件向着好的方向发展。

3.1.2　心理因素对汽车购买行为的影响

人的购买行为会受到四个主要心理因素的影响:需要和动机、感觉、学习、信念和态度。

1. 需要和动机

消费者为什么购买某种产品,为什么对企业的营销刺激有着不同的反应,在很大程度上与消费者的购买需要和动机密切相关。

(1) 消费者需要　消费者需要是指消费者生理和心理上的匮乏状态,即感到缺少什么,从而想获得它们的状态。需要是与人们的生活紧密联系在一起的,人们购买产品,接受服务，都是为了满足一定的需要；当一定的需要被满足后，又会产生新的需要。因此，人们的需要不会有被完全满足和终结的时候。正是需要的无限发展性，决定了人类活动的长久性和永恒性。满足消费者需要的过程如图 3-1 所示。

（2）需要层次论　美国心理学家马斯洛将人类需要按由低级到高级的顺序分成五个层次，即生理需要、安全需要、社交需要、自尊需要和自我实现需要。

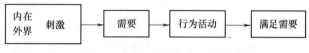

图 3-1　满足消费者需要的过程

马斯洛认为上述五种需要是按从低级到高级的层次组织起来的，只有当较低层次的需要得到了满足，较高层次的需要才会出现并要求得到满足。从消费者行为分析的角度看，这一理论对理解消费者行为动机具有重要价值。所以，企业在开发、设计产品时，既要重视产品的核心价值，也应该重视产品为消费者提供的附加价值。因为前者可能更多地与消费者的某些基本需要相联系，后者更多地与其高层次需要联系，用产品的附加功能取代其核心功能是注定要失败的。

（3）消费者动机　人的购买动机是一种被刺激的需求，它以迫使人采取相应的行动来获得满足。其基本模式如图 3-2 所示。

图 3-2　消费者动机的基本模式

人们从事任何活动都由一定动机所引起。引起动机有内外两类条件：内在条件是需要，外在条件是诱因。汽车消费者的具体购买动机主要有以下几种：

1）求实动机。它是指消费者以追求商品或服务的使用价值为主导倾向的购买动机。在这种动机的支配下，消费者在选购商品时，特别重视商品的质量、功效，而对商品的造型与款式等不是特别强调。例如，消费者在购买农用车、轻型车、微型车时，这种求实动机就比较常见。

2）求廉动机。它是指消费者以追求商品、服务的价格低廉为主导倾向的购买动机。在求廉动机的驱使下，消费者选择商品以价格为第一考虑因素，对商品的质量、式样、品牌等不是十分挑剔，而对降价、折让等促销活动怀有较大兴趣。

3）求便动机。它是指消费者以追求商品购买和使用过程中的省时、便利为主导倾向的购买动机。在求便动机的支配下，消费者对时间、效率特别重视，他们特别关心能否快速、方便地买到商品，讨厌过长的候购时间和过低的销售效率。例如，某些汽车消费者希望在能够将购车手续全部办好、售后服务及时的商家购车。

4）求新动机。它是指消费者以追求商品、服务的时尚、新颖、奇特为主导倾向的购买动机。在求新动机的支配下，消费者选择商品时，特别注重商品的款式、造型、流行性、独特性与新颖性，而将商品的耐用性、价格等作为次要的考虑因素。例如，收入水平比较高的人群以及青年群体，他们在选购汽车时，注重追求汽车的造型新颖和别致，是新产品的倡导者。

5）求美动机。它是指消费者以追求商品欣赏价值和艺术价值为主要倾向的购买动机。在求美动机的支配下，消费者选购商品时，特别重视商品的颜色、造型、外观、包装等因素。求美动机在受教育程度较高的群体以及从事文化、教育等工作的人群中比较常见。此外，女性消费者购车时求美动机也比较明显。

6）求名动机。它是指消费者追求名牌、高档商品，借以显示或提高自己的身份、地位而形成的购买动机。同时，还隐含着减少购买风险、简化决策程序和节省购买时间等因素。高收入阶层消费者追求高档、名牌轿车在一定程度上是受这种购买动机的影响。因此，汽车企业可以利用消费者追求时髦的求名动机来增加销售额。

7）模仿动机。它是指消费者在购买商品时自觉不自觉地模仿他人的购买行为而形成的从众购买动机。持模仿动机的消费者，其购买行为受他人影响比较大。一般而言，普通消费者的模仿对象多是社会名流或其所崇拜、仰慕的偶像。例如，请明星做汽车广告，目的之一就是刺激受众的模仿动机，促进产品销售。

8）癖好动机。它是指消费者以满足个人特殊兴趣、爱好为主导倾向的购买动机。其核心是为了满足某种嗜好、情趣。例如，一些汽车收藏者，他们对汽车的选择以符合自己的需要为标准，不关注其他方面。在癖好动机的支配下，消费者选择汽车往往比较理智、挑剔，不轻易盲从。

需要指出的是，上述购买动机绝不是彼此孤立的，而是相互交错、相互制约的。在有些情况下，一种动机居支配地位，其他动机起辅助作用；而还有一些情况，可能是另外的动机起主导作用，或者是几种动机共同起作用。因此，在调查、了解和研究过程中，对消费者购买动机要做全方位的综合考量，不宜做静态和简单的分析。

2. 感觉

这是影响个人购买行为的另一个重要心理因素。一个被动机驱使的人随时准备着行动，但具体如何行动则取决于他对情境的感觉。具体来说，人们对相同的刺激会有不同的感觉，主要是由以下三种感觉加工处理程序引起的，即选择感觉、选择扭曲和选择记忆。

（1）选择感觉　一个人不可能全部接收他所接触的任何信息，对的注意，有的则忽略掉。一般来说，在汽车销售过程中，汽车的造型、价格、广告、品牌、性能等都是潜在消费者接收与否的信息。如果企业要使自己所发布的信息成为购买者可接收的信息，首先必须使这些信息与消费者的需求和看法协调一致。另外，这些信息还必须减少消费者的存疑，并能提供较多潜在的信息。

（2）选择扭曲　有些信息可能也被消费者注意和接收，但其影响作用不一定会与信息发布者原来所预期的相同。因为在消费者对其所接收信息进行加工处理的过程中，每个人都会按照自己的一套方法加以组织和解释。也就是说，消费者一旦将信息接收过来，就会将它扭曲，使其与自己的观点和以前接收的信息协调一致起来。因此，接收到相同信息的消费者可能会有不同的感觉。

（3）选择记忆　人们对其接触、了解过的许多东西常常会遗忘，而只记得那些与其观点相符、意气相投的信息。因此，消费者往往会记住自己喜爱品牌的优点，而忘掉其他竞争品牌的优点。

上述三种感觉加工处理程序的存在，使得对于同样数量和内容的信息，不同的消费者会产生不同的反应；而且，它们都会在一定程度上阻碍消费者对信息的接收。这就要求市场营销人员必须采取相应的市场营销策略，如加强广告宣传，不断提高和改善商品的质量和外观造型等，以打破各种感觉障碍，使产品信息更容易被消费者所注意、了解和接收。

3. 学习

所谓学习，是指个人的购买行为并不是先天具有的，而是受后天的经验影响而形成和改变的。它既可表现为公开行动的改变，也可表现为语言和思想上的改变。消费者购买汽车的学习过程是从收集有关汽车的资料开始的，了解品牌、分析判断、提出方案、实物对比、询问释疑，直至最后采取购买行动。在这个过程中，消费者会细致地听取营销人员介绍各种车型及其性能等。因此，营销人员就需要将学习和购买动机联系起来，运用刺激性暗示及强化等手段来形成消费者对产品的强烈反应,既给消费者一个学习机会,又促进了消费者对产品的需求,从而帮助潜在顾客完成学习过程,成为现实的顾客。例如,厂商可以通过汽车展销会、广告、网络营销活动等措施来建立和完成消费者的学习过程。

4. 信念和态度

信念是人们对事物的认识。人们在购买行为中的信念,有的是建立在对名牌产品信任的基础上,有的可能建立在某种偏见和讹传上。例如,人们通常会认为奔驰象征着成功人士,而宝马代表了活力与激情。这些都是消费者日常生活中的体验转化成的信念。对于汽车营销有利的信念,企业应当采取各种手段去加强;而对于不利的信念,企业应当采取一些有效的营销手段去纠正,扭转产品在消费者心中的形象。

态度是人们对某一事物所持的持久性和一致性的评价和反应,它体现着一个人对某一事物的喜好和厌恶的内部心理倾向。态度一旦形成,不会轻易改变。因此,企业应注意研究消费者态度的形成过程,以引导消费者对企业及产品产生肯定的、正面的态度。

3.1.3 个人特征对汽车购买行为的影响

购买者的个人特征主要包括年龄和家庭生命周期,生活方式、个性和自我形象,经济条件、性别和职业,以及个人的思想观念等。

1. 年龄和家庭生命周期

消费者的需求和购买能力往往会因年龄不同而发生变化。家庭生命周期是指一个以家长为代表的家庭生命的全过程,从青年独立生活开始,到年老后并入子女的家庭或死亡时为止。显然,在不同阶段,同一消费者及家庭的购买力、兴趣和对商品的偏好会有较大差别。例如,随着二胎政策的放宽,一大批独生子女家庭开始步入二胎家庭行列,为方便家人出行,七座车型日益受到二胎家庭的青睐。

2. 生活方式、个性和自我形象

生活方式是一个人在生活中所表现出来的活动、兴趣和看法的整个模式。不同的人追求不同的生活方式,所以人们对产品的喜好和追求也就不同。个性是指一个人特有的心理特征,它会导致一个人对其所处的环境做出相对一致和持续不断的反应。企业依据个性因素细分市场,可以为其产品更好地赋予品牌个性,以期与相对应的消费者个性相适应。例如,本田汽车一直以来走的是"技术流"路线,"运动健将"马自达更容易受到年轻消费者的青睐,雪佛兰则因为其"高颜值"而备受关注。在现实社会中,每个人都在追求自我形象的塑造,这会驱使消费者有意或无意地寻求与其自我形象相一致的产品、品牌,采取与自我形象相一致的消费行为。

3. 经济条件、性别和职业

经济条件决定购买能力,从而直接影响购买决定。同时,不仅男女有别,一个人的职业也会影响其消费模式。高、中、低档轿车的定位就是针对不同经济收入的消费者。而女性消费者也成为汽车厂家锁定的目标,它们推出了各种女士专用车,如 MINI、奥迪 A3、路虎揽胜极光等品牌就比较受成功女性消费者的青睐。

4. 个人的思想观念

思想观念是一个人长期以来形成的一种固有思维。一个人的思想观念保守或者开放都在一定程度上影响他的消费习惯,包括他对汽车产品外形的选择。一个思想开放的人可能会喜欢比较张扬的车型，而保守的人则相反。对于汽车企业来说，了解消费者的个人思想观念，可以帮助企业确立符合目标消费者个性特征的汽车产品品牌形象。

3.1.4 文化因素对汽车购买行为的影响

文化因素对个人需求和购买行为的影响极其深远。其中，最主要的有文化、亚文化及社会阶层三个方面。

1. 文化

一个人在社会中成长，受到家庭以及社会组织潜移默化的影响，习得一套基本的价值观念、风俗习惯和审美观，并形成一定的偏好和行为模式。

（1）价值观念　价值观念是人们对社会生活中各种事物的态度和看法。不同的文化背景下，人们的价值观念相差很大。在现代文明中，汽车可能是一种司空见惯的必要商品；而在另一种文化下，如边远落后的地区，汽车可能十分少见，也对人们意义不大。

（2）风俗习惯　风俗习惯是在一定的社会物质生产条件下长期形成并世代相传的，成为约束人们思想、行为的规范，并且影响消费者的购买行为。

（3）审美观　不同的消费者通常有不同的审美观。审美观不是一成不变的，往往受到社会舆论、社会观念等多种因素的影响，并制约着消费者的欲望和需求。

2. 亚文化

在一种文化内部，也会因为各种因素的影响，使人们的价值观念、风俗习惯及审美观表现出不同的特征，这就是亚文化。例如，不同民族在宗教信仰、节日、爱好、图腾禁忌和生活习惯方面，都有其独特之处，这也会对该民族的消费习惯产生深刻的影响，形成民族亚文化。世界上有许多种宗教，不同的宗教有不同的文化倾向和戒律，影响消费行为，形成了宗教亚文化。不同的地区会有不同的风俗、习惯和爱好，从而使消费行为带有明显的地方色彩，形成了地理区域亚文化。这些亚文化直接影响着不同国家汽车的设计风格和消费者的购车偏好。

3. 社会阶层

美国西北大学终身教授、现代营销集大成者菲利普·科特勒在《营销管理》一书中指出，几乎所有的人类社会都表现出某种阶层性。在一个社会里，每一阶层的成员具有类似的行为、举止和价值观念。同一阶层的成员，行为大致相同。不同社会阶层的人在购买行为上的差异，不仅由于他们的购买能力不同，还由于消费心理上的差异。由此可见，社会的阶层性具有重大的经济意义。因此，汽车厂商应将此作为细分市场的一个重要因素。

3.1.5 社会因素对汽车购买行为的影响

消费者的购买行为还受到社会因素的影响，主要有家庭、参考群体、身份和地位等。

1. 家庭

家庭是对消费者行为影响最大的社会因素，如父母、配偶和子女。父母直接教导和潜移默化地影响孩子的心智倾向和知识，对消费者潜意识的行为有明显影响；配偶和子女则是消费者做出购买决定的直接参与者。

2. 参考群体

参考群体是能够影响一个人的态度、意见和价值观念的一群人。参考群体可以分为所属群体与相关群体。所属群体由与一个人直接接触、关系密切的一群人组成。家庭成员、邻居、至亲好友、同事、同学、社会团体成员等，对一个人的影响最大。相关群体是指个人不属于这一群体，但态度与行为受其影响。例如，对于"追星族"，明星的一举一动无不在他们身上引起巨大反响。参考群体的存在可以为其成员展示各种可供选择的消费方式，如引起成员的仿效欲望，形成一种无形的压力，从而促使成员的行为趋于一致。

3. 身份和地位

每个人在一生中都会参加许多群体和各类社会组织的活动。一个人在群体和组织里的位置，可用身份和地位来确定。消费者往往会综合考虑自己的身份和社会地位做出购买选择。对于汽车这种高档耐用消费品，消费者的身份和地位在很大程度上会影响其购买选择。

3.1.6　政策及经济因素对汽车购买行为的影响

国家的政策会对消费者的购买行为产生间接影响。针对汽车消费的政策包括购买、使用、保有阶段的政策，随着私人购车比例的不断提高，这些汽车消费政策对汽车市场的影响越来越大。例如，自从我国施行 1.6L 及以下排量乘用车购置优惠政策以后，1.6L 及以下排量的车型便成了销售的主力。因此，良好的汽车消费环境对汽车消费的激励作用是非常重要的。

影响汽车市场购买行为的经济因素主要表现在社会购买力水平和消费者可支配收入这两个方面。社会购买力水平是指在一定时期内用于购买商品的货币总额，它反映该时期全社会市场容量的大小。社会购买力水平的高低客观上制约了人们能够消费什么、消费多少。消费者可支配收入是反映居民家庭全部现金收入中能用于安排家庭日常生活的那部分收入，即用家庭中得到的全部现金收入减去个人所得税、记账补贴及家庭从事副业生产支出的费用。尤其是个人可支配收入，它是消费需求变化中最活跃的因素，对汽车这种高档产品的销售具有很大的影响。所以，社会购买力水平和消费者可支配收入决定了消费者的购买能力，进而影响着他们的购买行为。

3.1.7　汽车消费者购买行为的基本模式

消费者购买商品是一种行为，这种行为产生的原因是受到某种刺激，而购买行为是对这种刺激的反应。外部刺激被消费者接受后经过一定的心理过程，进而产生购买行为，这一系列过程就叫作消费者购买行为模式。消费者购买行为的形成要经过三个阶段：投入刺激、"黑箱"作业和消费者行为，如图 3-3 所示。在庞大的消费用户市场中，面对千变万化的个人购买需求和动机，汽车企业要能正确地判断和引导用户的购买动机，满足他们的各种需要，就必须进行消费者购买行为研究，研究他们如何做出花费自己可支配的资源（时间、金钱和精力）于有关消费品上的决策，即要对消费者对营销刺激和其他刺激的反应、消费者购买行为模式有一个较为全面的认识。

1. 投入刺激

消费者购买行为中的投入因素，首先是经济、技术、政治、文化等各种宏观环境因素的刺激，即"大气候"对"黑箱"发生显著的影响；其次是各个企业的市场营销刺激，包括产品、价格、分销、促销等因素；同时，这些因素的变化和不同组合形式又成为影响消费者"黑箱"的具体而又直接的"小环境"。

2. "黑箱"作业

首先是消费者的心理活动，即消费者的个人特征受多种因素的影响，它们会影响消费

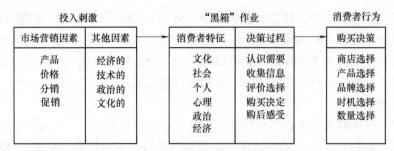

图 3-3　消费者购买行为的基本模式

者对刺激的理解和反应,产生对各种事物的认识、情绪和意志,并制约着消费者对刺激的反应;然后是消费者的购买决策过程,它从消费者认识到需要开始,购后使用、消费完毕告一段落,循环往复又不断变化。在这个过程中,消费者必须做出一系列的判断和决定。

3. 消费者行为

在诸多因素的共同作用下,消费者最终将做出一定的反应,决定如何满足需要和欲望。消费者行为从此开始,由观念形态进入现实之中,决定购买什么、为何购买、由谁购买、何时购买、何地购买、如何购买等。

消费者购买行为模式表明,可以通过可控的市场营销因素和不可控的环境因素刺激消费者。消费者根据自己的特性处理这些信息,经过一定的决策过程产生一系列的购买决定。所以,通过对消费者购买行为的研究分析,一个企业既要善于利用"大气候",营建利于自己市场营销的"小环境",又要善于分析消费者"消化"外部刺激和"产出"的规律性,这样才能制定出有效的市场营销战略。

3.1.8　汽车消费者购买行为

汽车消费者的购买行为会因购买决策类型的不同而变化,通常把汽车消费者购买行为分为理智型、自信型、冲动型、习惯型、情感型、选价型等几种类型。总体来讲,我国现阶段私人汽车消费者的购买决策类型主要以理智型占主导地位,其余类型在西方经济发达国家比较常见。这表明汽车企业在开发国内和国外市场时,应有针对性地采取不同的营销策略。

1. 理智型

具有这类购买行为特征的消费者,在购买汽车商品前一般经过深思熟虑,了解所购商品的特性,购买思维方式比较冷静。在需要转化为现实之前,他们通常要进行广泛的信息收集和比较,充分了解所购汽车的相关知识,在不同的品牌和车型之间进行充分的调查,慎重挑选,反复权衡比较,在最终做出决策后,还会进行购后评价。这就属于典型的完整购买过程,即认识需要、收集信息、评价选择、购买决定、购后感受。现阶段,我国汽车消费者的购买决策多属于这种类型。

2. 自信型

具有这类购买行为特征的消费者,同样会首先详细地了解产品的相关信息,但是,他们又有很强的自信心,有自我确定的标准和理由。他们一般属于某一汽车品牌的忠实用户,对这一品牌的满意度很高,其他企业的营销人员很难通过营销活动改变这类消费者原先的计划。

3. 冲动型

具有这类购买行为特征的消费者,容易受别人诱导和影响而迅速做出购买决策。例如,容易受广告宣传、营销方式、产品特色、购买氛围、介绍服务等因素的影响和刺激,进而诱发冲动性的购买行为。由于这类消费者的需要实现过程较短,他们较少进行反复比较挑选,常常会在购买后认为自己所买的产品具有缺陷,或因其他同类产品有更多的优点而产生失落感,怀疑自己购买决策的正确性。对于该类购买行为,汽车营销者要提供良好的售后服务,使消费者相信自己的购买决定是正确的。

4. 习惯型

具有这类购买行为特征的消费者会根据自己的品牌偏好做出购买决策。这类消费者的购买决策较少受广告宣传和时尚的影响,其需求的形成多是由于长期使用某种特定品牌的产品并对其产生了信赖感,从而按习惯重复购买。因此,这种购买决策实际上是一种"品牌认同"的购买决策。

5. 情感型

具有这类购买行为特征的消费者容易受情感支配做出购买决策。这类消费者的情感体验较为深刻,想象力丰富,审美感知灵敏。情感型消费者在购买行为的实现过程中,比较容易受促销宣传和情感的诱导,特别注重商品的外观造型、色彩及其知名度。他们多以商品是否符合个人的情感需要作为做出购买决策的一个标准。但他们的注意力容易转移,兴趣容易变换,多属于情感的反应者。

6. 选价型

具有这类购买行为特征的消费者对商品价格变化较为敏感。这类消费者往往以价格作为购买决策的首要标准。其中,该类购买行为的决策又有两种截然相反的表现形式:一种是选高价决策,即消费者更乐意选择购买优质高价的商品,例如,豪华轿车的消费者多采用这种购买决策;另一种是选低价决策,即消费者更注重选购低价商品,例如,中低收入阶层以及二手车的消费者通常采用这种购买决策。

3.2 汽车业务市场与购买行为

汽车业务市场是一种典型的组织机构市场。生产和销售汽车的企业不仅出售产品,同时还需要买入大量的原材料、制造件、工具与设备等。由于汽车产品本身具有消费品和生产资料的双重特征,因此,研究汽车业务市场与购买行为对汽车市场营销活动具有重要意义。汽车业务市场根据购买者的性质和购买目的不同,可以分为汽车产业市场、机构和政府市场。汽车业务市场和消费者市场有许多共同之处,但也有各自的特点。一般来说,汽车业务市场和消费者市场的主要区别是两者购买产品的用途与目的不同。如同样都是购买轿车,汽车业务市场购买轿车可能是通过营运获取利润,而消费者市场购买轿车是为供自己消费使用。

3.2.1 汽车业务市场的顾客

汽车业务市场的顾客类型比较复杂,主要包括以下几种:

1. 政府部门购买者

这类购买者主要包括各种履行国家职能的非营利性组织,是指服务于国家和社会以实现社会整体利益为目标的有关组织。其具体包括各级政府及其下属部门、保卫国家安全的军队、保障社会公共安全的各类警察组织、管制和改造罪犯的监狱、负责立法的各级人大(含政协）机关及党委组织等。其特点是运行经费全部来自各级财政的行政经费支出和军费支出。其购买的品种很多，但主要分为四类：轿车、轻型车、专用车和军用汽车。其中，军队是最大的汽车业务市场政府部门购买者。

2. 企事业单位购买者

这类购买者包括企业组织和事业组织两大类。其中，企业组织是社会的经济细胞，是从事产品生产或服务生产与经营的各种经济组织。其特点是自负盈亏、按章纳税、自我积累、自我发展。其主要包括各类厂矿、商业单位及以营利为目的的经济实体。事业单位是从事社会事业发展的机构，是为某些或全部公众提供特定服务的非营利性组织。其特点是接受财政资助或得到政策性补贴，也可以在规定的范围内向其服务对象收取一定的费用。其主要包括学校、医院、红十字会、新闻出版机构、图书馆、文艺体育团体、基金会、福利和慈善机构等。同时，将各种职业的或业余的团体、宗教组织、专业协会和行业协会等也纳入"事业单位"范畴。企事业单位业务型购车的目的是满足企业组织的商务经营活动和事业单位开展事业活动的需要。

3. 运输营运型购买者

这类购买者是指专业从事汽车运输服务的各类组织和个人。其具体包括各种公路运输公司、旅游运输公司、城市公共汽车运输公司、城市出租汽车运输公司、具有自备运输的大型企业或某些行业系统的专门运输部门、各种私人运输经营户等。

4. 再生产型或再转卖型购买者

再生产型购买者包括采购汽车零部件的企业或对汽车中间产品进一步加工、生产制造整车的汽车生产企业，如各种特种车及专用车生产厂家、主机生产企业等。再转卖型购买者是指各类从事汽车流通的中间商组织，它们是汽车厂家分销渠道上的成员。由于汽车分销渠道的特点，中间商一般不构成汽车厂家的市场。在这一点上，汽车产品与普通日用商品是有区别的。但少数汽车厂家也采取了将产品推给中间商后就视为销售完毕的销售方式，故在此将中间商购买行为研究也纳入进来一起讨论。

5. 装备投资型购买者

这类购买者包括那些将汽车视为装备进行投资，把汽车用作生产资料的各类组织，主要是各种基本建设单位、农业生产和林业生产单位。其特点是汽车主要限于基本建设工地、农业或林业范围内使用。

3.2.2 汽车业务市场的特点

与消费者市场比较，汽车业务市场具有以下明显的特点：

1. 市场需求衍生

汽车业务市场的需求，一方面取决于对消费品的需求，当消费者市场的需求情况出现变动时，相应的业务市场上的需求情况也会发生变化。例如，如果汽车租赁行业持续出现疲软，租赁厂商就必然会减少或者停止购买车辆。另一方面，汽车业务市场的需求以发展生产和经营活动的拓展为原动力。它缘于生产、经营发展的需要，以企业不断追求经济效益为目的，依据社会需求状况与经营效益来确定汽车市场规模。所以，企业以自身的经济实力为购车后盾，根据购车后将带来的经济效益做出购车决策。

2. 购买规模较大

在消费者市场上，企业的潜在顾客也许就是所处地区的所有人；而对于汽车业务市场，一家汽车企业的潜在顾客可能是所处地区的所有企业和组织，并且数目相对消费者市场要少得多。但是，它们每次的购买数量、金额却很大。一个消费者一般一次只会向一家汽车销售商购买一辆汽车；而一家运输公司一次可能会购买几辆甚至几十辆汽车。又如，一些关键汽车零部件的大客户通常是各主机厂，其总采购数量往往占零部件生产企业的 70% 以上。

3. 供需关系密切

在现代汽车市场营销中，许多整车生产厂家有自己固定的原材料和零部件供应商，并且通常签订长期合同，如果不出现特殊事件，这种相互之间的供需合作不会轻易中断。

4. 需求弹性较小

大多数汽车业务用品的总需求受价格变化的影响较小。对于汽车整车生产厂来说，只要所生产车辆的需求没有发生变化，即使零部件价格上升，也不会明显减少对零部件的需求。而在消费者市场上，如果汽车的价格上涨，消费者就可能放弃近期的购车计划，从而减少对零部件的需求。

5. 专业专职采购

汽车业务市场上的采购是由受过专业训练的人来执行的，有些企业甚至会选择采购代理商。这与消费品市场最大的不同在于，消费品市场上的购买者往往对所购买的汽车产品并不熟悉，而汽车业务市场上的采购人员通常了解所购买产品的特征，甚至了解生产工艺，并且有较强的选购和议价能力。因此，汽车厂商应从产品功能、技术和服务的角度介绍本企业及产品的优势，尽量提供详细的技术资料和特殊服务。

6. 需求的波动性较大

业务购买者对汽车产品的需求比消费者的需求更容易发生变化。在现代市场经济条件下，消费者需求的少量增加能导致业务市场需求量的极大增加。对于这种必然性，西方经济学者称为加速理论。此外，受国家政策和整个宏观经济形势的影响，业务市场的需求也会产生较大波动。

7. 多人影响购买决策

汽车业务购买中的影响者比消费者购买中的影响者要多得多。这是因为在汽车业务产品的购买过程中，除了同一个采购部门的人，企业采购部门的领导乃至工作人员都可能影响最终的购买决策，尤其是在购买主要汽车商品时会有高层管理人员介入。

8. 多种业务购买方式

业务购买者的购买方式较为特殊，主要体现在以下几个方面：①直接购买，是指业务购买者往往直接向生产厂家采购所需的产品，而不通过中间商环节；②互惠购买，是指在供应商和采购者之间存在互购产品项目时，各自向对方提供优惠，实现互惠采购；③租赁，是指在不占有产品所有权的条件下，通过支付租赁金取得某些产品使用权的购买方式。例如，某些特种汽车、专用汽车等产品的单价很高，用户不经常使用，采取租赁方式可以解决用户的资金困难。

3.2.3 影响汽车业务市场购买行为的主要因素

汽车业务采购人员在做出购买决策时会受到一些因素的影响，而更多的时候是几个因素共同起作用。一般来说，除了经济因素外，影响业务采购人员的主要因素可以分成四类，即环境因素、组织因素、人际关系因素和个人因素。

1. 环境因素

环境因素是指采购人员所处企业的内外部环境，主要是当前和未来的经济状况、本企业产品的需求状况、技术发展水平的变化情况、政治法律环境等，这些因素都会影响采购。例如，如果政府出台限制私人购车的政策，汽车租赁公司就会根据市场调查，认为未来私人对用车的需求量会增大，那么就可能做出增加车辆购买的决定。如果政府出台环境保护政策，需要买车的企业就应当考虑到，出于保护环境，政府可能在不久之后以法律、法规的形式限制汽车的排量、噪声等指标。所以，在进行采购决策时就可以考虑购买环保型汽车。又如，我国政府曾经多次对国家公务人员和国有企业领导干部的用车标准做出硬性规定，这就限制了此类企业或组织的购车标准。

2. 组织因素

组织因素是指采购组织的具体目标、政策程序和组织结构。营销人员必须尽量了解采购组织的这些问题，关注采购部门在企业组织结构中的变化趋势。当前，企业采购组织有如下几种变化趋势：

（1）地位升级　因为采购部门涉及的管理费用占到企业成本的大部分，特别是汽车行业的企业，它们为了增强竞争能力，开始逐步提升采购部门的地位，并且聘用一些优秀的采购人才。一些企业还将采购部门经理的职级提高，使他们也跻身企业的高层管理者行列。

（2）集中采购　企业为了降低成本，通常会将各部门对商品的采购统一起来，制订统一的采购计划，进行集中采购。

（3）长期合同　企业为了减少每次采购时为决策而花费的时间和费用，同时又可以保证采购商品的质量，业务采购人员开始与可靠的供应商建立长期合同关系。所以，企业必须在产品和服务方面做出更大的努力，争取与客户建立长期合同关系。

（4）强化考核　强化考核主要是指企业建立对采购绩效的评价机制。企业通过激励制度，如同对销售业绩特别出色的工作人员进行奖励那样，也奖励工作特别出色的采购人员。这种激励方式可以在企业的采购人员当中引发竞争，而采购人员为了实现自己的业绩，会向供应商提出更高的要求，使企业获得更大的利益。

（5）网上采购　如今，企业在网上的交易额越来越大，这已经引起了采购模式的重大变革。在汽车业务市场领域，基于"互联网+汽车用品"的行业平台日渐兴起，汽车产品网上采购屡见不鲜。

3. 人际关系因素

企业的采购部门由处于不同经历、地位、职权的人员组成，这些人员又有不同的偏好。汽车业务市场上的营销人员必须了解客户采购部门的人际关系，研究它们对采购行为的影响，力求准确地捕捉这些人员的各项特征，并且预测他们在一项采购行为中可能的反应。

4. 个人因素

在购买决策过程中，每一个参与者都具有自身的特点，消费者市场上影响购买行为的个人因素在组织市场上依然会起作用。采购活动中的重要项目，如供货商、型号、价格等，可能需要通过集体考虑来决定，受各人习惯的影响较小；但是，对于采购的细节内容，如色彩、包装、造型、款式等，特别是同时有几个备选项目时，个人因素就会起到很大作用。

另外，在汽车业务市场上经常出现跨国采购，由于各个国家具有不同的价值观和风俗习惯，所以，营销人员必须研究他国的文化和传统，以及基本的社交礼节。

3.2.4 汽车业务市场购买行为的类型

汽车业务市场的购买行为复杂，购买过程不仅要面临一整套决策，而且在决策中还必须考虑各种不同的情况。其主要购买行为类型有以下三种：

1. 直接重购

直接重购是指只要采购部门对以前购买过的产品（通常是质量规格相同又需要不断补充的产品）满意，生产企业就会按照惯例购买一直在采购的产品，甚至定期、定量向同一个供货商购买。采购部门依据过去的订购目录和基本要求，继续向原来的供应商订货，不做较大的变动，只有数量上的调整。因此，在这种情况下，作为已经被列入生产企业"供应商名单"的供应商（如汽车零部件企业），要努力保持产品质量和服务水平，以努力稳定现有顾客和市场占有率；对那些未被列入生产企业"供应商名单"的供应商，则应设法争取部分订货，使生产企业通过比较，重新考虑货源，成为它们的供应商，并且争取确立长期稳定的供应关系。

2. 修正重购

修正重购是指当购买者希望修改产品规格、价格或其他条件时的购买行为。生产企业为了某种原因，如开发新产品、改良老产品、增加新业务等，改变所购产品的品种、规格、价格或其他条件，甚至变更供应商。修正重购中参与决策的人数比直接重购中的人数要多，对"供应商名单"内的供应商威胁很大，是一种压力；对"供应商名单"外的供应商，则意味着一个市场机会。

3. 新购

新购主要是指企业为了进行新的生产加工任务或进行设备改造，要求购买新的设备装置的购买活动。新购的参与决策者最多。新购产品成本越高，风险越大，参与决策的人员和所需的市场信息也越多。生产企业首次购买某种产品时，用户通常有一整套衡量标准，并以此为标准，考虑一批可能的供应商。这种情况对所有的供应商都是一个市场机会。供应商应当设法尽可能接触主要的采购者和影响者，甚至可以组成专门的促销小组，对不同的决策影响者采取不同的对策和措施，并且根据对方的需要，对所能提供的产品进行改进，以求达成交易。

3.2.5 汽车业务市场购买行为分析

汽车业务市场是组织机构市场，汽车业务购买行为是一种组织行为，因此，汽车业务购买的参与者多，购买决策过程复杂。

1. 汽车业务购买的参与者

汽车业务购买行为作为一种组织行为，其重要特点之一就是集体决策。参与采购决策过程的个人和团体，在购买决策过程中，分别扮演着以下角色中的一种或几种：

（1）发起者　发起者就是提出和要求购买的人，有时发起者可能是使用者。

（2）使用者　使用者就是具体操作、使用所购产品的有关人员，也往往是最初提议购买的人。使用者对所购产品的品种、规格决策有着重要的影响，在组织购买行为中经常协助确定产品的规格，尤其是技术含量比较高的产品。例如，当一个大用户决定购买一批轿车用作出租车时，可能就会征求企业中现有驾驶员的意见，向他们征询哪种类型的轿车使用起来比较经济方便，并且能满足运输需要。

（3）影响者　影响者是指在采购企业的内部和外部，能够直接或间接影响购买决策的人员。属于影响者的有采购经理、采购部门中的采购员、总经理、生产和办公室人员、研究开发工程师、工程技术人员等。他们在购买上虽然不是决策者，但却是相当有力的影响者，经常协助确定产品规格，并提供方案评价的信息。其中，技术人员往往是重要的影响者，尤其是在企业采购重要生产资料时。

（4）采购者　采购者是指正式实施购买行为的人，负责选择供货单位并参与谈判。在较复杂的购买活动中，采购者还包括采购单位内部的高层管理人员。

（5）决策者　决策者是指有正式和非正式权力决定购买与否、产品要求和供应商的人。在一般的例行采购中，采购者常常就是决策者；若是较复杂的采购，做决策的常常是企业领导者。因此，对于供应商来说，查明谁是决策者，以便以决策者的需要为目标有效地促成交易，是十分必要的。

（6）批准者　批准者是指那些有权批准决策者或采购者所提出的行动方案的人。批准者通常是企业的高层管理人员。

（7）控制者　控制者是指在采购企业的内部和外部，能够控制有关信息流向决策者、使用者的人员。例如，采购代理商、技术人员，甚至秘书、接待员、电话接线员和门卫。他们不是购买行动的直接参与者，也不对企业决策产生影响，但是，他们往往有能力影响或阻止销售人员或有关商品信息与决策者、使用者接触。所以，供应商在试图打开某一个企业的市场时，必须与这类人员搞好关系，重视他们在整个购买活动中可能产生的影响。

由于购买行为不同，采购企业中的不同成员在整个购买过程中的重要性也不同。例如，在直接采购中，采购代理人的作用较大；在新任务采购中，其他组织人员的作用较大；在产品选择决策中，工程技术人员和使用者有较大影响力；而购买者则往往拥有选择供应商的权力。另外，必须注意的是，一些购买轿车的业务单位直接受政府公共部门领导，这些政府公共部门对购买决策也起着举足轻重的作用。营销人员对此切不可掉以轻心，需要认真研究分析。

2. 汽车业务购买的决策过程

汽车业务用品的购买过程是一个比较复杂的过程，理论上可以划分为八个阶段。在修正重购和直接重购中，可能跳过某些阶段；但是执行新购任务时，通常需要经过八个阶段。

（1）提出需要　这种需要通常是企业为解决某一个问题而提出的新的采购需求。这可能是因为企业自身的需要，例如，因为企业规模扩大、员工增多，而需要增加通勤车；也可能是由于市场上技术的进步和新产品的出现，发现有新的、更适用的设备值得购买；也可能是企业决定推出某种新产品，需要购买有关设备和原材料；也可能是发现购进的原材料质量不好或不适用，须更换供应商；还可能是有些设备发生故障或损坏，需要重新购置，等等。

（2）确定需要　汽车业务用户在认识到需要以后，要确定所需购买的品种特征和数量。在这个阶段，供应商要帮助客户确定所需产品的特征和数量。

（3）说明需要　汽车业务用户的"采购中心"在确定需要以后，会指派专家小组，对所需品种进行价值分析，做出详细的技术说明。同时，拟定所需购买物品的具体技术和规格指标。例如，所需购买车辆的种类、价格范围、性能等。

（4）物色供应商　汽车业务用户必须寻找所需品种的供应商。如果是初次采购，或所需品种复杂、价值很高，汽车业务用户为此花费的时间就会比较长。供应商的任务就是努力使自己列入主要备选供应商的范围之内，因此要制订有力的销售方案，以及在市场上建立良好的信誉。

（5）征求供应建议书　汽车业务用户会邀请其认为合格的供应商提交供应建议书。对于复杂的采购项目,如品种复杂、价值很高的产品,采购人员应要求基本符合企业要求的供应商提供详细的书面建议,以供选择。在一些复杂的采购项目中,有些企业会采用招标方式,尤其是在政府采购中,这种情况更为常见。这时,供应商必须按照招标的要求,提供一系列书面材料以及准备标书。

(6)选择供应商　在进行了上述工作之后,采购者就能掌握比较丰富的信息,并且从中选定合适的供应商。通常,采购中心的成员将对供应建议书进行讨论,对产量、质量、价格、信誉、技术服务、及时交货能力、财务状况、地理位置等方面做出评价,即进行卖方分析,并依据分析结果判定各供应商的吸引力,最终选定供应商。

(7)签订合约　选定供应商以后,汽车业务用户会根据所需产品的技术说明书、需要量、预期交货时间、退货条件、担保书等,与供应商签订最后的订单。另外,如果采购方有意与供应商建立长期供货关系,在这个过程中,还要进行签订长期供货合同的步骤。

(8)采购评价　就如同消费品购买过程中有购后行为一样,在汽车业务用品采购完成后,采购部门也会根据最终的使用情况来对此次采购做出评价。为此,采购部门要听取各方使用者的意见。这些使用者一般分散在企业的各个部门之中。这种对某个供应商的绩效评价,可能促使汽车业务用户继续向该供应商要货,也可能导致它们修正或停止采购。供应商在产品销售出去以后,要加强追踪调查和售后服务,以赢得采购方的信任,保持长久的供求关系。

3.3　主要汽车业务市场的购买行为分析

根据汽车业务市场的顾客类型,主要汽车业务市场有汽车中间商市场、汽车零部件市场和政府部门采购。研究它们的购买行为有利于企业针对不同的市场制定不同的营销策略。

3.3.1　汽车中间商市场购买行为分析

汽车中间商市场的顾客主要是各种汽车中间商(买卖中间商)、汽车代理中间商。它们介于生产者和消费者、用户之间,专门做汽车产品流通的媒介,由此获取盈利。因此,中间商用户的需求也主要是由消费者市场的需求引申或派生的需求,且多带有组织购买的性质。

1. 汽车中间商的类型

汽车中间商的类型按照汽车销售过程中的先后次序,可分为批发商和零售商。

(1)批发商　批发商是以批发后再销售为目的,实现产品或劳务在空间和时间上转移的中间商。根据其是否拥有商品的所有权可分为三种类型,即独立批发商、委托代理商和地区分销商。

1)独立批发商。它是指独立从事批发购销汽车业务的批发商。它对其经营的汽车拥有所有权,其经营收入主要是通过向其他中间商或生产企业提供对汽车的集散、销售与其他技术服务,赚取差价及部分服务费。它与汽车生产企业之间是买者与卖者的关系。汽车独立批发商按其业务职能和服务内容又可分为两种类型:①多品牌汽车批发商。它批发转销多个汽车生产企业的多品牌的汽车,批发转销的范围广泛,品种较多,转销量较大;但因其批发转销的汽车品牌较杂,无法获得诸多汽车生产企业的全力支持,也没有能力为其他中间商提供某个品牌汽车转销中的专业化服务。②单一品牌汽车批发商。它批发转销某个汽车生产企业的单一品牌的汽车,批发转销的范围较窄,品种单一,转销量有限;但因其批发转销的汽车品牌单一，能够获得此品牌汽车生产企业的直接支持和帮助，因而它具备此品牌汽车转销的专业能力，能为其他中间商提供该品牌转销中的专业化服务。

2）委托代理商。委托代理商区别于独立批发商的特点是，其对于经营的汽车没有所有权，主要是接受汽车生产企业委托而从事批发购销活动。它的经营收入是通过代表汽车生产企业为客户进行购销活动来赚取佣金或手续费。它与企业之间不是买者与卖者之间的关系，而是被委托人与委托人之间的委托关系。委托代理商按其代理职能和代理内容，又可分为总代理商与分代理商、生产企业的代理商和总经销商的代理商以及多品牌汽车代理和单一品牌汽车代理。

3）地区分销商。它是在某一地区为汽车生产企业（或总经销商）批发转销汽车的机构，是由汽车生产企业（或总经销商）为扭转层层批发和跨地区销售等问题而设立的。它使汽车从生产企业（或总经销商）到某地区内的经销商只经过一道批发转销环节，经销商将全部直接面对其所属区域内的消费者进行销售。

（2）零售商　零售商是将产品和服务销售给最终消费者的中间商。它一般拥有产品的所有权，具有形式多样、数量庞大、分布广泛的特征。汽车产品的零售商按其经营的范围，可分为专营零售商、兼营零售商和零售代理商。

1）专营零售商。专营零售商是指只经营单一品牌汽车产品的零售商。国外大型汽车生产厂家销售系统中的零售商大多属于此类，我国各地的汽车专卖店也是一种专营零售商。

2）兼营零售商。兼营零售商是指经营多家品牌汽车产品的零售商。例如，2017年7月在南京开业的我国首家O2O汽车超市——苏宁易购汽车超市的整车销售和国内大多数汽车零部件零售企业，采用的便是兼营零售的方式。

3）零售代理商。零售代理商是指不拥有汽车产品的所有权，仅从销售代理商处取得代理权或者是销售代理商设立的零售机构。例如，各地的汽车销售代理处、代理店等。

2. 影响汽车中间商购买行为的因素

供应商的管理部门以及市场营销人员必须了解影响中间商购买决策的因素，才能有效地采取相应的措施，引导中间商的购买行为。

（1）影响中间商购买决策的一般因素　汽车中间商的购买行为同样也会受到环境因素、组织因素、人事因素以及个人因素的影响。此外，对于适销对路的产品、预期收益和利润率较高的产品、能够得到供应商促销支持的产品、与中间商的市场定位相一致或较接近的产品、有着良好信誉和形象的供应商的产品等，中间商在进行购买决策时会认真考虑。

（2）中间商购买行为的各种形态　中间商的购买行为可以区分为不同的形态，它们往往会对中间商的购买决策产生不同的影响。迪金森（Dickinson）在《购买者决策》一书中，将中间商的购买行为分为七种形态：

1）忠诚的购买者。对某一个或某一群供应商，年复一年，长期惠顾。这种形态的中间商是汽车生产企业的忠诚客户。

2）随机的购买者。随机选择最合适的供应商，而不是固定于其中某一个。这种形态的中间商是汽车生产企业的营销对象，应努力使它们成为忠诚客户。

3）最佳条件购买者。选择能够给予最佳交易条件的供应商，而不只限定在事先已有的"购买单"内。对于这种形态的中间商，汽车生产企业应预先研究它们可能提出的交易条件。

4）创造性的购买者。它们通常不接受供应商的任何推销条件，而以自己的条件与供应商交易，实际上是要供应商迁就自己。这种形态的中间商是汽车生产企业最难以协调的客户。

5）追求广告支持的购买者。它们想尽办法，要求供应商给予广告补贴。汽车生产企业应做好广告促销，满足这类中间商的要求。

6）小气的购买者。它们总是要求供应商在价格上做出特别大的让步，并且只接受能够在价格上给予最大折扣的供应商。对于这种形态的中间商，汽车生产企业应该精打细算，尽量给予较大的折扣；同时，更要使它们感到汽车生产企业的真诚和产品质量的高水平。

7）琐碎的购买者。在各家供应商所提供的可接受的商品中，它们首先注意的是产品的多样化，然后再挑选构造最佳的产品，并且特别重视零星杂物而并非购买数量。对于这种形态的中间商，汽车生产企业应注重产品的多样化，提供丰富多彩的配套产品。

3. 对汽车中间商购买行为的分析

汽车中间商最主要的功能是在面对买方市场的条件下，通过发展营销网络，改进转销方式，提高转销能力，来协调供需矛盾，平衡销售计划和市场需求。同时，中间商应有效地协调和管理总经销商和经销商、消费者之间连续的物流、信息流和资金流，建立总经销商和经销商之间紧密的伙伴关系，以提高汽车市场的竞争能力。所以，同其他业务购买用户一样，中间商完整的购买过程也分为八个阶段，即提出需要、确定需要、说明需要、物色供应商、征求供应意见书、选择供应商、签订合约和采购评价。

3.3.2 汽车零部件市场购买行为分析

汽车零部件主要面向两类市场：一类是用于整车装配的整车服务市场；另一类是用于汽车配件维修的售后服务市场。

1. 整车服务市场的购买行为

整车服务市场是汽车零部件的主要市场，汽车零部件企业 70% 以上的产品供给主机厂进行整车装配。这一市场属于产业市场的范畴。

（1）整车服务市场的特点　由于整车服务市场的顾客是汽车主机厂，所以具有"两高两定"的特点。

1）需求相对比较稳定。汽车零部件的需求与整车市场的需求紧密相关，而且供需比较稳定。

2）对产品的技术质量要求高。主机厂为保证其汽车的先进性和信誉度，对汽车零部件的技术和质量要求自然也比较高。

3）顾客相对稳定。由于主机厂对汽车零部件生产企业的需求高，汽车零部件生产企业为了满足主机厂的要求，不仅投资大，而且周期长，所以，双方的合作时间长，合作关系也比较稳定。

4）对供应商的开发能力要求较高。由于主机厂不断推出新车型，要求零部件生产企业必须迅速生产配套零部件，因此，要求零部件企业能同步开发、同步生产。

（2）整车装配用户的购买类型　整车装配用户的初次购买通常采用招标采购，对于长期采购采用合作同盟的形式以谋求同步发展。

1）招标采购。当初次购买某种产品时，利用招标的方式选择供应商，不仅选择的范围大，而且价格较低。但招标前需要进行大量的考察工作，招标后要认真做好评审工作。

2）合作同盟。当主机厂长期采购某企业的关键零部件时，为保证整车的质量稳定和技术发展，会与零部件企业形成长期的合作关系，谋求同步发展。

（3）影响整车装配用户购买行为的因素　这些因素既来自宏观因素，也来自整车装配企业的内部。

1）外部因素。例如，外部市场的变化、国家或地方有关交通法规变化、经济发展情况等。

2）内部因素。例如，产品的更新换代、降低成本的要求、技术含量的提升等客观因素，以及企业内部人事变动等主观因素。

2. 售后服务市场的购买行为

售后服务市场主要是面向汽车维修厂和汽车售后服务站，属于汽车服务工程的范畴。

（1）售后服务市场的特点　因为汽车售后服务市场由汽车售后服务企业和机构组成，所以其具有众多与众不同的特点。

1）需求品种多，数量少。这一市场的需求来自需要汽车修理和保养的消费者，由于配件维修市场顾客的需求比较分散，需求的种类多，但每种需求数量不大，主要集中在汽车的一些易损件、易耗件上。

2）技术要求不统一，购买程序简单。售后服务市场的采购程序相较整车服务市场简单，但由于针对不同需求的顾客群体，所采购的配件在技术、质量、价格上有不同的要求，可能同一规格型号的零部件会有不同生产厂家、不同价位的需求。

3）顾客数目多，地理位置分散。只要有公路运输的地方就有配件的需求。汽车维修点和服务站的网点遍及全国各地，位置分散，需求也不尽相同。

（2）影响售后服务市场购买行为的因素　这些因素既来自其服务对象，也受制于服务产品本身的价格和汽车企业的技术支持。

1）顾客因素。维修配件市场直接面向顾客，顾客对产品的需求、评价、反馈直接影响其采购行为。

2）价格因素。汽车维修市场的价格主要由配件价格和修理价格组成，顾客比较关注配件的价格水平。

3）售后服务因素。汽车零配件属于有较高技术含量的产品，需要较强的售后技术支持。

（3）配件维修用户的购买决策过程　对汽车配件维修用户来讲，其购买过程有以下四步：

1）根据顾客需求确定产品。配件维修用户基本是根据其顾客的实际需求购买产品，不会做太多的库存储备。一类是消耗量较大的产品，根据以往的消耗情况，确定产品的品种和数量；另一类是针对顾客提出的新需求，适当增加新产品。

2）物色供应商。配件维修用户一般在能够提供相应品种的供应商中，根据价格、服务、信誉等因素进行选择、评审和考察，选择条件最佳的供应商。

3）签订合约。确定供应商后，配件维修用户会根据所需产品与供应商就技术要求、数量、交货时间、价格等方面签订合同或订单。

4）采购评价。对供应商评价的结果将决定配件维修用户继续向该供应商订货还是更换供应商。

3.3.3　政府部门采购行为分析

政府采购是政府机构所需要的各种物资的采购。这些物资包括办公物资，如计算机、复印机、打印机等办公设备，纸张、笔墨等办公材料，也包括基建物资、生活物资等各种原材料、设备、能源、工具等，还包括国防军事装备。汽车是政府部门采购的主要对象。

1. 政府部门采购的特点

政府部门采购也和企业采购一样，属于集团采购，但是它的持续性、均衡性、规律性、严格性都没有企业采购那么强。因为政府采购最基本的特点是一种公款购买活动，所以，与个人采购、家庭采购、企业采购相比，政府采购具有以下显著特点：

（1）采购资金来源于财政拨款　这些资金的最终来源为纳税人的税收和公共服务收费，所以，政府采购资金管理严格，一般不能突破，所采购的商品既要质量好又要价格低。

（2）采购活动不是以营利为目的　政府采购的目的是为政府部门提供消费品或向社会提供公共利益，或者进行国际援助。

（3）采购行为具有政策性　政府部门在采购时必须遵循国家有关政策的要求，不能体现个人偏好和追求。这些政策包括最大限度地节约财政资金、优先购买本国或本地区产品、保护中小企业发展、保护环境以及注重支持经济落后区域的发展等。

（4）采购行为具有规范性　政府采购根据不同的采购规模、采购对象及采购时间等，会按照政府采购的有关法规，选择不同的采购方式和采购程序，使每项采购活动都规范运作，接受全社会和纳税人的监督。财政部门对从采购计划的编制到采购项目验收的采购全过程进行监督管理，通过制定政府采购法规和政策来规范采购活动，并检查这些法规政策的执行情况。

2. 政府采购的模式

政府采购是一个国家最大的单一消费者，其购买力非常巨大。有关资料统计，通常一国的政府采购规模要占到整个国家国内生产总值（GDP）的10%以上。正因为如此，政府采购对社会经济有着非常大的影响，采购规模的扩大或缩小、采购结构的变化，对社会经济发展状况、产业结构以及公众生活环境都有着十分明显的影响。同时，企业也应该抓住机遇，研究政府采购的需求，努力成为政府采购的供应商。就政府采购模式而言，国际上通行的采购模式主要有三种：①集中采购模式，即由一个专门的政府采购机构负责本级政府的全部采购任务；②分散采购模式，即由各采购单位自行采购；③半集中半分散采购模式，即由专门的政府采购机构负责部分项目的采购，而其他的则由各采购单位自行采购。在我国的政府采购中，集中采购占了很大的比重，列入集中采购目录和达到一定采购金额以上的项目必须进行集中采购。

我国汽车市场的购买行为分析

1. 我国家用汽车市场的购买行为分析

2009年我国《十大产业振兴规划》中，汽车行业作为其中之一，得到了大力发展。私人汽车消费作为刺激对象，从2009年起出现了井喷式增长，同时，私人汽车拥有量占民用汽车的保有量比重也在迅速上升，我国汽车市场结构发生了根本性的变化。在如今的汽车消费市场中，个人消费已经成为我国汽车市场的消费主体，居民个人汽车消费的快速增长成为支撑我国汽车工业发展的主要力量。

综合分析我国家用汽车市场的购买行为可知，未来我国家用汽车市场需求呈现以下特点：

（1）价格因素已经不是影响汽车消费的主导因素　汽车属于耐用消费品，影响人们需求的主要因素包括价格、使用成本、质量稳定性、技术先进性、安全性、售后服务等。从经济学需求分析角度来看，汽车的价格应该成为影响汽车消费需求的主要因素。但据调查资料显示，在上述影响汽车消费需求的因素中，价格落后于使用成本和质量稳定性，仅列第三位。

我国经济步入新常态以来，国内生产总值（GDP）每年仍以7%以上的速度增长。国家统计局相关资料显示，2017年，全国居民人均可支配收入25974元，比上年名义增长9.0%，扣除价格因素，实际增长7.3%。居民收入水平明显上升，使得人们在汽车消费过程中也从对价格的关注转向了对日后使用过程中经济性、安全性、舒适性等方面的关注。调查显示，使用成本和质量稳定性已经成为影响汽车消费的最主要因素，这就为汽车厂家开发新的汽车产品提供了参考。

（2）新能源汽车的发展将对汽车消费者产生影响　2015年5月8日，国务院发布了《中国制造2025》，对节能与新能源汽车产业的发展做出了表述，提出纯电动和插电式混合动力汽车、燃料电池汽车、节能汽车、智能互联汽车是国内未来重点发展的方向。2016年12月，国务院印发的《"十三五"国家战略性新兴产业发展规划》中指出，推动新能源汽车、新能源和节能环保产业快速壮大，构建可持续发展新模式。2017年9月，工业和信息化部、财政部、商务部、海关总署、质检总局联合公布了《乘用车企业平均燃料消耗量与新能源汽车积分并行管理办法》，实施企业平均燃料消耗量与新能源汽车积分管理制度，建立新能源汽车产业发展长效机制。从近几年出台的有关汽车行业发展的文件中可以发现，新能源汽车已成为汽车行业的发展方向，必将对未来汽车消费市场产生影响。

有资料显示，截至2017年年底，我国汽车保有量达到2.17亿辆，与2016年相比，全年增加2304万辆，增长11.85%。一方面，随着收入水平的不断提高，家用汽车已成为人们生活的必需品，个人消费者购买汽车的欲望日益增强；另一方面，随着国家大力推进新能源汽车的发展，未来汽车消费市场将会迎来变局，人们越来越意识到新能源汽车在节能环保方面的优势。因此，在家用汽车消费上，考虑到使用成本及环保等问题，新能源汽车日后必将成为人们购买的首选。

（3）售后服务将成为影响消费者购买决策的重要因素　中国汽车流通协会统计数据显示，截至2015年，我国汽车经销商总数为22900家。然而，目前消费者对汽车售后服务的满意度并不高。售后服务是整个汽车价值链中满意度较低的一个环节，究其原因，除了厂商"重销售、轻售后"的传统思维之外，缺少对消费者售后消费行为特征研究也是重要原因之一。售后环节的消费行为特征与销售环节有很大区别，随着消费者在售后服务环节的可选择面越来越广和不愉快售后经历的增加，售后环节对消费行为特征的影响越来越大，消费者倾向于收集更多的售后信息，经过大量产品评估，最终产生购买决策。

（4）汽车网络营销将对汽车消费者购买行为产生很大影响　在营销手段日新月异的今天，利用互联网进行汽车营销传播，已经发展成为汽车行业营销的主流方式。作为互联网时代最重要的营销力量之一，网络营销已经改变了许多营销的传统思维，不仅为广大消费者带来更为便捷、广泛、准确的汽车信息，还大大刺激了广大汽车购买者的潜在需求。

在汽车网络营销中，除了传统的汽车广告投放带来的曝光以外，向经销商提供销售线索逐渐成为网络营销方式的主流，以汽车之家、易车网为主的汽车网站逐步成为各大品牌进行网络营销的前沿阵地。消费者通过这些网站增加了对汽车的了解，同时，商家通过400电话及汽车最新售价等信息的曝光，也为消费者购买新车带来了便利。

（5）新生代"90后"将成为我国家用汽车消费的重要群体　随着"90后"逐步步入社会，成为社会的中流砥柱，"90后"将成为未来汽车消费的新力量。业内人士分析，扩大生活范围、追求新鲜生活的欲望，使"90后"成为一个轿车消费的重要群体；同时，随着汽车金融的发展，分期业务也增加了"90后"的购买力，使他们能够买到更高档的汽车。另外，"90后"消费群体对汽车的购买心理发生了变化，对外形和操控要求越来越高，这无疑给汽车企业的产品开发提出了新的挑战。

2. 我国政府部门采购汽车的行为分析

在汽车消费市场，除了主流的个人汽车消费外，政府汽车采购也占据着国内轿车市场很大的份额，曾在20世纪90年代及以前的汽车消费市场中占据主流地位。由于公务车采购在我国已有多年历史，在采购实践中不仅遗留了许多传统公务车采购的做法，同时也呈现出一些新特点。

（1）公务车采购多集中于合资品牌　由于种种原因，在2011年公车改革之前，政府采购市场长期以来由进口车或合资高档品牌所占据，中高端的雅阁、奥迪到中低端的捷达、桑塔纳等成为政府公务用车的"常客"，自主品牌处于劣势。2011年，新的《党政机关公务用车配备使用管理办法》实施后，明确规定党政机关单位不允许配备进口车，优先采购国产车和自主品牌车；一般公务用车和执法执勤用车发动机排气量不超过1.8L，价格不超过18万元，其中机要通信用车发动机排气量不超过1.6L，价格不超过12万元等。公车改革为自主品牌进入采购目录提供了机遇，但自主品牌也必须正视自身在质量和耐用程度上与合资和进口品牌之间的差距，努力提升自身产品质量，才能抢占更多的市场份额。

（2）公务车采购受到地方保护主义及采购申报审批的限制　目前，在很多地方的公务车采购中，采购者对公务车的选择和偏好各种各样，符合要求的车型可能很多，但是当采购需求申报时，却得不到批准。因为有很多不成文的标准和规定，如只能采购本地产的车辆，或是限定只可以采购某些品牌。因此，其他汽车厂商面对巨大的市场却无法进入。其实，这种本地车采购并不一定完全是地方保护主义，可能考虑到对当地企业的信赖及售后服务的保障、便捷等因素。面对这种情况，当地采购部门不能仅仅从为本地创收、利税方面考虑，而应当由采购部门依照程序以公正、公平、公开的原则给予所有供应商一个公平竞争的机会，不应无任何理由就强行限制其他供应商的进入。同时，汽车供应商要有一种自我保护意识，监督这种行为并主动维护自身权利。

（3）公务车采购行为会随着政府改革的方向而发生改变　随着我国行政改革进程的加快，对公务车的改革也在不断深化。2017年最新的《党政机关公务用车配备使用管理办法》中要求，每年新增的新能源汽车达到当年新车配备数量的50%以上，加大对新能源汽车的采购。因此，政府采购的新规定以及对产品的新要求也会影响到公务车市场的发展方向。厂家如果能够跟上步伐，设计出符合要求的产品，将会优先进入政府采购目录中，也必将第一时间占领市场。

案例讨论题：
1. 我国家用汽车市场的购买行为对汽车企业的产品策略有何启示？
2. 我国政府部门采购汽车的相关规定主要发生了哪些变化？

本章小结

本章阐述了汽车消费市场与购买行为、汽车业务市场与购买行为，详细分析了主要汽车业务市场的购买行为。3.1节阐述了汽车消费市场的主要特点，总结了汽车消费市场购买行为的主要影响因素，分析了汽车消费者购买行为的基本模式等；3.2节介绍了汽车业务市场的顾客类型，阐述了汽车业务市场的主要特点，总结了影响汽车业务市场购买行为的主要因素，分析了汽车业务市场购买行为的类型等；3.3节分别分析了汽车中间商市场、汽车零部件市场和政府部门采购等购买行为。

自测习题

Ⅰ. 思考题
1. 影响汽车购买行为的基本因素有哪些？
2. 简述我国汽车消费市场的主要特点，以及对于汽车企业有何意义。
3. 与消费者市场相比，汽车业务市场有哪些特殊性？
4. 阐述汽车业务购买的决策过程。
5. 分析整车服务市场和售后服务市场的购买行为。

Ⅱ. 选择题
1. 按马斯洛的需要层次论，最高层次的需要是（　　）。
   A. 生理需要　　　B. 安全需要　　　C. 自我实现需要　　D. 社会需要
2. 小李一家三口都属于身材高大、体型较为肥胖的人，在购买家用车时偏向于选择空间大、宽敞的汽车。这种行为体现了消费者的（　　）购买动机。
   A. 求实　　　　　B. 求廉　　　　　C. 求便　　　　　　D. 求新
3. 在汽车购买行为当中，真正实施购买行为的是（　　）。
   A. 发起者　　　　B. 使用者　　　　C. 控制者　　　　　D. 采购者

Ⅲ. 判断题
1. 汽车消费者往往是在外部刺激下认识到需要的存在。（　　）
2. 对大多数人来说，汽车购买不是一个简单心血来潮的决定，而是一个不断进行决策的过程。（　　）
3. "日系车省油，美系车费油"，这属于消费者固有的思维观念，对汽车购买行为不会造成影响。（　　）
4. 消费者的需要、动机、群体、购买情景等多种因素，一般不会对消费者的购买行为产生影响。（　　）

第4章 汽车市场调研与预测

长安汽车转型升级：从信息化到智能制造战略

长安汽车从2000年开始搭建全过程的信息化体系，已逐渐完成了OTD、ERP、MES、ILE、KOLES、SRM、ELE、HR八大信息系统。2015年8月，长安汽车智能柔性焊接生产线入选国家智能制造示范运行专项，实现了多品种、多车型、柔性化、共性混流生产，支持产品大批量定制化生产。2017年6月，长安汽车智能柔性高速冲压生产线入选国家智能制造示范基地。

目前，世界范围内的新工业革命促使工业化和信息化深度融合，德国提出"工业4.0"，美国制定"再工业化战略"，日本实施"制造业再兴战略"等，我国也于2015年提出"互联网+"和《中国制造2025》。长安汽车从2015年开始实施智能制造战略，总体思路是顶层设计与分步实施，目标是大批量个性化定制，具体措施是采用数字化把信息化、自动化、平台化、轻量化、经济化的融合方案，实现个性化定制生产与批量生产、效率和成本相结合。在2015年前，长安汽车制造主要采用的是拉丝生产模式，将数字化、自动化、信息化、"互联网+"技术融合于汽车行业，实现了业务的一体化，为智能制造奠定了基础。在2018年前，长安汽车着力全面打造拉丝生产、小批量个性化生产制造模式，将产业链信息贯通，实现上下游协同和通用技术与专业技术的融合。从2020年起，长安汽车将全面构建大批量个性化生产制造模式，将业务运营平台（Business Operations Platform，BOP）灌装业务和技术构建基于模型的企业，实现主数据在公益开放平台、数字化工程设计、生产制造和各个阶段共享，实现智能制造。长安汽车的技术路线采用一车一单一保门、一工艺一流程一配送、一装备一简练的技术理念。2016年4月，CS15定制已在长安汽车上场，运营后首期推出6个定制服务包，组合方式达到1万多种。与传统改装不同，长安汽车的定制是从设计生产的源头开始，从下单到提车只需20天左右。

在当今行业中，个性化需求对制造模式提出了新的挑战，构建汽车整个生产价值链互联互通的生产执行系统尤为重要。长安汽车首先通过构建IT网络集群、工业控制、物联网集群，实现底层工艺设备到企业上层管理系统之间的贯通；其次，将生产质量、工艺设备、能源等管理逻辑融入系统自动运行，将业务集成，实现从人管理到系统管理的变革，然后将车间底层数据采集分析，实现大数据驱动生产的精准管理。长安汽车搭建了设备管理系统，采集关键自动化设备的电流衰减、精度变化等内部数据，通过大数据分析实现预测维护，提升自动化设备的利用率。同时，长安汽车采用了平台类车型的通用化设计，提升了同平台车型共线生产工装设备通用化程度。通过两年的努力，长安汽车完成了P3制造平台的搭建，实现了两款三厢车和一个SUV的平台化生产。

长安汽车在全面实施信息化的基础上，通过与智能制造技术的深度融合，实现了生产过程的检测监视、防错、追溯，又通过制定焊接生产线相关规定，整线布置了60个监控点、13个防守点，过程及终端设置了35个质量门，实现了产品信息质量状态生产记录等信息的追溯，系统地保证了生产过程的质量。长安汽车在智能制造领域已经开始实践。

面临不断变化和竞争日趋激烈的市场，企业必须通过对市场的调研和预测，掌握市场的基本情况和发展趋势，寻找营销机会，避免或减少风险，才有可能稳定发展。企业通过对市场产品、市场需求、竞争程度的调研分析、预测，可以根据自身特点，制订客观科学的生产计划和营销计划，从而提高企业的市场竞争力。

4.1 汽车市场调研

在现代市场营销管理中，市场调研扮演着十分重要的角色。一个企业在开发或进入某一特定市场之前，市场调研是探索市场机会的基本工具，它帮助决策者识别和选择最有利可图的市场价值；当企业进入市场之后，市场调研又是市场信息反馈系统的重要组成部分，通过市场及时向生产者或经营者提供关于企业当前营销组合策略的市场反馈信息，以便经营决策者对市场组合要素进行适当调整。鉴于汽车市场环境的复杂性，市场调研对汽车企业更为重要。在现代汽车企业的营销管理中，企业通过市场调研摸清目标市场、产品定位、竞争对手基本情况、市场结构与用户需求特点、市场有利与不利因素等，进而帮助决策者选择市场机会。市场调研又可以分析本企业产品的市场规模、市场结构、市场占有率、与竞争对手相比在营销组合策略上存在的差距及其营销环境的新变化等，通过比较研究，找出企业市场营销的不足之处，为改进营销工作服务。

4.1.1 汽车市场调研的概念和意义

1. 汽车市场调研的概念

一般意义上的汽车市场调研，是指运用科学的手段与方法，有计划、有目的、系统地对与企业市场营销活动相关的市场资料进行收集、整理和研究分析，并提供各种市场调查数据资料和各种市场分析研究结果报告，为企业市场预测和经营决策提供依据的活动。

另外，根据市场信息覆盖的范围不同，汽车市场调研有狭义和广义之分。

狭义的汽车市场调研是指将调研的范围锁定在对汽车消费者（包括潜在消费者）未来的

需求进行调研。其主要任务就是对汽车消费者（包括潜在消费者）对汽车的需求量、需求结构、购买力、购买动机、购买方式等市场资料进行收集、整理和分析，以便为企业更好地满足顾客需求提供依据。

广义的汽车市场调研是指将调研的范围扩展为一切与市场营销活动有关的方面：从纵向来看，汽车市场调研贯穿于汽车营销活动的全过程，即从新车型的研发到营销战略制定，直至产品的售后服务，市场调研活动一直贯穿其中；从横向来看，汽车市场调研的范围不仅包括对顾客或消费者购买行为的研究，而且包括对整个汽车行业的竞争格局、国家对汽车产业的相关政策、本企业的竞争对手等方面进行的研究。目前汽车市场调研通常是指广义的汽车市场调研。

2. 汽车市场调研的意义

市场调研具有三种功能：描述、诊断和预测。描述功能是指收集并陈述事实。例如，汽车行业的历史及销售趋势是什么样的？消费者对某产品及其广告的态度如何？诊断功能是指解释信息或活动。例如，调价对销售会产生什么影响？换句话说，为了更好地服务现有顾客和潜在顾客，应该如何对产品和服务进行调整？预测功能是指对事物进行预先的推测或测定。例如，说明持续变化的市场及其发展趋势，以及企业如何更好地利用有可能出现的市场机会。

根据市场调研的三种功能，汽车市场调研的意义主要表现在以下三个方面：

（1）提高质量和顾客满意度　如今，质量和顾客满意度已成为关键的竞争武器。但是，企业对质量的追求常常是产品导向的，这对顾客毫无意义。对顾客没有意义的高质量通常并不能带来销售额、利润或市场份额的增长，而只是浪费资源、精力和金钱。现代营销的新观念是强调质量回报。对汽车市场而言，质量回报有两层含义：第一，企业所提供的高质量应是目标市场所需要的；第二，质量改进必须对获利产生积极的影响。企业能够获得质量回报的关键是开展营销调研，因为它有助于组织确定哪些类型和形式的质量对目标市场是重要的，有时也可以促使企业放弃一些它们自己的偏好。

（2）留住现有顾客　顾客满意与顾客忠诚（即留住顾客）之间存在一种必然的联系，它植根于企业传递的服务和价值。留住顾客可以给企业带来丰厚的回报。重复购买和顾客推荐可以提高企业的收入和市场份额。由于企业可以不必花费更多的资金和精力去争夺新顾客，因而成本可以降低。企业留住顾客的能力建立在企业详细了解顾客需求的基础上，而这种了解主要来自市场调研。

（3）及时了解持续变化的市场　市场调研有助于管理者了解市场状况以及利用市场机会。凡是与企业市场营销活动直接或间接相关的问题都可以成为调查的对象。例如，国际国内汽车产业发展宏观环境、政策法律规定、竞争状况等营销环境调研，汽车及零部件市场需求调查，价格走势、产品开发和技术发展趋势、产品与服务质量状况等营销组合策略调研，竞争对手调研，用户购车心理与购买行为调研等。通过市场调研，有利于企业在科学的基础上制定营销战略与营销计划，有利于发现企业营销活动中的不足并做出快速反应，以保持与市场的紧密联系，有利于企业进一步挖掘和开拓新市场，发挥竞争优势。

4.1.2　汽车市场调研的类型

根据研究的问题、目的、性质和形式的不同，汽车市场营销调研一般可分为如下四种类型：

（1）探测性调研　探测性调研用于探询企业所要研究问题的一般性质。研究者在研究之初对所欲研究的问题或范围还不很清楚，不能确定到底要研究什么。这时就需要应用探测性研究去发现问题、形成假设。至于问题的解决，则有待进一步研究。

（2）描述性调研　描述性调研是通过详细的调查和分析，对市场营销活动的某个方面进行客观的描述。大多数市场营销调研都属于描述性调研。例如，汽车市场潜力和市场占有率、轿车消费群结构、汽车竞争企业状况的描述。在描述性调研中，可以发现其中的关联因素，但是，此时并不能说明变量中哪个是因、哪个是果。与探测性调研相比，描述性调研的目的更加明确，研究的问题更加具体。

（3）因果关系调研　因果关系调研的目的是找出关联现象或变量之间的因果关系。描述性调研可以说明某些现象或变量之间相互关联，但要说明某个变量是否引起或决定着其他变量的变化，就要用到因果关系调研。因果关系调研的目的就是寻找足够的证据来验证这一假设。

（4）预测性调研　市场营销所面临的最大问题就是市场需求的预测问题，这是企业制订市场营销方案和市场营销决策的基础和前提。预测性调研就是企业为了推断和测量市场的未来变化而进行的研究，它对企业的生存与发展具有重要的意义。

延伸阅读

某品牌汽车经销商满意度调查

（1）调研目的　检查汽车售后服务承诺的执行情况，及时发现服务商存在的共性问题，提升汽车的品牌形象。

（2）调研样本量　在全国范围内108家该品牌的经销商中，主要集中调研北京、广东、山东、上海、浙江、四川等地。

（3）调研内容

1）售前服务调研：形象调研，包括硬件设施（外部装修与标志、内部设施及环境、宣传资料、展车状况等）和软件（企业信誉、品牌形象等）调研；服务人员专业性调研，包括销售人员的服务态度、专业性等；履行服务承诺调研，包括定价是否明确规范、促销活动情况、初始车况等；其他配套服务履行情况调研，包括是否提供试驾、提车是否方便、是否提供一条龙服务等。

2）售后服务调研：服务商形象；服务站服务指示信息；服务质量，包括人员态度、专业性；维修费用（店内标价和实际报价）、维修时间、维修质量等。

3）救援服务调研：人员着装、承诺时间与实际到达时间、服务态度及解决问题的能力等。

4）热线服务调研：热线服务提供时间、接通率、接听礼仪、解决问题的能力等。

（4）调研方法　神秘顾客访问。其中，店面检查、售后服务体验、救援服务体验采用实地实景神秘顾客访问；服务热线质量监测采用电话神秘顾客访问。

（5）调研执行时间　2个月。

（6）项目难点　调研内容涉及售前、售后维修服务、救援服务以及热线电话等多个方面，无法采用单一的调研方式，而且调研涉及的内容很多，很容易被服务商察觉，使得调研失真或无法完成。

（7）解决方案要点　在项目中采用了两种神秘顾客调研方式：第一组做服务站外出救援调查；第二组做店内修车、店内调查和服务站电话礼仪调查，保证了调研的真实性及全面性。

本次调研结果真实地评价了汽车经销商的服务满意度以及在服务过程中存在的问题，为提升汽车品牌形象和客户满意度做出了贡献。

4.1.3　汽车市场调研的步骤

有效的汽车市场营销调研过程一般分为准备、实施和总结三大阶段和六个环节，如图4-1所示。

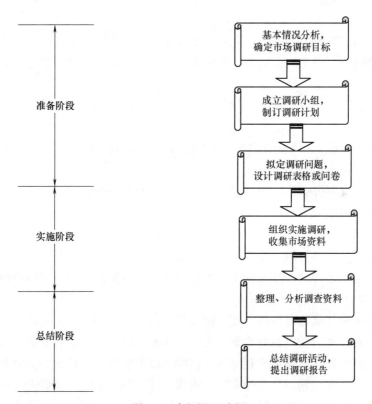

图4-1　市场调研过程

1. 调研工作的准备阶段

在该阶段为保证调研工作有计划、顺利地进行，除图4-1中所规定的内容外，还应对相关工作人员进行必要的培训，尽最大可能估计调查过程中可能出现的各种状况和应对措施。

（1）确定市场调研目标　市场调研的第一步就是根据基本情况分析，确定市场调研目标。企业在不同时期所面临和解决的问题是千差万别的，因此，每次的具体调研活动不可能面面俱到，只能对企业经营活动的部分内容进行调研。只有确定了调研目标和基本指导思想，实际的调研活动才会更有针对性，调研效果才会达到最佳。通常调研目标和指导思想由企业营销主管部门提出，主管领导批准实施。

（2）成立调研小组，制订调研计划　在确定了调研目标后，市场调研的第二步就是成立调研小组，对市场调研所达到的目标进行全方位、全过程的计划或策划，形成市场调研计划任务书。一份好的调研计划任务书既能够准确地反映市场调研主题的要求，又能指导市场调研活动有计划、有效率地进行。通常调研计划任务书应包括市场调研主题介绍、市场调研提纲的拟定、调研小组介绍、市场调研对象选择、调研方法和形式选择、调研时间进度表和调研经费预算等内容。

（3）拟定调研问题，设计调研表格或问卷　市场调研的最终目标是通过多个问题组成的，通常调研表格或问卷是调研的基本形式和工具。调研表格问题的选择合适与否，直接关系到调研目标能否达到；同时，拟定调研问题的水平也能反映出调查小组整体工作水平和最终调研结果水平，因此，拟定调研问题十分重要。对调查表格或问卷的设计需满足以下几点要求：

1）尽量减轻被调查者的负担，调查目录和问题的设计应有代表性。应做到没有与调查目标关系不大的问题，也不应有需要让被调查者反复思考、计算或需要查找资料才能回答的问题。

2）调查题目不应具有诱导性，否则会使被调查者的思路受到问题设计者的限制和引导，从而造成调查工作失真，不具有普遍性特征。

3）问题的设计应与被调查者的身份和知识水平相适应，如对专家可使用专业术语，对一般人员则语言应通俗易懂。

4）调查表格和问题的设计应具有简单明了、方便填写和易于统计等特点。

2. 调研工作的实施阶段

（1）组织实施调研，收集市场资料　通过充分的准备工作以后，市场调研活动就进入了实施阶段，即进行市场资料的收集。对市场资料的收集是整个调研工作中最复杂、工作量最大、耗费人力物力最多的环节，它能否按计划顺利进行是决定最终调研质量和调研结果好坏的关键。

对市场资料的收集通常有两种方式，即文案调研和实地调研。文案调研也可称为对二手资料的收集，即对各种现成资料的收集。文案调研能够收集到行业或企业经营环境等方面的信息和情报，虽然这种信息通常比较笼统，但收集成本较低，并且这些信息和情报往往能起到事半功倍的效果。实地调研是在确定的市场调研计划指导下，由调研人员通过深入调查现场，与被调查对象进行直接的接触和观察，获得第一手资料。相对文案调研而言，实地调研所提供的资料更具体、更实际、更有针对性。

（2）整理、分析调查资料　通过实际的调查，调研人员可以获得各种资料和信息，包括统计数据、问卷调查、二手资料及其他信息资料等。由于这些原始调查资料具有分散性大、个性化强等特点，因此，不能直接提供市场调研目标所需的信息，必须经过必要的筛选、整理和分析，总结出几种具有代表性的观点和意见，为撰写调研报告和最终做出正确的市场营销决策做准备。

这个环节主要是通过对原始调查资料进行筛选、整理和提炼，使其条理化、系统化。首先，筛选就是从所有调查资料中选出对调研目标有价值的资料；其次，把筛选出的有用资料进行整理、归类；最后，把整理好并进行归类的资料，用形象的图表或语言进行总结说明。

3. 调研工作的总结阶段

总结调研工作并提出调研报告是调研活动的最后环节，也是整个市场调研工作最终结果的集中体现。一份好的市场调研报告应满足主题突出、结构合理、文字流畅、选材适当、重点突出和整洁清楚等基本要求。调研报告的结构包括封面、目录、摘要、正文和附录五部分。其中，正文是市场调查报告的主体部分，包括引言、研究方法、调查成果、结论和建议、限制条件和忠告五部分。

4.1.4 原始数据的收集

通过实地调研可以获得调研所需的原始数据。相对二手数据而言，原始数据具体、准确，有更强的时效性和针对性，也往往是企业制定战略与策略的重要参考。对原始数据的收集方法主要有观察法、询问法、实验法。

1. 观察法

观察法在市场调研过程中比较广泛地被采用。它是由调查人员通过直接观察人们的行为进行实地记录，是一种单向调查方法，如顾客反映观察法、行为记录法、点数观察法、比较观察法等。观察法的客观性较强，但往往只注意事物的表面现象，容易忽略内在因果关系。其主要优点表现在：

（1）直接性　它是市场调研者对市场的直接观察与记录，不需要其他的中间环节。

（2）客观性　它更接近于调查者单方面的一种认识活动，而被调查者往往被动地处于观察者的视线之中，但它一般不会对被调查者有任何刺激和影响，甚至是在被调查者没有察觉的情况下进行的，因此可以得到比较客观、真实的市场情报。

（3）方法简单　观察法不需要复杂的设计技术与操作技巧，对市场调研人员的自身素质也没有特殊的要求。

观察调研法的主要缺点是：它只能了解市场现象，而对于现象背后的态度、原因、动机等掌握却十分有限，不利于挖掘出市场现象形成的真正原因。

2. 询问法

询问法是一种双向调查法，可以是口头询问与书面询问调查，可以是普通询问与专家询问，也可以是逐个询问单个调查对象，以及借助座谈会形式，同时对多个调查对象进行询问。总之，询问的方式多种多样。书面调查成本低，一次调查面广，还可以用计算机等先进手段迅速处理，是国外常用的方法之一。询问时应注意采用多项选择法、自由回答法、顺序排列法、程度评定法等。设计问卷要注意语气自然温和、有礼貌，而且问题简单易答，不会占用较长时间，以免令人望而生畏，拒绝回答。

（1）问卷调查　问卷调查是企业进行实地调研、获取原始第一手数据的一种最基本的方法。调查组织者通过设计或编制一份围绕调研主题所展开的系列问答形式或表格形式的问卷，向被调查者收集所需数据和信息。问卷调查的特点主要体现在调查范围广、匿名性强、费用少、结果易于统计等方面。根据问卷发放方式的不同，问卷调查可分为报刊问卷、邮寄问卷、送发问卷、访问问卷、网上调查问卷等。其中，邮寄问卷和网上调查问卷在汽车行业应用较广泛。

(2) 专家调查法 也称德尔菲法,依靠专家的知识、经验和对市场的观察能力,来收集和分析市场资料的一种方法。专家调查通常使用著名的德尔菲法(Delphi Method)。德尔菲法是一种依靠专家小组成员背对背地对市场情况进行分析判断,使每个专家对市场的不同意见和分歧得到充分的表达和交流,并经过反复分析判断,最终使专家们对市场情况逐渐趋向一种较为一致的意见,将其意见结果作为市场预测根据的一种集体预测调查法。德尔菲法的主要特点包括以下几点:

1) 匿名性。专家与调查组织者之间以及专家与专家之间都是匿名的,他们之间只传递某种判断和意见,而并不传递这种判断和意见的来源,从而可以消除各种心理的影响,得到比较客观的调查结果。

2) 反复性。这种调查法所得出的结论是经过专家们反复考虑、多次论证修改后的意见,因此具有较高的准确性。

3) 集体性。调查结论是专家集体意见的综合,而不是个别专家的看法,其结论可靠性较强。

德尔菲法的缺点是需要调查的时间较长,费用也较高。

3. 实验法

所谓实验法,是指将选定的刺激措施引入被控制的环境中,进而系统地改变刺激程度,以测定顾客的行为反应。由于排除或控制了许多没有研究意义的因素,因此,研究人员所观察到的影响可以被认为是采取的某些刺激措施所致。实际上,可以把实验本身视为一个由许多投入影响主体并导致产出的系统。在这个系统中,实验主体是指可被施以行动刺激,以观测其反应的单位。在汽车市场营销实验里,主体可能是汽车消费者、4S店及销售区域等。实验投入是指研究人员将实验其影响力的措施变量。它可能是汽车价格、颜色、销售奖励计划或市场营销变量等。环境投入是指影响实验投入及其主体的所有因素,包括竞争者行为、天气变化、不合作的经销商等。实验产出也就是实验结果,主要包括销售额的变化、顾客态度与行为的变化等。其中,销售额既是最后的产出,也是最有力的产出。

从本质上说,市场营销调研的实验活动与自然科学的实验活动是相同的。但是,市场测试、新产品试销等并不是在周密控制的实验室里进行的,而是在现实市场上以人群为对象来进行的。因此,必须进行实验设计。所谓实验设计,是指决定实验主体数目的多少、实验时间的长短以及控制的类型等问题,同时,还必须注意那些在实验室实验中无须考虑的因素。实验设计主要有以下六种类型:

(1) 简单时间序列实验 例如,首先选择若干经销商并检查其每周销售情况,然后举办展销会并测量其可能的销售额,最后将该销售额与经销商以前的销售额相比较,做出最后决策。

(2) 重复时间序列实验 例如,将展销会的时间延长数周,然后在一段时间内停止展销,再展销一段时间后又停止,如此进行几个循环,在每一个循环时间内都要注意销售变化并求出其平均值。

(3) 前后控制组分析 例如,在展销前首先选定两组经销商,并分别检查其销售状况;然后,只让其中一组举办展销会实验,另一组不举办展销会为控制组,并同时检查两组的销售状况;最后,比较控制组与实验组的销售状况,并对其销售差异进行显著性检验。

（4）阶乘设计　该实验是指市场营销调研人员要对几个市场营销投入措施的影响力量进行实验时，所采用的有多个实验投入组合的实验。例如，某企业试图对三种展销会、三种价格水平、三种质量保证措施进行实验，在这里就有 27 个实验投入组合。显然，阶乘设计法的实验次数较多。

（5）拉丁方格设计　如果实验中欲考查的多个实验投入因素之间不存在相互联系、相互影响的关系，则可用拉丁方格设计。在上例中，阶乘设计涉及 27 种不同的实验投入组合，而用拉丁方格设计法，即正交实验法，使用 $L_9(3^4)$ 正交表，仅实验 9 种实验投入组合。这样不仅减少了实验次数，也可以减少成本费用。

（6）大数据分析工具　随着通信技术和互联网技术的发展，很多高校和科研机构建立了基于大数据分析的实验室。例如武汉大学的大数据虚拟仿真实验室，通过实验方法对调查数据进行分析、筛选和评价，为企业决策提供依据。

4.1.5　二手资料的收集

二手资料的收集通常应在进行一项正式的实际调研活动之前完成，通过对企业所处宏观和微观环境资料和信息的收集，了解并掌握有关市场调研主题的背景资料，为后续实地调研做必要的准备。这种资料的收集具有成本低、功效大的特点，往往能起到事半功倍的效果。

1. 二手资料的要求和功能

二手资料是指相对于原始资料而言的企业内外部现成的数据资料。这部分资料是与某一特定的市场调研主题具有一定关联性的"大众"信息。通过对二手资料的总结分析，市场调研人员可以从中获取有关调研主题的背景信息，从而为后续调研工作起到一定的引导作用，并可达到节省时间、人力、物力和财力的目的。

（1）二手资料的要求　二手资料的获取仅仅是开展营销研究工作的第一步。更重要的是要对所收集到的资料做适当的处理和解释，使之成为制定营销策略的依据。因此，对二手资料的收集和处理是有严格要求的。

1）真实性。对所获取的二手资料要进行认真鉴别和筛选，实事求是，避免个人偏见和主观臆断。

2）及时性。营销研究人员必须及时收集市场变化的数据资料，分析市场变化的最新趋势。

3）同质性。围绕特定的营销问题所获取的资料必须同质、相关并可比，对同一问题还要明确统一的定义标准和统计计量单位。

4）完整性。这是指收集的资料要力求全面、系统地反映市场行情的来龙去脉，所获取的同类数据在时间上应当是连续的，形成一定的序列，能够反映各时期情况及其发展趋势。

5）经济性。这是指资料的收集、处理、传递方式必须符合经济利益的要求，通过资料的使用，必须使企业在经济上有所收益。没有经济效益的资料是没有任何意义的。

6）针对性。资料的收集必须有确定的指向和目标，避免无的放矢，而且应为企业的营销决策提供实际的效用。

（2）二手资料的功能　相对于原始资料，二手资料的功能主要体现在以下几方面：

1）提供大量行业或企业市场发展背景的资料。二手资料的最大功能就是能够为调研主题提供大量背景资料。如对汽车行业而言，2004 年 6 月 1 日颁布实施的《汽车产业发展政策》是为促进我国汽车行业健康发展所推出的一个具有创新性、前瞻性、科学性和重要指导意义的产业政策。它为我国汽车行业的发展指明了方向，也是所有汽车市场调研活动的一个大背景。

2）为市场调研主题的提出、分析和解决提供依据。市场调研组织者通过对二手资料所提供的最基本的市场背景信息，来评判调研主题正确与否、调研方法合理与否等，为最终制定企业营销战略提供可靠依据。

3）为正式调研提供一定的帮助。通常而言，原始数据的获得对调研时间、人员、费用等成本要求较高。因此，为减少成本，把实际调研工作的无用功降到最低，在实地调研之前应进行二手资料的收集，从而排除不必要的调研题目以及不必要的物化劳动和资金投入；同时，二手资料还可以为调研人员提供大量有关市场研究方面的信息，如调研过程中可能的难点等，有利于调研人员做好心理准备，在实际工作中更好地应对挑战和困难。

2. 二手资料的收集途径与方法

（1）二手资料的收集途径 从企业经营角度出发，特定调研主题二手资料的来源主要有两个途径：一是企业内部信息系统；二是企业外部现成资料。

1）企业内部资料。在当今信息化时代，一个现代化企业必须拥有自己的市场营销信息系统才可能立于不败之地。在菲利普·科勒特编写的《营销管理》一书中，企业的市场营销信息系统由企业内部信息系统、市场营销情报系统、市场调研系统和市场情报分析系统四部分组成。其基本功能主要是为企业经营决策者收集、筛选、分析、评价和分配各种市场信息。它的资料来源主要是通过日常企业对各种渠道收集和汇总得来的各类与企业经营有关的信息。随着计算机技术的发展，企业营销数据库的建立完成了客户信息管理、计算机软硬件以及具备响应管理操作素质人员的有机结合，为快速、高效地提供企业内部数据资料提供了良好的信息平台。

2）企业外部资料。企业外部资料的来源相对于企业内部资料更加丰富多样化。市场调研人员在收集企业外部市场信息资料时，应该注意两级不同的渠道：通过一级渠道可以寻找文案资料的来源；通过二级渠道可在一级渠道中寻找与调研主题有关的文案资料。简单地说，前者是市场信息资料源，后者则是在信息源中筛选出的相关资料。显然，一级渠道可以指明获得二手资料的基本方向。获取二手资料的基本一级渠道主要有：

①社会机构资料来源。主要有政府信息部门、国家统计机关的统计资料、图书馆、行业协会、商会、咨询公司、研究机构、高校科研单位、业内其他企业等。

②文献资料来源。主要有文献目录、工商企业名录、各类报纸、杂志、刊物、广播电台、电视台、综合性工具书、网上资料等。

（2）二手资料的收集方法 要从大量的二手资料中寻找有用的情报，市场调研人员不仅要具有一定的专业知识，而且还应掌握一定的操作规程和技巧。

1）市场调研人员要清楚自己的调研主题和根据调研主题所拟定的调研内容，并且清楚从哪里能够获得哪些资料，以及收集这些资料大概所需要的时间、精力和费用。

2）调研人员要对所收集到的二手资料进行必要的评估和筛选。对二手资料进行评估筛选的基本标准有如下四条：①看其内容是否符合调研主题的基本要求；②看其时效性是否能够及时地反应市场现状；③看获取资料的时间、精力、资金成本是否可行；④看二手资料发布者及其调研收集方法的可信性与可靠性。

3）为了节约成本，二手资料收集的基本顺序应该为由内到外、由一般到具体。例如，某市场调研人员欲开展某项具体的调研课题,在二手资料收集的程序上,应该首先考虑企业内部的现成资料,其次才去收集企业外部的二手资料。从内容上,市场调研人员首先应该收集关于目标市场的一般情况资料,如进入市场的人口、政治经济环境、社会文化环境等;其次应考虑行业竞争结构、目标市场基本特征、企业产品定位等相对比较具体的问题;最后要考虑市场研究的主体方向,如消费者需求特征、产品价格、销售渠道、品牌知名度等。

4.1.6 调研资料的整理与分析技术

企业在进行市场调研时,在收集到有关的资料信息后,应对这些资料进行整理、分析,从中选取有用的信息提供给决策者。

1. 调研资料的整理

对调研得来的原始资料和二手资料进行整理,一般包括以下五个步骤:

(1)校编　校编工作是在市场资料收集工作完成之后立即进行的,以便在发现问题时,调查人员能够凭记忆加以妥善处理。校编的主要目的在于消除资料中的错误或含糊不清之处,使收集到的资料更加准确。

(2)分类　分类工作是研究的基础,分类必须科学,因为它直接影响到研究结果的真实性。实际上,在设计问卷时,就在某些方面对研究对象进行了分类。例如,在对汽车进入家庭这一问题进行调查时,在问卷上就对应答者从性别、年龄、职业、收入以及学历等方面进行了分类。这样有利于后来的资料整理,是一种预先分类的方法。但是,有些资料不能采取这种分类方法。例如,采用自由问题和投影法等所得到的资料只能在事后分类。

(3)编号　编号是在分类的基础上,用数字来代表类别。在使用多项选择或二分法问题时,常采用预先编号法为类别编号。

(4)制表　制表的目的在于归纳和整理原始资料,使它们成为便于分析和使用的表格形式。常用的制表方式有单栏表和多栏表两种。单栏表可表示出某一种特性的调查结果;而多栏表则可表示出两种(或以上)的调查结果。制表是一项技巧性很强的工作,尤其是对多栏表。表设计得好,各种特性及相互关系一目了然,能给分析带来极大的方便;如果表设计得不科学,轻则白费力,重则可能将分析引入歧途。

(5)计算统计值　资料整理的最后一步是计算统计值,从而得到资料分析所必需的数据,如集中趋势、中位数、众数、标准差、频数等。

2. 调研资料分析技术

市场调研完成后,在资料分析阶段,市场调查人员所面临的第一个问题就是应该使用什么技术或方法分析资料。有许多统计方法和数学方法可以用于资料分析,其中描述性分析法和推断性分析法比较适合汽车市场调研资料的整理和分析,对汽车工业企业今后的应用具有指导意义。

(1)变量数目　变量数目不同,所选用的分析技术和方法也不同。根据一次分析变量数目的多少,分析技术可分为一维分析、二维分析和多维分析。其中,一次分析一个变量即为一维分析;一次分析两个变量即为二维分析;一次分析三个及以上变量即为多维分析。

(2)描述性分析　描述性分析的目的在于对样本所有元素或对某一变量的观察值进行概括性描述。描述从两个方面进行:一方面是样本资料的集中趋势;另一方面是样本资料的离散程度。这些描述是进行其他分析所必需的基本统计值。在分析资料时,用平均值、中位数和众数来描述集中趋势。所谓中位数,是指按照某种特性的显著程度为样本各单位排序,位于中间一个单位的数值就是中位数。众数可以用来描述类别量表资料的集中趋势,是指样本各类别中抽样单位出现频率最高的一个类别。但是,集中趋势并不能全面地反映变量的分布情况,例如,在数组 5、15、10 及数组 8、12、10 中,其均值都为 10,但这两组的内部构成是极不相同的,为此,就必须了解有关变量分布的离散程度。样本资料分布的离散程度,除用标准差描述外,也可用次数和频率来描述。

(3) 推断性分析　推断性分析就是通过样本状况来推断总体状况,即用部分来推断全体。估计有两种,即点估计和区间估计。所谓点估计,是指用样本统计量来估计总体参数,因为样本统计量为数轴上某一点的数值,估计的结果也以一个点的数值表示。所谓区间估计,是指在一定的把握程度下,根据样本统计值和抽样平均误差,对总体统计值落入区间范围 $\bar{x}$ 做出估计。把握程度称为置信概率,区间范围为置信区间。

4.2 汽车市场预测

企业进行市场调研的目的之一就是寻找市场机会,根据企业的资源判断进入某一市场是否具有竞争能力,是否符合企业的经营目标,能否获取最大的利润等。这就需要对每个市场的潜在规模、市场增长率、预期利润等进行预测。对于汽车市场营销来讲,进行汽车市场预测是至关重要的。

4.2.1　汽车市场预测的概念、类型和内容

在现代市场经济环境下,汽车企业要在激烈的市场竞争中获得优势,不仅要有正确的营销理念,还要做出正确、科学的营销决策。汽车市场预测是汽车企业经营决策的基础。

1. 汽车市场预测的概念

一般意义上的预测是对某一事物未来发展趋势的研究。所谓汽车市场预测,就是在对汽车市场调研的基础上,运用科学的手段与方法,对影响市场营销的各种因素进行研究,通过逻辑推理,对未来一定时期内汽车市场的需求情况及发展趋势进行推断,为汽车企业的营销决策提供科学依据。企业通过市场预测,对汽车市场的变化趋势进行揭示和描述,不仅为汽车企业的经营提供依据,还可以使汽车企业在经营中克服盲目性,增强竞争能力和应变能力,从而达到预期的经营目标。

2. 汽车市场预测的类型

汽车市场是一个极其复杂的大系统,影响因素多,包括的内容也很丰富。所以,汽车市场预测的范围广,预测种类多,分类标准也很多。一般汽车市场预测有如下几种分类:

(1) 按预测范围划分　从预测范围方面,汽车市场预测可以分为宏观市场预测和微观市场预测。宏观市场预测是对国民经济发展趋势的预测,如汽车市场的总供给和总需求、国民收入、物价水平等。微观市场预测是指在一定的国民经济宏观环境下,对影响汽车企业生产经营的各种微观因素进行研究和预测。

(2) 按预测期限划分　从预测期限方面,汽车市场预测可以分为长期市场预测、中期市场预测和短期市场预测。长期市场预测的预测期限为 5 年以上,一般是对汽车市场的发展趋势进行推断,预测误差较大;中期市场预测的预测期限在 1 年以上 5 年以下,用于汽车企

业制定中期发展规划；短期市场预测的预测期限为 1 年以下，用于确定汽车企业短期任务及制订具体实施方案。

（3）按预测方法划分　从预测方法方面，汽车市场预测可以分为定性预测、定量预测和综合预测。定性预测法也称直观判断法，是市场预测中经常使用的方法。定性预测主要依靠预测人员所掌握的信息、经验和综合判断能力，预测市场未来的状况和发展趋势。定性预测方法包括专家会议法、德尔菲法、销售人员意见汇集法、顾客需求意向调查法等。定量预测是利用比较完备的历史资料，运用数学模型和计量方法，来预测未来的市场需求。定量预测基本上分为两类：一类是时间序列模式，另一类是因果关系模式。在汽车市场预测中，常常将这些预测方法联合使用，以提高预测的准确性和可靠性。

3. 汽车市场预测的内容

汽车市场预测的内容按照预测的层次可以分成以下三个方面：

（1）汽车环境预测　该预测也称宏观预测或经济预测，它是通过对各种环境因素，如国家财政开支、进出口贸易、通货膨胀、失业状况、企业投资及消费者支出等因素的分析，对国民总收入和有关总量指标的预测。环境预测是市场潜量与企业潜量预测、市场预测和企业预测的基础。

（2）汽车市场潜量与企业潜量预测　汽车市场潜量与企业潜量预测是汽车市场需求预测的重要内容。汽车市场潜量是从行业的角度考虑某一汽车产品市场需求的极限值；企业潜量则是从企业角度考虑某一汽车产品在市场上所占的最大市场份额。汽车市场潜量与企业潜量预测是企业制定营销决策的前提，也是进行市场预测和企业销售预测的基础。

（3）汽车市场预测与企业预测　汽车市场预测是在一定的营销环境和营销力量下，对某产品市场需求水平的估计。企业预测是在一定的环境和营销方案下，企业预期的销售水平。企业预测不是企业制定营销决策的基础或前提，相反，它是受企业营销方案影响的一个函数。

4.2.2　汽车市场预测的环节

对汽车市场预测的要求是准确性、可靠性、系统性和整体性。为了达到这些要求，汽车市场营销预测的程序一般可分为准备、实施和总结三大阶段六个环节。

1. 预测工作的准备阶段

在该阶段，为保证预测工作有计划、顺利地进行，主要有两个环节：

（1）提出问题和设想　汽车企业在生产经营过程中会遇到许多问题，也会在新车型开发和市场开发等问题上有一些设想，这些均可以作为预测的问题和设想。

（2）明确预测目标　预测目标不同，预测的项目、内容、应该收集的资料，以及用于预测的方法也不同。明确预测目标就是确定预测要解决的问题，并在此基础上拟定预测项目，制订预测计划，确保预测顺利实施。

2. 预测工作的实施阶段

该阶段主要是收集整理资料，即通过各种调查手段收集、整理、筛选、分析与主题有关的各种资料信息。这些资料信息可能是汽车行业及有关行业的统计资料，也可能是国内外有关汽车工业经济情报和反映汽车市场动态的资料等。

3. 预测工作的总结阶段

在该阶段，主要是建立预测模型，对预测结果进行分析评价，并写出预测报告。

（1）建立预测模型　企业在获得有关数据资料的基础上，利用专业知识，依据有关的汽车市场理论、预测目标、预测要求及实际情况，选择适当的预测方法，分析各变量之间的关系，确定有关参数，进而建立起反映客观规律的预测模型。

（2）分析评价预测结果　一般通过预测模型得出的预测结果往往与实际情况不相符，有一定的差异，因此，必须对预测结果进行分析评价，有时要找出产生较大差异的原因。

（3）写出预测总结报告　在写预测总结报告之前，经常要修正预测模型和预测结果，以求利用计算机模拟分析时，预测结果能更加准确和具有代表性。预测总结报告应概括主要预测活动过程，包括预测目标、预测对象、主要数据资料、预测方法、预测模型的建立、有关因素的分析结论，以及预测结果的修正和评价等。同时，对于有待实现的预测结果，在预测总结报告中还应提出有关的措施建议。

4.2.3　汽车市场需求

汽车市场预测的主要内容有汽车市场需求预测、汽车市场价格预测、汽车消费心理和消费行为预测、汽车市场占有率预测、汽车市场生命周期预测等，其中汽车市场需求预测是汽车企业预测工作的重要内容。汽车市场需求预测就是指在对汽车及零部件市场调查取得各种原始资料和二手资料与信息的基础上，运用科学的方法，通过对影响汽车市场需求变化的各种因素进行分析研究，推测未来一定时期内市场需求的情况和发展变化趋势。

1. 影响我国汽车市场需求的主要因素

（1）国民经济增长因素　国民经济的增长是影响汽车市场发展的重要因素，美国、日本、欧洲等发达国家和地区的发展以及我国改革开放40多年的历程，都表明汽车工业发展与国民经济发展直接相关，并基本保持与GDP的同步增长。20世纪80年代后期，我国汽车工业跨入了改革开放的前列，先后建立了上海大众、广州标致、北京吉普等中外合资汽车企业，汽车市场逐渐开放，使汽车产量在连续近十年的时间内高速增长，并远远大于同期GDP的增长速度。1999年以后，汽车工业进入了新的发展阶段，国家宏观经济政策的调整和汽车市场的不断开放，以及加入WTO后带动汽车工业新一轮的竞争，这些都为我国汽车工业步入健康的发展轨道和参与国际竞争创造了良好的条件。其间汽车工业的增长率保持在GDP增长率的1.5~2倍。特别是进入21世纪，我国汽车消费市场出现井喷现象，进一步促进了汽车市场需求增长。

（2）国家宏观政策因素　汽车工业具有关联度高、带动性强、规模效益明显的特征。国家为扩大内需，刺激汽车消费，相继出台了一系列财政和货币政策，这些都对汽车市场的发展产生重大影响。2004年6月1日正式颁布实施的《汽车产业发展政策》，以"促进汽车产业与关联产业、城市交通基础设施和环境保护协调发展。创造良好的汽车使用环境，培育健康的汽车消费市场，保护消费者权益，推动汽车私人消费。在2010年前使我国成为世界主要汽车制造国，汽车产品满足国内市场大部分需求并批量进入国际市场"为目标，对我国汽车消费市场进行了规划。通过五年的实施，《汽车产业发展政策》极大地刺激了我国汽车的消费需求。

2009年1月14日，国务院常务会议审议并原则通过了《汽车产业调整和振兴规划》。该规划指出，汽车产业是国民经济重要支柱产业，涉及面广、关联度高、消费拉动大。制定实施汽车产业调整振兴规划,对于推进汽车产业结构优化升级,增强企业素质和国际竞争力,促进相关产业和国民经济平稳较快发展,都具有重要意义。会议强调,加快汽车产业调整和振兴,必须实施积极的消费政策,稳定和扩大汽车消费需求,以结构调整为主线,推进企业联合重组,以新能源汽车为突破口,加强自主创新,形成新的竞争优势。该规划具体有以下五点:①培育汽车消费市场。②推进汽车产业重组。支持大型汽车企业集团进行兼并重组,支持汽车零部件骨干企业通过兼并重组扩大规模。③支持企业自主创新和技术改造。在今后3年,中央安排100亿元专项资金,重点支持企业技术创新、技术改造和新能源汽车及零部件发展。④实施新能源汽车战略。推动电动汽车及其关键零部件产业化。中央财政安排补贴资金,支持节能和新能源汽车在大中城市示范推广。⑤支持汽车生产企业发展自主品牌,加快汽车及零部件出口基地建设,发展现代汽车服务业,完善汽车消费信贷。

为了实施节能减排战略,国家在2012年出台了《节能与新能源汽车产业发展规划(2012—2020年)》,明确提出:加快培育和发展节能汽车与新能源汽车,既是有效缓解能源和环境压力,推动汽车产业可持续发展的紧迫任务,也是加快汽车产业转型升级、培育新的经济增长点和国际竞争优势的战略举措。加大政策扶持力度,营造良好发展环境,提高节能与新能源汽车创新能力和产业化水平,推动汽车产业优化升级,增强汽车工业的整体竞争能力。规划发展节能与新能源汽车,目的在于降低汽车燃料消耗量,缓解燃油供求矛盾,减少尾气排放,改善大气环境,促进汽车产业技术进步和优化升级。

截至2016年年底,我国民用汽车保有量达到1.857亿辆,车用汽柴油占到全国汽柴油消费的70%以上。发展新能源汽车是我国从汽车大国迈向汽车强国的必由之路。推广新能源汽车,可以加快新能源汽车产业发展,推动国家节能减排战略的实施,促进大气污染防治。2017年9月,工业和信息化部、财政部、商务部、海关总署、质检总局联合公布了《乘用车企业平均燃料消耗量与新能源汽车积分并行管理办法》(以下简称《办法》)。《办法》有利于促进节能减排以及新能源汽车的发展。那些在新能源汽车领域发展较好的车企可以通过新能源汽车积分交易获得企业发展资金,而不重视新能源汽车发展的车企终将不堪负积分的重负而被市场淘汰。《办法》实施后,车企必须造新能源车才能更好地经营下去。到2020年我国乘用车行业平均燃料消耗量将达到5.0L/100km,累计减少二氧化碳排放约6000万t。到2020年,我国预计累计推广新能源乘用车380万辆。新能源汽车产业已经成为国内产业结构调整和新旧动能转化的决定性行业,同时,我国拥有每年近3000万辆的汽车销量,所以,今后新能源汽车将成为我国经济的支柱产业,双积分政策的出台也是顺应了潮流。这一政策借鉴了欧洲和美国的经验,是全世界范围内最严的管理政策之一,也将对新能源汽车产业起到巨大的推动作用。

近年来,随着国家实施供给侧结构性改革,2015年提出"中国制造2025"和"互联网+"。这些战略的实施会促进汽车产品朝个性化、定制化、绿色化、智能化方向发展,共享出行将成为未来的新模式,加快汽车产业的转型升级。这也将带动新一轮的汽车消费。由此可见,国家出台的各项政策和法规,从税收、财政等多方面推出扶持政策,鼓励扩大汽车消费,对国内车市会带来重大利好,有利于节能环保的小排量汽车发展,有利于自主品牌汽车发展,有利于开拓农村汽车市场,有利于新能源汽车加快发展,也有利于优化汽车产业结构和产品结构。各项措施的不断落实,将使汽车制造商、汽车经销商、广大汽车消费者得到实实在在的好处,从而带动汽车市场的发展。

(3) 城市化进程和道路交通设施　从交通运输业的公路建设来看，城市化进程的加快和道路交通的快速发展，必将扩大汽车市场需求。2015年年末全国公路总里程457.73万km，高速公路突破13万km，我国高速公路总里程居世界首位。到2020年，高速公路里程将达到7万km以上，连接所有目前人口在20万人以上的城市。公路运输的高速发展为汽车工业提供了广阔的发展空间，同时也给汽车工业提出了包括能源、环境以及安全等方面的更高要求。

道路交通设施的完善对物流业影响巨大，势必促进物流用车的需求。据统计，网络购物占社会消费品零售总额比重超过了20%。电子商务的发展促进了物流业的发展，对商用车市场有强劲的需求，物流企业也成为货车生产企业的大客户。2015年"双十一"期间，包括中国邮政、顺丰速运、申通快递、圆通快递、中通快递、百世汇通、韵达速递、全峰快递、快捷快递等国内外3000多家物流仓储公司，都参与到快件的配送中，各公司共计投入超过23万辆快递车辆。

(4) 能源紧张与汽车消费税制的完善和推行　能源紧张是全球共同关注的一个重大课题。2006年开始，汽车消费税中"养路费改征燃油税"的实行促进了乘用车的发展。燃油费改税，简称燃油税，即将现今普遍征收的养路费和其他费用合并成燃油税，通过法律约定整合各部门间的利益关系，从而最大限度地节省能源和基础设施开支，使车辆的使用成本结构发生了较大变化，更多地体现"多用多缴，少用少缴"的公平原则。因为家用轿车平均年行驶里程在1万~2万km，平均油耗量为每年1t左右，上缴的燃油税要少于养路费，所以，实施燃油税能促进家用轿车的购买。而对于像解放和东风中型汽油载货汽车将加速被淘汰，这必将加速重载汽车工业的发展。同时，"费改税"会促进汽车工业更多地利用电喷和柴油技术，车型设计将更注重减小风阻系数和减轻自重，在汽车上更多采用轻型材料和节能技术，有利于汽车工业的技术进步，以及加快载货和中型以上客车的柴油化进程。另外，老旧车辆油耗高，征收燃油税将大大加快汽车更新工作的顺利进行，不仅有利于节约社会紧缺石油资源和减少污染，而且能够加速汽车工业的发展。总之，开征燃油税可以达到以下四个目的：①让少用路者少掏钱，多用路者多掏钱；②达到节油的客观效果；③引导车主少出车，减少交通拥堵；④保护公路，延长其使用寿命。我国的《成品油价税费改革方案》已于2009年1月1日起实施，从量征收燃油消费税，多耗油多花钱，多污染多交税，取得了公平合理和节能减排的积极效果。

(5) 实施"一带一路"的影响　"一带一路"倡议的实施为我国汽车产业的发展提供了历史机遇。我国汽车产业发展增速进入换档期，存在产能的结构性过剩问题，而"一带一路"这样的平台和机制可以化解正在不断凸显的国内汽车产能过剩，吸引相关国家对中国汽车产业的关注，使"一带一路"相关国家成为我国汽车产品出口的目标国家，拉动我国汽车企业"走出去"的战略部署，促进我国汽车企业的国际化发展。

2. 我国汽车市场需求的基本情况

进入21世纪以来，我国汽车产销量实现了跨越式发展。2000年汽车产销量首次突破200万辆，2009年达到1379万辆。2017年我国汽车产销量分别为2901.5万辆和2887.9万辆，连续九年蝉联全球第一。17年间，我国汽车产销量增长了近14倍，汽车工业已经成为我国最重要的支柱产业之一。

(1) 乘用车市场需求　随着经济的发展和我国中产阶级的迅速崛起，乘用车市场的需求得到迅速释放。2003年，我国人均国民生产总值突破1000美元，这个数字一直被视为一个国家汽车消费开始普及的标志。同时，我国部分发达城市（如北京、上海、深圳等）人均国民生产总值已接近或突破3000美元，这是汽车消费完全普及的标志。这显示了我国汽车消费需求将在今后很长一段时间内保持稳定的增长，我国轿车消费将逐步进入普及阶段。2006年，我国提出节能减排政策，1.6L及以下乘用车购置税减半政策促进汽车增长，对节能减排、促进小排量车型消费起到了很大引导作用。同年，我国乘用车销售首次超过商用车销量，占汽车总销量的50%以上。2016年乘用车销量2437万辆，占整个市场的87%；中国品牌乘用车共销售1052.9万辆，占乘用车销售总量的43.2%。尤其近几年来，SUV和MPV车型销量增加，汽车的换代需求增加，一批新车型大量涌入市场，更重要的是轿车价格出现大幅度下调，经济型轿车的价格也已经实现了与国际价格的接轨。

（2）商用车市场需求　对载货汽车而言，交通状况的改善和公路货运量的稳步增加，使得载货汽车需求量呈现稳步增加态势。同时，消费结构的变化也促进了载货汽车需求结构的变化。从总体上来看，载货汽车向重型和轻微型发展的趋势更加明显。随着公路建设尤其是高速公路的发展，环保要求不断提高，轻型货车市场需求将稳定增长；随着燃油税的实施，高水平重型汽车需求将会有显著增长；随着农村经济的快速发展，轻微型货车将有较大市场需求。总之，我国载货汽车的活力在于重型和轻微型货车。其中，重型货车在大型项目中具有不可替代的作用，轻型货车具有用途广泛的特性，微型货车则是我国农村市场的主力军，而中型载货汽车总需求量出现萎缩趋势。对客车市场而言，客车需求量与公路客运量高度相关，基本呈同步变动。因此，随着我国公路客运量快速增长，我国客车需求量必将稳步增长。西部大开发战略及高等级公路的快速建设为公路客车提供了新的市场空间，大中型客车仍将是中长途客运的主力车型，需求将逐步增长。随着假日经济、旅游经济的发展，中高档客车需求将不断增加。城市建设的加快、城市道路的延伸，使城市公交运输越加繁忙，大、中、轻型城市客车需求稳步增长，城镇化战略的实施也将促进轻微型客车市场需求的进一步扩大。

（3）新能源汽车市场需求　在节能减排政策的驱动下，我国大力发展新能源汽车，出台了一系列鼓励新能源汽车市场发展的财税政策。目前，新能源汽车还处在市场发展初期，我国从宏观政治层面为新能源汽车发展提供了有利条件。从2010年以来，我国连续出台了一系列政策推动新能源汽车发展，如《环境保护"十二五"规划》《能源发展"十二五"规划》《工业转型升级规划（2011—2015年）》《大气污染防治行动计划》《中国制造2025》等。这些宏观政策奠定了新能源汽车的战略地位，明确了推进纯电动汽车产业化的重点任务，并分别拟定了2020年、2025年的发展目标，要求形成从关键零部件到整车的完整工业体系和创新体系，推动自主品牌新能源汽车同国际先进水平接轨。《中国制造2025》提出节能与新能源汽车是国家重点支持的十大产业之一，明确指出继续支持电动汽车、燃料电池汽车发展，掌握汽车低碳化、信息化、智能化核心技术，提升动力电池、驱动电机、高效内燃机、先进变速器、轻量化材料、智能控制等核心技术的工程化和产业化能力，形成从关键零部件到整车的完整工业体系和创新体系，推动自主品牌节能与新能源汽车同国际先进水平接轨。2016年新能源汽车生产51.7万辆，销售50.7万辆，比上年同期分别增长51.7%和53%。其中，纯电动汽车产销分别完成41.7万辆和40.9万辆，比上年同期分别增长63.9%

和 65.1%；插电式混合动力汽车产销分别完成 9.9 万辆和 9.8 万辆，比上年同期分别增长 15.7% 和 17.1%。

4.2.4 汽车市场需求预测的步骤和方法

1. 汽车市场需求预测步骤

进行汽车市场需求预测，运用科学的方法，对汽车及零部件市场供求关系及其发展趋势与相联系的各种因素加以分析和判断，必须按照一定的步骤进行。

（1）目标测定　预测的科学根据如何，将取决于目标测定这一阶段工作的完整性和精密性。首先，应根据决策任务提出预测的目标、时间范围，对预测的技术要求，如预测结果的准确程度、时限、计量单位，对预测报告的要求等应以书面形式明确规定；对预测对象的性质和状态、发展趋势和规律，也要详加分析；同时，还要研究和分析对象所处的经济、社会、人口、资源等环境条件的现状和动态变化，进行比较和协调。

（2）资料收集、分析和整理　资料的收集和分析往往贯穿于整个预测过程，其质量取决于预测人员的知识面和业务素质。根据所需来源不同，资料可分为：一是各级政府、主管部门和综合管理部门公布企业积累的历来的市场信息资料；二是调查收集市场动态的原始材料，用于及时、迅捷地反映市场动态，主要方法有典型调查、个别走访、召开座谈会或展销会等，从而准确掌握目前人们对汽车及零部件市场商品要求的动态。

（3）因素分析　影响汽车及零部件市场运行的有主观和客观多方面的因素：主观因素有服务态度、广告宣传、销售方式等；客观因素有国际国内局势、社会商品购买力、物价水平、汽车及零部件商品周期、消费偏好等。对因素进行分析，通常应根据具体情况做定性、定量分析。

（4）选择预测方法和建立数学模型　预测方法的选择不仅与预测对象和目标的性质有关，与可能收集到的数据状况有关，也与预测的要求和条件有关。

（5）分析和编制预测报告　对预测结果必须从技术和经济两方面论证其合理性，还要结合没有考虑或已经变化的因素，并借助经验、推理和知识去判断和修正预测结果。这样通过理论检验、资料检验、专家检验之后，得出新的预测结果及主要结论，才能编写预测报告。报告分为两种：一种是一般性报告，其目的是简洁、明确地向各级管理、决策人员提供预测结果和市场活动建议，并对预测过程和结果加以扼要说明和简单论证；另一种是专门性报告，其读者是市场研究和咨询人员，要求详尽地说明预测目标、预测方法、资料来源、预测过程。要从社会、政治和技术经济各准则对多方案的预测结果进行优选，选取若干个最有前途的方案以供决策部门参考。

2. 汽车市场需求预测的方法

用于汽车市场需求预测的方法主要有以下几种：

（1）购买者意图调查法　这是在一组规定的条件下预料购买者可能买什么的方法。这种方法通常用"购买概率尺度"来衡量消费者购买意图。计算公式如下：

$$E = \frac{\sum P_i x_i}{\sum x} \times 100\%$$

式中　E——购买概率尺度

　　　x——调查的样本总数（人数）

x_i——购买概率为 P_i 的人数

P_i——不同购买意图对应的购买概率

例如,在某项汽车消费需求调查中,调研组织将消费者的购买意图分为六种情况,并分别赋予不同的购买概率,见表 4-1。

表 4-1 购买者意图调查

	你打算在未来 6 个月内购买一辆汽车吗?					
买车概率	0.00	0.20	0.40	0.60	0.80	1.00
购车意图	不可能	不大可能购买	可能购买但不确定	有可能购买	非常可能购买	一定购买

调研组织随机调查了 100 名潜在消费者,表示一定购买的有 6 人,非常可能购买的有 15 人,有可能购买的有 25 人,可能购买但不确定的有 34 人,不大可能购买的有 20 人。得出该汽车品牌的购买概率尺度为

$$E = \frac{\sum P_i x_i}{\sum x} \times 100\%$$
$$= \frac{6 \times 1.0 + 15 \times 0.8 + 25 \times 0.6 + 34 \times 0.4 + 20 \times 0.2}{100} \times 100\%$$
$$= 50.6\%$$

该购买概率尺度为 50.6%。此外,各种调查还包括询问购买者目前和未来的个人财务状况以及经济前景。各种信息的要点都综合在购买者感情测量或信任测量中。汽车生产商根据这些指标,希望预料购买者意图的主要转移方向,从而能相应地调整其生产和营销计划。

某些衡量购买概率的调查在汽车新产品上市之前就能得到反馈。在组织购买领域内,各类机构在进行关于工厂、设备和材料的购买者意图调查。购买者意图调查法对于工业产品、耐用消费品、要求有先行计划的产品采购和新产品的需求估计都有使用价值,所以,这种方法对汽车需求预测是很有用的。

(2)销售人员意见综合法 当企业不能访问购买者时,则可要求它的销售人员进行估计。每个销售人员估计每个现有的和潜在的顾客会买多少企业生产的汽车产品。但销售人员是有偏见的观察者,他们可能是天生的悲观主义者或乐观主义者,也可能由于最近的销售受挫或成功,从一个极端走向另一个极端;此外,他们经常不了解较大的经济发展和影响他们地区未来销售的企业营销计划;他们还可能瞒报需求,以达到使企业制定低定额的目的;他们也可能没有时间做出审慎的估计,或认为这不值得考虑。总之,企业在利用其销售人员的估计时,通常要做某些调整。所以,为了促进销售人员做出较好的估计,企业可向他们提供一些帮助或鼓励。销售人员可能收到一份他过去为企业所做的预测与实际销售对照的记录,以及还有一份企业在商业前景上的设想以及企业的利益等。

各销售人员的销售期望值 = 最高销售预测额 × 概率 + 可能销售预测额 × 概率 + 最低销售预测额 × 概率

为了减少销售人员的主观误差,常取数个销售人员的销售期望值的平均值。例如,有三个销售人员,他们的预测销售额和概率见表 4-2。

表 4-2 销售人员意见综合法的计算方法

销售人员	预测项目	销售额（万元）	概率	销售额×概率（万元）
张某	最高销售	3000	0.2	600
	可能销售	2100	0.5	1050
	最低销售	1200	0.3	360
	期望值			2010
王某	最高销售	2500	0.3	750
	可能销售	2000	0.6	1200
	最低销售	1600	0.1	160
	期望值			2110
李某	最高销售	2050	0.2	410
	可能销售	1800	0.6	1080
	最低销售	1600	0.2	320
	期望值			1810

该公司预测的销售额 =［(2010+2110+1810)/3］万元 =1976.7 万元

吸引销售人员参加预测便可获得许多好处。销售人员在发展趋势上可能比其他人更具敏锐性。通过参与预测过程，销售人员可以对他们的销售定额充满信心，从而激励他们达到目标。而且，一个"基层群众"的预测过程还可产生细分为按产品、地区、顾客和销售代表的销售估计。最后，还应由预测人员召集企业经营管理人员，根据已收集到的信息资料及个人经验，对未来市场做出判断预测，并加以综合。该方法特别适合企业预测，适用内容有汽车及零部件商品开发、市场容量、汽车及零部件商品成交量、市场占有率、汽车及零部件使用年限以及开发经济效果的预测。

（3）专家意见法　企业也可以借助专家进行预测。专家包括经销商、分销商、供应商、营销顾问和贸易协会。例如，汽车公司向其经销商定期调查，以获得短期需求的预测。但是，经销商的估计和销售人员的估计有着相同的优点和弱点。许多企业从一些知名的经济预测公司那里购买经济和行业预测。这些预测专家处在较有利的位置，由于他们拥有更多的数据和更先进的预测技术，因此，他们的预测往往优于企业自身的预测。

企业可以召集专家组成一个专门小组，进行一个特定预测。可以请专家们交换观点并做出一个小组的估计（小组讨论法）；或者要求专家们分别提出自己的估计，然后由一位分析家把这些估计汇总成一个估计（个人估计汇总法）；或者由专家们提出各自的估计和设想，由企业审查、修改，并进行更深化的估计（德尔菲法）。

（4）市场测试法　在购买者不准备仔细地做购买计划，或在实现他们的购买意图时呈现无规则性，或专家们并非可靠猜测者的情况下，进行一次直接的市场测试是必要的。直接的市场测试特别适用于对汽车新产品的销售预测或为产品建立新的分销渠道或地区的情况下。

（5）市场调查法　这是广泛运用现场观察、实验调查和访问调查等方法，结合汽车及零部件商品的特点，选用适当的方式进行预测。例如，运用现象观察方法，可以到汽车及零部件交易所了解人们对汽车结构、空间、颜色、造型等方面的信息；运用实验调查法，选择不同的广告宣传方式或广告词等；运用访问调查法，将拟订的调查事项当面、电话或书面询问被调查者，以了解消费者对汽车消费方式（购买、租赁等）及维修服务等方面的直接信息,以此作为确定汽车及零部件开发方向和规模的依据。

(6) 市场因子法　这是根据预测者的经验对市场统计观察,选择市场活动中的客观事物作为因子来推测市场变量的预测方法。市场因子的选择要根据预测者及他人的预测经验和对市场情况的认真观察、细致分析,以及对汽车及零部件商品类型、结构等问题的深入了解。

(7) 时间序列分析法　这是根据历年汽车及零部件市场成交的实际数据,分析未来一定时期内汽车及零部件市场的发展趋势,并假定今后仍在较长时期内延续这种态势,从而预测出今后一定时期的汽车及零部件市场状态。

4.3　市场营销信息系统

美国营销大师菲利普·科特勒曾说过:"要管理好一个企业,必须管理它的未来;而管理未来就是管理信息。"随着通信技术和互联网技术的发展,信息已经成为企业发展的重要资源要素。当前,汽车市场竞争环境的不确定性加强,以及汽车企业内部对协同性要求越来越高,使得汽车企业的生产经营及营销活动离开信息就寸步难行。汽车企业要在市场中求生存、谋发展,必须掌握营销信息,进而建立快速反应的市场营销信息系统。

4.3.1　建立市场营销信息系统的必要性

所谓市场营销信息系统(Marketing Information System,MIS),就是在企业中设立由"人、机、程序"共同组成的相互作用的联合体系统,用来根据企业营销决策者信息需求有规律、有计划地收集、存储、整理、分析、评价并提供适用、适时、准确的营销信息,使企业的营销活动具有快速反应(Just in Time,JIT)能力。

现代汽车企业开展市场营销活动,不仅需要人、财、物等方面的资源要素,尤其需要信息资源。汽车市场信息之所以重要,是由以下几方面决定的:

(1) 汽车市场范围大　由于汽车企业面对的汽车市场范围越来越大,企业的市场营销活动不仅限于本地区、本国,而且有可能跨越国家之间的界限,使得营销人员在不同地区市场或国际市场中面临着较为生疏的复杂的环境,需要收集、加工许多新的信息。

(2) 汽车购买行为复杂化　随着消费者收入水平明显提高,他们在汽车购买中的挑选性越来越强,汽车购买行为复杂化。这也需要大量有关汽车消费需求变化趋势的信息,进而为企业的经营决策提供依据。

(3) 汽车非价格竞争越演越烈　汽车市场竞争已经由单一的价格竞争发展到非价格竞争的更高级形式。也就是说,汽车消费者对产品价格不再像过去那样敏感,他们购买汽车时更加注意品牌及产品特色。因此,品牌、产品差异、广告、销售推广、售后服务等竞争手段的作用日益凸显。而这些非价格手段能否被有效运用,前提条件也在于能否获得更多的正确信息。

(4) 汽车营销环境越来越复杂　汽车市场的全球化导致汽车企业面临的营销环境极其复杂,并随着互联网技术和通信技术的发展,汽车市场的信息来源更加多样化、复杂化,汽车企业必须从庞杂的信息来源中提炼出适合自身发展的营销信息,才能做出正确的经营决策。

基于上述原因,汽车企业在对消费者、竞争者、市场商品供求动态及企业自身状况缺乏了解时,就不可能成功地进行市场营销的分析、决策、实施和控制。为此,为了及时、有效地寻求和发现市场机会,为了对营销过程中可能出现的变化与问题有所预料,为了在日趋激烈的市场竞争中取胜，汽车企业需要建立一个有效的营销信息系统，以便及时系统地收集、加工与运用各种有关的信息，使营销信息准确可靠，并且具有系统性。

4.3.2 市场营销信息系统的基本组成

建立营销信息系统的目的就是收集、分析、评价和运用适当、准确的信息，帮助营销人员和决策者实现营销决策、营销规划，执行营销活动，提高其理解、适应乃至控制营销环境的能力。所以，市场营销信息系统一般由内部信息系统、市场营销情报系统、市场营销调研系统和市场营销决策支持系统四个子系统组成。各子系统的功能与作用如下：

1. 内部信息系统

内部信息系统也称内部会计系统，它是企业营销管理者经常要使用的最基本的信息系统。该系统的主要功能是向营销管理人员及时提供有关订货数量、销售额、产品成本、存货水平、现金余额、应收账款、应付账款等各种反映企业经营状况的信息。通过对这些信息的分析，营销管理人员能够发现市场机会，找出管理中的问题，同时可以比较实际状况与预期水准之间的差异。其中，订货—发货—开出收款账单这一循环是内部信息系统的核心，销售报告是营销管理人员最迫切需要的信息。对于我国的汽车及零部件企业而言，内部信息系统一般比较完备。如销售成本、利润、库存、资金盈利率等财务信息及企业人员状况、物资使用情况等管理信息的收集、整理、归类等工作通常较为完善。

2. 市场营销情报系统

内部信息系统为营销管理人员提供结果数据，而市场营销情报系统则为营销管理人员提供正在发生的数据。营销情报系统是指使营销管理人员获得日常的关于营销环境发展的恰当信息的一整套程序和来源。营销环境情报系统也称营销环境监测系统，其主要任务是收集外部信息，包括政府相关经济政策、法律法规、本行业的科技情报、本企业社会影响、竞争对手情况及其本行业动态变化情况、用户需求变化情况等，并通过分析研究信息，总结行业发展周期变化规律，进而对整个市场环境的变化情况进行科学预测。该系统最重要的是建立情报收集网络，国际知名汽车跨国公司的情报网几乎遍及全球，可随时向企业经营管理部门报告重要情报。丰田汽车公司就是一个较好的实例。据说丰田汽车无论在何地出现问题，公司总部当天就能得到情报，并根据所得到的各种有用营销信息及时做出反应。

营销管理人员大多数自行收集情报。他们通常通过阅读书籍、报刊和商业行会的出版物，与顾客、供应商、分销商或其他外界人员交谈，同企业内部的其他管理者和员工谈话来收集。但这些方法带有相当的偶然性，一些有价值的信息可能没有被抓住或抓得太迟。管理人员可能对一个竞争活动、一种新的顾客需求或某一经销商的问题知道得太晚，而不能做出最好的反应。经营灵活的企业可能会采取进一步的措施来改进其营销情报的质量和数量。

1）训练和鼓励销售人员去发现和报告新发展的情况。销售人员是企业的"眼睛和耳朵"，他们在收集信息上处于一个有利的地位，是其他方法不能取代的。但是，他们非常忙碌，常常不能把重要的信息及时转告。所以，企业必须向销售人员"推销"一个观念，让他们懂得"作为情报来源，销售人员是最重要的"。销售人员也应该知道各种信息应送给哪些负责人。

2）鼓励分销商把重要的情报报告企业。有些企业安排专业人员收集营销情报。它们可能派出"佯装购买者"在自己的商店咨询营业员，或者挑选和购买商品，用这种方式来评估员工对待顾客的态度。这类报告常用的问题是：营业员过多长时间才接待你？假如他想要你购买，是怎样做说服工作的？营业员关于汽车产品的知识是否丰富？企业还应该购买竞争者的产品以了解竞争者；参加公开的商场和贸易展销会；阅读竞争者的出版刊物和出席股东会议；与竞争者的前雇员、目前雇员、经销商、分销商、供应商、运输代理商交谈；收集竞争者的广告；阅读《经济日报》《经济参考报》和商业行会的报道等。

3）向外界的情报供应商，如向信息研究公司购买信息。这些情报供应商收集信息与消费者数据要比自身收集信息的成本低得多。

4）建立内部营销信息中心以收集和传送营销情报。该信息中心实际上是一个有关信息的档案库。职能人员通过审阅较重要的出版物，摘录有关新闻，并制成新闻简报送给营销管理人员参阅。职能人员还应协助管理人员评估这些新的信息。这些服务会大大提升可供营销管理人员使用的信息质量。

3. 市场营销调研系统

上述两个子系统的功能都是收集、传递和报告有关日常的和经常性的情报信息，但是，企业有时候还需要经常对营销活动中出现的某些特定的问题进行研究。例如，营销管理人员经常会对某一特定的问题和机会进行研究，他们可能需要做一个汽车市场调查、一个产品偏好试验、一个地区的销售预测或一个汽车广告效果研究等。市场营销调研系统的任务就是系统、客观地识别、收集、分析和传递有关市场营销活动各方面的信息，提出与企业所面临的特定营销问题有关的研究报告，以帮助营销管理人员制定有效的营销决策。市场营销调研系统不同于市场营销信息系统，它主要侧重于企业营销活动中某些特定问题的解决。

4. 市场营销决策支持系统

越来越多的组织为了帮助其营销管理人员做好决策，设立了市场营销决策支持系统。该系统也称市场营销管理科学系统，它通过对复杂现象的统计分析，解释企业内部和外部环境的有关信息，建立数学模型，并把它转化为营销活动的基础，帮助营销管理人员分析复杂的市场营销问题，做出最佳的市场营销决策。

为了说明市场营销决策支持系统的工作过程，假定一位营销管理人员需要分析一个问题并采取行动。该管理人员把问题输入适当的该系统模型，该模型就能输出有分析的标准化数据。然后，管理人员使用该方案以决定最合适的行动计划。营销管理人员实施行动计划，随着其他力量的加入和环境的影响，又会产生新的数据。市场营销决策支持系统经常应用于计算机工作站。该工作站的作用犹如使营销管理人员从飞机机舱的控制者成为领航员——指挥企业在正确的方向上真正"起飞"。

所以，市场营销决策支持系统由两个部分组成：一个是统计库，另一个是模型库。其中，统计库的功能是采用各种统计分析技术，从大量数据中提取有意义的信息。统计分析技术由相关分析、因果分析、趋势分析等分析方法组成，这些方法是分析和预测未来经营状况和销售趋势的有效工具。模型库包含了由管理科学家建立的解决各种营销决策问题的数学模型，如新产品销售预测模型、广告预算模型、竞争策略模型、产品定价模型以及最佳营销组合模型等。营销决策支持系统是建立在正确的市场营销调研系统之上的，它能够把枯燥的数字和图表转变成为企业高层决策时提供的支持和依据。

4.3.3 应用市场营销信息系统需注意的问题

营销信息对企业的经营决策和生存发展具有重要的作用。市场营销信息系统是对营销信息的收集、加工、评估和分析的一系列工作过程,为此,企业在收集和运用信息的过程中,应该注意以下几个方面:

1) 由于营销信息的获得需要付出一定的人力、物力、财力,花费成本高,信息过于分散,而且欠准确,为此,企业领导者必须具有高瞻远瞩的远见和智慧,树立信息就是企业生命的思想,重视信息的收集,并通过营销信息系统的处理,使之成为准确可靠的信息。

2) 企业的销售人员是企业与外部联系的窗口,他们担当着为企业推销产品,争取并结成固定的合作伙伴,争取为企业带来长期利益和获得外部信息的任务。获得信息是销售人员的重要工作内容之一。这就要求销售人员具有良好的个人素质和工作能力,具有整体观念、全局观念。为此,必须注意对销售人员业务能力的培养和提高,经常开展业务竞赛活动,使销售人员的工作能力不断提高,成为收集信息和推销产品的行家。

3) 电子计算机在建立市场营销信息系统的过程中起着重要作用。在不断发展变化的信息时代,计算机通过互联网大大增强了其收集、储存信息的功能,并且兼有建立模型和分析解答问题等一系列简化手算程序、节省时间的功能。这就要求企业领导者不仅要重视对计算机操作人员的培训,而且要避免办一切事情都依赖计算机的思想。因为机器是由人来制造和使用的,由于计算机的运用可以大大提高工作效率、节省时间、计算精确,并会带来巨大的效益,但这并不能说明它可以完全取代人力来工作,因为如果没有人来操作和输入程序,计算机将无法工作。为此,还必须着力培养计算机人才,并从观念上正确地看待计算机的作用,它只是供人使用的一种工具和手段,而绝不是一根可以依赖的拐棍。因此,企业领导者在观念上首先应重视人的作用和潜能的发挥,让下属愉快地工作;其次要注意充分运用计算机设备来为企业决策和日常经营管理服务,发挥计算机辅助人脑功能的作用,从而提高分析、处理营销信息的效率,带动整个企业的经营管理工作正常、高效运行。

4) 企业既要适应信息系统要求,又要讲求经济效益。营销信息系统的建立将会打破某些职能部门之间的界限,信息趋向"一体化"。例如,过去由各职能部门分别执行的获得信息的职能,将由计算机化的信息系统集中起来执行。为此,企业各职能部门的设立应适应市场营销信息系统的要求。另一方面,企业建立市场营销信息系统必须讲求经济效益,避免不必要的费用开支,要使利用系统所取得的收益或节约大于企业为获取需要的信息所支出的费用。

讨论案例

麦肯锡:2030 年汽车革命的七大趋势

新兴市场的发展、层出不穷的新科技、可持续性政策的出台、消费者偏好的变化——这些都让全球经济发生着翻天覆地的变化。汽车行业出现了四股科技驱动的颠覆性趋势:多样化出行、自动驾驶、电动化和智能互联化。

1) 受共享出行、互联服务和性能升级的推动,汽车行业的收入将因新的商业模式提高 30%,即增加 1.5 万亿美元。汽车行业收入将会大幅度增长,并且朝按需出行服务和数据驱动服务等方向多样化发展。这将使得汽车销售收入在2030年额外增加1.5万亿美元，相当于提升30%；而同期传统的汽车销售和售后产品、服务收入将达5.2万亿美元，比2015年的3.5万亿美元提高50%。

智能互联与自动化技术将使得汽车越来越成为一种平台，使得驾驶员和乘客能在旅途中享受新奇的媒介形式和服务，或者将空出来的时间用于从事其他个人活动。创新，特别是基于软件系统的创新速度之快，将要求汽车具备可升级功能。随着短时间共享出行的日渐普及，消费者将时刻了解科技的进展，这也将进一步增加私家车可升级性能的需求。

2）尽管人们越来越多地转向共享出行，汽车销量仍将继续增加，全球汽车总销量将从过去的3.6%降至2%。这主要是由于宏观经济的影响，以及汽车共享和在线叫车等出行服务的增长。

3）消费者的出行行为正在改变。到2030年，每10辆售出的汽车中就有一辆是共享汽车，并且基于用户需求定制的出行解决方案也将拥有更大市场。

消费者偏好不断变化、监管措施趋紧、技术突破等因素都导致个人出行发生了重大转变。人们越来越多地使用多种交通方式完成出行，货物和服务都是送到他们手中而不是由他们自己获取。结果就是，一系列多样化的按需出行方案将对传统的汽车销售模式形成补充，特别是在人口密集、不鼓励使用私家车的城市当中。

目前消费者将汽车当作全能工具，既用于通勤，也用于全家出游。未来，他们可能希望能就某一特定目的灵活选择最佳出行方式，并通过智能手机进行选择。我们已经注意到，一些迹象显示拥有私家车的重要性在下降：在美国，年轻人（16~24岁）持有驾驶证的比例从2000年的76%下降到了2013年的71%，而在过去5年，北美和德国的汽车共享服务使用量每年增长都超过30%。

4）城市类型将取代国家或区域，成为决定出行行为的市场细分维度。

具体来讲，将这些市场按城市类型分类，主要是根据人口密度、经济发展水平和繁华程度细分。在这些细分市场中，消费者偏好、政策和监管、新的商业模式的可获得性和成本将出现很大差异。例如，像在伦敦这样的大城市，拥有汽车对很多人来说已经是一个负担了。这主要是因为需要交拥堵费、缺少停车位、交通拥堵等因素。相反，在农村地区，如美国的艾奥瓦州，到目前为止，私家车依然是人们偏爱的交通方式。因此，城市类型将取代传统的以区域视角细分出行市场的做法，成为考察出行行为的重要指标。到2030年，纽约州的汽车市场将可能与上海，而不是堪萨斯州的更相似。

5）完全自动驾驶的车辆预计于2020年之前会实现商业化销售。同时，高级驾驶辅助系统（ADAS）将扮演重要角色，帮助监管机构、消费者和企业做好逐渐让汽车取代驾驶员的准备。

ADAS的上市已表明，主要挑战来自定价、消费者认知和安全/保障问题，至于技术准备方面，技术公司和初创公司可能将在自动驾驶汽车的研发中起到重要作用。监管和消费者接受度可能会是自动驾驶汽车的另一障碍。然而，一旦这些问题得到解决，自动驾驶汽车将为消费者带来巨大的价值。例如，在通勤途中工作的能力，或在旅途中方便地使用社交媒体或看电影。

完全自动驾驶汽车将逐渐增加，预计2030年占全球乘用车销量的15%。

6）电动汽车可行性增强、竞争力提升，但是消费者接受度在不同地区差异显著。

消费者接受度将取决于购买的拉动力（这部分由个人拥有车辆的总成本所推动）和监管的推动力的相互作用，这在不同地区和地方层面有显著差异。

预计到2030年，电动汽车的比例可能占新车销售的10%~50%。接纳率最高的将是发达的人口密集城市，那里有严格的排放规定和消费者激励机制（纳税减免、特殊泊车和驾驶特权、优惠电价等）。而在小城镇和农村地区，低水平的充电基础设施和较高的长途驾驶依赖度将使销售渗透率较低。但在未来通过电池技术和成本的不断改善，这些地方差异将减小，而电动汽车有望从传统汽车市场中获得越来越多的市场份额。随着电池成本在未来10年中可能下降到150~200美元/（kW·h），电动汽车将具备与传统汽车的成本竞争力，这对市场渗透是最重要的催化剂。同时值得注意的是，电动汽车中有很大一部分是混合动力汽车，这意味着即使在2030年之后，内燃机仍将占据一席之地。

7）在一个更加复杂和多元化的行业格局下，现有厂商将被迫在多个领域同时展开竞争，并与竞争对手合作。

当其他行业，如电信或移动电话/手机行业已被颠覆时，汽车行业至今仍只有少许变化和整合。举例来说，在过去15年里，汽车制造商（OEM）前15名的名单里只出现了2家新公司，而手机行业则出现了10家新公司。

出行行业向服务行业的格局转型，加上新公司的进入，将不可避免地迫使传统汽车制造商在多个领域展开竞争。出行服务提供者（如滴滴）、科技巨头（如苹果、谷歌）以及特制车厂商（如特斯拉）增加了竞争格局的复杂性。传统汽车企业处于不断降低成本、提高燃油效率、减少排放、提高资本效率的压力之下，将更加感受到紧迫感，有可能在不断变化的汽车和出行行业转型，从而可能导致现有企业合并或出现新形式的合作关系。

案例讨论题：
1. 未来汽车市场需求将会发生哪些变化？
2. 应对未来汽车市场需求，汽车企业应该怎么做？

本章小结

汽车市场调研能提高质量和顾客满意度，留住现有顾客，及时了解持续变化的市场。市场营销调研一般分为如下四种类型：探测性调研、描述性调研、因果关系调研和预测性调研。有效的市场营销调研过程一般分为准备、实施和总结三大阶段六个环节。原始数据的收集方法主要有观察法、询问法、实验法。二手资料的收集主要有两个途径：一是企业内部信息系统；二是企业外部现成资料。

汽车市场预测的内容按照预测的层次，可以分成汽车环境预测、汽车市场潜量与企业潜量预测、汽车市场预测与企业预测。用于汽车市场需求预测的方法主要有以下几种：

购买者意图调查法、销售人员意见综合法、专家意见法、市场测试法、市场调查法、市场因子法、时间序列分析法。

市场营销信息系统一般由内部信息系统、市场营销情报系统、市场营销调研系统和市场营销决策支持系统四个子系统组成。

I. 思考题

1. 简述汽车企业开展汽车市场调研与预测的必要性。
2. 如何设计汽车市场调查方案?你认为应如何开展汽车市场的调研?
3. 根据实际情况分析影响我国汽车需求的主要因素。
4. 简述汽车市场需求预测的步骤和方法。
5. 什么是市场营销信息系统?分析现代汽车企业建立市场营销信息系统的必要性。

II. 课后方案策划

1. 某企业计划为农村城镇开发一款轿车,你作为企业调研人员进行调研,收集相关情况,为产品规划提供有价值的信息。请制订一个调研方案。
2. 某商用车制造企业在2017年看到轻型商用车销量增长十分迅速,该企业很看好这一市场,计划投资生产轻型商用车。为了使产品能够适销对路,在进行产品规划前必须进行市场调研。魏伟是该公司市场部的一名市场策划人员,他将负责此次调研活动。请你为魏伟制订一个市场调研计划(调研目的、调研内容、调研对象、调研范围、调研方法、调研途径等)。

第5章　汽车目标市场

广汽菲克两年跻身欧美系前三的秘诀

根据2017年1~5月中国汽车工业协会数据,在合资SUV竞争最激烈、新车上市最密集的13万~30万元价位段区间,广汽菲克国产Jeep家族销量超越福特,跻身欧美系前三。在合资车企整体增长乏力的情况下,广汽菲克作为后来者依旧充满活力,销量不断走高。2017上半年,Jeep国产车型销售10.6万辆,同比增长106%,而同期国内SUV市场销量同比增长17.11%,Jeep的增速比整体SUV市场增速快了6倍多。这意味着合资仅短短2年,广汽菲克Jeep已与在市场中拼搏多年的"老将"大众、别克一起,位列主流合资SUV市场的欧美高端品牌第一阵营。两年跻身欧美系前三,广汽菲克的秘诀在哪?直观来看有两方面原因:一是SUV市场依然是当下增长最快的乘用车细分市场,而专注于SUV的广汽菲克占尽春风;二是广汽菲克此前的市场基数较小。向热门细分市场布局产品,并确保每一款车在所在的细分市场中做到最专业、最具竞争力,这是广汽菲克在市场中脱颖而出的秘诀。

1. "三驾马车"领航,专业产品布局

作为一家车企,没有什么比优质的产品更能打动消费者了。广汽菲克自成立以来,推出了自由光、自由侠、指南者三款车型。这几款车分别属于几个不同的价位区间,共同组成了13万~30万元的家族产品线,实现了在该价格区间全面而专业的产品阵容布局。

定位专业级高端中型城市SUV的自由光,一经推出就受到消费者追捧,2016年第一个完整销售年,销量超过10万辆,与昂科威、途观并列20万~30万元级主流SUV销量三强;以"13万~17万元专业级超驾趣SUV"的差异化产品定位,自由侠改写了小型SUV的入门标准,迅速在细分市场里占据了领先地位,稳居2017年1~5月成交价15万元以上合资小型SUV的前三位;定位专业级新中产家庭SUV的指南者,上市时间仅半年,在2017年5月销量就突破8300辆,在18万~20万元合资SUV细分市场排名第一,创下了上市以来的历史新高。

2. "客户满意"为尊，提升品牌形象

深入来看，广汽菲克成立两年多以来所坚持的企业发展理念和品牌发展理念成为其制胜的核心。一个企业短时间的快速增长可以理解为来自某个爆款产品的刺激，但连续两年的成倍增长且多款车型齐头并进的爆发式增长，更多的是与该品牌自身的魅力相关。客户服务决定了消费者在选购产品时的场景感受和满意度，而广汽菲克在对经销商的形象建设和流程规范上做了巨大的投入。过去两年，广汽菲克通过因地制宜的诸多措施，以极快的速度打造出健全的经销商网络，完成了对4个品牌、2套体系、300多家经销商的汽车行业最复杂的整合。

进入中国以来，Jeep一直致力于品牌形象的塑造，其中重要的一点就是将自身塑造成SUV品牌中极致、专业的象征。不论是多年来的"探索极致路线"，还是在品牌75周年期间举办的多项专业跨界营销，都让Jeep在品牌营销方面收获颇丰，其高端专业形象深入人心。知名市场调研机构J.D.Power 2017年上半年公布的《中国汽车销售满意度研究》显示，Jeep品牌力压大众、别克跻身行业前五；中国汽车流通协会公布的《2016年全国汽车经销商满意度调查》显示，广汽菲克位列"2016年经销商满意度最高Top 10"。

任何一个产品市场总是由众多需求各异的顾客所组成的，汽车市场更是如此。汽车企业面对复杂需求的汽车市场，需要为不同收入、偏好、生活习惯、文化差异的消费者提供不同形式的汽车商品和服务。

通常情况下，汽车企业不可能满足市场上全部顾客的所有需求，只能满足部分顾客的部分需求，因而企业应根据自身的条件，选择进入那些最有吸引力，并且本企业能为之提供最有效服务的部分市场，也就是实行目标市场营销。完整的目标市场营销主要包括三个步骤，即市场细分（Market Segmenting）、目标市场选择（Market Targeting）和市场定位（Market Positioning），简称STP营销，如图5-1所示。

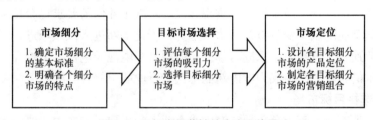

图5-1　目标市场营销的内容和步骤

5.1　汽车市场细分概述

市场细分是汽车企业选择目标市场实行目标市场营销的前提和基础，同时也是进入汽车目标市场的有效途径和策略。

5.1.1　市场细分的概念

市场细分（Market Segmenting）是1956年由美国营销学者温德尔·史密斯（Wendell

Smith）提出来的。它具体是指企业根据自身条件和营销目标，以顾客需求的某些特征或变量为依据，区分具有不同需求的顾客群体，异中求同和同中求异，从而把总体市场划分成若干子市场的过程。

对市场细分概念的理解应注意以下几点：

1）市场细分是对消费者的需求和欲望进行分类。消费者群的需求和欲望是由一系列因素引起的，因此企业在实施市场细分时，应以影响消费者需求和欲望的有关因素为基本线索进行。

2）细分市场是相似需求的聚合，也是不同需求的差异。每一个细分市场都是一个由若干有相似欲望和需求的消费者构成的群体。分属于同一细分市场的消费者具有相近的需求倾向；分属于不同细分市场的消费者则在需求倾向上存在着明显的差异性。

3）细分市场的差异呈现广泛性。不同的细分市场在需求倾向上的差异性，不仅可以表现在对产品的要求上，甚至综合表现在对企业整个市场营销组合要求的异同上。

4）市场细分是一个分类组合过程。市场细分不是简单分解，从某种意义上可以说是企业从更具体的角度寻找和选择市场机会，以使企业能够将具有特定需求的顾客群与企业的营销组合对策有机地衔接起来。

5.1.2 市场细分的作用

通过对市场进行细分，实行目标市场营销战略，不仅可以改善企业经营、提高经营效果，而且能对社会资源优化配置，避免大量重复建设和重复投资所造成的资源浪费。所以，市场细分理论已被广泛地用来指导企业的市场营销活动，使企业真正树立"以消费者为中心"的营销观念，并在加强企业市场竞争能力方面起到了重要作用。它的作用主要体现在：

1. 有利于发现新的市场机会

市场细分不仅可以帮助企业巩固已有市场，还有利于帮助企业发现新的市场机会。例如，比亚迪进入新能源汽车领域就是先进行市场细分，从而选择了这一目标市场的结果。比亚迪原本是一家生产电子产品电池的企业，在新能源领域比其他厂商具有一定优势；同时，比亚迪通过分析市场发现，国家越来越重视环保，对汽车环保的要求也会越来越严格，认定传统动力汽车向新能源汽车变革将是一个大趋势，于是果断进入该领域进行新能源汽车的生产。目前，比亚迪是全球唯一一家同时掌握新能源汽车电池、电机、电控及充电配套、整车制造等核心技术的企业，已经成为国内新能源汽车行业的引领者。

2. 有利于选择目标市场

市场细分对所有企业都十分重要，对中小企业尤为重要。与实力雄厚的大企业相比，中小企业的资源和能力有限，技术水平和产品开发能力相对较低。通过市场细分，中小企业可以根据自身的优势，选择一些大企业无暇顾及的细分市场，集中力量满足该特定市场，在某一细分市场获得良好的发展。我国的奇瑞、吉利、比亚迪等自主品牌汽车企业在刚进入汽车行业时，就是通过市场细分，发现国内有大量低收入群体都有购买小轿车的需求，但对动辄十几万元、几十万元的合资品牌汽车只能望洋兴叹，而这些合资企业又不愿意生产几万元的入门级车和低档车。故而它们选择低收入群体作为自己的目标顾客，把生产3万~6万元的 A_{00} 级、A_0 级和A级车作为主攻方向，从而一举获得成功并得以迅速发展。

3. 有利于满足消费需要

市场细分有利于满足千差万别、不断变化的消费需要。企业通过市场细分来分析研究市场，认识到消费需求的差异性，从中发现各细分市场购买者的满足程度，即哪些顾客需求已获得满足，哪些尚未满足，哪些满足程度还不够。

尚未满足的社会消费需求会逐一被不同的企业选为自己的市场机会和目标市场。以国内汽车市场为例，在汽车产品的选择上，消费者的需求日益趋向个性化和多样化。无论是百万元级的奔驰、宝马、奥迪等豪华车，还是万元级的奇瑞QQ、众泰Z100、长安奔奔等入门车；无论是排量在3.0L以上的大型车，还是1.0L以下的微型车；无论是欧美系、日韩系车，还是国产自主品牌车，都有相应的市场需求。只有进行有效的市场细分，才能满足不同类型消费者的需求。

4. 有利于制定营销组合策略

市场细分有利于企业针对目标市场的需求特点，开发适销对路的产品，对企业在产品定位、价格制定、广告策略和促销等营销要素组合方面制定相应的策略有重要的指导意义。例如，奇瑞汽车旗下的QQ采取了"细分消费群体，明确客户定位"的营销组合策略，最终赢得了市场。公司通过市场调研发现，年轻上班族的出行方式主要是自行车或公交车，但他们注重生活质量，追求时尚的生活方式，并且逐渐接受消费信贷的理念。因此，奇瑞提出了满足"年轻人第一辆车"口号，采用"低价入市"的策略，推出了经济实惠且外形时尚的QQ。

5.1.3 市场细分的原则

判断细分市场是否有效，能否成为企业的备选目标市场，必须对细分后的市场进行评价。有效的细分市场应具备五个条件，或者说，在进行市场细分时，应当遵循五条原则。

1. 可测量性

各子市场的购买力应能够被测量。市场范围、市场大小、市场容量和市场潜力应能量化，并足够大，有一定的发展潜力。同时，细分出的市场应有明显的特征，各细分市场之间有明显的区别。例如，业界把乘用车市场分为豪华车市场、高级车市场、中级车市场和初级车市场。这四个细分市场都具有鲜明的特征，分别对应不同收入水平和不同购车需求的消费者，且各细分市场的大小、容量和潜力是可以被测量的，即可以根据各个细分市场的潜在消费者的人数、收入及购买力等因素加以衡量。

2. 可盈利性

企业进行市场细分后所选定的子市场有足够大的规模，拥有足够数量的潜在购买者和有效的需求量，足以使企业有利可图，并实现预期利润目标。市场细分不是以细分为目的，更不是越细越好，而是为了发掘市场机会，实现企业的发展。

3. 可进入性

细分市场必须是企业可以掌控的，企业利用自身的资源、技术专长和产品开发能力能够进入所选定的子市场，并能够在该子市场占有一定的市场份额。如果企业对不能进入或难以进入的市场进行细分，是没有实际意义的。

4. 可稳定性

细分后的子市场在一定时期内必须保持相对稳定，才有利于企业制定长期的营销战略。如果细分市场变化太快，会使制定的营销组合策略很快失效，增大企业的经营风险。

5. 可区分性

细分出来的各个子市场各有不同的需求特征，能够被有效地区分开来，细分市场对企业市场营销组合中任何一项因素的变动都能做出差异性的反映。也就是说,细分市场是独立的,能够用特定的营销组合作用于细分市场。同一细分市场内有相似或相近的需求(共性大于个性),而不同细分市场之间有明显不同的需求(个性大于共性)。

5.1.4 市场细分的依据

一种产品的整体市场之所以可以细分,是由于消费者在需求上存在差异。正是因为消费者的需要、动机和行为不尽相同甚至千差万别,从而为汽车市场细分提供了依据。因此,市场细分的依据是导致需求出现异质性、多元化的各种因素,这些因素也称为细分变量。一般认为,汽车消费者市场的细分变量主要有地理因素、人口因素、心理因素和行为因素四类,见表5-1。

表 5-1 市场细分的依据

细分因素	具体变量
地理因素	国家、地区、城市/农村、气候、地形地貌、城市规模、人口密度
人口因素	年龄、性别、职业、婚姻、国籍、受教育水平、收入、民族、宗教信仰、家庭结构
心理因素	个性、生活方式、价值观念、购买动机、偏好
行为因素	利益追求、使用与购买频率、品牌忠诚度、购买时机、态度

1. 地理因素

每个人必然会生活在一定的地域范围内。对消费者而言,处在不同地理位置、自然环境的消费者,会产生不同的需求和偏好,他们对企业的产品价格、分销渠道和广告宣传等营销组合策略的反应也各不相同。例如,美国因为地广人稀,美国的消费者对客货两用并兼具越野功能的皮卡情有独钟。

对企业而言,市场潜量和成本费用会因市场位置不同而有所不同,企业应选择那些本企业能最好地为之服务且效益较高的地理市场为目标市场。

2. 人口因素

人口因素是指各种人口统计变量,包括年龄、性别、婚姻、职业、国籍、民族、宗教信仰、受教育水平、收入、家庭结构等。人口统计变量历来是细分市场常用的重要因素之一,因为消费者的欲望、需求、偏好、价值观、使用频率、消费方式等往往与人口统计变量有着直接的因果关系,而且人口因素相较其他因素更容易测量。

从性别来看,男士一般喜欢动力强劲、外观豪放的车型,如奔驰、路虎、奥迪 Q7、沃尔沃 V90 等;女士一般则喜欢外观柔美、典雅靓丽的车型,如保时捷轻型车、宝马 MINI、雪铁龙毕加索、雪佛兰赛欧等。

从年龄来看,不同年龄的消费者对汽车的需求特征也有着明显的差异。年轻人喜欢速度与激情,要求车的外形新颖、时尚,同时具有强劲的动力和速度,较青睐 SUV;而中老年人更注重汽车的稳定性、舒适性与安全性,更多的人喜欢轿车。

从收入来看,不同收入的消费者对汽车产品的需求有着明显的差异。一般低收入者更青睐排量小、价格低的自主品牌中低档汽车;而高收入者则倾向于购买排量大、动力足的合资品牌中高档汽车及进口豪华汽车。

从职业来看，不同职业的消费者，对汽车产品的需求也是有明显差异的。例如，开有小型餐馆或零售店的消费者会倾向 MPV 等多用途汽车；公司白领与一线工人，大学教师与菜场小贩等，对汽车的品牌、种类、档次、排量等的需求会存在明显的差异。

此外，受教育水平、家庭人口、家庭生命周期阶段、婚姻、国籍、民族、宗教信仰、社会阶层等因素也会对产品的需求产生影响，从而形成不同的细分市场。

3. 心理因素

心理因素即按照消费者的心理特征细分市场。心理因素包括消费者的个性、生活方式、价值观念、购买动机和偏好等。例如，个性就经常被用来作为汽车市场细分的依据。世界上著名的汽车品牌往往都已经被赋予了个性色彩，这些品牌所对应的也往往是一些个性相近的消费者。例如，奔驰象征着上流社会的成功人士，劳斯莱斯是身份显赫的贵族，福特是踏实的中产阶级白领。这种人格化的汽车品牌异化成为消费者社会地位、身份、财富甚至职业的象征，消费者通过购买个性品牌汽车为自己代言，满足自己的内心需求。

4. 行为因素

行为因素即根据消费者的购买行为细分市场。根据消费者对产品的了解、态度、使用情况及反应，将其分为不同的群体。许多营销人员认为，行为因素是建立细分市场的最佳起点。行为因素可分为以下六类：

（1）购买时机　根据消费者产生需要、购买或使用产品的时机，可将消费者区分开来。例如，春节、国庆、中秋等重大节日和春季、秋季的旅游黄金时间往往是用车的高峰时段，在这段时间汽车企业可以增加广告投放，进行促销等优惠活动等。

（2）利益追求　根据消费者从产品中追求的不同利益分类，是有效的市场细分方法。购买汽车的消费者，有的注重实用性，有的可能就是赶时髦，有的将其作为身份地位的象征，世界著名的汽车制造商往往都有符合消费者不同利益追求的产品。

（3）使用状况　产品可按消费者使用状况分为非使用者、曾经使用者、潜在使用者、初次使用者、经常使用者五种类型，即五个细分市场。也可以按产品被使用的频率，细分成少量使用者、中度使用者和大量使用者。通常，市场占有率高的大企业特别注重吸引潜在购买者，而一些中小企业则以常规使用者为服务对象。

（4）品牌忠诚度　根据消费者对某一品牌产品的偏好和忠诚度，可以将消费者分为四个群体：①绝对品牌忠诚者，即始终不渝地购买一种品牌的消费者；②多品牌忠诚者，即忠诚于两三种品牌的消费者；③转移型忠诚者，即容易从偏爱某种品牌变换为偏爱另一品牌的消费者；④非忠诚者，即对任何一种品牌都不忠诚的消费者。

（5）待购阶段　消费者对各种产品，特别是新产品，总是处于不同的待购阶段，如有的人还不知道这种产品，有的人已经知道，有的人产生了兴趣，有的人有了购买欲望，有的人准备马上购买。企业应当根据不同待购阶段的消费者采取不同的营销战略。

（6）态度　根据消费者对产品的热情程度细分市场，如分为热情、肯定、冷淡、拒绝和敌视五种态度不同的群体。企业应针对不同态度的顾客采用不同的营销对策。

需要指出的是，虽然市场细分的依据包括地理、人口、心理、行为四大类因素，但并不是每一类产品的市场细分都需要将四大类因素全部考虑进来。例如科技书刊，区别需求差异的因素主要是受教育水平、职业和利益追求等，而不是性别、民族、家庭状况等因素。又如，服装需求容易受到年龄、性别、生活方式、社会阶层、收入等因素的影响，而与国籍、职业的关系不是太大。而汽车市场的细分相比手机、计算机、服装等产品要复杂得多。

> **延伸阅读**
>
> ### 上海大众帕萨特的市场细分
>
> 上海大众在推出帕萨特轿车时，就是在综合考虑人口因素、心理因素和行为因素的基础上，进行的市场细分和目标市场选择。
>
> 首先，运用汽车业界通用的按排量和价格分类的方式进行市场细分。对于公务车市场，主要采用排量标准，将B级车消费者的消费背景和消费特征作为帕萨特目标消费者的消费背景和特征；对于非公务车市场，则采用价格细分，将20万元以上的市场作为目标市场。
>
> 然后，综合考虑这两个市场面对的消费者群体的普遍特征。帕萨特轿车是相对于上海大众以往车型更高档的车型，有着美丽的外观，运用了先进的技术，同时又有着低油耗等A级车通常强调的优点。因此，推断出帕萨特轿车目标市场的潜在消费者的背景特征和消费特征如下：
>
> 帕萨特轿车潜在消费者的背景特征：30~50岁的男性、受过高等教育、中高级管理人员（一般不是老板）、有妻子和孩子、可能是第二辆车。帕萨特轿车潜在消费者的消费特征：有一定的驾驶经验和爱好、对自己做出的决定非常负责、目前自己驾车（包括政府官员、公司白领等）、有成就感和责任心。

5.1.5 超市场细分与反市场细分

1. 超市场细分

超市场细分理论诞生于20世纪70年代的美国。该理论认为，为满足消费者个性化消费需求，许多细分市场应该进一步细分。该理论发挥到极致就是市场细分到个人，也就是定制营销（一对一营销）。该理论认为每个消费者都有着不同的需要，而通过细分的传统做法，已不能满足每个消费者的特殊需要。而现代数据库技术和统计分析方法已能准确地记录并预测每个消费者的具体需求。但过度强调个性化的产品与服务，无疑也会带来沉重的负担。

2. 反市场细分

在超市场细分理论指导下，许多市场被过度细分而导致产品价格不断提高，影响了产销数量和利润。在实践中，反市场细分理论应运而生。反市场细分理论是指在满足大多数消费者共同需求的基础上，将过分狭小的市场合并起来，以便能以规模营销优势实现用较低的价格去满足较大的市场。反市场细分有两种方式：

1）通过缩减产品线来减少细分市场，适合拥有较多产品线的大企业。有的企业过于讲究产品差异化，使得生产、营销成本大为增加。减少产品线，主动放弃较小或无利的细分市场，对经济效益和市场占有率影响不大。

2）将几个较小的细分市场集合起来，形成较大的细分市场。有的企业通过提供标准化（大规模定制），以较低的价格和较普通的产品吸引消费者，有效地增强了竞争力。

5.2 汽车市场细分方法

5.2.1 市场细分的一般方法

如前所述,企业在进行市场细分时,应当根据具体产品市场的特点和影响需求差异的因素,选用适当的因素、变量及方法,进行准确和有效的市场细分。

1. 单一因素(变量)法

顾名思义,单一因素(变量)法就是依据影响需求倾向的某一个因素(或变量)对某个产品的整体市场进行细分。该方法适用于市场对该产品需求的差异性主要是由某个因素(或变量)影响所致的情况。例如,玩具市场需求量的主要影响因素是年龄,因此可以按照不同的年龄段细分儿童玩具市场,这早就被玩具商所重视。除此之外,性别也常作为市场细分变量而被企业所使用,如服装市场等。

需要注意的是,单一因素(变量)法简便易行,但难以反映复杂多变的顾客需求。这种方法主要适合手机、计算机、玩具、服装等产品的市场细分,而不适合用于汽车市场细分。

2. 系列因素法

这种方法是依据影响需求倾向的两个及以上因素,按照一定的顺序,将产品的整体市场由大到小、由粗到细地进行系统性的逐级细分。该方法适用于影响需求差异性的因素或变量较多,企业需要逐层、逐级辨析并寻找适宜的市场部分的情况。这种方法会使目标市场变得越来越具体,越来越清晰。

5.2.2 汽车市场细分的方法

汽车产品不同于普通的消费品,汽车消费市场也不同于一般的消费市场。因此,汽车市场的细分更为复杂。除了上述方法外,汽车市场细分还可以采用以下一些方法:

1. 三维坐标法

三维坐标法就是选取影响汽车需求的三个因素,每个因素分为多个区间,这样,根据三个因素、多个区间,即可将整体市场细分为若干个子市场。这种方法适用于需求情况较复杂,要从多方面分析、认识的场合,对汽车市场的细分比较有效。例如,依据收入、家庭人数、车主年龄三个因素细分乘用车市场,可得到36(3×3×4)个细分市场,如图 5-2 所示。

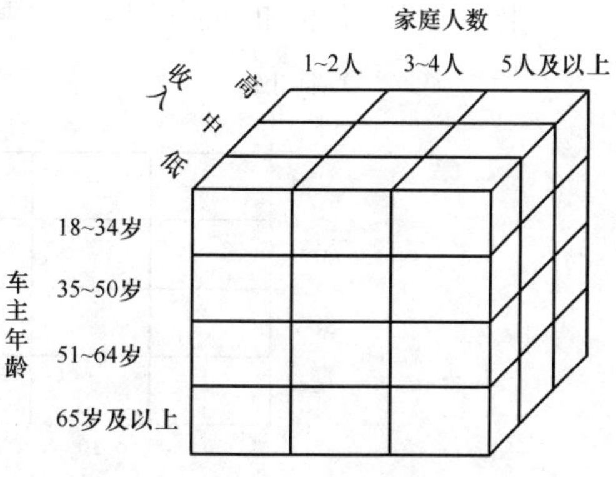

图 5-2 三维坐标法细分乘用车市场

2. 产品/客户网格法

产品/客户网格法是以产品维度(功能维度)和客户维度相结合对汽车市场进行细分的方法。先按产品维度将汽车产品分为不同类别,再按客户维度将汽车购买者分为不同群组,这样,产品维度的不同类别与客户维度的不同群组组合就形成了若干个细分市场。

例如某载重车制造企业,当年在原主导产品市场饱和、企业没有足够的优势继续参与竞争的情况下，考虑进行战略转移。该公司运用产品/客户网格法对载重车市场进行了市场细分，见表5-2。

表 5-2 产品/客户网格法细分载重车市场

产品＼客户	物流企业	机械制造企业	商业企业	矿山企业	快递企业
普通载货车					
集装箱货车					
自卸车					
厢式车	▲		▲		▲
冷藏冷冻车	▲				

3. 多象限法

多象限法也叫平面坐标法，这种方法是选择客户对汽车最为关注的两个需求特性（变量）来进行市场细分。这在汽车市场细分中较为常见。图 5-3 是根据排量和功能（用途）对乘用车市场进行的市场细分，分成了 20 个子市场。

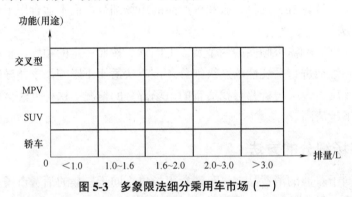

图 5-3 多象限法细分乘用车市场（一）

图 5-4 是根据价格和功能（用途）对乘用车市场进行的市场细分，也分成了 20 个子市场。

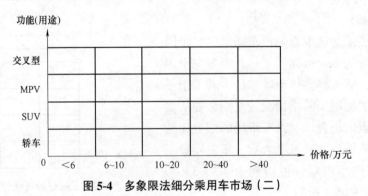

图 5-4 多象限法细分乘用车市场（二）

5.2.3 汽车行业的几种市场细分方法

1. GB/T 3730.1—2001 对汽车市场的细分

GB/T 3730.1—2001《汽车和挂车类型的术语和定义》按照汽车的用途，将汽车分为乘用车和商用车两大类。其中，乘用车分为普通乘用车、活顶乘用车、高级乘用车、小型乘用车、敞篷车、舱背乘用车、旅行车、多用途乘用车、短头乘用车、越野乘用车和专用乘用车，共计 11 种；商用车分为客车、半挂牵引车和货车，共计 3 种。

2. 中国汽车工业协会对汽车市场的细分

中国汽车工业协会将汽车市场分为乘用车和商用车两大市场，并将乘用车市场和商用车市场又进一步细分为若干个子市场，见表 5-3。

表 5-3 中国汽车工业协会划分的汽车细分市场

大类市场	细分市场	子细分市场
乘用车市场	基本型乘用车（轿车）市场	微型轿车市场、小型轿车市场、紧凑型轿车市场、中型轿车市场、大型轿车市场、豪华型轿车市场
	运动型乘用车（SUV）市场	两驱 SUV（小型、紧凑型）市场、四驱 SUV（中型、大型、豪华型）市场
	多功能乘用车（MPV）市场	小型 MPV 市场、中型 MPV 市场、大型 MPV 市场、豪华型 MPV 市场
	交叉性乘用车市场	
商用车市场	载货车市场	重型载货车（GVW>14t）市场、中型载货车（6t<GVW≤14t）市场、轻型载货车（1.8t<GVW≤6t）市场、微型载货车（GVW≤1.8t）市场
	客车市场	中型公路客车（9~20 座）市场、大型公路客车（20 座以上）市场、公交客车市场、校车市场
	专用车市场	厢式车市场、罐式车市场、专用自卸车市场、仓栅车市场、举升车市场、普通自卸车市场、半挂车市场、特种车（清障车、清扫车、混凝土泵车、平板车、路面养护车、平板运输车、除雪车、电源车、垃圾车）市场

3. 按照能源划分的汽车细分市场

按照汽车所使用的能源不同，汽车市场可划分为传统能源汽车市场和新能源汽车市场两大类。其中，传统能源汽车市场包括汽油车市场、柴油车市场；新能源汽车市场包括纯电动汽车市场、混合动力汽车市场等。

4. 按照级别划分的乘用车细分市场

根据德国对乘用车的分级标准，乘用车市场可划分为六个级别的细分市场，见表 5-4。

表 5-4 按照乘用车级别划分的细分市场

细分市场	特征	代表车型
A_{00} 级车市场	轴距 2~2.2m，排量 1L 以下	铃木奥拓、奇瑞 QQ、比亚迪 F0
A_0 级车市场	轴距 2.2~2.4m，排量 1.0~1.5L	本田飞度、铃木雨燕、新 POLO
A 级车市场	轴距 2.4~2.6m，排量 1.5~2.0L	大众速腾、马自达 3、丰田卡罗拉
B 级车市场	轴距 2.6~2.8m，排量 2.0~2.5L	大众迈腾、丰田凯美瑞、别克君威
C 级车市场	轴距 2.8~3.0m，排量 2.5~3.0L	奥迪 A6、奔驰 E 级、宝马 5 系
D 级车市场	轴距超过 3.0m，排量 3.0L 以上	奔驰 S 级、宝马 7 系、迈巴赫

5.2.4 汽车市场细分的几个误区

现在，几乎所有的汽车厂家都认识到市场细分的重要性。每一款新车型上市，厂家都会宣称它为某一个"细分市场"树立了新的标杆。但在实际操作过程中，汽车厂家在进行市场细分时仍然存在着一些误区。

1. 以价格细分市场

纵观每款新车上市前的营销策略,可以发现一个基本的套路:先瞄准一款或几款主流车型,然后在价格、配置(实际上还是价格)上压倒对手。例如,凯美瑞的定价紧紧咬住新雅阁,君越推新车前也把凯美瑞定为假想敌,思域的市场定位与花冠绝无两样。虽然这些车型上市前都宣称自己开辟了一个新的细分市场,其实走的还是价格战的路子。

2. 市场是可以无限细分的

从理论上讲,市场是可以无限细分的,因为消费者的需求是多种多样的,有什么样的需求,就有什么样的细分市场。听起来,这种说法的确是贯彻了"以消费者为中心"的营销理念,但在实际操作中就有可能碰壁。为什么?因为汽车是一种规模化产业,只有达到一定的产能,制造成本才能有效降低,没有一定的销量做基础,细分是没有任何意义的。

例如,上海大众推出两门版高尔(GOL)。高尔的原型车在巴西十分畅销,它配置简单、价格便宜、适合改装,所以很受城市单身青年的欢迎。照理说,中国的一些大中城市也有很多喜爱改装车的单身青年,上海大众也认为引进之后它会受到欢迎。没想到推出之后,这款连空调、收音机都没有的小车被媒体讥讽为"裸车",上市之后销量极差,不到一年即已停产。

同样,像标致206、雪铁龙C2等个性化小车也都因为目标市场过于狭窄而叫好不叫座。

3. 细分市场是可以创造的

市场细分必须建立在现实的需求上,不能只是玩时髦的概念。然而,目前许多厂家仍然期望通过一个另类的概念来创造一个细分市场,如"CUV""NCV""MBV"各种概念满天飞,让消费者摸不着头脑,结果企业也迷失了方向。

5.3 汽车目标市场策略

在现代营销活动中,对任何企业而言,并非所有的市场环境都具有同等的吸引力。由于资源的有限性和稀缺性,企业的营销活动必然会局限在一定范围内,即根据自身实际情况选择合适的目标市场。所谓目标市场,就是企业决定要进入的细分市场,即企业拟投其所好并为之服务的具有相似需要的顾客群体。

5.3.1 汽车目标市场的选择

目标市场选择是指在市场细分的基础上,估计每个细分市场的吸引力程度。通过进一步分析细分市场需求满足的程度,去发现那些尚未得到满足的需求,并结合企业自身能够满足需求的条件,从而选择进入既定市场的过程。正确地选择目标市场,是企业制定营销策略的首要内容和基本出发点,是目标营销成败的关键环节。

1. 目标市场的评估

选择目标市场的首要步骤是对各个细分市场进行分析评估,主要从各细分市场在市场规模和增长潜力、市场吸引力、企业目标和资源等方面的情况进行详细评估。

(1)细分市场的规模和增长潜力评估 主要是对潜在细分市场是否具有适当的规模和增长潜力进行评估。当然,适当的规模是一个相对的概念。大的汽车公司可能偏好销售量很大的细分市场，对小市场不感兴趣；小的汽车公司可能会有意避开较大规模的细分市场，因为具有较大规模的市场通常需要较强的竞争实力。细分市场的增长率也是一个重要因素，所有企业都希望目标市场的销售量和利润具有良好的上升趋势。但竞争者也会迅速进入快速增长的市场，从而使利润率下降。

（2）细分市场的吸引力评估　　所谓吸引力，是指企业在细分市场上的长期获利能力。它主要取决于现行竞争者、潜在竞争者、替代产品生产者、企业的供应商及产品的购买者等因素对企业所形成的机会和威胁，即第 2 章所述的美国学者波特所提出的五力竞争模型。一个细分市场的吸引力是这五种竞争力量的函数。

在一个细分市场中，如果许多势均力敌的竞争者同时进入或参与该细分市场，或者一个细分市场上已有很多颇具实力的竞争企业，则该细分市场的吸引力就会下降；如果该细分市场的进入壁垒较低，则该细分市场的吸引力也会下降；替代品从某种意义上限制了该细分市场的潜在收益，替代品的价格越有吸引力，则该细分市场的吸引力会下降。供应商和购买者对细分市场的影响则表现在它们的议价能力上，压价能力越强，该细分市场的吸引力就会下降。

（3）企业目标和资源评估　　除了需要具有一定规模、增长潜力和吸引力的市场，企业还应对自身目标、资源和在该市场获胜的概率等方面进行评估。某些具有一定规模、增长潜力和吸引力的细分市场，如果与企业的长期目标不适合，也只能放弃。而对一些适合企业目标的细分市场，企业必须考虑自身是否具有在该市场获得成功所需要的各种营销技能和资源等条件。

2. 选择目标市场的原则

目标市场是企业打算去占领、准备去征服的细分市场。企业在选择目标市场时，一般要把握以下几条原则：

（1）该市场存在尚未满足的需求　　存在潜在的需求是企业选择目标市场的首要的条件。没有潜在的或尚未满足的需求，就没有开发的必要。

（2）该市场有一定的购买力　　对消费者未满足的需求，一旦具有一定的购买力，便能成为现实的市场。因此，对企业要提供的产品或服务，该目标市场应该具有足够的现实或潜在的购买力。

（3）该市场未被竞争者完全控制　　这实际上是指在选择目标市场时，要对各细分市场的竞争状况进行认真的分析，应尽量选择竞争者数量较少或实力较弱、参与竞争比较容易的细分市场作为目标市场。

（4）企业有能力经营的市场　　企业选择的目标市场，除应具备上述三个外部条件外，更重要的是，只有当企业的人力、物力、财力及产品开发能力、市场开发能力和经营管理能力等内部和外部条件同时具备时，才能将该细分市场作为企业的目标市场。

5.3.2　目标市场的范围策略

目标市场的范围，也就是企业所选择的目标市场覆盖全部细分市场的范围，即以多少个类别的产品进入多少个细分市场。目标市场范围策略是企业在选择和确定目标市场时要做出的一项重要决策，它直接关系着企业某一大类产品的产品组合结构、市场营销组合的具体安排等问题。可供企业选择的目标市场范围策略主要有五种：单一市场集中化策略、产品专业化策略、市场专业化策略、选择性专业化策略和市场全覆盖策略，如图 5-5 所示。

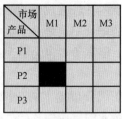 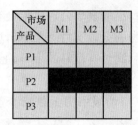 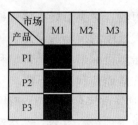

a) 单一市场集中化策略　　b) 产品专业化策略　　c) 市场专业化策略

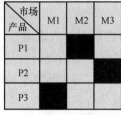 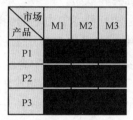

d) 选择性专业化策略　　e) 市场全覆盖策略

图 5-5　五种目标市场范围策略

1. 单一市场集中化策略

这是一种最简单的目标市场范围策略，即企业只选取一个细分市场，进行集中营销。企业集中全力只生产一种类型的标准化产品，将其供应给某一个特定的顾客群。如图 5-5a 所示，企业只生产一种产品 P2 供应给顾客群 M1。

一些规模不大的企业通常采用这种策略。例如，豪华轿车劳斯莱斯的生产厂家采用的就是这种策略，将目标市场定位在"有很高的社会地位、追求享受并且将汽车作为身份地位象征的顾客"这一专门的细分市场上。

2. 产品专业化策略

这种策略的特征是企业集中生产一种类型的系列产品，并将其供应给产品整体市场的各个顾客群，满足其对一种类型产品的各不相同的需要。如图 5-5b 所示，企业只生产一种产品 P2 分别供应给全部的顾客群 M1、M2、M3。产品专业化模式的优点是企业专注于某一类产品的生产，有利于形成和发展生产和技术上的优势，在该专业化领域树立产品形象。其局限性是当该领域被一种全新的技术与产品所替代时，产品销量可能会大幅下降。这种模式一般适合中小型企业，但风险较大。例如，福特汽车公司在 20 世纪 20 年代就只生产一种黑色的 T 型车，卖给所有的顾客。

3. 市场专业化策略

这种策略的特征是企业专门为满足某一个顾客群体的需要，经营这类顾客所需要的各种产品。如图 5-5c 所示，企业只为 M1 这个顾客群生产其所需要的系列产品 P1、P2、P3。例如，某特种商用车公司只为小学和幼儿园生产各种型号的校车。这种策略有利于与顾客建立稳固的关系，并在顾客心目中树立良好的形象；但由于集中于某一类顾客，当这类顾客由于某种原因而购买力下降时，实行市场专业化策略的企业也会遇到收益下降的风险。

4. 选择性专业化策略

这种策略是企业选取若干个具有良好盈利潜力与吸引力并符合企业目标和资源的细分市场作为目标市场，并有针对性地向各个目标市场提供不同类型的产品，以满足其特定的需要。如图 5-5d 所示，企业生产产品 P3 供应给顾客群 M1，生产产品 P1 供应给顾客群 M2，生产产品 P2 供应给顾客群 M3。这种策略实际上也是一种多元化经营，其优点是可以有效地分散经营风险，即使某个细分市场盈利不佳，企业仍可继续在其他细分市场获利。选择这种市场策略的汽车企业应具有较强的资源和营销实力。

5. 市场全面覆盖策略

这种策略的基本特征是企业全方位地进入产品整体市场的各个市场部分，并有针对性地向各个不同的顾客群提供不同类型的系列产品，以满足产品整体市场各个市场部分的各种各样的需要。如图 5-5e 所示，企业生产各个系列的产品分别销售给不同的顾客群。这种策略只有规模庞大、资金实力雄厚、研发和生产能力强、市场开拓能力强的特大型企业才能采用。

上海通用汽车公司在乘用车市场采取的就是这一策略。在轿车细分市场，其产品覆盖了从微型车到顶级豪华车的各个子细分市场，有别克、雪佛兰、凯迪拉克三大品牌的 16 个系列共 40 多种车型；在 SUV 细分市场，其产品覆盖了 B 级、C 级和 D 级三个子细分市场，有别克、雪佛兰两大品牌的近 10 种车型；在 MPV 细分市场，其产品覆盖了 C 级和 D 级两个子细分市场，有别克 GL8、凯迪拉克凯雷德（ESCALADE）等多款车型；此外，在新能源汽车市场也有布局，目前已经开发有混合动力车、氢燃料电池车等。

5.3.3 目标市场的营销策略

在进行市场细分并选择目标市场之后，企业还要确定目标市场营销策略，即企业针对选定的目标市场开展有效的市场营销活动。企业选择的目标市场范围不同，其营销策略也就不一样。可供企业选择的目标市场营销策略有以下三种：

1. 无差异性营销策略

无差异性市场营销（Undifferentiated Marketing）是企业把整体市场看作一个大的目标市场，只向市场推出一种产品，并以统一的营销组合策略，应对各个细分市场的顾客需求，如图 5-6 所示。

例如，某汽车厂生产载货汽车，以一种车型、一种颜色行销于全国，无论对象是企业或机关、城市或农村，都是同样的车型、颜色。一般来说，这种策略适用于那些有着广泛需求，能够大量生产和销售的标准化产品。

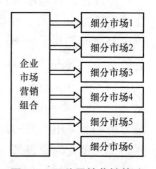

图 5-6 无差异性营销策略

实行无差异性市场营销策略的企业基于两种不同的指导思想。一种思想是从传统的产品观念出发，在看待市场消费需求上，强调需求的共性而忽视消费需求的差异。因此，企业为整体市场生产标准化产品，并实行无差异性市场营销战略。例如，20 世纪初到 1914 年，美国福特汽车公司仅依靠生产 T 型车一款车型和一种颜色（黑色），占有了美国一半的市场份额和较大的海外市场。另一种思想是企业经过市场调查之后，认为某些特定产品的消费者需求大致相同，或差异较小。因此，企业对需求类同的产品可以采用大致相同的市场营销策略。

（1）无差异性营销策略的优点　这种策略的优点主要体现在规模和成本两个方面。

1）规模经济性。采用这一策略的企业可以建立单一的大规模生产线，通过大批量生产、储运和销售，降低单位产品的成本。

2）成本节约性。采用这一策略的企业可以采用广泛的销售渠道，进行大量的、统一的广告宣传和强有力的促销活动，可以节省大量的营销费用；不进行市场细分，也相应减少了市场调研、产品研制与开发，以及制订多种市场营销组合方案等带来的成本开支。

（2）无差异性营销策略的局限性　这种策略的局限性也是显而易见的。

1）不能适应需求的变化。由于消费需求不断变化，一种产品长期为所有消费者或用户接受的情况越来越少，许多过去的同质市场已经转变为异质市场或正在向异质市场转化。因此，在现代社会经济条件下，这种策略的适用范围越来越小。

2）同质化产品竞争激烈。当同行业中的多个企业都采用这种策略时，必然造成在某一产品整体市场上的竞争日趋激烈，而在较小的市场部分上消费者的特殊需求又得不到满足。这对生产经营者和消费者来说都是不利的。

3）顾客的满意度低。无差异性市场营销策略完全忽略了市场需求的差异性，将顾客视为完全相同的群体，这样就很难满足顾客的需求，从而导致顾客的流失。对于具有明显差异性的汽车产品，更不适合采用无差异性策略，即使采用也只能在短期内生效，如福特的T型车很快被通用汽车的多样化汽车产品取代。

2. 差异性营销策略

差异性营销（Differentiated Marketing）是指企业把整体市场划分为若干细分市场，从中选择多个乃至全部细分市场作为自己的目标市场，并针对不同细分市场的特点，分别设计不同的市场营销组合。如提供不同的产品，制订不同的营销计划，开展有针对性的营销活动，以满足不同消费者的需求。如图 5-7 所示。

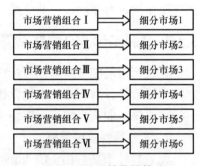

图 5-7　差异性营销策略

差异性营销策略在汽车行业的使用非常普遍，无论是在汽车产品的外形、性能上，还是在安全性、舒适性上，汽车制造商们均采用了广泛的差异性营销手段，力图打败竞争对手，抢占目标市场。

（1）差异性营销策略的优点　其主要有以下优点：

1）满足不同需要，增加企业销量。企业可以采用小批量、多品种的生产方式，并在各细分市场上采用不同的营销组合，从而可以较好地满足产品整体市场中各个消费者的不同需要，扩大企业的销售量，提高企业的适应能力和竞争能力。

2）树立良好企业形象，形成竞争优势。如果企业在数个细分市场上都取得了较好的营销效果，就能够树立起良好的市场形象，吸引更多的购买者和潜在购买者，大大提高消费者对企业及其产品的信赖程度、接受速度和购买频率，从而形成较大的竞争优势。

3）降低经营风险。企业具有较大的经营灵活性，不只依赖一个市场、一种产品，从而可以降低经营风险。

（2）差异性营销策略的局限性　差异性市场营销策略的局限主要体现在成本的增加。由于要做市场细分，并要对各个细分市场分别做市场研究，而且要针对各个细分市场的需要研制和生产多种产品，制订多种营销组合方案。这样就使得生产组织和营销管理严重复杂化，分散企业的资源和力量，并将大幅度增加生产成本、管理费用和营销费用。因此，汽车企业在市场营销中需要进行"反细分"或扩大顾客的基数，尽量避免市场的过度细分。

3. 集中性营销策略

集中性营销（Concentrated Marketing）又称密集性营销或聚焦营销，是指企业只选择一个或少数几个细分市场作为目标市场，实行专业化生产和销售，如图 5-8 所示。

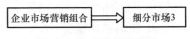

图 5-8 集中性营销策略

这种策略与前两种策略有较大的不同。它是集中力量进入一个细分市场或对该细分市场进一步细分后同时进入其中几个更小的市场部分，为目标市场开发一种理想的产品，实行高度专业化的生产和营销，集中力量为之服务。

实行这种策略的企业，不是希望在产品的整体市场或较多的细分市场上拥有较小的份额，而是力求在一个较小或少数几个更小的细分市场上取得较高的甚至支配地位的市场占有率和竞争优势，有一种"宁当鸡头不当凤尾"的意味。

（1）集中性营销策略的优点　这种策略的优点主要体现在专业化和节省成本方面。

企业实行生产和营销等方面的专业化，有利于准确把握顾客需求，开展具有针对性的营销活动，易于迅速占领市场并取得优势，提高自己在目标市场上的知名度；并通过降低生产成本和营销费用，提高投资收益率。

（2）集中性营销策略的局限性　该营销策略的局限性主要是对一个较为狭窄的目标市场依赖程度过高，经营风险比较大。

因此，采用这种策略的企业必须密切注意目标市场的需求动向及其他营销环境因素的变化，做好充分的应变准备；同时，当自身的力量一旦有所增强，就要寻找机会，适当地扩大目标市场的范围或实行多元化经营。

集中性营销策略主要适用于小型汽车企业。小企业由于资源力量有限，因而无力在产品的整体市场或多个细分市场上与大企业抗衡，但在大企业未予注意和不愿顾及的某个细分市场上全力以赴，易于取得成功。寻找市场缝隙，实行集中性营销，为自己创造成长的小气候，可以说是小企业变劣势为优势的一种明智选择。

5.3.4　目标市场营销策略的选择

上述三种目标市场营销策略各有利弊，企业在决定采取何种策略时，通常要考虑多方面因素。

1. 企业实力

根据企业实力是否雄厚，资金是否充足，生产技术水平和经营管理水平高低等，来决定采用何种营销策略。差异性营销策略适合实力强的企业；而集中性营销策略则适合实力弱小的企业。

2. 产品同质性

无差异性营销策略只适合高同质性的标准化产品；而异质的个性化产品则应选择差异性营销策略或集中性营销策略。

3. 消费市场的类同性

如果汽车消费者对某种产品的需求和偏好大致相同，对营销刺激的反应也基本一致，则可以采取无差异营销策略；反之，如果消费者的需求和偏好差异较大，对营销刺激的反应也不一致，企业则应采用差异性营销策略或集中性营销策略。

4. 产品生命周期

处于介绍期的新产品，品种单一，竞争者少，吸引消费者的主要是产品的新颖性，这时可采用无差异营销策略；当产品进入成长期或成熟期以后，品种规格与型号增多，市场竞争加剧，这时企业应实行差异性营销策略或集中性营销策略，以刺激新需求，尽量扩大销售；对处于衰退期的产品，则应采用集中性营销策略，以维持和延长产品的生命周期。

5. 市场供求情况

供不应求时，可采用无差异营销策略；反之，则采用差异性营销策略。

6. 竞争者策略

一般而言，企业所采取的目标市场策略应该与竞争对手有所区别。当竞争对手采用无差异营销策略时，本企业则可采取差异性营销策略，以便建立相对于竞争对手的差别优势；如果竞争对手已经采取了差异性营销策略，本企业则应该考虑在对市场做进一步细分的基础上，建立更深层次的差别优势或以集中性营销策略与之竞争。

7. 竞争者数量

当同一类产品的竞争者很多时，消费者对产品的信念和态度很重要。为了使消费者对本企业产品产生偏好，增强本企业产品的竞争力，宜采用差异性营销策略。当本企业产品没有竞争者或者竞争者很少时，则可采用无差异营销策略。

日本汽车成功打入美国市场的营销策略

20世纪70年代以前，美国的汽车市场是通用、福特和克莱斯勒三大巨头的天下，直到日本丰田成功进入，才打破了这样的垄断格局。在美国，三大汽车制造商都坚信美国人喜欢大型的豪华车，它们都坚持生产体积大、动力强和耗油多的豪华汽车。日本对美国市场进行调研后发现，美国人把汽车作为地位和身份象征的传统观念正在削弱，而越来越倾向于把汽车视为一种交通工具，更重视其实用性、舒适性、经济性和便利性。同时，由于美国人口结构的改变，核心家庭大量出现，家庭规模逐渐缩小。另一方面，由于石油危机爆发以及美国政府推行了燃油税法案，开始注重燃油经济性，市场对小型、轻便、省油轿车的需求急剧增加。

丰田汽车看准了这样的"天时地利"，精确勾画出按人口统计和心理因素划分的目标市场，设计出了满足美国顾客需求的美式日制小汽车。在产品性能上，避实就虚，生产高质量、小型化，具有便利性、可靠性和适用性的小轿车；在定价上，不以获取单位产品的高额利润为目标，而是集中目标迅速攻入市场，为了争取潜在的顾客群，制定大大低于竞争对手的价格；在分销渠道上，注重提供良好的售后服务，建立广泛的服务网点，同时选择重点销售市场，集中全部力量对目标市场进攻，渗透之后再进入下一个市场。

基于对美国汽车市场的调查，并果断采取一系列的营销策略，丰田汽车公司推出的经济适用型轿车受到了美国消费者青睐，由此成功打入美国市场。1965年，丰田向美国出口轿车仅288辆；10年后，它超过了主要竞争对手德国大众，位居美国小轿车进口商的首位；1985年，它已经占据了美国轿车市场销量20%的份额。事实上，直到今天，日本丰田、本田、日产等汽车公司的汽车产品依旧在美国市场占有一定的地位。

5.4 汽车目标市场定位

通常，企业在选定自己的目标市场时，也就决定了自己的顾客和竞争对手。怎样维持自己的顾客并尽可能地限制竞争对手的数量，这就提出了市场营销活动中的市场定位问题。换句话说，也就是在企业所选定的目标市场中如何使自己处于一个有利的竞争优势地位。

5.4.1 目标市场定位的概念

作为市场营销理论的重要概念和方法，市场定位（Market Positioning）也称产品定位或竞争性定位，是指企业根据竞争者现有产品在细分市场上所处的地位，针对消费者或用户对产品某一特征或属性的重视程度，强有力地塑造出本企业产品与众不同的、令人印象鲜明的个性或形象，并把这种独特的形象和特征有力、生动地传递给目标顾客，使该产品在细分市场上占有强有力竞争地位的过程。

1. 市场定位的含义

市场定位是指根据竞争对手同类产品的特色及市场表现，针对目标顾客对该产品各种属性的重视程度，为本企业的产品创立鲜明的特色或塑造独特的产品市场形象，确立竞争优势的过程。

产品的特色或形象，可以从产品实体上表现出来，如形状、成分、构造和性能等，也可以从消费者心理上反映出来，如豪华、朴素、时髦和典雅等，还可以表现为价格水平、质量水准等。

企业在进行市场定位时，一方面，要了解竞争对手的产品具有何种特色及所处市场地位；另一方面，要研究目标顾客对该产品各种属性的重视程度（包括对实物属性的要求和心理上的要求）。在对以上两方面进行深入研究后，再选定本企业的产品特色和独特形象。至此，企业就可以塑造出一种消费者或用户能识别与区别的产品，从而完成产品的市场定位。

2. 市场定位的作用

（1）定位能创造差异　通过向消费者传达特别的产品定位信息，能引起消费者的注意。如果产品定位与消费者的需要相吻合，那么消费者便会形成记忆或者购买。

例如，宝马的市场定位是豪华、尊贵、有气派；英菲尼迪给消费者的印象通常是时尚、个性、有活力；而奥迪则具有商务、舒适、高品质等特点。

（2）定位是基本的营销战略要素　汽车产品在市场上品牌繁多，各有特色，而广大消费者又都有着自己的价值取向和认同标准，汽车企业要想在自己的目标市场取得竞争优势，就必须树立本企业及产品的鲜明特色，确定产品在顾客心目中的适当位置并留下深刻的印象，满足顾客的需求偏好，吸引更多的顾客。

（3）定位是制定各种营销战略的前提和依据　在营销活动中，往往涉及很多关于营销战略的问题，而这些战略的有效性就在于企业能否体现产品的市场定位。

（4）定位形成竞争优势　在汽车市场竞争越来越激烈的时代，单凭质量的上乘或者价格的低廉已难以获得竞争的优势。企业必须针对潜在顾客的心理进行营销设计，创立产品、品牌或企业在目标顾客心目中的某种形象或个性特征，并保留深刻的印象和独特的位置，从而取得竞争优势。

5.4.2 目标市场定位的步骤

市场定位的关键是企业要塑造自身独特的产品特性，使其比竞争者更具有竞争优势。一般情况下，企业市场定位的全过程可以通过以下四大步骤来完成，即确认本企业的竞争优势、准确地选择相对竞争优势、明确定位企业的核心竞争优势、制定发挥核心优势的战略。

1. 确认本企业的竞争优势

确认本企业的竞争优势是市场定位的基础。通常汽车企业的竞争优势表现在三个方面：一是成本、价格优势；二是产品差异化优势；三是品牌优势。成本、价格优势是指企业能够以比竞争者低廉的价格销售相同质量的汽车产品，或以相同的价格水平销售更高质量水平的汽车产品。产品差异化优势即偏好竞争优势，是指产品独具特色的功能和利益与顾客需求相适应的优势，即企业向市场提供在质量、功能、性能、配置、可靠性、操控性、安全性、经济性和造型等方面比竞争者能够更好地满足顾客需求的汽车产品。品牌优势即品牌知名度与顾客对品牌的忠诚度。确认本企业的竞争优势需要回答以下三大问题：

1）竞争者的产品定位如何？
2）目标市场上足够数量的顾客需求满足程度如何以及还需要什么？
3）针对竞争者的目标市场定位和潜在顾客真正需要的利益要求，企业应该和能够做些什么？

要回答这三个问题，企业必须进行规范的市场研究，系统地设计、搜索、分析并报告有关上述问题的资料和研究结果，切实了解目标市场需求特点以及这些需求的满足程度。

2. 准确地选择相对竞争优势

相对竞争优势表明企业能够胜过竞争者的现实和潜在能力。准确地选择相对竞争优势是一个企业各方面实力与竞争者的实力相比较的过程。通常的方法是分析、比较企业与竞争者在下列七个方面的优势与劣势，来准确选择相对竞争优势。

（1）经营管理方面　主要考察领导能力、管理决策水平、计划能力、组织能力以及个人应变能力等指标。

（2）技术开发方面　主要分析新产品开发速度、技术资源（如专利、技术诀窍等）、技术手段、技术人员能力和资金来源是否充足等指标。

（3）采购方面　主要分析采购模式、物流配送系统、供应商合作以及采购人员能力等指标。

（4）生产方面　主要分析生产能力、技术装备、生产过程控制以及职工素质等指标。

（5）营销方面　主要分析销售额、市场份额、分销网络、市场管理、服务与销售战略、广告及营销人员能力等指标。

（6）财务方面　主要考察获利能力、现金流量、资金周转能力、利润率、投资收益率以及偿还债务能力等指标。

（7）产品方面　主要考察产品的特色、价格、质量、服务、支付条件、包装、信誉等指标。

3. 明确定位企业的核心竞争优势

所谓核心竞争优势，是指与主要竞争对手相比，企业的某些核心优势和营销能力。例如，产品开发、服务质量、销售渠道、品牌知名度等，在汽车市场上相较竞争者可获取明显的差别利益的优势。

为了明确定位企业的核心竞争优势，企业首先应使目标顾客了解、知道、熟悉、认同、喜欢和偏爱本企业的市场定位，在顾客心目中建立与该企业定位相一致的形象；其次，企业通过一切努力保持目标顾客的了解、稳定目标顾客的态度和加深目标顾客的感情，来巩固与该企业市场定位相一致的形象；最后，企业应注意目标顾客对其市场定位理解出现的偏差或由于企业市场定位宣传上的失误而造成的目标顾客模糊、混乱和误会，及时纠正与该企业市场定位不一致的形象。

4. 制定发挥核心优势的战略

企业在市场营销方面的核心能力与优势，不会自动地在市场上得到充分表现。对此，企业必须制定明确的市场战略来充分表现其优势和竞争力。例如，通过广告传导核心优势战略定位，使企业核心优势逐渐形成一种鲜明的市场概念。这种市场概念能否成功，又在于它是否与顾客的需求和追求的利益相吻合。

企业必须认识到，如果一个品牌不在某些对顾客有意义的方面独具一格，那么它成功的可能性就很小。故要求企业在定位目标市场时，必须针对主要竞争者的劣势，寻找自身产品的差异化，或成本比竞争者低，或顾客认同的产品功能或特性优于竞争者。

5.4.3 目标市场定位的方式

市场定位作为一种竞争战略，显示了一种产品或一家企业同类似产品或企业之间的竞争关系。定位方式不同，竞争态势也不同。企业开展市场定位的主要方式有以下四种：

1. 初次定位

初次定位（Initial Positioning）是指新企业初入市场，或企业新产品投入市场，或产品进入新市场时，企业必须从零开始，运用所有的营销组合，使产品特色符合所选择的目标市场。但是，当企业要进入目标市场时，往往竞争者的产品已经上市或形成了一定的市场格局。这时，企业就应认真研究同一产品竞争对手在目标市场的位置，从而确定本企业产品的有利位置。例如，奥迪在刚上市的时候发现，中国高档车市的私人消费尚未启动，所以就把目标定位于公务车市场，从而成功地在公务车市场长期占据霸主地位。后来商务车和个人高档车消费市场逐步兴起，奥迪才主动淡化其公务车形象，转而强调其在商务车领域中的典范形象和科技领先的特色。

2. 重新定位

重新定位（Repositioning）通常是指对销路少、市场反应差的产品进行二次定位。重新定位时，企业必须变更产品特色，改变目标顾客对其原有的印象，使目标顾客对其产品形象有一个重新认识。企业产品在市场上的定位即使很恰当，但在出现下列情况时也需考虑重新定位：一是竞争者推出的产品市场定位于本企业产品的附近，侵占了本企业品牌的部分市场，使本企业品牌的市场占有率有所下降；二是消费者偏好发生变化，从喜爱本企业的某品牌转移到喜爱竞争对手的某品牌。

例如，在汽车行业的早期，制造商们普遍把生产的汽车面向较为富有的阶层，在汽车设计上也是单纯地强调奢华。福特在刚刚进入市场的时候，生产的也是车体笨重、耗油量大的豪华型汽车，但是推入市场后价格高昂，一般人财力不及，销量有限。后来，公司创始人亨利·福特决定重新定位市场，提出制造一种既简单又坚固耐用，而且人人都买得起的汽车，于是推出了标准化的流水线生产方式，生产 T 型车等经济车型，最终赢得了巨大的市场发展机会。

3. 避强定位

避强定位（Avoiding Strong Positioning）是一种避开强有力的竞争对手的市场定位，是指企业开发并销售目标市场上还没有的某种特色产品，开拓新的市场领域。其优点是能够迅速地在市场上站稳脚跟，并能在消费者或用户心目中迅速树立起一种形象。由于这种定位方式的市场风险较小，成功率较高，常常被多数汽车企业所采用。例如，日本汽车在 20 世纪七八十年代成功打入美国市场，采用的就是避强定位的策略。

4. 迎头定位

迎头定位（Competitive Positioning）又称竞争性定位或针对式定位，是一种与在市场上占据支配地位的、最强的竞争对手正面竞争、"对着干"的定位方式。显然，迎头定位有时会是一种危险的战术，但也有汽车企业认为这是一种更能激励自己奋发上进的可行的定位尝试，一旦成功就会取得巨大的市场优势。实行迎头定位，必须知己知彼，尤其应清醒地估计自己的实力；不一定试图压垮对方，只要能够平分秋色就已是巨大的成功。

例如，国内中低端 MPV 市场长期被上汽通用五菱旗下的宏光和宝骏所垄断。近年来随着 MPV 越来越多地进入普通消费者家庭，该市场也成了我国汽车行业高增长的细分市场之一。其他汽车厂商看到了这一新机会，纷纷针锋相对地推出了各种新品牌的 MPV 产品，如东风推出了风行、风光，长安推出了欧诺、欧尚，北汽推出了幻速、威旺等，试图通过正面竞争抢占 MPV 蓝海市场。

5.4.4 目标市场定位的战略

汽车企业要想做到准确定位，首先要决策采取何种定位战略。市场定位的战略有很多，差异化是市场定位的核心。概括起来主要有以下四种战略：产品差异化战略、服务差异化战略、人员差异化战略和形象差异化战略。

1. 产品差异化战略

产品差异化战略（Product Differentiated Strategy）是从产品质量、产品特色等方面实现差别的战略。汽车就属于一种高度差异化的产品，其差异化可以表现在特色、性能、耐用性、可靠性、风格和设计上。

（1）特色和风格　产品的特色是指产品的基本功能的某些增补。例如，对于汽车来说，其基本功能就是代步和运输的作用，汽车产品的特色就是在基本功能上的增加，如电动窗、制动防抱死系统（ABS）、电子制动力分配系统、全球定位系统（GPS）、自动巡航控制系统、自适应底盘控制系统、全景玻璃车顶、胎压监测、安全气囊和自动空调等。风格是产品给予顾客的视觉和感觉效果，相较质量能更快速地留给顾客深刻的印象。例如，很多车主愿意购买美洲豹汽车就是因为其独特的外观造型。

由于汽车可以提供的差异化项目很多，因此，汽车制造商需要确定哪些特色应该标准化，哪些是可以任意选择的。

（2）性能与耐用性　产品性能是指产品的主要特点在实际操作运用中的水平。产品的性能可以分为四种：低、平均、高和超级。性能高的产品总体来说可以产生较高的利润，但对于普通顾客来说，性价比是影响其购买的一个重要因素。另外，对汽车产品而言，耐用可靠性是反映产品优劣的另一个重要指标。购买者一般愿意为产品的耐用可靠性付出溢价。例如，捷达车之所以取得良好的销售业绩，一个重要原因就是它的使用寿命长、耐用性能好。

因此，企业应该随着时间的变化不断提高产品的品质，以收获更好的市场效益。

2. 服务差异化战略

服务差异化战略（Service Differentiated Strategy）的核心是如何把服务融入产品中，向目标市场提供与竞争者不同的优质服务。需要强调的一点是，开展各种服务有助于改善顾客关系，企业的竞争力越能体现在顾客服务水平上，服务能力越强，市场差异化越容易实现。如果企业把服务要素融入产品的支撑体系，那就可以在许多领域建立"进入障碍"。因为服务差异化战略不仅能使制造商实现差异化，提高顾客的购买总价值，而且还可以击败竞争者，与顾客保持牢固的关系。

汽车产品属于技术密集型产品，因此服务差异化战略更是行之有效的。原克莱斯勒公司董事长雅科卡在《幸福》杂志的一则广告中做出以下结论："只有拥有最先进的分销系统和最优良服务的公司才能尝到胜利的滋味——因为你在其他方面无法长时期地占据领先地位。"别克汽车以"比你更关心你"为服务理念，推出了"别克关怀"服务品牌，强调售后服务的重要性。

在汽车营销中，服务差异化主要体现在订货、用户培训、咨询、维修和其他多种服务上。汽车企业应该抓住这些方面努力提高自己的服务水平，从而吸引更多的潜在客户。例如，东风汽车公司实施了以"关怀每一个人，关爱每一部车"为营销理念的用户关爱工程，并从打造"商用车第一品牌"的战略高度建立了"东风客户管理中心"（CRM），实施了由建档管理向用户回访管理的转变，对建档用户进行了100%的回访，及时、准确地为用户提供有针对性的个性化服务。第一汽车集团公司的解放品牌2002年以"用户第一"为宗旨，对营销网络进行了整合，推动了由"市场营销"向"关系营销"的转变、由"主动服务"向"感动服务"的转变和由"企业效益第一"向"用户价值第一"的转变。

3. 人员差异化战略

人员差异化战略（People Differentiated Strategy）是通过聘用和培训比竞争者更优秀的人员，以获取人员差异化优势的战略。实践证明，市场竞争归根到底是人才的竞争，一个由优秀领导和勤奋员工组成的企业不仅能保证产品质量，而且还能保证服务质量。

通常情况下，一个经过严格训练的人员必须具有如下良好的特征：具有从事工作所需要的技能和知识，能胜任工作；对顾客热情友好、体贴周到；具有诚实可信的品质；能始终如一、正确无误地提供标准化服务；对顾客的请求能快速地做出反应，对出现的问题能及时解决；能够较好地与顾客沟通，并清楚、准确地向顾客传达相关信息。

为此，汽车企业应重视自身的人力资源管理工作，通过招聘、培训与发展等人力资源六大职能，打造优秀的人才队伍。

4. 形象差异化战略

形象差异化战略（Image Differentiated Strategy）是在产品的核心部分与竞争者无明显差异的情况下，通过塑造不同的产品形象以获取差别的战略。为企业或产品成功地塑造形象，需要具有创造性的思维和设计。任何品牌都不太可能在一夜之间便在公众的头脑中树立起形象，也不能仅靠一种媒体进行传播。形象的建立必须利用企业所能利用的所有传播工具，而且要持续不断。例如，奔驰和宝马都属于高档车，但它们在消费者心中的形象却有所不同：前者代表了尊贵和气派，后者则体现了优雅和精致。

5. 促销方式差异化战略

促销方式差异化战略（Promotion Differentiated Strategy）是指汽车企业通过广告、公共关系、销售促进等多种促销方式的组合运用，实现差异化。例如，近年来，许多汽车企业通过冠名真人秀综艺节目，植入电影、网络游戏等节目的形式进行广告宣传，极大地提高了企业的形象曝光率与顾客认知度，从而在销量上取得了较好的效果。

长城汽车专注细分市场

作为国内的大型民营汽车制造企业，长城汽车股份有限公司秉承"每天进步一点点"的企业理念，以"专注、专业、专家"为品牌理念，将"坚持聚焦，做精品类"作为战略方针，目前已经发展成为国内最大的 SUV 和皮卡制造企业。前长城汽车公司副总裁贾亚权表示："长城汽车成功的营销哲学是'深挖洞广积粮，专注细分市场'。"

1. 聚焦细分领域，产品定价合理

在市场布局上，长城汽车多年来秉承聚焦战略的发展理念，不贪大求全，专注细分领域深耕，在"长城汽车"的整体品牌战略下，逐步将 SUV、皮卡、轿车分别聚焦于"哈弗""风骏""腾翼"三个子品牌，通过建立品类优势以谋求品牌优势。同时，通过聚焦 SUV 品类，全面布局 SUV 各细分市场，满足不同的顾客需求，巩固其在 SUV 市场的地位。

在产品定价上，长城汽车的产品定价往往稍高于同类的自主品牌车型而低于合资品牌车型，切入点较精准。一方面，相比同档次合资品牌汽车，在产品品质不低于合资品牌的前提下，价格有较大优势，性价比突出；另一方面，凭借优秀的产品品质和良好的品牌形象，相对于自主品牌汽车，长城汽车的定价处于较高水平，盈利能力突出。

2. 追求工匠精神，重视技术研发

在产品品质上，追求工匠精神，注重精益求精。以哈弗 SUV 为例，在整个生产过程中，坚持采用严苛的技术标准和安全碰撞评价体系，并从设计之初，就在主动安全、被动安全、儿童安全等方面下足功夫，特有的 3DP（三维印刷）车身，结构耐撞性达到美国最新的安全评价标准，无论是对人、对车，都做了周全设计，为驾乘人员提供全面、安全的驾乘环境。

在技术研发上，采用"过度投入"的策略，注重有效研发，追求行业领先。目前长城汽车拥有国内比较领先的研发能力，具备 SUV、轿车、皮卡三大系列以及动力总成的开发设计能力，在发动机、变速器、整车造型、整车设计、CAE（计算机辅助工程）、试验等各个环节都形成了自主的技术、标准以及知识产权；同时，与包括博世、德尔福在内的国际零部件巨头共同合作开发，也成为公司研发能力的保证。

3. 合理布局渠道，赢得发展空间

在国内，考虑到产品的消费群体大部分在中小城市及农村地区，长城汽车采取了相应的经销商网络布局，将渠道力量集中在三、四、五线城市，并建立了较为完善的营销网络。长城汽车的销售网点、4S 专卖店、单体店遍布全国各个城市，服务网络遍及全国并尽可能将服务半径控制在 50km 以内。如此布局既避开了合资车企扎堆、市场竞争激烈的一、二线城市，又较好地享受汽车需求向中西部三、四线城市扩张带来的机会，也符合了整体规模实力偏弱、车型定位偏中低端的自主品牌车企的发展模式。

在国外，长城汽车也积极谋求发展空间，自1998年开始出口整车以来，长城汽车在国际市场已耕耘近20年，建立了比较发达的海外销售网络，目前俄罗斯、澳大利亚、智利、南非等是其主要的出口市场。在海外市场，长城汽车的销售主要以整车贸易和KD（散件组装）贸易两种方式进行，一般通过授权方式与海外经销商合作，海外经销商在经销长城产品的同时为用户提供一站式服务；在经销商的选择上，长城汽车将具备售后服务实体作为合作伙伴选择的要求之一，并将海外售后服务建设作为发展战略的重点。

4. 实施"三高"战略，经营成效显著

自2011年长城汽车实施以提升产品品质为核心的"三高"战略，即"经营质量自主品牌排名第一；打造品类质量和销量的明星产品；聚焦三大品类，保持细分市场销量第一"的经营目标以来，公司业绩进一步取得突破，市场地位也得到大幅提升。2017年长城汽车总销量超过107万辆，继2016年再次实现年销量超百万辆的销售规模。旗下哈弗SUV的市场表现强势，年销量超过85万辆，连续15年夺得我国SUV市场销量冠军；旗下皮卡年销售接近12万辆，连续20年稳坐皮卡行业第一宝座；旗下豪华SUV领导者WEY上市首年销量突破8万辆。2011—2015年，哈弗H6仅用4年时间便完成了累计销量破百万辆的盛举，成为自主品牌第一个销量突破百万辆的SUV车型。2016年哈弗H6全年销售58.07万辆，同比增长55.58%，其中12月单月销量突破8万辆，创造了包括进口和合资产品在内的我国汽车市场单产品单月销量的里程碑，也由此跃升至2016年全球最畅销SUV车型排行榜第四位，成为自主品牌首款世界级SUV。

案例讨论题：

1. 长城汽车为什么要坚持聚焦品类的市场细分战略？
2. 基于案例以及自身对长城汽车的了解，运用汽车目标市场的理论知识，对长城汽车的市场细分、目标市场选择和市场定位等策略进行简要解析。
3. 长城汽车的营销策略给我们的启示是什么？

本章小结

本章主要介绍了汽车目标市场营销的方法，将汽车目标市场营销分为三个步骤，即市场细分、目标市场选择、目标市场定位，简称"STP营销"。5.1节介绍了市场细分的概念、作用与原则，阐述了市场细分的依据；5.2节介绍了市场细分的一般方法，分析了汽车市场细分的三维坐标法、产品/客户网格法、多象限法，介绍了汽车行业常用的几种市场细分方法，并描述了汽车市场细分的几个误区；5.3节介绍了目标市场选择的原则、影响因素，详细阐述了汽车目标市场的评估和选择原则，论述了目标市场选择的范围策略与营销策略；5.4节介绍了目标市场定位的概念、步骤、方式等，着重介绍了目标市场定位的六大战略。

Ⅰ. 思考题

1. 市场细分时通常选用多个标准交叉使用，这比使用单个标准容易产生什么问题？请举例说明两种细分方法的区别。
2. "细分市场越细越好"的说法对吗？为什么？
3. 应如何进行有效的汽车产品市场定位？
4. 汽车企业如何开展定制营销？
5. 阐述目标市场的范围策略和营销策略。

Ⅱ. 判断题

1. 市场细分标准中的有些因素相对稳定，多数则处于动态变化中。（ ）
2. 与最强的竞争对手"对着干"的定位策略是迎头定位。（ ）
3. 市场细分主要是通过对产品本身的分类来细分市场的。（ ）
4. 采用避强定位，市场风险较小，成功率较高，常常被多数企业所采用。（ ）
5. 对于汽车企业而言，目标市场是其要进入的地域空间。（ ）
6. 汽车产品投入期宜采用目标市场差异性营销策略以探测市场。（ ）
7. 市场细分的依据主要在于消费需求存在差异，影响消费者市场需求的因素主要包括地理因素、人口因素、心理因素和行为因素等。（ ）
8. 在同类产品市场上，同一细分市场的顾客需求具有较多的共性。（ ）

Ⅲ. 选择题

1. 市场细分的概念提出者是美国市场营销学家（   ）。
   A. 迈克尔·波特   B. 尤金·麦卡锡   C. 菲利普·科特勒   D. 温德尔·斯密
2. 汽车企业将整体市场作为目标市场，不进行细分，只向市场推出单一的标准化产品，并以统一营销方式销售的目标市场策略是（   ）。
   A. 集中性营销策略   B. 差异性营销策略
   C. 无差异性营销策略   D. 总成本领先战略
3. 无差异性营销策略主要适用的情况是（   ）。
   A. 企业实力较弱   B. 产品性质相似   C. 市场竞争者多   D. 消费需求复杂
4. 最适于实力不强的小型汽车企业采用的目标市场营销策略是（   ）。
   A. 差异性营销策略   B. 无差异性营销策略
   C. 集中性营销策略   D. 产品开发营销策略
5. 市场定位的战略有很多，从产品质量、产品特色等方面实现差别的战略是（   ）。
   A. 产品差异化   B. 服务差异化   C. 人员差异化   D. 形象差异化
6. 选择目标市场和市场细分的关系是（   ）。
   A. 先选择目标市场，再对市场进行细分   B. 细分市场和选择市场同时进行
   C. 市场细分是选择目标市场的基础   D. 目标市场是市场细分的基础

第 6 章　汽车产品策略

福特 T 型车的诞生

福特 T 型车的面世使 1908 年成为工业史上具有重要意义的一年：T 型车以其低廉的价格使汽车作为一种实用工具走入了寻常百姓之家，美国也自此成了"车轮上的国度"。

20 世纪初，汽车仍然是富人才能消费得起的奢侈品。亨利·福特在 1903 年创办福特汽车公司后，立志要打造一辆普通大众都买得起的平民车。福特汽车公司最初推出的车型名为 Model A，著名的福特 T 型车于 1908 年上市，亨利·福特兑现了他当初的承诺——为世人打造出一款廉价国民车。

当时美国销售的汽车普遍售价在 4700 美元左右，相当于一个普通人六年的总收入，而福特 T 型车售价仅为 850 美元。为了让福特 T 型车更加深入人心，亨利·福特决定改进生产方式以求大幅降低福特 T 型车的成本，使其售价进一步降低。

1913 年 12 月 1 日，亨利·福特开发出世界上第一条汽车组装生产线并投入生产。每个工人固定在一个工位组装车辆的某一个零件，原先一辆汽车的装配时间需要 700 多 h，而 T 型车采用流水线作业仅需 12.5h。

福特 T 型车上市后，美国民众立即被它低廉的售价所吸引，采用流水线生产方式后，福特 T 型车售价从 1910 年的 780 美元降低到 360 美元，低廉的售价给福特带来了惊人的销量，截止 1927 年，福特 T 型车累计销量已达 1500 万辆。

企业的市场营销活动是以满足市场需求为目的的，而市场需求的满足只能通过提供某种产品或相应的服务来实现。因此，产品是企业市场营销组合中最基本的因素，产品策略将直接或间接地影响其他营销组合因素，企业必须予以高度重视。

6.1　汽车产品的整体概念

汽车产品是指一部实体汽车吗？其实这只是狭义的理解。从市场营销观念来看，汽车产品是指向汽车市场提供的能满足汽车消费者某种欲望和需要的任何事物，包括实物、服务、保险、品牌等各种形式。简言之，满足需要的产品=需要的实物+需要的服务。**市场营销学关于产品的概念具有两个方面的特点**：首先，并不是具有物质实体的才是产品，凡是能满足汽车消费者某种欲望和需要的服务也是产品；其次，对企业而言，其产品不仅是物质实体本身，也包括随实物出售时所提供的服务。

6.1.1 产品的概念

如前所述，市场营销是一个满足用户需要的过程。用户的需要既包括物质方面的需要，又包括心理和精神方面的需要。对汽车产品来讲，用户需要的是汽车能够满足自己运输或交通的需要，以及满足自己心理和精神上的需要，如身份、地位、舒适等。此外，汽车产品的用户还希望生产厂家能够提供优质的售后服务，如备件充裕、维修网点多、上门服务、实行"三包"（即包修、包退、包换）等。一般而言，产品是指能够提供给市场以满足人们需要和欲望的任何事物，包括实物、服务、经验、场所、组织、信息、创意等。时至今日，人们对产品概念的认识仍在不断地深化和延伸，产品概念的外延越来越大，并最终形成了现代产品整体概念的思想。

所谓产品整体概念，是指能够满足人们生活和生产需求的实体和实质、内容和形式、无形和有形等若干因素的综合体，统称为产品。显然，产品整体概念的外延是非常广泛的，它体现了以顾客为中心的现代营销观念，并建立在顾客的需求即产品这一等式的基础之上。理解并掌握产品整体概念的思想，可以使企业在更加广阔的范围内考虑问题，为企业制定营销策略、吸引顾客、服务顾客、满足顾客、拥有顾客、开发产品并科学地组合产品奠定坚实的理论基础。

6.1.2 汽车产品的整体概念

广义的产品概念引申出产品整体概念的五个层次。产品是由核心产品、形式产品、延伸产品、形象产品和信誉产品五个层次所组成的一个整体，如图6-1所示。

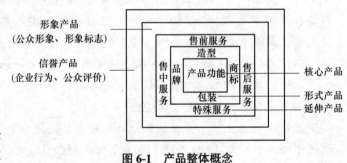

图6-1 产品整体概念

1. 核心产品

核心产品也称实质产品，是指消费者购买某种产品时所追求的利益，是顾客真正要买东西的核心价值，因而在产品整体概念中也是最基本、最主要的部分。汽车消费者购买汽车，并不是为了占有或获得汽车产品本身，而是为了获得能满足某种需要的效用或利益。汽车的核心产品就是汽车可以满足用户交通和运输的需要以及精神需要。营销的任务就是要把用户所需要的核心利益和服务，即用户需要的效用提供给用户。

2. 形式产品

形式产品是指核心产品借以实现的形式，即向市场提供的实体和服务的形式。它在市场上通常表现为产品质量水平、外观特色、式样和包装等。汽车形式产品包括质量水平、外观特色、汽车造型、汽车品牌等。形式产品不仅是产品基本效用得以实现的形式，还是消费者选择产品的重要因素。所以，市场营销者还必须寻求使产品核心价值得以实现的有效形式。

3. 延伸产品

延伸产品是指消费者购买形式产品时所获得的全部附加服务和利益，包括提供信贷、送货、安装、售后服务等。汽车延伸产品包括信贷、储运、担保、装饰、维修、保养等。附加产品的概念来源于对市场需要的深入认识。因为消费者的目的是满足某种需要，因而他们希望得到与满足该需要相关的一切。所以，有人说"销售从售后开始"。

4. 形象产品

形象产品即产品在消费者心目中的整体印象。这种印象虽然部分由核心、形式和延伸产品而来，却又超越三者，代表了产品在消费者心目中的价值和地位。形象产品的形成有一个长期积累的过程，使它逐渐独立于某个实体产品而存在，成为一种无形的资产。

5. 信誉产品

信誉产品即产品在消费者心目中的信用和声誉。它包括产品的质量和消费者的评价两部分。其中，质量是产品信誉的基础，而评价则是产品信誉的翅膀。高质量的产品可以带来高品质的评价，众多的优质评价构成良好的产品信誉乃至优良的企业信誉。可以说信誉产品同形象产品一样，也是可以独立存在的高价值企业资产。

6.2 汽车产品组合

企业要取得竞争优势，既不能只经营单一产品，也不可能经营所有的产品；企业要做出经营哪些产品，以及产品之间的关系的决策。为解决企业经营产品的品种、产品之间的结构等问题，需要研究产品组合的一系列问题。

6.2.1 汽车产品组合的概念

产品组合又称产品品种搭配，是指企业提供给市场的全部产品线和产品项目的组合或结构，可以简单地理解为企业的全部业务经营范围。企业为了实现营销目标，充分有效地满足目标市场的需求，必须设计一个优化的产品组合。研究产品组合，首先必须弄清几个与其相关的概念。

（1）产品项目　按产品目录中列出的每一个明确的产品单位，一种型号、品种、尺寸、价格、外观等的产品就是一个产品项目。例如，一个车型系列中各种不同档次、配置和价格的车型品种。

（2）产品线　产品线是指在某种特征上互相关联或相似的一组产品，通常属于产品大类的范畴。这种类别可以按产品结构、生产技术条件、产品功能、顾客结构或者分销渠道等变数进行划分，如汽车产品的某一车型系列就是按产品结构划分的一条产品线。企业可以视经营管理、市场竞争、顾客服务等具体要求来划分产品线。

（3）产品组合的衡量　通常可以使用四个变数来研究产品组合：产品组合的宽度、深度、长度和相关性。以上海通用汽车公司2017年的汽车产品组合为例，讨论汽车产品组合的宽度、深度和长度的概念，见表6-1。

产品组合的宽度是指一个企业生产经营的产品系列的数量。例如，上海通用汽车公司汽车产品组合的宽度为3，即有3条汽车产品线。

产品组合的深度是指一个企业的每条产品线的产品项目的数量。例如，上海通用别克系列有君越、英朗、GL8等9个项目。

产品组合的长度是指产品组合中包括的所有产品项目的总数,即企业产品深度的总和。例如,上海通用汽车公司一共有3条汽车产品线,26个品种的汽车产品,汽车产品组合的长度为26。

(4) 产品组合的相关性　产品组合的相关性是指各条产品线在生产条件、最终用途、细分市场、分销渠道、维修服务或者其他方面相互关联的程度。例如,两个车型系列在零部件总成上的通用性高低,不同车型能否在同一平台生产等,便是产品组合相关性的概念范畴。

表6-1　上海通用汽车公司汽车产品组合宽度和产品线深度

产品组合宽度	凯迪拉克	别克	雪佛兰
产品线深度	ATS-L	君越	迈锐宝 XL
			迈锐宝
	XTS	威朗	全新科鲁兹
			科鲁兹两厢
	CT6	英朗	科沃兹
	CT6-Plugin	Velte5	赛欧
	XT5	昂科雷	探界者
	ESCALADE	昂科拉	科帕奇
		昂克威	全新创酷
		GL8 Avenir	乐风 RV
		GL8 ES 豪华商旅车	第六代科迈罗 RS
			库罗德(Colorado)
			索罗德(Silverado)

6.2.2　汽车产品组合的类型

汽车产品组合具有宽度性组合和深度性组合两种类型。汽车超市和汽车专营店所体现的就是这两种不同的组合类型,见表6-2。企业根据市场需要及其内部条件,选择适当的产品组合宽度、深度、关联性来确定经营规模和范围,就形成了下列产品组合类型。

表6-2　汽车产品组合类型

变数 组合类型	组合宽度	组合深度	组合长度	组合相关性
汽车超市	宽	浅	长	差
汽车专营店	窄	深	短	好

(1) 全线全面型　这是指企业着眼于向任何顾客提供各种所需产品的产品组合类型。这种组合要求企业同时拓展产品组合的宽度和深度,增加产品线和产品项目,力求覆盖每一细分市场。但对产品线之间的关联程度则没有限制,可以是狭义的全面全线型,即扩展产品线后关联程度仍然紧密;也可以是广义的全线全面型,即扩展产品线后关联程度松散,甚至是多元化经营。例如,东风汽车公司是一家大型汽车企业,其产品覆盖了从商用车到乘用车的大部分细分市场,属于广义的全线全面型产品组合。

(2) 市场专业型　这是指企业向某一市场或某一类型顾客提供所需的各种产品的产品组合类型。它是以满足同一类型顾客需求为出发点,着重考虑拓展产品组合的宽度,即依据同类顾客需求设置产品线。

(3) 产品线专业型　这是指企业只生产某一种类型的不同产品项目来满足市场需求的

产品组合类型。采用这一组合的企业只拥有一条产品线,可根据市场需求增加这一产品线的深度,扩展产品项目。例如,某汽车轮胎制造公司的产品是汽车轮胎,但可以为商用车、轿车、客车配套生产不同的轮胎产品。

(4) 有限产品线专业型　这是指企业只生产某一产品线中一个或少数几个产品项目来满足市场需求的产品组合类型。通常小型企业采用这一组合类型,因为所需资金相对较少,可以发挥企业专长,但它的风险比较大。例如,变速器生产企业只生产手动挡的不同型号的变速器,一旦自动变速器被普及就会有巨大的市场风险。

(5) 特殊产品专业型　这是指根据顾客的特殊需要而专门生产特殊产品的产品组合类型。这种组合的市场竞争威胁小,适合小型企业,但难以扩大经营。例如,专门生产救援抢险车、道路清障车等特殊车型的企业就属于这种类型的产品组合。

(6) 特别专业型　这是指企业凭借其特殊的生产条件生产能满足顾客特殊需求的产品的组合类型。采用这一组合可排斥竞争者涉足,如油罐运输车、天然气运输车因其安全性的特殊要求,对生产条件和技术要求极为苛刻,其生产企业必须经过国家严格的安全技术审查,生产门槛高,会阻碍很多竞争者的进入。

6.2.3　汽车产品组合的分析

产品组合不是静态的而是动态的。企业的内外部条件在不断变化,产品组合也应随之调整,增加或删减一部分产品线及产品项目,使产品组合处于最佳状态,企业发展实现良性循环。为此,必须借助一定的分析方法,研究企业所有产品的市场价值。下面介绍两种被西方企业广泛应用的方法。

1. 波士顿矩阵分析法(四象限分析法)

波士顿矩阵分析法即"年销售增长率——相对市场占有率"矩阵法,是美国波士顿咨询公司(BCG)创立的一种分析模式,如图 6-2 所示。该矩阵法也称四象限分析法,它以产品的年销售增长率为纵坐标、以产品的相对市场占有率为横坐标做出一个矩形,并分别以 10% 和 1.0 为界纵横切割,把企业的产品分割在四个象限中。在这里,相对市场占有率是指某种产品与同行业中最大竞争者的市场占有率

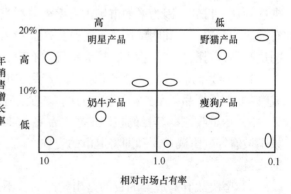

图 6-2　波士顿矩阵分析法

之比。矩阵中的圆圈代表企业所有的产品。圆圈的位置表示各产品在年销售增长率及相对市场占有率方面的现状。有时用圆圈的面积表示各产品销售额的大小。

(1) 产品市场价值的表现　根据国外的研究成果,产品在市场价值方面的表现可分为以下几种:

1) 明星产品。年销售增长率在 10%~20%,相对市场占有率为 1.0~10 的产品称为明星产品。它们是年销售增长率及相对市场占有率都高的产品,说明了该类汽车产品市场潜力大,而企业在市场中又占有优势。这类产品要迅速增长,需要大量资源投入,因此,短时期内未必会给企业带来可观的收益,但它们是企业未来的"财源"。刚上市并且销量增长较快,

在同类产品中销量优势明显的车型就属于此类产品。

2）奶牛产品　当明星产品的年销售增长率下降到一定程度时，便变为奶牛产品。奶牛产品又称金牛产品，年销售增长率在 0~10%，相对市场占有率为 1.0~10，市场占有率高，年销售增长率低。这类产品活力大，而所需要的资金投入却少，它是每个企业都重视的产品。这类产品的高额资金收入，可为企业积累资金，加速资金周转，产生较高的收益，给其他产品提供资金支持。企业销量最大的几款车型就属于此类产品。

3）野猫产品　野猫产品又称问题产品，产品年销售增长率在 10%~20%，相对市场占有率为 0.1~1.0，年销售增长率较高而相对市场占有率较低。这类产品需要投入大量资金和人力来维持和提高市场占有率，因此有较大风险，企业要慎重选择。上市不久，销量增长较快，但同类产品中竞争优势不明显的车型就属于此类产品。

4）瘦狗产品　瘦狗产品是指年销售增长率在 0~10%，相对市场占有率为 0.1~1.0，年销售增长率及相对市场占有率均较低的产品。这类产品的市场潜力很小，有时可能产生一些收入，但通常都是微利或者仅是保本甚至亏损的产品。销量持续下降，车型处于即将淘汰的状态，或者上市后长期销量低迷的车型就属于此类产品。

（2）产品的四种战略行动　一般来说，相对市场占有率越高，产品的盈利能力越强，利润水平似乎与市场占有率同向增长；另一方面，销售增长率越高，经营产品的资源需要量也越大，因为它要继续发展和巩固市场地位。企业应依据资源有效分配的原则，分析各种产品现在的市场地位和将来应该扮演的角色，从总体角度规划资源投入的方向和比例。一般而言，明星产品与奶牛产品多的产品组合比较合理。具体来讲，企业在考虑调整原有产品组合时，有以下四种战略行动可供选择：

1）积极发展。发展的目的是提高产品的市场占有率，有时甚至不惜通过放弃短期收入来达到这一目的，因为增加市场占有率需要相当的投资和时间才能奏效，所以此方法适用于有前途的野猫产品和明星产品。对野猫产品投入，使其市场占有率有较大增长，促使其成为明星产品；对明星产品投入，扩大市场占有率，扶持其成为奶牛产品。

2）继续维持。其目的在于保持汽车产品在市场上的占有率和地位。在产品生命周期中处于成熟期的汽车产品，大多采取这一方法。该方法适用于能为企业提供大量现金流的奶牛产品。

3）尽量收割。其目的在于追求产品的短期收入，竭泽而渔。对衰退中的奶牛产品、前景不被看好的野猫产品和即将退市的瘦狗产品，可以获得短期利益为目的，尽可能获取更多的收益。

4）坚决放弃。放弃的目的是出卖产品，不再生产，把资源用于其他产品。对无前途的野猫产品及亏损的瘦狗产品应及时放弃，以便使有限的资金集中于有潜力的产品。

2. 多因素投资组合矩阵分析法（九象限分析法）

多因素投资组合矩阵分析法即九象限分析法，是由美国通用电气公司创立的。它利用市场吸引力和本企业的竞争能力两个综合性指标构成一个坐标，每个轴分为高、中、低三个档次，便形成一个九象限图，如图 6-3 所示。美国通用电气公司的决策者认为，四象限分析法仅仅根据产品的年销售增长率和市场占有率两种指标来确定产品的市场价值未免过于粗疏，主张从考察企业投资收益的角度来确定产品的市场价值。他们认为，影响企业投资收益的因素既有行业的吸引力，即产品所在的行业是否大有前途，也有企业的经营实力，即企业是否能够在竞争中取得优势。

其中，行业的吸引力既包括产品的销售增长率和利润率，也包括行业的市场规模、竞争强度、市场容易进入的程度等因素；本企业的竞争能力既包括产品的市场占有率和销售能力，也包括企业的地域优势、生产能力、技术地位等因素。然后按上述两指标分高、中、低三个档次在坐标图上表示出来，就得到产品在九个象限中所在的位置。其中，用圆圈的面积表示各产品销售额的大小。

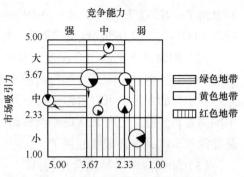

图 6-3 多因素投资组合矩阵分析法

依据这种方法，对企业的每种产品都从市场吸引力和竞争能力两个方面进行评估。只有产品进入了有吸引力的市场，又拥有在该市场取胜的竞争能力，企业才能成功。因此，多因素投资组合矩阵法依据市场吸引力的大、中、小，竞争能力的强、中、弱，分为九个区域，组成了以下三种战略地带：

（1）绿色地带 由左上角的大强、大中、中强三个区域组成。其市场吸引力和企业的竞争能力都最为有利，企业要"开绿灯"，采取增加资源投入和发展扩大的战略。

（2）黄色地带 由左下角至右上角对角线贯穿的三个区域，即小强、中中、大弱组成。这个地带的市场吸引力和经营单位的竞争能力处于中等水平，企业对这个地带应当"开黄灯"，即采取维持原投入水平和市场占有率的战略。

（3）红色地带 由右下角的小弱、小中、中弱三个区域组成。这个地带的市场吸引力偏小，企业的竞争能力偏弱，企业多是"开红灯"，采取收割或放弃战略。

6.2.4 汽车产品组合策略

汽车产品组合策略就是根据企业的目标，对汽车产品组合的宽度、深度和相关性进行决策。汽车产品组合决策对企业的市场营销有着重要意义。例如，增加产品组合宽度（如车型系列多），扩大经营范围，可减少单一车型的经营风险；增加产品组合的长度或深度（品种多），可使产品线丰满，提高产品的市场占有率和用户满意度。在市场竞争激烈的情况下，增加产品品种是提高企业竞争能力常用的手段。目前我国的汽车市场，除了中型载货汽车的品种发展较为完善外，其余各种车型都还有很大的品种发展余地，尤其在轿车和重型汽车方面对车型系列的发展空间还很大，因而各汽车企业更要做好产品线与产品项目的决策，以谋求企业更大的发展空间。

1. 扩大汽车产品组合策略

扩大汽车产品组合是指企业在生产设备、技术力量所允许的范围内，扩大汽车产品组合的宽度，加深汽车产品组合的深度，以及加强汽车产品组合的相关性。扩大汽车产品组合可以充分利用企业的各项资源，在更大的市场领域中发挥作用，满足更广泛的消费者的不同需要和爱好，同时，可以降低生产成本，减少投资风险。但是，扩大汽车产品组合往往会分散企业的资源，增加管理困难，有时会使边际成本加大，甚至由于新产品的质量、性能等问题而影响本企业原有产品的信誉。

（1）扩大汽车产品宽度 一个企业在生产设备、技术力量所允许的范围内，既有专业性又有综合性地发展多品种。扩大产品组合的宽度可以充分利用企业的各项资源，在更大的市场领域中发挥作用，并且能分散企业的投资风险。例如，上海大众在扩大汽车产品线宽度上的思路是：普通型轿车（普桑）→中档轿车（桑塔纳2000）→中高档轿车（帕萨特）→经济型轿车（POLO）。因为产品线覆盖面广、销量可观，使上海大众成为我国汽车产业的龙头。

（2）加深汽车产品组合深度　从总体来看，每个企业的产品线只是该行业整个产品范围的一部分。例如，宝马汽车公司的汽车在整个汽车市场上的定价属于中高档范围。加深汽车产品组合的深度，可以占领该行业同类汽车产品更多的细分市场，迎合更广泛的消费者的不同需要和爱好。上海大众在帕萨特轿车基本型的基础上，研制开发豪华型车和变形车，就是加深汽车产品组合深度的例子。

（3）加强汽车产品组合相关性　一个汽车企业的汽车产品应尽可能地相关配套，如汽车零部件的通用性、共用一个生产平台等。加强汽车产品组合的相关性，可以降低企业新车型的开发和生产成本，减少投资风险。

汽车平台小知识

其实"汽车平台"的概念是比较笼统的，主要体现在汽车的研发阶段。厂商在设计一辆汽车时，首先要有一个整体的框架，考虑要设计什么样的车，要如何生产来控制成本等一系列的问题。为了方便区分，将可以共用的大部分零件，如有着相似的底盘、车身结构以及生产工艺的车型研发模板归类为一个"平台"。

早在平台概念诞生初期，同平台的汽车有着严格共用底盘部件的特点；但随着用户多样化需求的增加以及汽车技术的进步，汽车平台的概念也在发生着改变。汽车平台可以理解为汽车的一个原始"模板"，这个模板包含汽车的基础部分，如底盘、车身结构、电器系统甚至生产工艺等。使用相同的"模板"并不意味着最终车的底盘、车身结构就一定相同，而是每一个架构上的零件都有相应的设计自由度，工程师可以根据车的不同定位，在同一个平台上通过不同的零部件模块组合，设计出更多不同特性、不同档次的车型。例如速腾与开迪，虽然两者都来自大众PQ35平台，但由于定位不同，强调舒适性与操控性的速腾采用的是多连杆式独立后悬架，而偏向于载物的开迪则采用了成本更低的整体轴结构。

一个平台可以同时承载不同车型的开发及生产制造：一方面，同一平台的产品采用通用化的零部件和总成，可以大大降低制造成本；另一方面，一个平台上有了新的技术突破，就等于这个平台所搭载的所有产品实现了技术突破，降低了研发费用。因此，各大汽车厂商都建立了自己的汽车制造平台。

2. 缩减汽车产品组合策略

缩减汽车产品组合是指企业根据市场变化及自身的实际情况，适当减少一部分汽车产品项目。该策略也同样有缩减汽车产品组合的宽度、深度、相关性三种情况。在以下情况下，企业应考虑适当减少产品项目：一是已进入衰落期的亏损的产品项目；二是当无力兼顾现有产品项目时，放弃无发展前途的产品项目；三是当出现市场疲软时，删减一部分次要的产品项目。采取缩减产品组合策略有以下好处：

1）可集中精力对留存汽车产品改进设计、提高质量、降低成本，从而增强竞争力。

2）使脱销情况减至最低限度。

3) 使企业的促销目标集中，效果更佳。

同样，采取该策略可能会使企业丧失部分市场，增加企业经营风险。因此，一个企业对某种汽车产品，在决定是否淘汰之前，应慎之又慎。

3. 延伸汽车产品线的组合策略

延伸汽车产品线是指针对汽车产品的档次而言，在原有档次的基础上向上、向下或双向延伸。

（1）向上延伸策略　企业原来生产中低档或低档车型，又新推出高档或中档车型，就是产品线向上延伸策略。该策略具有明显的优点：可获取更丰厚的利润；可作为正面进攻的竞争手段；可提高企业的形象；可完善产品线，满足不同层次消费者的需要。但采用这一策略应具备一定的条件：企业原有的声誉比较高；企业具有向上延伸的足够能力；实际存在对高档车的需求；能应对竞争者的反击等。例如，奇瑞汽车公司在原有 QQ 产品的基础上推出东风之子、旗云轿车即为向上延伸策略。

（2）向下延伸策略　企业在原来生产高档或中档车型的基础上，再生产中档或低档的车型，便是产品线向下延伸策略。企业采用这一策略可弥补高档产品减销的空缺，利用高档车的声誉吸引购买力较低的顾客，提高市场覆盖面。但它可能给人留下"走下坡路"的不良印象，影响高档车的品牌形象。

（3）双向延伸策略　原来生产中档车型的企业同时扩展生产高档和低档的车型，则是产品线双向延伸策略。采用这种策略的企业主要是为了取得同类产品的市场地位，扩大经营，增强企业的竞争能力。但应注意，只有在原有中档产品已取得市场优势，而且有足够的资源和能力时，才可进行双向延伸，否则还是单向延伸较为稳妥。例如，上海通用汽车公司在原有别克轿车品牌的基础上引进生产凯迪拉克和雪佛兰品牌轿车即属于双向延伸的产品策略。

6.3　汽车产品的生命周期

产品在市场上的销售情况及其获利能力会随着时间的推移而变化。这种变化的规律就像人的生命一样，从诞生、成长到成熟，最终走向衰亡。产品从进入市场到被淘汰退出市场的全过程称为产品生命周期，或产品市场寿命。

6.3.1　产品生命周期理论

产品经过研究开发、试销，然后进入市场，其生命周期就开始了；产品被顾客拒绝或淘汰，退出市场，则标志着生命周期的结束。产品生命周期不是产品的自然生命或使用寿命，典型的产品生命周期一般可分为四个阶段：介绍期（或引入期）、成长期、成熟期和衰退期，如图6-4所示。

（1）介绍期　新产品投入市场，便进入介绍期。此时，顾客对产品还不了解，只有少数追求新奇的顾客可能购买，销售量低，成本高，利润低，有时甚至亏损。

（2）成长期　当产品经过试销取得成功后，便进入成长期。这时顾客对新产品有所了解，大量的新顾客开始购买，销售量增长很快。此时产品已具备批量生产能力，成本降低，利润也迅速增长。在这一阶段，竞争者纷纷进入市场，使产品供给量增加，价格随之下降。

（3）成熟期　产品进入这一阶段，市场需求趋向饱和，潜在顾客已经很少，销售额增长缓慢直至转而下降，标志着产品进入了成熟期。在这一阶段，竞争逐渐加剧，产品售价降低，促销费用增加，企业利润下降。

（4）衰退期　随着科学技术的发展，新产品或新的代用品出现，使顾客的消费习惯发生改变，转向购买其他产品，从而使原来产品的销售额和利润额迅速下降。于是，产品进入了衰退期。

由于各种档次、各种类型的汽车产品不同，其生命周期及其经历各阶段的时间长短也不同。有些汽车产品生命周期可能只有2~3年，有些汽车产品生命周期可以长达几十年。

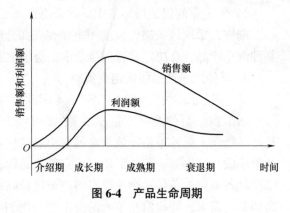

图6-4　产品生命周期

有些汽车产品经过短暂的市场介绍期，很快就达到成长、成熟阶段；而有些汽车产品的介绍期经历了许多年，才逐步被广大顾客所接受，有的甚至在介绍期就夭折了。例如，亨利·福特设计的T型车秉承福特千方百计降低成本的原则，从投入市场到停产一共经历了20年的时间；而福特公司于1957年推出的埃泽尔轿车，1959年就被迫停产，其生命周期只有短短的两年。

6.3.2　产品生命周期各阶段的判断

汽车企业在营销过程中，经常对各类汽车产品的市场状况进行调查了解，正确分析和判断自己的产品正处于生命周期的什么阶段，以便及时制定出相应的营销策略。但是，产品生命周期的各阶段之间并无明显的界限，带有很大的随机性和模糊性，一般只能做出定性的判断。要真正完整地描述产品生命周期曲线，只有在产品被市场淘汰后，才能根据它的全部销售历史资料整理出来，但此时对企业营销活动已失去指导意义。因此，企业只有通过一些变通的方法来判断产品所处生命周期的阶段。通常有三种方法：类比法、销售增长率法和成长曲线法（戈珀兹曲线法）。

1. 类比法

该方法一般用于判断新产品的生命周期。对于正在销售的新产品，由于没有销售资料或者销售资料不全，很难进行分析判断。企业可以运用类似产品的历史资料，进行比照分析。所谓类比法，就是根据同类产品的市场销售过程来分析、判断产品生命周期的各个阶段。很多产品的出现，往往是对以前某种产品的改进或改善，因此，它的销售特点和销售历史同前一种产品会有很高的相似性。例如，铃木公司在为铃木武士车定位时，就参照了铃木SJ410在美国西海岸的销售情况进行分析的。

使用类比法时必须注意：①两种产品必须具有可比性，也就是说两者之间在消费方式、价格、原料、销售方式等方面有相似性；②不管类比的产品之间有多大程度的相似，毕竟是两种不同的产品，它们在销售时间和使用价值上总有一定的差异，因此被类比产品的生命周期只能作为一种参考。

2. 销售增长率法

由于产品生命周期变化的主要特征反映在销售量变化上，因此，通过观察销量的变化来判断产品正处于生命周期的哪个阶段也是一种可行的方法。所谓销售增长率法，即销售增长率比值法，就是用销售增长率的数据（$\Delta y/\Delta t$的比值）制定出定量标准来划分产品生命周期的各个阶段。这里，Δy代表销量的增长率，Δt表示时间的增加量。在一般情况下：

$\Delta y/\Delta t$ 的值从销售始点起增长不足 10% 时，为介绍期。

$\Delta y/\Delta t$ 的值大于 10% 时，进入成长期。

$\Delta y/\Delta t$ 的值从 10% 的增长速度降下来，处于 0.1%~10% 时，属于成熟期。

$\Delta y/\Delta t$ 的值接近 0 或小于 0 时，则进入衰退期。

需要说明的是，生命周期是产品在整个市场的销售历史，因此，Δy 是指该产品在整个市场的增长率，而不是某企业的销售增长率。

3. 成长曲线法（戈珀兹曲线法）

成长曲线是一种描述动植物生长、变化的曲线，很适合反映产品生命周期的发展变化情况。用此种方法可以在事中、事前推测，判断出产品所处生命周期的阶段。一种常用的成长曲线为戈珀兹曲线，其图形正好对应了产品生命周期的四个阶段：介绍期、成长期、成熟期和衰退期。所以，把产品销售情况（即发展过程）看作是时间 t 的函数，可以得到产品生命周期曲线。

车型更新换代周期透出企业营销的玄机

对于车企来说，换代是一款车型延续生命的最好方式，不仅可以牢牢抓住现有的客户，还能够吸引新消费者的眼球。

一般来说，国际上主流车型的换代周期为 6~7 年，在新车亮相的第三年或第四年往往会推出小改款车型。据不完全统计，美系和德系车型的换代时间较长，如大众捷达的换代时间平均为 6.6 年；而日系和韩系车型的换代时间较短，为 3~4 年。

汽车换代应该根据汽车企业的实际经营状况和竞争对手的情况来决定，因为车型换代意味着资本的大量投入和利润的急剧减少。此外，车型换代的周期长短还应该依据汽车制造技术的进步快慢和模具等相关制造设备的折旧时间长短决定。

车型的换代周期基本上与消费者的换车周期保持一致，过去消费者的换车周期为 5~8 年，因此过去主流车型的换代周期为 6~7 年。但随着年轻一代，如"80 后""90 后"成为汽车消费市场的主流，他们会更频繁地要求车型更新换代。

另外，国内一线城市推出的限牌、限行政策，让消费者购买第二辆车的时间大大提前。因此，车型换代周期缩短将是未来的主流趋势。

6.3.3 汽车产品生命周期的市场策略

产品在其生命周期各阶段具有不同的市场特点，企业只有在了解各阶段的特点之后，才能制定出相应的市场策略，保证企业营销活动的成功。对于汽车企业来说，运用产品生命周期理论主要有三个目的：①使自己的汽车产品尽快、尽早被汽车消费者所接受，缩短汽车产品的介绍期；②尽可能保持和延长汽车产品的成长期；③尽可能使汽车产品以较慢的速度被淘汰。因此，掌握汽车产品生命周期各阶段的特点，制定有效的市场策略，是汽车企业取得营销成功的关键。

1. 介绍期的市场策略

在产品介绍期，一方面，由于消费者对产品十分陌生，企业必须通过各种促销手段把产品推入市场，力争提高产品的市场知晓度和知名度；另一方面，由于介绍期的生产成本和销售成本相对较高，所以，在介绍期，企业营销的重点主要集中在促销和价格方面。在这个阶段，建立新产品的初级需求，努力提高新产品的知晓度，乃是这一阶段的策略重点。具体的市场策略有：

（1）避免夭折策略 新产品上市，企业在缩短介绍期的同时，必须认真考虑如何减少新产品夭折的风险。其主要措施有：控制投资规模，待销量有明显增加后才逐步扩大投资；单一品种或品牌进入市场，待新产品被接受后才不断多样化和差异化；广泛收集顾客使用新产品后的信息，尽快修正新产品的缺陷，保证新产品的质量，树立新产品的信誉。这些措施可尽量避免新产品夭折的风险。

（2）广告宣传策略 新产品上市，广告宣传的重点应放在知悉产品的存在和产品的利益、用途上，以便建立初级需求。这一阶段可采用多种多样的促销方式，如发送宣传资料、新车演示、组织试乘试驾、借助企业的品牌产品的提携支持，以及开展各种有效的优惠办法来诱导中间商经销等。总之，要有相当的促销力度，尽快使新产品能被潜在顾客接受。

（3）上市范围策略 介绍期产品的上市范围要根据企业条件和潜在市场对新产品的需求程度等具体情况而定：可全面铺开，推向整体市场；也可先向区域市场推出，然后逐步扩大。

（4）定价与促销策略 新产品的定价与促销力度组合，可形成四种市场策略供选择，见表6-3。

表6-3 介绍期的市场策略

销售价格＼销售费用	高	低
高	高价快速促销策略	高价低促销策略
低	低价快速促销策略	逐步进入市场策略

1）高价快速促销策略。此种策略以高价推出新产品，并以大规模的促销活动相配合，力图先声夺人，尽快收回投资。高价是为了获取高额毛利；大规模促销是为了引起目标市场注意，加速市场渗透。采用这种策略的条件是：市场容量大；大多数消费者还不知道该产品；消费者求购心切并愿意支付高价格；这种产品的品质要特别高，功能特殊，特色明显；有可能引起潜在的竞争。例如，本田雅阁新品上市时就采取了这种策略。

2）高价低促销策略。此种策略以高价推出新产品，但花费少量的广告促销费用。采用这种策略的条件是：市场容量小；产品具有独创的特点，填补了市场上的某项空白，对消费者来说主要是有无的问题，选择性小；消费者愿意高价购买，潜在竞争威胁不大。例如，高级轿车进入国内市场通常采取这种策略。

3）低价快速促销策略。此种策略以低价推出新产品，并配合大规模的促销活动，以快速占领市场，达到最大市场占有率。采用这种策略的条件是：市场容量相当大；消费者对这种新产品不了解，但对价格十分敏感；潜在竞争比较激烈；扩大产量能有效降低成本。它要求企业在生产中最大限度地降低成本，以维持较大的推销费用。

4）逐步进入市场策略。此种策略采取低价格和低促销费用来推出新产品，占领新市场。低价格的目的在于使消费者尽快接受该产品，并能有效地阻止竞争对手对市场的渗入；低促销费用可以降低售价，增强竞争力。采用这种策略的条件是：市场容量大；产品弹性大；消费者已熟悉该产品；消费者对价格十分敏感，有相当多的潜在竞争者。

2. 成长期的市场策略

一个新产品顺利进入成长期，说明这是一个成功的新产品，已摆脱了夭折的风险。但必须看到，这并不等于该产品能成功地为企业长期获利。这是因为众多的竞争者完全可以采用"迟走半步"的竞争策略，既不用研制新产品的投入，又可针对新产品的缺陷、不足，加以改进，最终把创新产品的企业挤出市场。为此，成长期产品的策略重点应放在创立名牌、提高顾客偏爱度上，促使顾客在出现竞争性产品时更喜爱创新企业的产品。其具体策略有：

（1）产品质量策略　成长期的市场策略主要是保证质量，坚决杜绝某些产品一旦进入成长期便降低质量、失信于消费者、自毁声誉的现象，并在此基础上不断提高质量水平。

（2）产品改进策略　企业要对产品进行改进，在改进产品质量的同时，赋予产品新的功能，修正缺陷，丰富式样，强化特色，在商标、包装、款式、规格、定价等方面做出改进，使整体产品优于同类产品。

（3）创建名牌策略　在出现众多竞争者的情况下，努力树立起本企业及产品的良好形象；要重点宣传品牌商标，提高品牌的知名度与顾客偏爱度，促使潜在顾客认牌购买。

（4）拓宽市场策略　企业要通过市场细分，找到新的尚未满足的细分市场，并迅速占领这一市场；还要利用新开辟的分销渠道，增加销售网点，通过方便顾客购买来拓宽市场。

（5）价格降低策略　在成长期虽然产品市场需求量较大，但在适当时期也可以充分利用价格手段，即降低价格，争夺低收入、对价格敏感的潜在顾客，以加强竞争能力。

3. 成熟期的市场策略

成熟期是汽车企业获得利润的黄金时期。成熟期的策略重点应放在延长产品生命周期、提高竞争力上，通过获得竞争优势，维持大量销售，从该产品中获得尽量多的利润。具体可采用以下策略：

（1）市场改进策略　企业可以通过重新树立产品形象，努力开拓和寻找新的目标市场，向市场需求的深度和宽度发展。这种策略不需要改变产品本身，只是寻找新的细分市场，创造新的消费方式等。当前，我国有一些家庭有购买第二辆汽车的需求，它们很可能是企业寻找的新的目标市场。为了促使更多的人使用本企业品牌的产品，可采用各种促销手段，使未使用过这种产品的人也来购买。

（2）产品改进策略　改进产品与改进市场相辅相成，改进产品将更有效地改进市场。企业可从以下三个方面改进产品：

1）提高质量，使本企业品牌的产品更可靠、更经济、更耐用、更安全等。

2）增加特性，使本企业品牌的产品具有其他同类产品所没有的新特性。

3）更新款式，包括采用新的内饰、造型、颜色、外观设计等，增加产品的美感。

（3）营销组合改进策略　产品进入成熟期后，必须重新设计营销因素组合方案，对产品因素及非产品因素（价格、渠道、促销）加以整合，对市场策略进行具有吸引力及扩张性的拓展。例如，上海汽车集团销售总公司为推进桑塔纳的销售，在1999年改变传统的分销渠道，设立地区分销中心，引进了特许经营的营销方式，以改进营销组合。

4. 衰退期市场策略

当某一品牌或品种的产品销售额明显下降或急剧下降时，说明这种产品已进入衰退期。销售额下降的原因主要有两个：①出现了更新的产品；②消费者对这种产品已不感兴趣或过度竞争所致。伴随着销售额的迅速下降，利润也在下降，甚至出现亏损的局面。该产品行业内的竞争者或立即退出市场，或缓慢退出市场。显然，这一阶段的市场策略重点是掌握时机，退出市场。其具体策略如下：

（1）收割策略　该策略是指利用剩余的生产能力，在保证获得边际利润的条件下，有限地生产一定数量的汽车产品，以适应市场上一些老消费者的需要，或者只生产某些零部件，以满足用户维修的需要。

（2）精简策略　该策略是指大力降低销售费用，精简推销人员，增加当前利润。

（3）集中策略　该策略是指汽车企业把人力、物力集中到最有利的细分市场和销售渠道上，缩短战线，从最有利的市场和渠道获取利润。

（4）撤退策略　该策略是指企业当机立断，撤退老产品，组织汽车新产品上马。在撤退的时候，可以把生产该种汽车产品的工艺以及设备转移给其他地区的汽车企业，因为该种汽车产品在其他地区可能并非处于衰退期。

综上所述，汽车产品生命周期各阶段的特性、营销目标和市场策略见表6-4。

表6-4　汽车产品生命周期各阶段的特性、营销目标和市场策略

生命周期阶段	介绍期	成长期	成熟期	衰退期
一、特性				
销售	低销售	销售快速上升	销售高峰	销售衰退
汽车成本	高成本	平均成本	低成本	低成本
利润	亏损	利润上升	高利润	利润衰退
汽车消费者	创新者	早期采用者	中间多数	落后者
竞争者	极少	逐渐增加	数量稳定，开始衰退	数量衰退
二、营销目标				
	创造知名度和试用	最大限度地占有市场份额	保卫市场份额，获取最大利润	削减支出和挤取收益
三、市场策略				
产品	提供一个基本产品	提供扩展品、服务、担保	品牌和样式的多样性	逐步淘汰疲软项目
价格	采用成本加成	市场渗透价格	较量或击败竞争者的价格	削价
分销	建立选择性分销	建立密集、广泛的分销	建立更密集、广泛的分销	逐步淘汰无盈利的分销网点
广告	在早期采用者和经销商中建立知名度	在大量市场中建立知名度和兴趣	强调品牌的区别和利益	减少到保持坚定忠诚者需求的水平
促销	大力加强销售促进，以吸引试用	充分利用有大量消费者需求的有利条件，适当减少促销	增加对品牌转换的鼓励	降到最低水平

6.4　形式产品策略

形式产品是指实质产品借以实现的形式。对于汽车产品而言，形式产品包括产品质量、特色特征、品牌商标、外观式样等。当前的汽车市场竞争已不再是实质产品的竞争，而主要

竞争集中在形式产品和附加产品上。

6.4.1 产品质量策略

产品质量决定顾客的满意程度。优良的质量对企业赢得信誉、满足需要、占领市场和增加收益，都具有决定性意义。

1. 质量的概念

现代市场营销对质量的理解不仅包括实物产品质量，还包括服务质量以及产品质量形成全过程各个环节的质量，这就是全面质量的概念。ISO 9000：2008《质量管理体系：基础和术语》对质量给出了确切的定义：质量（Quality）是一组固有特性满足要求的程度。它包括以下几层含义：

1）全面质量概念中的要求既可以是明确规定的（如以合同、标准、规范、图样、技术要求以及其他形式做出的顾客对售卖者的质量保证要求），也可以是隐含的人们对产品或服务的期望，以及人们公认的、不必做出规定的需要。

2）顾客的需要是随时间的推移不断深化的，企业应定期修改规范以适应顾客的需要。

3）顾客的需要必须由企业转化为产品质量的特性指标。这些特性主要包括使用性能、可靠性、维修性、安全性、舒适性、经济性和时间性。对服务质量来说，主要包括售前、售中和售后服务中的功能性、经济性、安全性、时间性、舒适性和文明性。

4）全面质量概念所要满足的不仅是指顾客的要求，还有社会的需要，即产品或服务要符合法律、法令、法规、安全、环境和资源保护等方面的要求（通常是隐含需要）。

2. 全面质量营销观念

全面质量营销观念主要包括以下几个观点：

（1）质量由顾客定界　产品质量有两个衡量尺度：性能质量和适应质量。性能质量是指产品的功能、耐用性、牢固性、可靠性、经济性、安全性等；适应质量是指与顾客需求相一致的产品质量。质量由顾客定界论，就是强调在适应质量的前提下设计产品的性能质量标准。这是与产品观念截然不同的。产品观念把性能质量放在首位，而市场营销观念是站在顾客立场上的，依据市场需求制定出具体的性能质量标准，生产出顾客认为无缺陷，即顾客满意的产品。

由顾客为质量定界，就不能以产品功能的多少和档次的高低来衡量产品质量的优劣。人们往往认为多功能、高档次的产品才是优质产品，其实这是一种误解。例如，奔驰汽车的性能、质量比大众汽车高，但对于高收入与低收入这两个不同的目标市场，它们所提供的适应质量是相等的，都是优质产品。因为最终检验产品质量是否优质的"裁判官"是顾客，凡是适合消费者使用程度的产品都可视为合格的优质产品。

（2）质量体现在全方位　质量要反映在企业的每一个行为上，质量保障是全员和全过程的。为了实现质量目标，企业的每一个员工都必须共同努力，消除工序、环节、部门之间的障碍，而且要把下一工序、下一环节和自己所服务的部门均视为顾客并使之满意。同时，质量要求高素质的合作伙伴。质量的形成、保证与提高不仅来自企业内部，也与企业外部相关，特别是必须找到高素质的供应商和分销商并与之结成联盟。所以，企业必须实现全部产品质量的协调统一。如果企业向市场推出的产品哪怕只有一件或一项不合格，也会导致损害企业整体形象的恶果。

（3）质量必须不断改进　首先，消费者的需求变化要求改进质量。随着人们收入水平的提高和消费心理的变化，产品的耐用性在质量中的重要地位将会发生改变，而企业应更多地考虑产品的可靠性、安全性、舒适性等。其次，市场竞争能力的变化要求改进质量。与进步中的企业比较，本企业的质量不进则退，存在被赶上和超过的风险；与相等的企业比较，只有提高和改进质量，才能领先竞争者一筹；与先进企业比较，也只有不断进取，才可能赶上和超过它们。

3. 质量水平策略

汽车质量水平不宜定得过低或过高，过低不能形成竞争能力，过高又将导致生产成本太高。产品质量水平策略就是要根据目标市场的需求水平、竞争者产品的质量水平以及企业的产品定位战略等情况综合加以确定，将企业产品的质量水平确定在一个适当的水平上。例如，如果企业的质量定位是创名牌、保名牌，希望持久地保持较高的市场占有率和投资收益率，就要把产品质量视为企业的命脉，万分珍惜自己的品牌形象，宁可牺牲眼前利益，也要确保质量始终优良。例如，德国奔驰汽车以其"经久耐用""名贵优质"的形象，长期享誉全球，原因就在于奔驰汽车的质量过硬，这也是奔驰汽车公司成功的秘诀。

6.4.2　产品特色和外形设计策略

产品特色是指产品功能之外的附加利益。它是与竞争者的产品相区别的有效方法，也是市场竞争的有效武器。企业可根据目标用户的需要来设计产品特色，有些特色还可供购买者选择。例如，丰田汽车公司总是通过增加一些额外功能，适当提高产品价格，获得了经营上的成功。

企业要了解用户对各种特色的感受价值（即为购买某种特色，用户愿意接受的价格），研究增加各种特色的成本，对各种特色的利润大小要心中有数，优先增加利润大的特色，从而实现企业经济效益与社会效益的统一。

汽车产品的设计工作除了保证技术性能外，从市场营销的角度，还应注意以下方面：

1）合理组合产品的使用功能（适用性）、美学功能（外观）和贵重功能（名牌、豪华等），既要综合考虑，又要根据目标市场的需要有所侧重。设计者要运用价值工程学的原理，正确处理必要功能与过剩功能的关系，使产品设计充分兼顾技术、经济和艺术等多方面的协调。

2）驾驶室的设计要力求创造小环境的舒适和操作的方便性。室内装饰应软化，色彩应协调，仪表显示应醒目，视野开阔，还应力求操作的简单化、方便化，仪表开关等元器件的组合化、小型化和多功能化等。

3）重视汽车造型。汽车造型直接影响汽车的动力、操控、环保、静音甚至安全，同时体现着科技元素和时尚信息的完美结合。汽车的车身造型、车灯外形、格栅形状等都体现着时代的痕迹。现代汽车的造型趋势向人性化、个性化、国际化发展，汽车造型的改变最易被用户发现和认知。在竞争越来越激烈的市场上，汽车企业必须重视造型设计。

6.4.3　品牌和商标策略

品牌和商标是消费者识别产品和企业的重要标识，是企业重要的无形资产。企业掌握制定和实施品牌（商标）策略的原理和方法，有利于优化产品组合。

1. 品牌的概念

品牌是一种名称、术语、标记、符号或设计，或者是它们的组合运用。其目的是借以辨认某个销售者或某群销售者的产品或服务，并使之同竞争者的产品和服务区别开来。品牌中可用口语称呼的部分叫作牌名，用于经营者及其产品的商业宣传活动，如奥迪（Audi）、奔驰（Benz）等。品牌中可记忆和辨认但无法用口语称呼的部分称为品牌标记，它包括符号、图案、独特的色彩或字体。例如，奥迪的品牌标记是四个相连的圆圈，奔驰的品牌标记是一个汽车方向盘。商标是经有关政府机关注册登记并受法律保护的整个品牌或该品牌的某一部分。它具有区域性、时间性和专用性的特点。

品牌与商标是有一些区别的：品牌是一个商业名称，其主要作用是宣传产品；商标也可以宣传产品，但更重要的是，商标是一个法律名称，受到法律的保护。品牌的全部或其中某一部分作为商标经注册后，这一品牌便具有法律效力。

品牌不仅仅是一种符号、一种促销的标记，而且是有灵魂、人性化的，它可以把产品及其设计者的精神、意图传递给消费者，从心灵深处打动消费者，拨动他们的购买欲望。因此，品牌是形式产品中的一个重要组成部分，具有超乎其实体产品的不可替代的作用。

（1）识别产品出处　　这是品牌最基本的作用，也是企业给自己的产品赋予品牌的出发点。消费者在购买汽车时，往往是依据不同品牌加以区别的；同时，消费者对汽车进行维修、保养、更换配件等时，也需要认牌"对号入座"。

（2）宣传推广产品　　品牌是企业形象与信誉的表现形式，产品走到哪里，品牌就带到哪里。人们一见到某个商标，便会迅速联想到产品的生产者、质量与特色。因此，独特的商标自然地成为一种有效的宣传广告手段，能刺激消费者产生购买欲望。

（3）承诺产品质量　　品牌是产品质量的象征，是企业对产品和服务质量的承诺。企业为了维护自己的品牌，必须履行自己的质量承诺，才能在消费者心中树立良好的声誉。

（4）维护专用权利　　商标注册人对其品牌、商标享有独占的权利；对擅自制造、使用、销售本企业商标，以及在同类、类似产品中模仿本企业注册商标等侵权行为可依法提起诉讼，通过保护商标的专用权来维护自身的利益。

（5）作为竞争工具　　企业在产品差异上的任何优势都有可能被打破和超越，但品牌是其他企业无法模仿和超越的。品牌可以建立消费者的忠诚度，引起消费者的重复购买；知名品牌的溢价功能可以使企业以较高的价格获取超额利润，或以相同价格压倒普通品牌的产品，扩大市场占有率。

（6）有利于树立企业形象　　品牌总是与企业形象联系在一起的，良好的品牌有利于使消费者对企业产生好感。当品牌与企业名称一起出现在产品或包装上时，在宣传品牌的同时也宣传了企业本身。

随着市场经济的发展，品牌在现代营销中的作用越来越大。消费者在很大程度上消费的不仅是产品，更重要的是品牌。因此，品牌的魅力有时已超过产品的魅力，并且随着品牌作用的增加，其价值也在不断提高。

2. 品牌设计策略

优秀的品牌有赖于对品牌名称与商标的精心设计。一个优秀品牌的设计，应遵循以下原则：

（1）选题好　　在进行品牌设计时，可供选择的题材很多，除符合企业本身的意愿外，应同时兼顾其他设计原则。因此，选题是综合考虑品牌设计原则的过程。

（2）不违法　　品牌设计必须严格遵守法律的有关规定：维护国家、民族、国际组织的尊严；维护社会和消费者的利益；维护生产同类产品企业平等竞争的权利；维护品牌专用权人的合法权利。在国际营销时，还要注意品牌在使用地名、人名、数字、图案等方面的法律限制，以及目标国家的禁忌。例如，我国禁止使用领袖人物姓名、国旗、国徽等文字、图案作为商标，否则不予注册登记。

（3）有特色　一项调查结果显示，人们每天遇到与产品有关的信息达1000多种。怎样引导消费者从所接触的众多繁杂的信息中把注意力集中到本企业的品牌上来，这就要求商标设计要有特色。平庸无奇的品牌不但无法吸引消费者注意，而且还会给人一种产品一般化的感觉。独特别致、新颖美观、感染力强的品牌设计，更容易吸引人们的注意和给人留下深刻的印象，增强广告宣传的效果。

（4）能传神　这是指企业能够借用品牌向消费者传递有关产品、企业特点的信息。其中包括直接传递信息，如"北京吉普"汽车明确表明了它的产地，"名爵"汽车则暗示了汽车的高贵品质。

（5）易记读　易记，就是要求品牌标记容易记忆、辨认、过目难忘。为此，商标可采用流行的色彩、明快的线条、精练的文字、形象的图案，使商标的整体结构形象化、艺术化、通俗化，迅速地给消费者留下深刻的记忆。易读，就是牌名的发音顺口顺耳，能朗朗上口。另外，根据我国的文化传统，品牌名的读音应力求简短，最好是1~3读音，以便易于记忆与宣传。

国内外汽车企业对其产品的品牌设计方法大体有以下几种：

（1）以地名作为品牌名称　我国多数企业都是用生产企业所在城市名作为品牌名称，如"北京""天津"等；也有企业用所在地附近的名胜名称作为品牌名称，如"黄河""延安"等。

（2）以时代特征或政治色彩作为品牌名称　例如，我国一汽集团公司的"解放"，东风汽车公司的"东风"，重庆汽车制造厂的"红岩"等品牌。

（3）以人名作为品牌名称　例如，"梅塞德斯""福特""克莱斯勒"等。

（4）以产品特点作为品牌名称　这种命名在特种车、专用车中常见，采用象征或寓意来命名。例如，东风"大力神"牌载重车预示着汽车的高动力、大载重量。

（5）以产品序列化命名　例如，菲亚特的蓝旗亚公司，分别以"α""β""γ""Δ"等命名，给人以产品系列之感，有利于扩大品牌名声。

（6）以社会阶层及其物品命名　例如，"皇帝""王子"等都是以社会阶层命名；"皇冠""花冠""御马"等都是以贵族的物品命名。

（7）以体育赛事命名　例如，丰田的"短跑家"、美国汽车公司（AMC）的"马拉松"、大众的"水球"等。

（8）以神话、寓言、作品主人翁或文化艺术命名　例如"戴娜""蓝鸟""罗密欧""小妖精""幽灵""序曲""五重唱"等。

（9）以动植物命名　例如，"美洲豹""猎鹰""小马"等。

（10）以吉利的数字命名　例如，英国利兰汽车公司、美国通用汽车公司分别用"双六""九十八"为其汽车命名。

（11）以引人注意的名词命名　例如，大众的"新设计"、三菱的"永久"等。

（12）以美好的愿望命名　例如，"桑塔纳"取名于美国加利福尼亚州一座山谷的旋风名，祝愿其汽车像旋风一样风靡全球。

总之，汽车品牌名称可谓是五花八门，但都有一个共同特点，那就是要有利于产品在目标市场上树立美好的形象。品牌设计必须集科学性和艺术性于一体，创意要新颖，给人以美感；还要符合民俗民情，尤其在产品出口时，必须研究出口产品的品牌，否则就难以成功。例如，我国东风汽车公司的出口品牌为"风神"，而不可将"东风"直译过去。因多数国家以"西风"为吉，在英国的东风是从欧洲北部吹来的寒风，相当于我国的西风，乃至北风。

3. 品牌防御策略

品牌防御是为了防止他人的侵权行为，以避免企业的声誉、利润受损。其具体可采用以下策略：

（1）及时注册商标　品牌标记经注册成为商标后可得到法律保护，有效地防止竞争者抢注、仿制、使用、销售本企业的商标。出口产品应在目标国家及时注册商标。在注册商标有效期满后，应及时申请续展注册。

（2）在同一产品中注册多个商标　例如，雪铁龙轿车注册了 C2、C3、C4、C5、C6 等多个商标，从而堵住可能被仿冒的漏洞。

（3）使用防伪标识　采用不同形式的防伪标识，为保持商标专用权可起到积极作用。

（4）品牌并存　我国企业与外国企业合资时，采用品牌并存的办法来防止被外国品牌淹没的风险，即在合资企业的不同产品上分别使用我国和外国的品牌，或使用组合品牌。例如，东风悦达、一汽奥迪、东风日产、上海大众。

4. 品牌延伸策略

品牌延伸是指采用成功品牌推出改良产品或新产品，使新产品投放市场伊始即获得原有优势品牌的支持。常用的品牌延伸策略有：

（1）统一品牌策略　企业所有的产品使用同一品牌。它的好处是企业在推出新品时，可以充分借助原有品牌的市场信誉，消除消费者对新产品的排斥、生疏和疑虑的心理，进而在短时间内接受新产品，从而可以大大降低新产品入市所必需的宣传和促销费用，并能迅速占领市场。这就是品牌延伸的伞效应。但是，任何一种产品的失败都会使整个品牌遭受损失。因此，使用统一品牌策略的企业，必须对所有产品的质量严加控制。

（2）个别品牌策略　企业的各种产品分别使用不同的品牌。这种策略最大好处是便于企业扩充不同档次的产品，适应不同层次的消费需求，同时又避免把企业的声誉系于一种品牌上，从而分散了市场风险；其次，各种产品分别采用不同品牌，可以刺激企业内部的竞争；此外，还可以扩大企业的产品阵容，提高企业的声誉。但每个品牌要分别做广告宣传，费用开支较大。

（3）企业名称与个别品牌并用策略　在每个品牌名称之前，冠以企业的名称表明产品的出处，以品牌的名称表明产品的特点。这种策略的好处是既可利用企业名誉推出新产品，节省广告宣传费用，又可保持品牌的相对独立性。例如，奥迪 A6、丰田普拉多、丰田普锐斯等。

（4）同一产品采用不同品牌　企业对其所经营的同一种产品，在不同的市场采用不同的品牌。这种策略可以针对不同国家、不同民族、不同宗教信仰的地区，采用不同的色彩、图案、文字的商标，从而适应不同市场的消费习惯，避免由于品牌不当而引起的市场抵触。

5. 品牌变更策略

许多相关因素的变化要求企业做出品牌变更策略。它具体包括以下两种策略：

（1）更换品牌策略　更换品牌策略是指企业完全废弃原有的牌名、商标，更换为新的牌名、商标。当品牌已不能反映企业现有的发展状况时，或由于产品出口的需要等，可以进行更新，目的是使品牌适应新的观念、新的时代、新的需求和新的环境，同时也可给人以创新的感受。

（2）推展品牌策略　推展品牌策略是指企业采用原有的牌名，但逐渐对原有的商标进行革新，使新旧商标之间造型接近、一脉相承、见新知旧。例如，2007年吉利汽车公司为了进入国际市场，花巨资征集新商标，以适应国际竞争市场的要求。

6.4.4 企业形象识别策略

在20世纪50年代，IBM公司首先构筑了一个设计系统，即企业形象识别系统（Cooperate Identity System，CIS），借以表达该公司的统一形象并获得了巨大成功。此后，美国其他公司纷纷效法，并迅速扩展到全世界。CIS逐渐成为一种成熟的、规范化和系统化的企业形象设计方法和工具。

CIS是指将企业经营理念与精神文化，运用整体传达系统，传达给企业周围的关系或团体，并使之对企业产生一致的认同与价值观。它的构成因素有以下三个方面：理念识别（MI）、行为识别（BI）和视觉识别（VI）。企业形象识别系统对树立企业形象、创立名牌、搞好品牌定位具有重要意义。

（1）理念识别系统（Mind Identity System） 企业经营理念是企业形象的灵魂。理念识别是指企业经营理念的定位，有别于其他企业的理念。理念识别包括经营哲学、经营目标、企业精神等内容。

（2）行为识别系统（Behaviour Identity System） 行为识别是指企业围绕理念识别系统而给予社会的行为准则，是理念的动态表现。它包括企业对外的活动和对内的活动：对外的活动有市场调研、社会公益活动等；对内的活动有生产管理、员工教育等。企业通过行为再现来表征企业理念、塑造企业形象。

（3）视觉识别系统（Visual Identity System） 它是基于MI和BI而形成企业标识系统，通过视觉冲击，使社会公众一目了然地掌握企业形象信息，产生信任感、认同感，从而传递企业的信息。它包括企业标志、标准字、标准色、标准图案等。

6.4.5 互联网域名策略

域名作为互联网的单位名称和在Internet网络上网页所有者的身份标识，能传达很多重要信息，如单位属性、业务特征等。域名具有三重属性：第一就是商标属性，许多企业都把知名商标注册成域名；另外两重属性，即永久地址属性和企业正式名称属性，它们同域名的商标属性一样具有重要的地位和价值。这是因为，域名的所有权属于注册者。若某企业的商标域名被另一个不同行业的企业抢先注册，那么该企业就可能永远失去了注册与自己商标名称一致的域名的机会。域名的传播和使用范围是全社会的，企业一旦有了域名，就表明它在互联网上拥有了自己的门牌号码，有了通往网络世界的一扇门。某个域名被用得久了，人们就会对它有特殊的感情与记忆。域名系统（DNS）是国际共有资源，商业价值巨大。美国99%以上的企业都在国际互联网上注册一级域名，这是一种具有长远眼光的做法，如果企业不注册，就只能拱手让给别人。对于国内的汽车企业来说，如果想进入国际市场，在世界各国都争抢一级域名的情况下，绝不能拱手相让。

6.5 汽车新产品开发策略

科学技术的发展、消费者需求的变化、市场竞争的加剧以及企业发展的需要，都迫使企业必须不断地更新产品。汽车企业的新产品开发是以技术为基础的市场营销策略。

6.5.1 汽车新产品的概念和特点

汽车新产品的含义与科技发展上新产品的含义并不完全相同，更重要的是开发的新产品能否适应市场需求。

1. 新产品的概念

从营销的角度来考察，新产品是一个广义的概念，既指绝对的新产品，又指相对的新产品；生产者变动整体产品任何一个部分所推出的产品，都可以理解为一种新产品。据此可以把新产品分为以下四种类型：

（1）完全创新产品　完全创新产品是指采用新技术、新材料、新设计、新工艺所研制成的市场上从未有过的产品。例如第一次出现的汽车、电子计算机等产品，都是全新产品。全新产品的发明是同科学技术的重大突破分不开的。它们的产生一般需要经过很长时间，花费巨大的人力和物力。绝大多数企业都不易提供这样的新产品。

（2）换代新产品　换代新产品是指采用新材料、新元件、新技术，使原有产品的性能有飞跃性提高的产品。如将以汽油为动力的汽车改进为电动汽车。换代新产品的技术含量比较高，是在原有产品基础上的新发展，因此，它是企业进行新产品开发、提高竞争能力的重要创新方式。

（3）改进新产品　改进新产品是指对原有产品在性能、结构、包装或款式等方面做出改进的新产品。例如，提升产品的品质、改变产品的外观、增加新功能等均属于这种类型。这类汽车新产品与原有的汽车产品差别不大，进入市场后，比较容易被汽车消费者接受；但是，较易仿效，竞争激烈。改进新产品较容易实现，且研制费用少，风险小，可以延长产品生命周期。

（4）仿制新产品　仿制新产品是指企业合法地模仿制造市场上已有的某种产品。仿制是借鉴现成的样品和技术来开发本企业的新产品，开发周期短，风险也较小。我国轿车零部件的国产化过程很多都是从仿制开始的。但仿制不能违反专利法等法律法规，还需对原有产品进行适应性的修正。

2. 新产品的特点

一般来说，一个成功的新产品应具备以下几个特点：

（1）优越性　同老产品相比，新产品一定要为使用者带来新的利益，这种利益越多，产品就越易被消费者接受。

（2）适应性　新产品如果同消费者的习惯以及价值观念比较接近，就容易被市场接受；反之，新产品如与消费者的习惯和观念相抵触，就难以在市场上取得成功。因为要改变人们久已形成的习惯和观念，不是短期内能办到的。

（3）易用性　新产品的使用方法要力求简便易学，增加功能但不能增加操作难度。另一方面，作为新产品，在外形和功能方面可以独具特色，但其零部件应力求标准化、通用化，以方便消费者修理和更换，也有利于产品的普及。

（4）盈利性　企业革新产品，一方面是为了满足消费者需求，另一方面也是为了增加企业盈利。因此，当企业在研究创新产品时，必须注意其成本和价格既能被市场接受，又能使企业获利。当然，很多产品在开发初期很少盈利，甚至是亏损的，但经过一段时间之后，这种局面必须改变，否则就说明产品革新失败。

概念车简述

概念车（Concept Car）可以理解为未来汽车，是一种介于设想和现实之间的汽车。汽车设计师利用概念车向人们展示新颖、独特、超前的构思，反映人类对先进汽车的梦想与追求。这种车往往只是处在创意、试验阶段，也许不会投产，主要用于车辆的开发研究和开发试验，可以为探索汽车的造型、采用新的结构、验证新的原理等提供样机。

别克 YJob 是汽车工业界公认的世界第一辆概念车，它是于 1938 年由美国通用汽车艺术和色彩部首任主任、美国汽车造型之父——哈利杰·厄尔（Harley Earl）设计出来的。

20 世纪 50—60 年代，概念车只是木制框架上的纤维玻璃车体，它们是为了展出而制作的，甚至连动力装置都没有。现在世界各大汽车公司都不惜巨资研制概念车，并在国际汽车展上亮相，一方面是为了了解消费者对概念车的反映，从而继续改进；另一方面也是为了向公众展示本公司的科技实力、设计新观念和产品开发水平，从而提高自身形象。

所以，真正在车展上大放异彩的不是各个品牌即将推出的量产新车，而是概念车。因而概念车也是科技设想最超前、汽车艺术性最强、代表汽车未来发展方向的最具吸引力的汽车。概念车型在汽车展览里的重要性，就某一定程度上，也是衡量展览水平高低的相关标准之一。

6.5.2 汽车新产品的开发方式

企业进行新产品开发时，必须选择适合自己的开发方式。一般而言，有四种开发方式可供企业选择：

（1）独立开发　这是指企业全权依靠自己的力量研究开发新产品。这种方式可以紧密结合企业的特点，并使企业在某一方面具有领先地位，但独立开发需要较多的开发费用和实力较强的开发团队。

（2）引进　这是指利用已经成熟的技术，借鉴别人已经成功的经验来开发新产品。采用这种方式可以缩短开发时间、节约开发费用，但要注意引进技术与企业自身条件的适应性。

（3）开发与引进相结合　这就是在新产品开发方式上采取"两条腿走路"，既重视独立开发，又重视技术引进，二者有机结合、互为补充，这样会大大提高开发效率。

（4）联合开发　联合开发除了企业与科研机构、大专院校的联合外，更多的是企业之间的"强强联合"，共享开发成果。这种方式有利于充分利用社会资源，弥补企业开发能力的不足。当今世界汽车新技术、新产品开发需要巨额投资，风险大，失败率高。各汽车公司为降低新产品开发的风险，缩短产品的开发周期，纷纷走上联合开发的道路，甚至会借助政府的力量。例如，燃料电池的开发、新能源汽车的开发，均采取行业联合开发，甚至跨国公司间合作开发。

企业究竟采取何种方式开发新产品，并无统一定式，各个企业应结合自己的规模、技术能力、发展战略以及新产品的具体情况等因素，选择合理的新产品开发方式。例如，沈阳金杯客车公司完全拥有委托意大利设计师参与设计"中华轿车"的外观设计专利，而哈飞汽车公司与意大利平尼法瑞纳设计公司共同拥有"哈飞赛豹"的知识产权和修改其设计的权利，这些都为它们独立开发或联合开发提供了基础。

2004年国家颁布的《汽车产业发展政策》明确指出，国家支持汽车生产企业形成产品创新能力和自主开发能力，鼓励开展政府、企业、研究机构、高校合作开发的方式，迅速提升我国汽车企业的开发能力，坚持走自主开发的道路。这对发展我国汽车工业具有十分重要的意义。

6.5.3 汽车新产品的开发过程

新产品开发过程由于采用的开发方式不同，所经历的阶段也不完全一样。一般来讲要经历以下几个阶段：

1. 创新构思阶段

新产品构思，即提出新产品的想法、主意。构思贵在创新，创新的构思来源于实际调研，以便使新产品适应市场的需要。

（1）调研　新产品市场调研是新产品构思的重要来源，其关键是确定调研对象。新产品市场调研的对象主要有：

1）消费者。具体包括用户需求和市场容量及用户构成调查。消费者需求是开发新产品的起点和归宿，也是产品创新构思的重要来源。企业要通过直接调查、用户座谈会、经销商大会、来函来电以及售后服务信息等多种途径，收集消费者的希望和要求。

2）竞争者。主要调查和分析竞争产品成功和失败之处，借鉴竞争产品的经验和教训，实事求是地判断其利弊，对企业新产品的创新构思有一定的借鉴价值。

3）销售者。销售人员直接与消费者接触，他们最先感受到消费者的不满与抱怨，对产品的改进方向有自己的见解，所以，他们往往成为新产品构思的最好来源之一。

4）企业内部。构思可源于企业内部，包括生产、销售、工程技术人员等。通过收集企业内部信息，并采取适当的激励构思措施，可调动员工提出构思方案的积极性。

在上述调查中，消费者调查和竞争者调查更为重要，是企业必须认真做好的调查项目。例如，日本某汽车公司拟开发一种1.3~1.5L的普及型轿车在欧洲市场上销售。该公司通过对消费者的调查，总结出用户的具体要求，找出了该级别轿车的用户及新增用户构成；通过对竞争对手的调查和比较，找出了本企业应注意的问题和重点，为自己的产品构思打下了基础。

（2）开题　在进行了调研之后，企业了解了汽车消费者需要什么，接下来就是要针对这种需要进行构思，而汽车新产品的构思应当充分发挥想象力，挖掘创新构思。可采取头脑风暴法，广开言路，集思广益，提出设想。

2. 过滤筛选阶段

新产品构思会有很多方案，其中也会有不可行的方案，这就需要经过筛选和淘汰，使企业把有限的资金集中于少数有潜力的新产品。这一阶段必须尽量避免两种失误：一种是误舍，即将有希望的汽车新产品构思放弃；另一种是误用，即将没有前途的产品设想付诸实现，结果惨遭失败。所以，进行有效的筛选必须从不同角度进行度量，全面分析影响产品成败的因素。根据经验，汽车新产品失败的原因及它们所占的百分比见表6-5。

汽车新产品失败的原因，属于外部因素的主要有市场需求量、价格、质量要求、竞争状况、技术趋向、消费者特征、分配路线等；属于内部因素的主要有资金、技术水平、设备能力、管理水平、销售组织、厂址等。

表 6-5　汽车新产品失败的原因

序号	汽车新产品失败的原因	百分比
1	对市场判断错误	30%
2	对技术发展判断错误	20%
3	对生产和制造费用判断错误	20%
4	组织管理不善	15%
5	研制失败、生产失败	10%
6	销售失败	5%
合计		100%

3. 概念产品的策划分析与设计

概念产品是介于产品构思和实体产品之间的一个概念，是对产品构思进行详尽、形象的描述。在形成实体新产品之前，还需要对概念产品进行策划与分析，并进行概念设计。

（1）概念产品的策划分析　对概念产品进行策划与分析，包括它的形成、测试、营销战略制定与商业分析。从产品概念到产品开发，经营者要经过5W1H阶段，即不断向自己提问：何人（Who）使用？何时（When）使用？为何（Why）使用？如何（How）使用？在何地（Where）使用？喜欢什么（What）形态？考虑这些问题的过程便是产品概念的形成过程。这些问题的不同组合便形成了不同的产品概念。

产品概念形成后，企业还要使用文字和图片进行详细描述，对特定的目标顾客进行产品测试，收集反映。概念产品与最后的实际产品越近似，该概念测试的可靠性越高。一般测试时要求消费者对测试产品回答表6-6中的一些问题。

表 6-6　汽车产品概念测试

序号	问题	汽车产品的衡量范围
1	你是否清楚该产品的概念并相信其利益	可传播性和可信度。如果得分低，该概念就必须重新界定和修改
2	你是否认为该产品满足了你的某一需要	需求程度。需求越强烈，预期的汽车消费者兴趣就越大
3	目前是否有其他产品满足这一需求，并使你满意	新产品与现有产品的差距。差距越大，预期的消费者兴趣就越大
4	相对于价值而言，价格是否合理	认知价值。认知价值越高，预期的消费者兴趣就越大
5	你是否（肯定、可能、可能不、肯定不）会购买该产品	购买意图。对确切回答了括号内前三个问题的消费者来讲是有购买意图的
6	谁可能使用该产品？在什么时间使用和使用频率怎样	目标用户、购买时间和购买频率

对概念产品也要进行商业分析，其目的在于确定拟开发的新产品在商业上的吸引力。商业分析的焦点是利润，当然也不能忽视承担的社会责任等。这种分析包括需求分析、成本分析和盈利分析三大部分，可采用多种具体方法进行分析，其中"产品会审法"是一种常用方法。它要求把企业的营销、生产、财会、工程技术人员等召集起来，在"会审"中弄清一系列的问题：新产品能否带来满意的利润？首次销售额有多少？使用寿命有多长（耐用品）？有无其他发展及生产上的问题？等等。

(2)概念产品的设计　该项工作就是要把构思变成实物,基本要经过草图设计、效果图绘制、制作油泥车模、计算机辅助设计三维图形。这一过程需要按照构思阶段对汽车外形、色彩、内饰和性能的要求,完成实物产品的设计图,同时,需要各设计部门的共同配合。

4. 试制新产品阶段

(1)研制阶段　企业根据设计,生产出样车。对于汽车设计来说,这一阶段企业主要进行初期样车的研制和计算机模拟测试。

(2)测试阶段　对生产出的样车进行一系列的试验,观察其可靠性和使用性。计算机在生产领域中广泛运用后,越来越多的汽车企业特别是整车厂开始使用计算机模拟测试,这种测试可以大大减少研发的费用。根据测试的结果,汽车企业将修改设计。

(3)试制阶段　可行的设计完成后,应当将此交给有关部门,将研制的汽车产品试制成实体的汽车产品。

研制部门所研制出来的汽车产品,必须具备汽车产品概念中所描述的所有特性,并能以经济的成本、可行的技术试制出来。

5. 市场试销阶段

(1)试销阶段　本阶段包括两个内容:其一为试用;其二为试销。

1)试用。将新产品交特定使用人使用,观察使用结果,分析其是否有需要进一步改进与完善的地方,进而改进完善它。例如,上海汽车集团将第一批生产出来的荣威轿车给企业内部职工试用,并对企业完善产品提出建议。

2)试销。将试用后的产品,提供给经过挑选的、可以信赖的、有限范围内的消费者,由消费者对新产品予以客观评价。

当然,并不是所有的产品都必须经过市场试销。有些选择性不大的产品,而且企业对其抱有信心,具有成功的把握,就无须进行市场试销。

新产品试销之前,企业要做一些决策,包括:确定试销的地区范围、试销时间的长短;在试销过程中需要收集哪些资料;试销后将采取什么行动等。

汽车的开发通常采用推出概念车的方法来进行市场测试。汽车整车厂会运用确定的概念生产出少量的汽车,也就是概念车,在车展或其他公众场合中展出,听取意见,再决定是否进入批量生产。这主要是因为汽车开发的费用高,不可能向小型日用品那样,通过试销来确定是否大量投产。

(2)定型阶段　根据市场试销的结果,完善原设计,使之更加符合消费者的期望,以及降低成本,提高竞争力。

一个新产品正式定型后,企业就完成了定型(完善)阶段的工作。

6. 正式上市阶段

新产品一旦定型,就应当不失时机地将其推向市场。产品投产之后,企业必须考虑为其建立完善的营销计划和销售网络,需要训练并激励销售人员,安排好广告与促销。所有这些都必须支付庞大的费用。许多正式上市的新产品,其第一年的销售费用有时高达销售收入的一半以上。

通常,产品并不是从开始便向全国市场推出,而是先向主要的地区与市场推出。如果试销的结果充满希望,企业可能尝试以激进的方式全速促销该产品,尤其在竞争者将进入同一市场时,更应如此;如果缺乏足够的信心,以渐进的方式较缓慢地进入市场,这样可以避免损失,但也可能会失去许多机会利润。

长安汽车：开启品牌冲高之路

长安汽车可以说是中国品牌中当之无愧的"领头羊"。这家车企通过自己的不懈努力，创造了多个"第一"。长安汽车是第一家中国品牌汽车产销累计突破1000万辆的车企，第一家中国品牌乘用车年产销过百万辆的车企，连续10年实现中国品牌汽车销量第一，还入选了国家品牌计划的重点推广阵营，其累计用户已突破1500万名。

经历了30余年的积累沉淀，长安汽车如今在全球拥有12个生产基地、32个整车及发动机工厂，拥有员工9万人。登上年销量百万辆的高点，长安并未满足于现状，而是积极寻求品牌向上之路，在技术研发、产品设计、渠道布局、品牌塑造等方面投入了大量的精力与财力，不断寻求突破。

1. 产品策略

2016年，长安汽车正式开启"模块化、平台化、家族化、通用化"等产品研发战略。按照规划，长安汽车将逐步形成四大生产平台，实现零件互通化，基于每个平台将推出多款车型，包括轿车、SUV和MPV。

具体来说，基于"模块化、平台化、家族化、通用化"的产品研发策略，长安汽车将逐步形成P1、P2、P3、P4四个乘用车产品平台；在平台开发体系基础上，进行不同类型产品开发，推出在用途、价格和风格方面定位差异化的产品，其中，P3平台可谓长安汽车的经典平台，凌轩、CS55、睿骋CC等6款热门车型都基于该平台打造，包括传统轿车和加强型轿车，以及SUV和MPV车型；P1、P2和P4三个平台则为小型车、紧凑型车和中大型车而打造。

长安汽车在不同细分市场丰富产品布局，给消费者提供尽可能多的产品选择，满足不同类型的消费需求，以迅速提升市场份额。长安汽车的主力车型见表6-7。

表6-7 长安汽车的主力车型

车型	车型类别	厂商指导价（万元）	2017年累计销量（辆）
逸动	紧凑型车	6.99~11.79	54197
CS35	小型SUV	6.8~9.89	67266
CS15	小型SUV	5.39~7.39	39749
CS75	紧凑型SUV	7.98~18.48	106084

长安汽车对技术的执着是有目共睹的，"将每年销售收入的5%投入研发"已经成为业界"公开的秘密"。至"十二五"，长安汽车已经累计投入490亿元用于技术研发。

2018年4月13日，长安汽车全球研发中心启动仪式在重庆举行，这意味着长安汽车的全球研发实力将进一步提升。长安汽车为这个全新的研发中心投资31.5亿元，以打造世界一流研发能力为目标，建成后将成为长安汽车全球研发架构的重要一环。未来，其将与长安汽车位于美国、英国、意大利、日本等地的研发中心协同合作，进行产品开发及试验。

未来10年，长安汽车计划投入180亿元用于新能源车领域，并提出了新能源车"6321"技术目标。其中,"6"代表到2025年,旗下纯电动车型的续航里程将达到600km;"3"是指旗下车型未来将实现电动化、智能化和轻量化"三化"深度融合;"2"代表长安汽车将全力打造2个纯电动车型专用平台;"1"是指插电式混合动力产品100km综合油耗仅为1L。

2. 品牌策略

2010年10月,长安汽车告别了使用四年的盾形品牌标识,推出了全新品牌谱系及未来战略,并分别推出了企业品牌标识、主流乘用车品牌标识、商用车品牌标识以及公益品牌标识。经典的V字形标识便诞生于彼时,这也开启了长安汽车的向上之路。此后,长安汽车一路向上,2015年,长安品牌乘用车销量成功突破百万辆。

以企业品牌为主导、主流乘用车品牌为核心、商用车品牌为支撑、企业公益品牌为提升,长安汽车品牌战略体系形成了一个互为依托、互相呼应、互补互利的品牌矩阵。秉持"科技创新,关爱永恒"的企业品牌核心价值,长安汽车品牌标识充分体现了科技、品质、时尚的特点。2016年11月,长安汽车入选"2017国家品牌计划",成为我国汽车行业中,向创新中国、品质中国、品牌中国转变的优秀代表。对于长安汽车来说,这是一份殊荣,更是一种责任。

结语:近来自主品牌竞争力不断增强,尤其在SUV领域,更是自主品牌的天下。凭借着对SUV市场前瞻性布局,长安汽车将这次增长机遇牢牢把握,在自主品牌中,其无疑扮演着领军者的角色。然而,长安汽车并未安于现状,而是寻求不断突破自我。品牌高端化,便是长安汽车向上的途径之一。随着"生命动感 智色双旋"新战略发布,长安汽车已经踏上了年销量百万辆之后另一段漫长的征途。前路虽漫长,仍无惧前往。

案例讨论题:

1. 请结合本章汽车产品线的相关知识,分析长安汽车的产品策略。
2. 请分析长安汽车的成功和不足,从中可以得到什么启示?

本章小结

本章介绍了产品整体概念的内涵,阐述了汽车产品组合的概念、类型、分析方法及组合策略,分析了产品将经历的四个生命周期阶段及各阶段的市场策略,介绍了形式产品中的质量、品牌、商标及形象策略,最后阐述了新产品开发的类型及开发过程。

自测习题

Ⅰ. 思考题

1. 什么是汽车产品的整体概念?如何理解产品整体概念的五个层次?
2. 什么是产品生命周期理论?在产品生命周期的不同阶段,企业应采取哪些与之相适应的市场策略?

3. 汽车产品组合有哪些类型?

4. 企业应如何通过调整和优化产品组合来赢得竞争优势?

5. 企业为什么要进行新产品开发?新产品的开发过程有哪几个阶段?

Ⅱ. 单项选择题

1. 汽车企业研究产品生命周期的目的是( )。
   A. 使新产品能迅速进入成长期   B. 努力延长产品的投入期
   C. 使消费者尽快接受新产品   D. 减少新产品开发的失败

2. 某企业生产四大类产品,每一大类平均有8个产品项目,则产品组合的长度是( )。
   A. 4   B. 8   C. 12   D. 32

3. 在产品生命周期里,销售量迅速增加的阶段是( )。
   A. 介绍期   B. 成长期   C. 成熟期   D. 衰退期

4. 所谓产品线双向延伸,就是原定位于中档产品市场的企业掌握了市场优势后,向产品线的( )两个方向延伸。
   A. 前后   B. 左右   C. 东西   D. 上下

5. ( )是指在原有产品的基础上,利用现代科学技术制成的具有新的结构和性能的产品。
   A. 全新产品   B. 换代产品   C. 改进产品   D. 仿制产品

Ⅲ. 判断题

1. 整体产品包含五个层次,其中最基本的层次是形式产品。( )

2. 即便内在质量符合标准的产品,倘若没有完善的服务,实际上也是不合格的产品。( )

3. 一旦新产品在市场试销成功,则意味着新产品能迅速被消费者接受,企业能获得丰厚的利润。( )

4. 在产品生命周期成熟期,企业应该采用产品改革、市场改进和营销组合改革的策略。( )

5. 消费者在购买商品时,只能从实体产品中得到利益。( )

第7章 汽车定价策略

国产汽车价格战背后的经济学思考

我国车市每逢低迷,价格战几乎成为所有国产品牌争夺市场的惯用手段。与2016年相比,2017年上半年国产车累计销量大幅下滑,在这样的背景下,国产车的价格战可谓一波未平一波又起。从2017年3月长安汽车的10亿元红包补贴活动,再到5月的长安官降,广汽、上汽、吉利、江淮等品牌也尾随其后。长期以来,国产车的价格战打得难解难分,从我国汽车工业成长的角度看,价格战对我国汽车产业的发展具有很强的推动作用,它将产业竞争逐步向纵深引导;而从经济学的角度看,国产车的价格战也是市场运作的结果。

首先,市场需求决定市场供给。我国汽车的消费市场可谓两极分化,普通市场和高端市场消费者较多,而中端市场消费者偏少,呈现出所谓的沙漏形态分布。这与整个社会财富结构的沙漏形态分布是相关的。对于普通消费者而言,"低价高配"是他们在选择汽车购买时的终极目标。为了满足消费者的需求,汽车厂商不得不采取降价措施以吸引消费者。而国产品牌在高端市场上是没有竞争力的,我国高端市场的绝大多数消费者都会选择进口品牌,中端市场的消费者国内外都偏少,因此,普通市场就成了国产品牌最主要的市场。要运营普通市场,"低价高配"是必经之路。

其次,市场产品差异化程度较低。国产汽车价格战不断的又一深刻原因就是:国产品牌的实力名气相当,没有哪家能够凭借自己的品牌就能赢得消费者的青睐,即国产品牌的品牌效应还没有打出来,所以各大厂商只能靠价格取胜。因此,国产品牌大打价格战也就不足为奇了。

最后,市场竞争较为充分。目前在国产车市场中,垄断竞争局面已经初步形成,数十家国产车品牌几乎已经占据了整个国产车的中低端市场,并为争夺客户资源展开了竞争。其中,价格战是其展开市场竞争的主要手段。

通过上面的分析不难看出,降价其实是国产品牌市场运作的结果。国产品牌的纷纷降价传递出国产品牌市场是一个充分竞争的市场,市场信息相对对称,这样的市场有利于优胜劣汰,提升国产品牌的质量。当然,从消费者的角度考虑,降价肯定能够给消费者带来一定的实惠。

在市场营销中，企业通过产品、促销、分销这三个要素在市场中创造价值，而通过定价从创造的价值中获取收益，即价格是唯一能产生收入的市场营销因素，其他因素则表现为成本。同时，价格也是营销组合中最灵活的因素，它的变化是异常迅速的。因此，对于汽车营销来说，定价策略是营销组合的重要因素之一，它直接决定着企业的市场份额和盈利水平。

7.1 汽车产品的价格

汽车价格不仅是汽车市场营销中一个非常重要的因素，而且价格的变化直接影响着汽车市场的接受程度、消费者的购买行为和汽车生产企业盈利目标的实现。因此，汽车的定价策略是汽车市场竞争的重要手段，它既要有利于促进销售、获取利润、补偿成本，同时又要考虑消费者对价格的接受能力，从而使汽车定价具有了买卖双方双向决策的特征。所以，汽车企业必须研究定价策略，掌握定价方法，才能对汽车市场的各种变化做出灵活的反应。

7.1.1 汽车价格的构成

汽车价格是汽车价值的货币表现，汽车价值决定汽车价格。汽车价格构成是指构成汽车价格的各个因素及其在汽车价格中的组合状况。在价格形态上的汽车价值转化为汽车价格构成的四个要素：汽车生产成本、汽车流通费用、国家税金和汽车企业利润。汽车生产成本是汽车价值的重要组成部分，也是制定汽车价格的重要依据。汽车流通费用是发生在汽车从汽车生产企业向最终消费者移动过程各个环节之中的，并与汽车移动的时间、距离相关。因此，它是正确制定同种汽车差价的基础。国家税金是汽车价格的构成因素。国家通过法令规定汽车的税率并进行征收，税率的高低直接影响汽车的价格。汽车企业利润是汽车生产者和汽车经销者为社会创造和占有的价值的表现形态，它是汽车价格的构成因素，是企业扩大再生产的重要资金来源。所以，从汽车流通角度来看，汽车价格的具体构成为

汽车出厂价格 = 汽车生产成本 + 汽车生产企业的利税

汽车批发价格 = 汽车生产成本 + 汽车生产企业的利税 + 汽车批发流通费用 +
汽车批发企业的利税

汽车直售价格 = 汽车生产成本 + 汽车生产企业的利税 + 汽车直售费用 +
汽车直售企业的利税

7.1.2 影响汽车定价的内部因素

1. 成本

任何企业都不能随心所欲地制定价格，某种产品的最高价格取决于市场需求，最低价格取决于这种产品的成本费用。从长远看，任何产品的销售价格都必须高于成本费用，因此，企业制定价格时必须估算成本。成本是企业定价的最低经济界限，原因是商品价值是构成价格的基础。商品的价值由 C（不变成本）$+V$（可变成本）$+M$（剩余价值）构成。其中，$C+V$ 是生产过程中物化劳动转移的价值和劳动者为自己创造的价值，反映到价格中就是产品的成本。统计资料显示，目前由产品各种费用构成的总成本占汽车产品价格的 70%~90%，在正常情况下，产品价格与成本成正比例关系。长期来看，价格只有高于成本，才能以销售收入抵偿生产和经营成本，否则企业就无法继续经营下去。因此，成本因素是影响定价策略的主

第7章 汽车定价策略

要因素。下面简要阐述汽车成本系统中几种重要因素对其影响。

（1）生产规模对成本的影响　在一定生产规模范围内，随着产销量不断扩大，单位产品的总成本趋于降低。人们称这种经济现象为规模经济，也称为规模效应或规模效益。汽车产业是典型的社会化大生产产业，规模效益的特点十分突出。对整车企业而言，20世纪80年代，几十万辆、100万辆汽车的产量足以达到规模经济；在20世纪90年代，汽车产业的最小经济规模上升到300万~400万辆以上，而且还有进一步上升的趋势。其原因在于研发、制造、销售、售后服务等环节要素投入增加的压力，必须通过比以往的规模大得多的产出方能分摊和消化。不断扩大规模，发挥生产设备潜能，降低产品成本，是很多汽车厂家致力追求的方向。反之，当生产潜能发挥殆尽，产量继续扩大时，势必要增加新的固定投资，或使得企业管理成本增加，从而又导致产品的平均总成本上升。这种现象称为规模不经济。所以，综合这两种情况可知，单纯地从产品的平均总成本与生产规模的关系看，企业现有的生产能力得到完全利用（尚未引起新的投入）是最理想的情况，此时产品成本最低。这种使单位产品成本最小、收益最大的生产规模称为经济规模。企业生产规模的大小或者能否达到经济规模，不是企业主观随意确定的，它受到企业可以占有的市场容量以及企业的生产能力等因素的影响。

市场容量与成本是互为函数的：一方面，市场容量大，企业可以扩大生产规模，降低产品成本；另一方面，降低成本和售价，市场容量也会增加，为扩大生产规模创造一定条件。在我国目前经济发展水平相对不太高、汽车普及程度相对较低的时期，汽车市场容量受产品价格的影响较大，因而努力降低价格对增加市场容量的作用很大。

生产能力是指企业的资金、技术进步、生产方式等。例如，主机企业受资金约束，不能及时得到协作配套件，影响主机生产；或者不能扩大原来偏小的生产能力，形成新的更大经济规模，等等。这些情况都将影响企业的实际生产规模。

总之，企业生产规模受到市场容量和生产能力两个基本因素的双重制约。企业如果能够做到既不浪费最大市场容量带给企业的营销机会，又能充分发挥企业的生产潜能，无疑是最理想的情况。

（2）产品品种对成本的影响　单一品种的大量生产，对获得较低的生产成本是非常有利的。但这种生产方式却难以满足市场对多品种的需要，会减少企业的营销机会，导致营销的机会成本增加。这表明，过少的产品品种，可能使企业生产成本的降低不能弥补营销机会损失的增加，最终使得产品的平均成本上升。同时，如产品品种过多，虽然可提高企业在市场上的适应能力，减少企业的营销机会损失，但随着品种的增加，每个品种的产量势必下降，而零部件的相关性降低，生产设施的通用性也会下降，引起产品生产成本的增加，最终使得产品的平均成本上升。

为实现现代化的"大批量定制"生产方式，充分满足广大顾客的个性需求，企业必须做好品种与成本的平衡。企业可以应用成组技术，并与现代化管理方法和手段结合，对不同车型和品种的零部件进行有效组合。对汽车工业来说，"以最少的零部件作为基础，生产尽可能多的竞争能力较强的车型"是各企业最大的追求目标。国际上具有竞争力的汽车公司，都是在若干基本品种的发动机、变速器、车桥、制动系统等总成基础上，生产、装配成千上万个汽车品种。

（3）产品质量对成本的影响　质量费用是为保证和提高产品质量而支出的一切费用，

159

以及因未达到质量标准而产生的一切损失费用之和。它主要包括：

1）外部质量损失费用，即无偿修理费用、退货和折价费用、用户损失费用。

2）质量评价费用，即产品试验、质量检查费用。

3）内部质量损失费用，即废品损失、修理费用。

4）质量预防费用，即质量、工艺、管理保证和培训费用。

如果仅仅强调降低某一种质量费用，其效果不一定理想，如降低质量损失费用，质量预防费用就会增加。综合以上四种质量费用，以总质量成本最低者为最优。

（4）产品生命周期对成本的影响　产品生命周期的四个阶段对汽车产品的成本有不同的影响。在介绍期，由于资金大量投入，生产能力还未完全形成，生产成本很高；在成长期，由于生产增长较快，成本开始下降，并在一定阶段达到保本水平；在成熟期，成本进一步降低，达到最低点；在衰退期，生产趋于下降，成本又上升。产品生命周期与成本的关系如图7-1所示。

（5）成本结构对产品成本的影响　汽车产品的成本结构明显具有技术构成比例高、协作配套、原材料采购比例高，劳动消耗比例高等特点。对于工业化国家，其

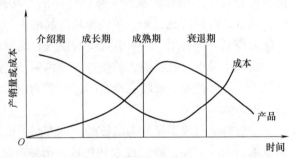

图 7-1　产品生命周期与产销量或成本的关系

较高的劳动生产率有利于降低汽车生产成本，但其较高的劳动力成本却抵消了这一效果；而经济落后国家的情况则正好相反，由于技术水平低，劳动生产率不高，所以尽管劳动力便宜，但汽车生产总成本并不一定低。而对于位居发展中国家前列或中等发达国家，由于其工业化程度、劳动生产率、人员技术素质都较高，劳动力成本也相对便宜，汽车产品综合成本可能才是最理想的，这些国家已成为世界各汽车公司转移汽车生产的理想地点。

2. 汽车产品的特征

汽车产品特征是从汽车产品对消费者吸引力的方面来考虑的，是汽车自身的构造、品牌和装饰等，它能反映汽车对消费者的吸引力。汽车产品的特征好，该汽车就有可能对消费者产生较大的吸引力，能给消费者带来物质和精神的双重满足，甚至成为其炫耀的资本。这种汽车往往供不应求，因而在定价上占有有利地位，其价格要比同类产品略高。

3. 汽车企业的销售渠道和促销宣传

汽车企业销售渠道的建设和选择、中间环节的多少等直接决定着汽车销售费用的高低，且影响着汽车价格的高低。汽车企业的促销宣传需要大量的资金支持，促销费用最终也要计入汽车的销售价格之中。总体来说，营销能力强的企业，易于在既定的汽车价格水平下完成销售任务，对制定和调整汽车价格有较大的回旋余地。例如某些大型汽车企业，有足够的实力调整价格策略，在不同季节、竞争条件下都能精准地制定既有竞争优势，又能确保企业足够利润的产品价格。

4. 汽车企业的营销战略与策略

各个汽车企业的市场营销决策相互协调配合，可形成一个有机整体，构成一个汽车市场营销决策体系。在汽车定价之前，企业必须对产品总战略做出决策。如果企业已经选择好目标市场并做好市场定位，那么确定整体营销战略和策略，包括制定价格，都是水到渠成的

事。营销战略与策略的确定在很大程度上取决于企业所追求的定价目标。汽车行业是一个竞争面很广的行业,市场需求弹性很大,在进行定价时,需要根据不同的营销环境制定不同的定价目标。一般定价目标以追求最大利润、追求有利的竞争地位,来寻求实现汽车企业营销方向转移的新的汽车市场营销机会。具体的定价目标不同,汽车企业的营销战略与策略也不同,只有在了解了具体的定价目标之后,才能制定出具有竞争力的汽车价格策略。

7.1.3 影响汽车定价的外部因素

1. 市场供求状况

市场经济的基础是价值规律,它决定了商品价格会随着供求关系的变化而波动。尽管企业定价不是绝对地受某个地方某一时点供求关系的影响,但从长期的、全局的角度看,商品价格仍与市场供求状况有对应关系。另外,商品供应量、需求量也会随着价格升降而变化。因此,汽车企业在定价时,必须以价值规律为依据,根据供求状况及时制定和调整价格。当汽车市场需求大于供给时,价格应定得高一些;当汽车市场需求小于供给时,价格应定得低一些。

2. 商品需求特性

市场需求会影响汽车产品的价格,反过来,汽车产品价格的变动又会影响市场需求总量,进而影响销售量,最终影响企业目标的实现。因此,汽车企业在制定价格时,还必须了解价格变动与市场需求的影响程度,用指标反映就是商品的价格需求弹性系数。对于价格需求弹性小的商品,价格的调整没有多大实际意义;而对于价格需求弹性大的商品,企业可考虑通过适当降价刺激需求,以促进销售。我国汽车产品价格的变动对产品需求的影响很大,所以,汽车企业在定价过程中必须着重考虑市场需求。

3. 竞争状况

汽车企业定价受竞争状况的影响。完全竞争与完全垄断是竞争的两个极端,现实中的市场多表现为不完全竞争状态。在不完全竞争条件下,竞争的强度对企业的价格策略有重要影响。因此,首先,企业要了解竞争的强度,它主要取决于产品技术水平、知识产权保护、供求形势及具体的竞争格局;其次,要了解竞争者的价格策略及实力。产品的成本决定了价格的下限,产品的市场需求决定了价格的上限,而在这个幅度内具体价格的确定,则往往取决于竞争者同类产品的价格水平。所以,汽车定价要了解竞争者的产品状况、品牌、企业形象、竞争优势和劣势,再与企业自身状况进行对比分析,找到产品在市场上的精准定位,在此基础上制定相应的价格。同时,竞争者的状况不是静止的,而是处于不断变化的过程中,汽车企业必须对这种变化非常敏感,以及时调整自己的产品价格。

4. 政策法规

政府为了维护经济秩序或其他目的,可能通过立法或者其他途径对企业的价格策略进行干预。政府的干预包括规定毛利率,规定最高、最低限价,限制价格的浮动幅度或者规定价格变动的审批手续,实行价格补贴等。随着市场运行机制的不断完善,国家对企业定价的干预将越来越多地运用经济手段来实现。在现阶段,我国的商品市场价格不仅受到国家相关价格政策的直接影响,而且国家的投资政策、科技发展政策、劳动工资政策、税收政策等也会对不同的产品价格产生多方面的影响。因此,企业在定价过程中要综合考虑国家政策对产品供求关系和产品价格的直接或间接影响。企业要严格遵守国家的价格政策,在政策允许的范围内行使定价权力,坚持按质定价、优质优价、劣质低价的原则,以维护国家和消费者的利益，促使改善经营管理，提高产品质量。

5. 消费文化

消费者的心理因素、文化因素等社会因素也会在一定程度上影响产品的价格。企业在进行价格决策时，对这类因素要予以足够的重视。在现实生活中，很多消费者存在"一分钱一分货"的观念。面对不太熟悉的商品，特别是价格昂贵的轿车，消费者常常从价格上判断商品的好坏，从经验上把价格同商品的使用价值挂钩。消费者心理和习惯上的反应是很复杂的，某些情况下会出现完全相反的反应。例如，在一般情况下，涨价会减少购买，但有时涨价会引起抢购，反而会增加购买。因此，在研究消费者心理对定价的影响时，要持谨慎态度，仔细了解消费者心理及其变化规律。

7.1.4 汽车定价目标

在市场经济体制下，企业作为自主经营、自负盈亏的独立经济主体，其总体经营目标是获取最大利润。企业的定价决策必然要受这一总体目标的支配，并为实现这一总体目标而努力。定价目标是指企业通过制定产品最优价格来谋求经济利益最大化的目标。它是定价决策的基本前提和首要内容，是实现企业总体目标的保证和手段；同时，也是企业整体营销战略在价格上的反映和实现，是企业制定价格策略的指导思想和总体方向。通常情况下，汽车定价目标包括以下几种类型：

1. 利润目标

利润目标是企业定价目标的重要组成部分。获取利润是企业生存和发展的必要条件，是企业经营的直接动力和最终目的。因此，利润目标为大多数企业所采用。由于企业的经营哲学及营销总目标的不同，这一目标在实践中有以下两种形式：

（1）以追求最大利润为目标　以最大利润为目标是指汽车销售企业以期望获得最大的销售利润为定价目标。最大利润有长期和短期之分，还有单一产品最大利润和企业全部产品综合最大利润之别。一般而言，企业追求的应该是长期的、全部产品的综合最大利润，这样，企业就可以取得较大的市场竞争优势，占据并不断扩大市场份额，拥有更好的发展前景。当然，对于产品在市场上供不应求的企业等，也可以谋求短期最大利润。

最大利润目标并不必然导致高价。价格太高，会导致销售量下降，利润总额可能因此而减少。有时，高额利润是通过采用低价策略，待占领市场后再逐步提价来获得的；有时，企业可以采用招徕定价艺术，对部分产品定低价，赔钱销售，以扩大影响，招徕顾客，带动其他产品的销售，进而谋取最大的整体效益。因此，在一定的时期内，企业应当综合考虑市场竞争、消费需求等因素后，以总收入减去总成本的最大差额为基点，确定单位产品价格，以获取最大利润。

（2）以获取合理利润为目标　这是指企业在补偿社会平均成本的基础上，适当地加上一定量的利润作为商品价格，以获取正常情况下合理利润的一种定价目标。以最大利润为目标，尽管从理论上讲十分完美，也十分诱人，但实际运用时常常会受到各种限制。所以，很多企业按适度原则确定利润水平，并以此为目标制定价格。采用合理利润目标有各种原因：以合理利润为目标使产品价格不会显得太高，从而可以阻止激烈的市场竞争；或由于某些企业为了协调投资者和消费者的关系，树立良好的企业形象，而以合理利润为其目标。

由于以合理利润为目标确定的价格不仅使企业可以避免不必要的竞争，又能获得长期利润,而且由于价格适中,消费者愿意接受,还符合政府的价格指导方针,因此,这是一种兼顾企业利益和社会利益的定价目标。需要指出的是,合理利润的实现,必须充分考虑产销量、投资成本、竞争格局和市场接受程度等因素;否则,"合理利润"只能是一句空话。一般情况下,处于市场跟随者地位的中小汽车企业,以税后利润的20%作为合理利润。

2. 销售额目标

这种定价目标是在保证一定利润水平的前提下,谋求销售额的最大化。某种产品在一定时期、一定市场状况下的销售额由该产品的销量和价格共同决定,因此,销售额的最大化既不等于销量最大,也不等于价格最高。例如,对于需求的价格弹性较大的经济型轿车,降低价格而导致的损失可以由销量的增加而得到补偿,因此,企业宜采用薄利多销策略,保证在总利润不低于企业最低利润的条件下,尽量降低价格,促进销售;反之,对于中高档轿车,特别是豪华轿车,降价会导致收入减少,而提价则使销售额增加,因此,企业应该采用高价、厚利、限制需求的策略。采用销售额目标时,必须确保企业的利润水平。这是因为销售额的增加并不必然带来利润的增加。有些企业的销售额上升到一定程度后,利润就很难上升,甚至销售额越大,亏损越多。因此,对销售额和利润必须同时考虑。当两者发生矛盾时,除非是特殊情况(如为了尽量地回收现金,或者提高市场占有率),应以保证最低利润为原则。

3. 市场占有率目标

市场占有率又称市场份额,是指在一定的时期内,一家企业某种产品的销量和销售额在同一目标市场上的同类产品的销售总量和销售总额中所占的比重。市场占有率是企业经营状况和企业产品竞争力的直接反映。作为定价目标,市场占有率与利润的相关性很强,从长期来看,较高的市场占有率必然带来高利润。美国市场营销战略影响利润系统的分析指出:当市场占有率在10%以下时,投资收益率大约为8%;市场占有率在10%~20%时,投资收益率在14%以上;市场占有率在20%~30%时,投资收益率约为22%;市场占有率在30%~40%时,投资收益率约为24%;市场占有率在40%以上时,投资收益率约为29%。因此,以市场占有率为定价目标具有获取长期较好利润的可能性。

市场占有率目标在具体运用时存在着"保持"和"扩大"两个互相关联和递进的层次。保持市场占有率的定价目标是根据竞争对手的价格水平不断调整价格,以保证足够的竞争优势,防止竞争对手占有自己的市场份额;扩大市场占有率的定价目标就是从竞争对手那里夺取市场份额,以达到扩大企业销售市场乃至控制整个市场的目的。

市场占有率的高低还关系到企业的知名度,影响企业的形象,因而维持和提高市场占有率在产品的市场竞争中比获得收益更为重要。例如,上海通用的经销商因市场竞争的影响,将赛欧品牌的全系列车型全部降价15000元,包括三厢的三款车型和SRV的三款车型,以提高赛欧品牌的市场占有率。从表面上看,汽车产品的价格下降了,但是较高的市场占有率会引起销量增加,成本下降,盈利水平提高,从而获得更高的长期利润。在实践中,市场占有率目标被国内外许多企业所采用。其方法是以较长时间的低价策略来保持和扩大市场占有率,增强企业竞争力,最终获得最优利润。但是,这一目标的顺利实现至少应具备以下条件:

1) 企业有雄厚的经济实力,可以承受一段时间的亏损,或者企业本身的生产成本本来就低于竞争者。

2) 企业对其竞争者情况有充分了解,有从其手中夺取市场份额的绝对把握。否则,企业不仅不能达到目的，反而很有可能会受到损失。

3）该汽车的需求弹性大，低价会促使汽车的市场份额扩大。同时，低价还可以阻止现有或可能出现的竞争者进入。

4）企业采用进攻型经营策略，并且汽车的成本随销量的增加呈现下降趋势，而利润有逐渐上升的趋势。

5）在企业的宏观营销环境中，政府未对市场占有率做出政策和法律的限制，或者虽有规定但是在规定的范围之内。例如，美国制定有《反垄断法》，对单个企业的市场占有率进行限制，以防止少数企业垄断市场。在这种情况下，盲目追求高市场占有率，往往会受到政府的干预。

4. 稳定价格目标

稳定价格是指在相当长的时间内保持相对稳定的价格水平，以获得均衡的收益。稳定的价格通常是大多数企业获得一定目标收益的必要条件，市场价格越稳定，经营风险也就越小。稳定价格目标的实质即通过本企业产品的定价来左右整个市场价格，避免不必要的价格波动。按这种目标定价，可以使市场价格在一个较长的时期内相对稳定，减少企业之间因价格竞争而发生的损失，维护正常的市场经济秩序。

为达到稳定价格的目的，通常情况下是由那些拥有较高市场占有率、经营实力较强或较具有竞争力和影响力的领导者先制定一个价格，其他企业的价格则与之保持一定的距离或比例关系。对大企业来说，这是一种稳妥的价格保护政策；对中小企业来说，由于大企业不愿意随便改变价格，竞争性减弱，其利润也可以得到保障。在钢铁、采矿业、石油化工等行业内，稳定价格目标得到了广泛应用。在汽车行业中，往往是高级轿车采取稳定价格目标。

5. 竞争目标

以竞争作为定价目标是指汽车企业只着眼于在竞争激烈的汽车市场上如何应付或避免竞争。在汽车定价之前，一般要广泛收集市场信息，把自己所生产汽车的性能、质量和成本与竞争者的汽车进行比较，然后制定本企业的汽车价格。汽车企业在遇到同行的竞争时，常常被迫采用相应的对策。例如，竞相削价以压倒对方，及时调价以价位对等，提高价格以树立威望等。在现代市场竞争中，价格战容易使双方两败俱伤，风险较大，因此，很多企业往往在汽车的质量、促销、分销和服务方面下功夫，以巩固和扩大自己的市场份额。

6. 企业生存目标

当汽车企业遇到生产能力过剩或激烈的市场竞争要改变消费者的需求时，就要把维持生存作为自己的主要目标，因为生存比利润更重要，生存比发展更重要。对于这类汽车企业来说，只要它们的价格可以弥补变动成本和一部分固定成本，就可以使企业维持下去。

7. 销售渠道目标

对于那些需经中间商销售汽车的汽车企业来说，保持销售渠道的畅通无阻，是保持汽车企业获得良好经营的重要条件之一。在现代汽车市场营销中，中间商是其营销活动的延伸，对宣传汽车、提高汽车企业的知名度有十分重要的作用。汽车企业在激烈的汽车市场竞争中，有时为了保住完整的汽车销售渠道，促进汽车销售，不得不让利于中间商。

7.1.5 市场供需分析

产品的价格是买卖双方共同作用的结果，因此决定价格的基本因素有两个，即供给与需求。当汽车产品的市场需求大于供给时,价格应该高一些;当市场需求小于供给时,价格应该低一些。反过来,价格的变动又会影响产品的需求总量,从而影响销售量,进而影响企业目标的实现。所以,供求关系必然会成为影响价格形成的重要因素,它是制定产品价格的一个重要前提。它们之间存在着如下关系:

1. 价格与供给的关系

供给是指在一定时间内,生产者在一定价格条件下愿意并可能出售的产品。当价格上涨时,会刺激生产者增加供给量;当价格下跌时,又会引起供给量的减少。所以,供给一般随着价格的升降而增减,即价格与供给之间存在着同方向变动的关系。

2. 价格与需求的关系

需求是指消费者在一定价格条件下对某些商品的需要。当价格上涨时,会引起需求量的减少;当价格下跌时,又会导致需求量的增加。可见,需求一般随着价格的上升而减少,随着价格的下跌而增加,即价格与需求之间存在着反方向变动的关系。

3. 供求关系与均衡价格

供求双方总是相互联系在一起的。当市场价格偏高时,需求量将会下降,生产者则会因价格上升增加供给量,市场上将会出现供过于求的状况,从而造成出售者之间竞争加剧,结果迫使市场价格下降;但当市场价格偏低时,需求量将会上升,生产者则会由于价格下降而减少供给量,市场上又会出现供不应求的状况,从而造成购买者之间的竞争加剧,结果又必然会导致价格上升。上述两种作用的结果,必然会使供给曲线与需求曲线相互作用在一个交点上,这个交点就是供给与需求相等时的点,称为均衡点,处于均衡点上的价格就称为均衡价格。但供求的这种平衡只是相对的、有条件的,不平衡则是绝对的、经常的。正如马克思所说:"供求实际上从来不会一致,如果它们达到一致,那也是偶然现象。"供求关系表明价格只能围绕价值上下波动,而价值仍然是确定价格水平及其变动的决定性因素。企业在定价决策时,除以产品价值为基础外,还可以自觉运用供求关系来分析和制定产品的价格。

7.1.6　市场竞争分析

市场竞争也是影响价格制定的重要因素。根据竞争的程度不同,企业定价策略会有所不同。在完全竞争条件下,买者和卖者都大量存在,产品都是同质的,买方和卖方都不能对产品价格施加影响,只能在市场既定价格下从事生产和交易。在完全垄断竞争情况下,交易的数量与价格由垄断者单方面决定。完全垄断在现实中也很少见。不完全竞争介于完全竞争与完全垄断之间,它是现实中存在的典型的市场竞争状况。汽车市场属于寡头垄断竞争。在不完全竞争条件下,随着买者和卖者数量的不断增加,垄断程度逐渐减弱,竞争程度不断增强,买卖各方获得的市场信息也是不充分的,因此,企业的定价策略有比较大的回旋余地,既要考虑竞争对象的价格策略,也要考虑本企业定价策略对竞争态势的影响。所以,在不完全竞争条件下,竞争的强度对企业的价格策略有重要影响。企业首先要了解竞争的强度,主要取决于产品制作技术的难易,是否有专利保护,供求形势,以及具体的竞争格局;其次,要了解竞争对手的价格策略,以及竞争对手的实力;最后还要了解和分析本企业在竞争中的地位。

7.1.7　汽车定价程序

汽车企业在汽车新产品投放市场,或者在市场环境发生变化时,需要制定或调整汽车价格，以利于汽车企业营销目标的实现。由于汽车价格涉及汽车企业、竞争者、汽车消费者三者之间的利益，因而为汽车定价既重要又困难，定价策略常常因为没有考虑到所有关键因素而失败。汽车产品定价是一项复杂的系统化工作，要考虑多方面的因素。企业必须掌握汽车定价的基本程序：

1. 明确汽车目标市场

定价时，首先要明确汽车目标市场。汽车目标市场是汽车企业产品所要进入的市场。具体来讲，就是谁是本企业汽车的消费者，主要是确定潜在消费者以及购买这个产品的原因。汽车目标市场不同，汽车定价水平就不同。分析汽车目标市场主要包括该汽车市场消费者的基本特征、需求目标、需求强度、需求潜量、购买力水平和风俗习惯等内容。

2. 分析影响汽车定价的因素

影响汽车定价的因素很多，主要包括汽车产品的特征、市场竞争状况、货币价值、有关的政策和法规等。

（1）汽车产品特征分析　汽车产品是汽车企业整个营销活动的基础，在汽车定价前，必须对汽车进行具体分析，主要分析汽车产品的生命周期、汽车性能、汽车质量、汽车对购买者的吸引力、汽车成本水平和汽车需求弹性等。

（2）市场竞争状况分析　在竞争的汽车市场中，任何汽车企业为汽车定价或调价时，必然会引起竞争者的关注。为使汽车价格具有竞争力和盈利能力，汽车定价或调价前，要对市场竞争状况，特别是对竞争者进行认真分析，其中主要是确定目前或潜在的能够影响该市场盈利能力的竞争对手。对竞争者的主要分析包括：同类汽车市场中的主要竞争者是谁？其汽车产品特征与汽车价格水平是否相符？各类竞争者的竞争实力如何？竞争者的实际交易价格是多少？它们的定价目标是什么？它们追求的是最大销量还是最大利润？与本企业相比，竞争者的优势和劣势是什么？它们的贡献毛利是高还是低？声誉是好还是坏？产品是高档还是低档？产品线变化多还是少？等等。

（3）货币价值分析　汽车价格是汽车价值的货币表现，汽车价格不仅取决于汽车价值量的大小，而且还取决于货币价值量的大小。汽车价格与货币价值量成反比例关系。在分析货币价值量对汽车定价的影响时，主要分析通货膨胀的情况，一般根据社会通货膨胀率对汽车价格进行调整。通货膨胀率高，汽车价格也应随之调高。

（4）政策和法规分析　国家的经济政策和法规对汽车企业定价有约束作用，因此，汽车企业在定价前一定要了解政府对汽车定价方面的有关政策和法规，不仅要了解一般的影响因素，更重要的是要善于分析不同经营环境下，影响汽车定价的最主要因素的变化状况。

3. 确定汽车定价目标

汽车定价目标是在对汽车目标市场和影响汽车定价因素综合分析的基础上确定的。汽车定价目标是合理定价的关键。不同的汽车企业、不同的汽车经营环境和不同的汽车经营时期，其汽车定价目标是不同的。在某个时期，对汽车企业生存与发展影响最大的因素，通常会被作为汽车定价目标。

4. 选择汽车定价方法

汽车定价方法是在特定的汽车定价目标指导下，根据对成本、供求等一系列基本因素的研究，运用价格决策理论，对汽车产品价格进行计算的具体方法。汽车定价方法一般有三种，即以成本为中心的汽车定价方法、以需求为中心的汽车定价方法和以竞争为中心的汽车定价方法。这三种方法能适应不同的汽车定价目标，汽车企业应根据实际情况择优使用。

5. 确定汽车价格

确定汽车价格要以汽车定价目标为指导，选择合理的汽车定价方法，同时也要考虑其他因素，如汽车消费者心理因素，汽车产品新老程度等。最后经分析、判断以及计算等活动，为汽车产品确定合理的价格。

7.2 汽车产品的定价方法

定价方法是企业在特定的定价目标指导下，依据对成本、需求及竞争等状况的研究，运用价格决策理论，对产品价格进行计算的具体方法。定价方法主要包括成本导向定价、竞争导向定价和需求导向定价三种类型。

7.2.1 成本导向定价

成本导向定价法就是以每辆汽车的成本为基本依据，再加上预期的利润来确定价格的方法。成本导向定价是企业定价首先需要考虑的方法。成本是企业生产经营过程中所发生的实际耗费，客观上要求通过商品的销售而得到补偿，并且要获得大于其支出的收入，超出的部分表现为企业利润。以产品单位成本为基本依据，再加上预期利润来确定价格的成本导向定价法，是企业最常用、最基本的定价方法之一。成本导向定价法又衍生出了总成本加成定价法、目标收益定价法、边际成本定价法、盈亏平衡定价法等几种具体的定价方法。

1. 总成本加成定价法

在这种定价方法下，把所有为生产某种产品而发生的耗费均计入成本的范围，计算单位产品的变动成本，合理分摊相应的固定成本，再按一定的目标利润率来决定价格。其计算公式为

$$P = AC \times (1 + \alpha) \tag{7-1}$$

式中　P——单位产品价格

　　　AC——单位产品总成本

　　　α——目标利润率

【例7-1】某汽车厂生产2000辆汽车，总固定成本80000000元，每辆汽车的变动成本10000元，确定目标利润率15%。采用总成本加成定价法确定价格的过程为

每辆汽车的固定成本：80000000元÷2000=40000元

每辆汽车的变动成本：10000元

每辆汽车的总成本：40000元+10000元=50000元

每辆汽车的价格：50000元×（1+15%）=57500元

采用成本加成定价法，确定合理的成本利润率是一个关键问题，而成本利润率的确定必须考虑市场环境、行业特点等多种因素。首先，某一行业的某一产品在特定市场以相同的价格出售时，成本低的企业能够获得较高的利润率，并且在进行价格竞争时可以拥有更大的回旋空间；同时，运用这种方法简化了定价工作，便于企业开展经济核算。其次，如果行业内所有的企业都使用这种定价方法，它们的汽车产品价格会很相似，因而会把价格的竞争降到最少。另外，在成本加成的基础上制定的价格对买方和卖方都比较公平。

2. 目标收益定价法

目标收益定价法又称投资收益率定价法，是根据企业的投资总额、预期销量和投资回收期等因素来确定价格。

【例 7-2】假设例 7-1 中建设汽车厂的总投资为 90000000 元，投资回收期为 5 年，采用目标收益定价法确定价格的基本步骤为：

（1）确定目标收益率

$$\beta = \frac{1}{T} \times 100\% \tag{7-2}$$

式中 β——目标收益率；
T——投资回收期。

目标收益率 = $1/5 \times 100\% = 20\%$

（2）确定单位产品目标利润额

$$R_b = A\beta/Q \tag{7-3}$$

式中 R_b——单位产品目标利润额；
A——总投资额；
Q——预期销量。

每辆汽车的目标利润额 = 90000000 元 × 20% ÷ 2000 = 9000 元

（3）计算单位产品价格

$$P = C_F/Q + C_v + R_b \tag{7-4}$$

式中 P——单位产品价格；
C_F——企业固定成本；
C_v——单位变动成本。

每辆汽车的价格 = 80000000 元 ÷ 2000+10000 元 +9000 元 =59000 元

与成本加成定价法相类似，目标收益定价法也是一种生产者导向的产物，很少考虑到市场竞争和需求的实际情况，只是从保证生产者的利益出发制定价格。另外，先确定产品销量、再计算产品价格的做法完全颠倒了价格与销量的因果关系，把销量看成是价格的决定因素，在实际上很难行得通。尤其是对那些需求的价格弹性较大的产品，用这种方法制定出来的价格，无法保证销量的必然实现，因此，预期的投资回收期、目标收益等也就只能成为一句空话。不过，对于需求比较稳定的大型制造业、供不应求且价格弹性小的商品，市场占有率高、具有垄断性的商品，以及大型的公用事业、劳务工程和服务项目等，在科学预测价格、销量、成本和利润四要素的基础上，目标收益法仍不失为一种有效的定价方法。

3. 边际成本定价法

边际成本是指每增加或减少单位产品所引起的总成本的变化量。由于边际成本与变动成本比较接近，而变动成本的计算更容易一些，所以在定价实务中多用变动成本代替边际成本，而将边际成本定价法称为变动成本定价法。

采用边际成本定价法时，是以单位产品变动成本作为定价依据，并作为可接受价格的最低界限。在价格高于变动成本的情况下，企业出售产品的收入不仅可以完全补偿变动成本，还能用来补偿一部分固定成本，甚至可能提供利润。

【例 7-3】某品牌的汽车在一定时期内发生固定成本 80000000 元，单位变动成本 38000

元,预计销量为2000辆。在当时的市场条件下,同类产品的价格是每辆75000元。那么,企业是否应该继续生产呢?其决策过程如下:

$$固定成本 = 80000000 元$$
$$变动成本 = 38000 元 \times 2000 = 76000000 元$$
$$销售收入 = 75000 元 \times 2000 = 150000000 元$$
$$企业盈亏 = 150000000 元 - 76000000 元 - 80000000 元 = -6000000 元$$

因此,按照变动成本定价,企业出现了6000000元的亏损。但是,作为已经发生了的固定成本,在不生产的情况下,已支出了80000000元。这说明按变动成本定价时可以减少74000000元固定成本的损失,并补偿了全部的76000000元可变成本,所以该企业应该继续生产。若低于变动成本定价,则企业应该停产。

边际成本定价法改变了售价低于总成本便拒绝交易的传统做法,在汽车竞争激烈的市场条件下具有极大的定价灵活性,对有效地应对竞争者、开拓新市场、调节需求的季节差异、形成最优产品组合,可以发挥巨大的作用。但是,过低的成本有可能被指控为从事不正当竞争,并招致竞争者的报复;在国际市场则易被进口国认定为"倾销",产品价格会因反倾销税的征收而畸形上升,失去其最初的意义。

4. 盈亏平衡定价法

在销量既定的条件下,企业产品的价格必须达到一定的水平才能做到盈亏平衡、收支相抵。既定的销量就称为盈亏平衡点,这种制定价格的方法就称为盈亏平衡定价法。科学地预测销量和已知固定成本、变动成本是盈亏平衡定价的前提。

在此方法下,为了确定价格,可利用如下公式:

$$P_0 = C_F/Q + C_v \tag{7-5}$$

式中 P_0——盈亏平衡点价格;

C_F——总固定成本;

Q——销量;

C_v——单位变动成本。

【例7-4】某汽车企业年固定成本为120000000元,单位变动成本为每辆13000元,年产量2000辆。

该企业的盈亏平衡点价格 = 120000000元/2000+13000元 = 73000元

以盈亏平衡点确定价格只能使企业的生产耗费得以补偿,而不能得到收益。因此,在实际中均将盈亏平衡点价格作为价格的最低限度,通常再加上单位产品目标利润后才作为最终市场价格。有时,为了开展价格竞争或应对供过于求的市场格局,企业采用这种定价方式以取得市场竞争的主动权。

从本质上说,成本导向定价法是一种卖方定价导向。它忽视了市场需求、竞争和价格水平的变化,在有些时候与定价目标相脱节,不能与之很好地配合。此外,运用这一方法制定的价格均建立在对销量主观预测的基础上,从而降低了价格制定的科学性。因此,在采用成本导向定价法时,企业还需要充分考虑需求和竞争状况,来确定最终的市场价格水平。

7.2.2 竞争导向定价

在竞争十分激烈的市场上,企业通过研究竞争者的生产条件、服务状况、价格水平等因素，依据自身的竞争实力，参考成本和供求状况来确定商品价格。这种定价方法就是通常所说的竞争导向定价法。其特点是：价格与商品成本和需求不发生直接关系，商品成本或市场需求变化了，但竞争者的价格未变，企业就应维持原价；反之，虽然成本或需求都没有变动，但竞争者的价格变动了，则企业也相应地调整其商品价格。当然，为实现企业的定价目标和总体经营战略目标，谋求企业的生存或发展，企业可以在其他营销手段的配合下，将价格定得高于或低于竞争者的价格，并不一定要求与竞争者的产品价格完全保持一致。竞争导向定价主要包括以下方法：

1. 随行就市定价法

在垄断竞争和完全竞争的市场结构条件下，任何一家企业都无法凭借自己的实力在市场上取得绝对的优势，为了避免价格竞争带来的损失，大多数企业都采用随行就市定价法，即将本企业某产品价格保持在市场平均价格水平上，利用这样的价格来获得平均报酬。此外，采用随行就市定价法，企业就不必去全面了解消费者对不同价差的反应，从而为营销、定价人员节约了很多时间。

采用随行就市定价法，最重要的就是确定目前的"行市"。在实践中，"行市"的形成有两种途径：第一种途径是在完全竞争的环境里，各企业都无权决定价格，通过对市场的无数次试探，相互之间取得一种默契而将价格保持在一定的水准上；第二种途径是在垄断竞争的市场条件下，某一部门或行业的少数几个大企业首先定价，其他企业参考定价或追随定价。

2. 产品差别定价

从根本上来说，随行就市定价法是一种防御性的定价方法，它在避免价格竞争的同时，也抛弃了价格这一竞争的"利器"。产品差别定价法则反其道而行之，它是指企业通过不同的营销努力，使同种同质的产品在消费者心目中树立起不同的产品形象，进而根据自身特点，选取低于或高于竞争者的价格作为本企业产品价格。因此，产品差别定价法是一种进攻性的定价方法。

产品差别定价法的运用，首先要求企业必须具备一定的实力，在某一行业或某一区域市场占有较大的市场份额，消费者能够将企业产品与企业本身联系起来；其次，在质量大体相同的条件下实行差别定价是有限的，尤其对定位为"质优价高"形象的企业来说，必须支付较高的广告、包装和售后服务方面的费用。因此，从长远来看，企业只有通过提高产品质量，才能真正赢得消费者的信任，从而在竞争中立于不败之地。

7.2.3 需求导向定价

现代市场营销观念要求，企业的一切生产经营必须以消费者需求为中心，并在产品、价格、分销和促销等方面予以充分体现。根据市场需求状况和消费者对产品的感觉差异来确定价格的方法称作需求导向定价法，又称市场导向定价法、顾客导向定价法。其特点是灵活有效地运用价格差异，对平均成本相同的同一产品，价格随市场需求的变化而变化，不与成本因素发生直接关系。需求导向定价法的主要优点有：①考虑了市场需求对产品价格的接受程度；②对企业有降低成本的压力和动力。因为顾客的感受价值一定，产品成本越低，实现的利润就越大。但同时也应该看到，需求导向定价法也有一些缺点：①定价过程复杂，特别是各种价格下的市场需求量，难以做到准确估计；②由于受技术等各种因素的限制，不一定总是能将产品成本降到用户的感受价值之下。所以，此方法比较适合营销导向型企业。需求导向定价法主要包括理解价值定价法、需求差异定价法和逆向定价法。

1. 理解价值定价法

所谓理解价值，也称感受价值、认知价值，是指消费者对某种商品价值的主观评判。理解价值定价法是指企业以消费者对商品价值的理解度作为定价依据，运用各种营销策略和手段，影响消费者对商品价值的认知，形成对企业有利的价值观念，再根据商品在消费者心目中的价值来制定价格。一项针对汽车购买者对汽车价格和质量的感知关系表明：当他们缺乏必要的信息和技能来判断产品的质量时，价格就成了重要的质量标志，他们普遍会认为价格较高的汽车质量较好；同样，消费者对高质量的汽车价格的感知会高于产品的实际定价。

理解价值定价法的关键和难点，是获得消费者对有关商品价值理解的准确资料。企业如果过高估计消费者的理解价值，其价格就可能定得过高，难以达到应有的销量；反之，企业如果低估了消费者的理解价值，其定价就可能低于应有水平，使企业收入减少。因此，企业必须通过广泛的市场调研，了解消费者的需求偏好，根据产品的性能、用途、质量、品牌、服务等要素，判定消费者对商品的理解价值，制定商品的初始价格。然后，在初始价格条件下，预测可能的销量，分析目标成本和销售收入，在比较成本与收入、销量与价格的基础上，确定该定价方案的可行性，并制定最终价格。

2. 需求差异定价法

所谓需求差异定价法，是指产品价格的确定以需求为依据，首先强调适应消费者需求的不同特性，而将成本补偿放在次要的地位。这种定价方法，对同一商品在同一市场上制定两个或两个以上的价格，或使不同商品价格之间的差额大于其成本之间的差额。其好处是可以使企业定价最大限度的符合市场需求，促进商品销售，有利于企业最大限度地满足市场需求，并且获取最佳的经济效益。根据需求特性的不同，需求差异定价法通常有以下几种形式：

（1）以用户为基础的差别定价　它是指对同一产品，针对不同的用户或消费者，制定不同的价格。例如，对老客户和新客户、长期客户和短期客户、女性和男性、儿童和成人、残疾人和健康人、工业用户和居民用户等，分别采用不同的价格。

（2）以区域为基础的差别定价　企业根据各地经济发展、文化氛围、地理条件、气候等因素的不同，制定不同的价格。

（3）以产品为基础的差别定价　不同外观、颜色、型号、规格、用途的产品，成本有所不同，但它们在价格上的差异并不完全反映成本之间的差异，而主要区别在于需求的不同。

（4）以流通环节为基础的差别定价　企业产品出售给批发商、零售商和用户的价格往往不同，通过经销商、代销商和经纪人销售产品，因责任、义务和风险不同，佣金、折扣及价格等都不一样。

（5）以交易条件为基础的差别定价　交易条件主要是指交易量大小、交易方式、购买频率、支付手段等。交易条件不同，企业可能对产品制定不同价格。例如，交易批量大的价格低，零星购买价格高；现金交易价格可适当降低，支票交易、分期付款的价格适当提高；预付定金、连续购买的价格一般低于偶尔购买的价格等。

（6）以时间为基础的差别定价　这是指相同产品的价格随季节的不同而变化。这类产品在定价之前就要考虑旺季和淡季的价格差别。

由于需求差异定价法针对不同需求而采用不同的价格，实现顾客的不同满足感，能够为企业谋取更多的利润，因此，它在实践中得到了广泛的运用。

3. 逆向定价法

这种定价方法主要不是考虑产品成本，而重点考虑需求状况，依据消费者能够接受的最终销售价格，逆向推算出中间商的批发价和生产企业的出厂价格。逆向定价法的特点是：价格能反映市场需求情况，有利于加强与中间商的良好合作关系，保证中间商的正常利润，使产品迅速向市场渗透，并可根据市场供求情况及时调整，定价比较灵活。逆向定价法还可以促使企业加强成本管理，进而取得良好的经济效益。

7.3 汽车产品的定价策略

定价策略是指根据营销目标和定价原理，针对生产商、经销商和市场需求的实际情况，在确定价格时所采取的各种具体对策。定价策略是市场营销战略和市场营销组合策略中的主要组成部分，是企业可控因素中最难以确定的因素。汽车企业要在激烈的市场竞争中不断提高自己的竞争能力，满足广大消费者的需求，提高自己的经济效益，就必须制定正确的汽车产品定价策略，并且根据不同的汽车产品和市场情况，灵活地运用各种定价策略，并保证有效的实施，提高企业的竞争力。

7.3.1 新产品定价策略

新产品定价的难点在于无法确定消费者对新产品的理解价值。如果价格定高了，难以被消费者接受，影响新产品顺利进入市场；如果定价低了，则会影响企业效益。常见的新产品定价策略有三种截然不同的形式，即撇脂定价、渗透定价和适中定价。

1. 撇脂定价策略

新产品上市之初，将其价格定得较高，从而在短期内获取厚利，尽快收回投资。这种定价策略就像从牛奶中撇取其中所含的奶油一样，取其精华，所以称为"撇脂定价"策略。一般而言，对全新产品、受专利保护的产品、需求的价格弹性小的产品、流行产品、未来市场形势难以测定的产品等，可以采用撇脂定价策略。

撇脂定价策略具有以下优点：

1) 利用高价产生厚利，使企业能够在新产品上市之初，即能迅速收回投资，减少投资风险。

2) 在全新产品或换代新产品上市之初，顾客对其尚无理性的认识，此时的购买动机多属于求新求奇。利用这一心理，企业通过制定较高的价格，以提高产品身份，创造高价、优质、名牌的印象。

3) 先制定较高的价格，在新产品进入成熟期后可以拥有较大的调价余地，不仅可以通过逐步降价保持企业的竞争力，而且可以从现有的目标市场上吸引潜在需求者，甚至可以争取到低收入阶层和对价格比较敏感的顾客。

4) 在新产品开发之初，由于资金、技术、资源、人力等条件的限制，企业很难以现有的规模满足所有的需求，利用高价可以限制需求的过快增长，缓解产品供不应求状况；并且，可以利用高价获取的高额利润进行投资，逐步扩大生产规模，使之与需求状况相适应。

当然，撇脂定价策略也存在着一定的缺点：

1）高价产品的需求规模毕竟有限，过高的价格不利于市场开拓、增加销量，也不利于占领和稳定市场，容易导致新产品开发失败。

2）高价高利会导致竞争者的大量涌入，仿制品、替代品迅速出现，从而迫使价格急剧下降。此时若无其他有效策略相配合，则企业苦心营造的高价优质形象可能会受到损害，失去一部分消费者。

3）价格远远高于价值，在某种程度上损害了消费者利益，容易招致公众反对和消费者抵制，甚至会被当作暴利而加以取缔，诱发公共关系问题。

从根本上看，撇脂定价策略是一种追求短期利润最大化的定价策略，若处置不当，会影响企业的长期发展。因此，在实践当中，特别是在消费者日益成熟、购买行为日趋理性的今天，采用这一定价策略需要谨慎。

2. 渗透定价策略

这是与撇脂定价相反的一种定价策略，即在新产品上市之初将价格定得较低，吸引大量的购买者，扩大市场占有率。利用渗透定价策略的前提条件有：

1）新产品的需求价格弹性较大。

2）新产品存在着规模经济效益。

3）新产品潜在需求量大。

采用渗透定价策略的企业无疑只能获取微利，这是该定价策略的薄弱处。但是，渗透定价策略是着眼于企业长期发展的一种策略，由低价产生的两个好处是：首先，低价可以使产品尽快被市场所接受，并借助大批量销售来降低成本，获得长期稳定的市场地位和市场份额；其次，微利阻止了竞争者的进入，增强了企业自身的市场竞争力。但在利用这种策略进入国际市场时，应注意不要让进口国指控为倾销，否则有可能遭到倾销指控。另外，还要注意不要引发市场价格大战。因此对于企业来说，高价策略和低价策略何者为优，不能一概而论，需要综合考虑市场需求、竞争、供给、市场潜力、价格弹性、产品特性、企业发展战略等因素才能确定。比较现实的做法是，各自在被分割和相对垄断的市场上，采取适中定价策略，把竞争的重点放在汽车的质量性能、品种和服务上。

3. 适中定价策略

适中定价策略既不是利用价格来获取高额利润，也不是让价格制约占领市场。适中定价策略尽量降低价格在营销手段中的地位，重视其他在产品市场上更有力或更有成效的手段。当不存在适合撇脂定价策略或渗透定价策略的环境时，企业一般采取适中定价。例如，一个管理者可能无法采用撇脂定价策略，因为产品被市场看作是极其普通的产品，没有哪一个细分市场愿意为此支付高价；同样，它也无法采用渗透定价策略，因为产品刚刚进入市场，顾客在购买之前无法确定产品的质量，会认为低价代表低质量（价格 - 质量效应）；或者是因为，如果破坏已有的价格结构，竞争者会做出强烈反应。当消费者对价值极其敏感时，不能采取撇脂定价策略；同时，当竞争者对市场份额极其敏感，不能采用渗透定价策略时，最有效的方法是采用适中定价策略。

采用适中定价策略还有一个原因，就是为了保持产品线定价策略的一致性。例如，通用汽车公司雪佛兰汽车的定价水平是大多数消费者都承受得起的，市场规模远远大于愿意支付高价购买它的"运动型"外形的细分市场。这种适中定价策略，甚至当这种汽车的样式十分流行、供不应求时仍数年不变。原因在于通用汽车跑车生产线上已经有一种采取撇脂定价策略的产品——Corvette，再增加一种产品是多余的，会影响原来高价产品的销售。将大量购买者吸引到展示室尝试驾驶雪佛兰的意义远比高价销售雪佛兰能获得的短期利益要大得多。

虽然与撇脂定价策略或渗透定价策略相比，适中定价策略缺乏主动进攻性，但正确执行它也并不容易。适中定价没有必要将价格定得与竞争者一样或者接近平均水平，从原则上讲，它甚至可以是市场上最高的或最低的价格。与撇脂定价法和渗透定价法类似，适中价格也是参考产品的经济价值决定的。当大多数潜在购买者认为产品的价值与价格相当时，纵使价格很高，也属适中价格。

对于企业来说，撇脂定价策略和渗透定价策略哪种为优，不能一概而论，需要综合考虑市场需求、竞争、供给、市场潜力、价格弹性、产品特性、企业发展战略等因素才能确定。在定价的过程中，往往要突破许多理论上的限制，通过对选定的目标市场进行大量的调研和科学的分析来制定价格。

7.3.2 产品生命周期定价策略

在汽车产品生命周期的不同阶段，影响汽车定价的三个要素，即成本、消费者和竞争者都会发生变化。因此，汽车定价策略要适合时宜、保持有效，必须在适当的时候进行调整。

1. 介绍期的定价策略

汽车消费者在起初接触汽车新产品的价格敏感性与他们长期的汽车价格敏感性之间是没有联系的。大多数消费者对新产品的价格敏感性相对较低，因为他们倾向于把汽车价格作为衡量汽车质量的标志，而且，此时没有可做对比的其他品牌汽车。但不同的汽车新产品进入市场，反应是有很大差异的。例如，长城旗下豪华品牌 WEY 一经上市，销量便呈几何级增长态势，这也得益于长城旗下 VV7、VV5 的优秀销量表现；而新能源汽车却并不容易普及。

2. 成长期的定价策略

在成长期，消费者的注意力不再单纯停留在汽车产品的效用上，开始比较不同汽车品牌的性能和价格，汽车企业可以采取汽车产品差异化和成本领先策略。一般来说，成长期的汽车价格最好比介绍期的价格低。因为消费者对产品的了解增加，价格敏感性提高。但对于那些对价格并不敏感的市场，不应使用渗透定价。尽管这一阶段竞争加剧，但行业市场的扩张能有效防止价格战的出现；然而，有时汽车企业为了赶走竞争者，也可能会展开价格战。例如，在我国大力发展国有品牌的大环境下，诞生了一批比较知名的国有汽车品牌，并且国产品牌汽车越来越高端，不断与世界知名品牌汽车缩短距离。国产品牌在市场占有率上也不断增加，而在国产汽车品牌成长期期间价格战不断，国产汽车市场竞争日趋激烈。

3. 成熟期的定价策略

成熟期的汽车有效定价着眼点不是努力获得市场份额，而是尽可能地创造竞争优势。这时，市场为基本汽车产品定价的可调范围缩小，但可以通过销售更有利可图的辅助汽车产品或优质服务来调整自己的竞争地位。

4. 衰退期的定价策略

衰退期中很多汽车企业选择降价，但遗憾的是，这样的降价往往不能刺激起足够的需求，结果反而降低了企业的盈利能力。衰退期的汽车定价目标不是赢得什么，而应是在损失最小的情况下退出市场，或者是保护甚至加强自己的竞争地位。一般有三种策略可供选择：紧缩策略、收缩策略和巩固策略。紧缩策略是将资金紧缩到自己力量最强、汽车生产能力最强的汽车生产线上；收缩策略是通过汽车定价，获得最大现金收入，然后退出整个市场；巩固策略是加强自己的竞争优势，通过削价打败弱小的竞争者，占领它们的市场。

7.3.3 竞争定价策略

竞争定价策略主要包括低价竞争策略、高价竞争策略及垄断定价策略等形式。

1. 低价竞争策略

当"超越竞争者"成为企业的首要目标时，企业则可以采用以低于生产成本或低于国内市场的价格在目标市场上抛售产品，其目的在于打击竞争者，占领市场。一旦控制了市场，再提高价格，以收回过去"倾销"时的损失，获得稳定的利润。很多日本企业对这一策略的运用较为成功。Audi Sports 在进入中国市场的过程中，考虑到其竞争对手宝马的 M 子品牌以及奔驰的 AMG 子品牌进入中国市场较早，已经深入并领跑高性能车型细分市场，Audi Sport 作为后起之秀，显然盲目采取高价战略并不能赢得市场的认可。在此细分市场中，采取随行就市定价方法显然是明智的，有利于子品牌站稳脚跟。从具体操作来看，在本公司产品的性能参数优于竞争者的产品时，采取同价竞争战略；在本公司产品的性能参数弱于竞争者的产品时，在确保装备水平相当的情况下，定价在一定范围内低于竞争者。通过这种定价原则，便于产品快速导入市场，收获大量高性能用户"粉丝"，快速在细分市场中站稳脚跟，抢占市场份额。

2. 高价竞争策略

高价竞争是另一种竞争定价策略，这种策略一般只适用于产品差异化程度大、质量和性能优越、生产数量不大、品牌声誉极高的产品。

3. 垄断定价策略

竞争定价策略的第三种形式是垄断定价策略。当一家或几家大公司控制了某种商品的生产和流通时，它们就可以通过独家垄断或达成垄断协议，将这种商品的价格定为大大超过或低于其价值的高价或低价。这样，垄断企业及其组织操纵生产或市场，抑制竞争，通过高价获得超额利润，借助低价打击竞争者，将竞争者挤出市场。

7.3.4 产品组合定价策略

对大型汽车企业而言，其产品常常会有多个系列的多种产品同时进入市场销售，然而，同一企业的不同产品之间的需求和成本是相互联系的，同时它们之间又存在一定程度的"自相竞争"。这就需要企业结合相关的系列产品制定一系列的产品价格，使产品组合取得整体的最大利润。这种情况下的定价工作一般比较复杂，因为不同的产品，其需求量、成本和竞争程度等是不同的。产品组合定价策略有以下几种形式：

1. 同系列汽车产品组合的定价策略

在同一产品线中，各个产品项目有着相当密切的关系和相似性，企业可以利用这种相似性来制定同一条产品线中某一车型的较低价格，让这种低价车在该系列的汽车产品中充当价格明星，以吸引消费者购买这一系列的各种汽车产品；同时又确定某一车型的较高价格，这种高价可以在该系列中充当品牌价格，提高该系列的品牌效应，以提高整条产品线的盈利。

运用这一价格策略，能形成本企业的价格差异和价格等级，使各类产品定位鲜明，并能服务于各种消费能力层次的用户，使用户确信本企业是按质论"档"定价，给市场一个"公平合理"的定价印象。这一策略比较适合企业规模和实力都十分强的大型企业。例如，奇瑞公司对"QQ"制定的价格体系，由入门级的先锋Ⅰ型到顶级炫耀型，一共2个排量、10个价位、10款车型，汽车功能、款式等方面的差异与价位相对应，以满足不同层面经济型轿车用户的需求。

企业在采用该定价策略时，首先必须对同一产品线内推出的各个产品项目之间的特色、顾客对不同特色的评估以及竞争对手的同类产品的价格等方面的因素进行全面考虑；其次，以某一产品项目为基点定出基准价；最后，围绕这一基准价定出整个产品线的价格，使产品项目之间存在的差异能通过价格差鲜明地体现出来。

2. 选择品及非必需附带产品的定价策略

企业在提供汽车产品的同时，还提供一些与汽车相关的非必需产品，如汽车收录机、暖风装置、车用电话等。一般而言，非必需附带产品应另行计价，让用户感到"合情合理"。非必需附带产品可以适当定高价，如汽车厂商的销售展厅内摆放的几乎全是有利于展示汽车产品高贵特性的附带产品，在环境的强烈感染下，用户常常会忽视这种选择品的性价比。

3. 必需附带产品的定价策略

必需附带产品又称连带产品，是指必须与主机产品一同使用的产品，或主机产品在使用过程必需的产品（如汽车零配件）。一般来说，企业可以把主机产品的价格定得低些，而将附带产品的价格定得高些。这种定价策略既可以吸引消费者，又可以通过附带产品来弥补汽车的成本，增加企业的利润。这是一种在国际汽车市场营销中比较流行的策略。

4. 产品群的定价策略

为了促进产品组合中所有产品项目的销售，企业有时将有相关性的产品组成一个产品群成套销售。用户有时可能并无意购买整套产品，但企业通过配套销售，使用户感到比单独购买便宜、方便，从而带动了整个产品群中某些不大畅销产品的销售。使用这一策略时，要注意产品搭配合理，避免硬性搭配。

7.3.5 心理定价策略

每一种产品都能满足消费者某一方面的需求，其价值与消费者的心理感受有着很大的关系。这就为心理定价策略的运用提供了基础，使企业在定价时可以利用消费者心理因素，有意识地将产品价格定得高些或低些，以满足消费者生理的和心理的、物质的和精神的多方面需求，通过消费者对企业产品的偏爱或忠诚，扩大市场销售，获得最大效益。常用的心理定价策略有数字定价策略、声望定价策略和招徕定价策略。

1. 数字定价策略

数字定价策略就是利用数字的独特意义，对汽车的价格进行某些调整，从而激发消费者的购买欲望。对汽车价格的调整主要有两种情况：一是整数定价；二是尾数定价。

（1）整数定价　消费者因为对汽车的内在质量不是很了解，往往通过其价格的高低来判断其质量的好坏。在整数定价方法下，汽车价格常常以偶数，特别是以"0"作尾数，给消费者形成高价的印象。例如，2008年11月11日，奥迪TT汽车的最低报价定为48.0万元，不仅没有零头，而且以偶数"8"作为尾数，给人以产品的档次比较高的感觉。这样做的好处在于：①可以满足购买者炫耀富有、显示地位、崇尚名牌、购买精品的心理；②利用产品的高价效应，在消费者心目中树立高档、高价、优质的产品形象；③可以简便价格核算，给人方便、简洁的感觉。整数定价策略适用于需求的价格弹性小、价格高低不会对需求产生较大影响的商品。这是由于其消费者一般属于高收入阶层，并甘愿接受较高的价格。

（2）尾数定价　尾数定价又称奇数定价、非整数定价，是指企业利用消费者求廉的心理，制定非整数价格，而且常常以奇数作尾数。例如，2008年11月11日，南京依维柯都灵V系列汽车的最低报价定为13.97万元，东风标致207汽车的最低报价定为7.48万元，江淮瑞风穿梭系列汽车的最低报价定为9.99万元等。使用尾数定价，可以使价格在消费者心中产生一些特殊的效应：①便宜。这种定价可以在直观上给消费者一种便宜的感觉，从而激起他们的购买欲望，促进产品销售。②精确。带有尾数的定价可以使消费者认为商品定价是非常认真、精确的，连几百元都算得清清楚楚，进而会产生一种信任感。③中意。由于民族习惯、社会风俗、文化传统和价值观念的影响，某些数字常常被赋予一些独特的含义，企业在定价时如能加以巧用，则其产品可能因之而得到消费者的偏爱。例如，在我国，数字"6"和"8"常常被作为定价的尾数，而"4"在定价的时候则要有意识地避开。

在实践中，无论是整数定价还是尾数定价，都必须根据不同的地域加以仔细斟酌。例如，美国、加拿大等国的消费者普遍认为单数比双数少，奇数比偶数显得便宜；但是，日本企业却多以偶数，特别是以"0"作结尾，这是因为偶数在日本体现着对称、和谐、吉祥、平衡和圆满。值得提出的是，企业要想真正打开销路、占有市场，还是应以优质的产品作为后盾；过分看重数字的心理功能，或流于一种纯粹的数字游戏，只能哗众取宠于一时，从长远来看，最好还是改善产品质量、服务等因素。

2. 声望定价策略

这是根据产品在消费者心中的声望、信任度和社会地位来确定价格的一种定价策略。声望定价可以满足某些消费者的特殊欲望，如地位、身份、财富、名望和自我形象等，还可以通过高价格显示名贵、优质。这一策略适用于一些传统的名优产品、具有历史地位的民族特色产品，以及知名度高、有较大市场影响、深受市场欢迎的驰名商标。因此，企业会为有声望的汽车产品制定比市场同类商品更高的价格。但为了使声望价格得以维持，需要适当控制市场拥有量。英国名车劳斯莱斯的价格在所有汽车中高居前列，除了其优越的性能、精细的做工外，严格控制产量也是一个很重要的因素。例如，兰博基尼在2013年日内瓦车展上展出的只生产三辆的纪念版新型号兰博基尼Veneno。它的设计兼顾了最佳空气动力学性能和过弯的稳定性，并且具有良好的道路适应性。它的售价为300万欧元（且不含税），所有三辆已经被抢订一空。这种定价策略符合大多数人的心理，也就是有钱也买不到的东西才能称之为尊贵，超级豪车也与其他时尚奢侈品一样，偶尔会推出几款限量版，这些不会量产的尖端产品，自然不会在价格上有所妥协。

3. 招徕定价策略

招徕定价策略是指企业将某几种商品的价格定得非常低或者非常高，在引起消费者的好奇心理和观望行为之后，将消费者吸引过来，以带动其他商品销售的定价策略。这一定价策略常被汽车超市、汽车专卖店所采用。招徕定价运用较多的是将少数产品价格定得较低，吸引消费者在购买"便宜货"的同时，购买其他价格比较正常的商品。例如，某些汽车企业在某一时期推出一款车型进行降价销售，过一段时期又换另一种车型降价销售，以此来吸引消费者经常关注本企业的汽车产品，促进降价产品的销售，同时，也将带动同品牌其他汽车产品的销售。值得企业注意的是，用于招徕的降价品，应该与低劣、过时商品明显地区别开来。招徕定价的降价品，必须是品种新、质量优的适销产品，而不能是处理品。否则，不仅达不到招徕顾客的目的，反而可能使企业声誉受损。

7.3.6 地区定价策略

企业在向不同地区的顾客销售同种产品时，是否实行差别定价，这需要企业根据产品特征及其他相关因素进行分析确定。通常概括起来，地区定价策略主要包括以下几种：

1. 统一定价策略

统一定价就是企业的某种商品，对全国各地的顾客实行相同的价格，即顾客不管去哪家经销商购买，产品的价格都相同。实行这种策略，有利于吸引各地的顾客，规范市场和规范企业的营销管理。这种定价策略又可以分为两种情况：一种情况是顾客自己在经销商处提车，并自行负担提车后的有关运输费用；或者收取合理的交付费用后，由厂家或经销商负责将商品车交付到顾客家里，即非免费送货。另一种情况是厂家或经销商负责免费将商品车交付到顾客家里，属免费送货。

2. 基点定价策略

企业选定某些城市作为基点，在这些基点城市实行统一的价格，然后按一定的厂价加从基点城市到顾客所在地的费用来定价。顾客或经销商在各基点城市就近提货。例如，在制造厂商设在全国的地区分销中心或地区中转仓库提货，顾客自行负担出库后至其家里的运送费用。

3. 分区定价策略

企业将全国市场划分为几个市场销售区，各区之间的价格不一致，但在区内实行统一定价。这种定价方法的主要缺点是价格不同的两个相邻区域，处于区域边界的顾客对相同的商品，却要按不同的价格购买，容易出现"窜货"或商品的"倒卖"现象。

4. 产地定价策略

商品按产地的价格销售，企业只负责将这种产品运到某种运输工具上交货，经销商或顾客自行负责从产地到目的地的运输，并负担相应的运费和相关风险费用。这种定价策略已经不大被采用，即距离远的顾客可能不愿意购买这种汽车产品，除非在销售较为旺盛时，部分非合同销售才可能出现这种情况。

汽车品牌定价策略：如何通过定价来吸引消费者

定价是一门艺术，是包含于整体品牌战略中的策略行为，直接关系到企业、竞争者以及消费者。定价的作用绝不只是帮助汽车企业增加利润，还涉及消费者头脑中的汽车品牌定位，而且汽车定价也是一种十分重要的汽车营销手段。在激烈的汽车市场竞争中，汽车企业为了实现自己的营销战略和目标，必须根据产品特点、市场需求以及竞争情况，采取各种灵活多变的汽车定价策略，促进和扩大汽车销售，提高整体效益。

1. 汽车起售价"博弈战"

当一款新车上市的时候，起售价的高低就决定了这款车在市场上的竞争力。这个过程相当于一场复杂的市场博弈，车企需要根据同级竞争对手的销售状况进行认真的研究，制定一个合理、符合自身定位的售价。一个合理的定价不仅能够促进该车型的销售，甚至还能促使整个车企走上一个新台阶。例如，2015年8月上市的沃尔沃全新XC90，挂牌价79.8万~101.7万元。从车型尺寸上来看，沃尔沃全新XC90是冲着目前市场上大卖的2014款宝马X5来的——长、宽、高以及轴距都比其大那么一丁点。内饰和配置也可圈可点，中控"大"屏、水晶按钮、上乘皮革，制定这样的指导价，沃尔沃全新XC90就占据了市场先机。

2. 新车折扣让利并非"越便宜越好"

值得注意的是，降价促销似乎是最有效的方法，但实际效果却并非越便宜越好。目前有很多品牌都在打价格战，但是价格战很可能让这些品牌的经销商承受更多的压力，甚至陷入"价格陷阱"当中，结果是得不偿失的。所谓"价格陷阱"，以价位在12万~16万元的中级车为例，消费者在优惠5000~10000元的区间内还能保持一个比较高的满意度；但是在1万~2万元的优惠区间内，消费者的满意度并没有上升，反而呈现一个下降的趋势；当优惠上升到2万元以上的时候，才会呈现满意度的恢复。而当折扣率越过了"价格陷阱"的边界时，销量便不会达到预期目标。因此，"价格陷阱"的存在常常会使得经销商的盈利出现问题。

3. 经销商业务亟待转型

随着我国乘用车市场进入新常态的个位数增长期，车企与经销商的关系也进入新阶段。市场转为"买方市场"后，消费者不仅仅是单纯的买车，更需要愉悦的购车体验。从目前经销商的盈利组成来看，传统的盈利主体（新车销售、售后服务和零部件）的比例均有所下降。另外，二手车＋汽车保险＋车贷的利润逐年上升，成了经销商利润的第二大主体。经销商也正在逐步由销售产品转向销售"平台服务"（保险、贷款、精品附件、延长保修、汽车装饰、二手车等）。"平台服务"是成熟汽车市场的标志，也是新常态的方向。

案例讨论题：
1. 在汽车市场新常态背景下，国产品牌汽车如何在激烈的市场竞争中占有一席之地？
2. 谈谈你对"价格陷阱"的理解。
3. 结合案例材料，任选一款你熟悉的车型，分析其起售价制定的合理性。

本章小结

本章阐述了汽车产品的价格、汽车产品的定价方法和汽车产品的定价策略。7.1节介绍了汽车价格的构成、影响汽车定价的内外部因素以及汽车定价目标，分析了汽车市场供需情况、竞争情况以及汽车定价程序；7.2节介绍了汽车产品的定价方法，主要包括成本导向定价法、竞争导向定价法和需求导向定价法；7.3节分析了汽车产品的定价策略，主要包括新产品定价策略、产品生命周期定价策略、竞争定价策略、产品组合定价策略、心理定价策略和地区定价策略等。

自测习题

I. 思考题

1. 简述影响产品定价的因素。
2. 当企业定价目标为追求最大利润时,应采取哪种定价策略?
3. 争取最高利润是否就意味着制定最高的价格?为什么?
4. 假设某一汽车产品市场态势为买方市场,对一家刚投产该类汽车产品的企业而言,应采取何种定价方法?

II. 选择题

1. 某企业故意将产品的价格尾数定为"9",这属于(　　)定价策略。
   A. 数字　　　　　B. 声望　　　　　C. 招徕　　　　　D. 整数
2. 现在汽车企业通常所采取的定价方法是(　　)。
   A. 成本导向定价　B. 需求导向定价　C. 竞争导向定价　D. 差别定价法
3. 影响产品需求价格弹性的因素很多,在以下哪种情况下产品的需求价格弹性最大?(　　)
   A. 与生活关系密切的必需品
   B. 缺少替代品且竞争产品也少的产品
   C. 知名度高的名牌产品
   D. 与生活关系不十分密切且竞争产品多的非必需品
4. 丰田公司为纪念丰田佐吉诞辰100周年,推出非量产车"丰田世纪",价格昂贵,它采取了(　　)。
   A. 功能定价　　　B. 高价策略　　　C. 声望定价　　　D. 数量折扣
5. 某汽车公司,当其推出一种新产品时,定价总是比同类产品的定价低。在销售的第一年它可能获利很小,但很快就把产品打入了市场,第二、三年便会大量销售产品而获利。这采用的是(　　)策略。
   A. 撇脂定价　　　B. 渗透定价　　　C. 弹性定价　　　D. 适中定价

III. 判断题

1. 汽车定价策略是汽车市场竞争的重要手段。(　　)
2. 影响定价的因素概括起来有定价目标、产品成本、市场需求、竞争因素等。(　　)
3. 撇脂定价策略一般适用于处于成熟期的老产品。(　　)
4. 如果汽车产品价格低,其营销渠道就应长而宽。(　　)
5. 渗透定价策略适合需求价格弹性较大的产品。(　　)
6. 新产品上市,价格策略运用是否恰当,将决定着汽车产品在今后能否有广阔的市场前景,能否给企业带来稳定的利润,同时也决定着企业的市场竞争能力。(　　)

第8章 汽车分销策略

引导案例

好市多凭什么成为美国最大汽车零售商

好市多（Costco）是美国最大的连锁会员制仓储量贩店，起源于1976年加利福尼亚州圣迭戈成立的 Price Club（见图8-1）。它是会员制仓储批发俱乐部的创始者，成立以来即致力于以可能的最低价格提供给会员高品质的品牌商品。目前好市多在全世界经营超过581家卖场，分布遍及八个国家，全年营业额超过779亿美元，为超过6200万名会员提供最好的服务。在2017年6月7日发布的2017年《财富》美国500强排行榜中，好市多排名第16。2017年6月6日，《2017年BrandZ最具价值全球品牌100强》公布，好市多名列第68位。近年来，好市多逐渐扩展其产品种类和服务。过去，好市多只偏向贩售盒装或箱装的产品，现在也引进了汽车销售计划，会员可直接以特别的价格购买新车。

2014年，美国好市多卖了40万辆车，2015年卖了46.5万辆车，悄悄超越了Auto Nation，一跃成为美国最大的汽车零售商。（见图8-2）

图8-1　好市多超市

图8-2　好市多卖车成为全美第一

那么，好市多为何能卖得这么成功呢？

1）一口价，而且便宜。价格固定，消费者可以跳过讨价还价环节以及传统汽车交易商最热衷的追加销售。而且，消费者还可以相对获得更多的优惠，包括零部件、服务等方面。

2）消费习惯。美国是一个"生活在车轮上"的国家，车主对车和自我需求都很了解，这是他们愿意去超市买车的基础。

3）顾客忠诚度高。好市多是收费会员制超市，每年交55美元会费才能在这购物。

其全球付费会员总数已经超过了8103万名，老会员的续费率在美国和加拿大甚至达到了91%。会员满意度高、有黏性，这是销售基础。

2016年，好市多和雪佛兰合作，针对会员推出了特别款Silverado车型（见图8-3）；也与通用汽车公司联手，共同合作，于2016年10月1日—2017年1月3日的年末节日开展了促销活动。好市多表示，在2015年通用汽车销售活动中，它卖出（含租出）58000辆车，同比增长34%。这大大增强了各大品牌与好市多合作的信心。如今，好市多在美国和多达3000个车辆经销商合作，共同售卖车辆给会员。

图8-3　特别款雪佛兰Silverado车型

汽车分销渠道是汽车产品实现其价值的重要环节。它包括科学地确定汽车销售路线，合理地规划汽车销售网络，认真地选择汽车经销商，高效地组织汽车储运，及时地将品质完好的汽车提供给消费者，以满足消费者需求。汽车企业对其产品分销渠道的选择，不仅决定着产品能否"物畅其流"，影响企业对其他营销组合因素的决策，而且能促使企业与渠道伙伴之间形成短期难以改变的长期业务关系，并使其履行构成企业信誉的承诺义务。建立销售渠道的意义，不仅在于实现"物畅其流"，而且具有市场调研、产品推广、产品仓储、产品物流、销售服务，以及企业融资、经营避险等许多功能。

近年来，随着互联网的快速发展，汽车分销渠道的创新成为车企高管面临的最富挑战性的决策之一。

8.1　汽车分销渠道概述

产品分销是产品所有权的转移，是指产品所有权从生产者手中转移到消费者手中的过程和通道。开店分销、上门推销、电话直销、信函直销、网络直销等，都属于直接渠道的分销模式。如今互联网和大数据分销已经越来越成为产品直销的中坚力量。

当代市场营销学界权威菲利普·科特勒认为："分销渠道是使产品或服务能被使用或消费而配合起来的一系列独立组织的集合。"这就是说，分销渠道本质上是产品（服务）以一定方式，经由或多或少的购销环节转移至消费者（用户）的整个市场营销结构与过程。产品分销只是产品所有权的转移，而物流则是产品实体的转移。分销渠道可分为直接渠道和间接渠道。产品从生产者直接到消费者的，称为直接渠道，也称为直销；从生产者到消费者要经过多个中间环节（中间商）的，称为间接渠道。根据中间环节的多少，间接渠道又可分为长渠道和短渠道。

汽车是一种结构复杂、单价较高、对售后服务要求较多的产品，适宜采取短渠道分销。

8.1.1　汽车分销渠道的概念

汽车分销渠道是指当汽车所有权从汽车生产企业向最终消费者转移时，所经历的过程和通道。显然，汽车分销渠道既是沟通汽车生产者和消费者之间关系的桥梁和纽带，也是汽车价值实现的重要环节。因此，汽车分销渠道主要包括总经销商（取得汽车产品的所有权）、批发商和经销商（帮助转移汽车所有权），以及汽车分销渠道的起点生产企业、终点消费者。

汽车分销渠道是指汽车流通的全过程，而不是汽车流通过程中的某一阶段。推动汽车流通过程进行的是中间商，由中间商组织汽车批发、销售、运输、储存等活动，一个环节接着一个环节，把汽车源源不断地由生产者转移到消费者手中。

8.1.2 汽车分销渠道的意义

汽车分销渠道不仅反映汽车价值形态变换的经济过程，也反映汽车实体的移动路线。具体来说，其意义和价值主要包括以下几个方面：

1. 市场调研与信息传播

汽车分销渠道不仅是汽车产品实体的移动过程，也是汽车市场信息传递的过程。通过中间商，汽车生产企业可以了解到消费者的需求状况，收集竞争对手的营销资料，发布企业新产品的信息等。所以，汽车分销渠道的重要意义在于它是汽车市场营销活动效率运作的基础。汽车能否及时分销，销售成本能否降低，企业能否抓住机会占领市场、赢得市场，在相当程度上都取决于分销渠道是否畅通和高效。

2. 价值实现与汽车增值

现代经营管理学认为，一个企业，如果它的产品销售不出去，哪怕它的管理是世界上是最优秀的，对它的生存和发展也毫无意义。

1）汽车分销渠道对国民经济发展起到积极作用。汽车分销渠道连接着汽车生产与消费，是整个汽车工业再生产过程中的一个重要环节，起着调节产、供、销三者平衡的作用；同时，它对拉动内需、增加税收、积累资金、扩大就业也起着不可忽视的作用。

2）汽车分销渠道为汽车生产企业和汽车分销企业带来经济效益。汽车分销渠道是汽车生产企业进入市场的必由之路，是汽车企业的重要资源。对汽车企业来说，汽车分销渠道数量越多，汽车销售途径就越广，市场占有率可能越高。

3）汽车经销商也是增值力。中间商市场声誉好、销售能力强、服务质量高，不仅可以提高汽车销售的效率和效果，而且会提高汽车的增值，产生厚利多销的促销效果。

3. 汽车物流与仓储价值

汽车分销渠道的存在有助于汽车产品流通的加快，可以节约流通环节中的人力、物力、财力，减少汽车产品的储存，加快资金的周转，是汽车企业节省市场营销费用、加快汽车产品流通的重要措施。

4. 企业融资与避险价值

由于汽车分销渠道具有融资功能，中间商不仅可以为本渠道所开展的各项汽车销售工作筹集使用资金，同时可以通过预付订货货款，为企业提供切实可靠的融资来源，并为汽车企业分担可能存在的经营风险。此外，汽车分销渠道给消费者带来的利益也是显而易见的。合理的汽车分销渠道的存在，节省了汽车流通费用，降低了汽车流通过程中的销售成本，节省了消费者选购汽车的时间与精力，从而减轻了汽车消费者的负担，为其提供了便利。

8.1.3 汽车分销渠道的类型结构

汽车销售一般从生产企业出发，经过一定的中间销售环节，最后到达最终用户手中。汽车分销渠道的类型结构多种多样，按流通（分销）环节的多少，可以划分为间接渠道和直接渠道两大类型。

按参与各环节中间商数目的多少，分销渠道又可划分为宽渠道和窄渠道两大类。渠道宽度取决于渠道的每一个层次（分销环节）中间商的数量。若制造商选择较多的同类型中间商（如多家批发商或多家零售商）经销产品，这种分销渠道称为宽渠道；反之，则称为窄渠道，如独家分销策略，即当制造商希望严格控制自己的服务水准及经销商的服务水平，建立购销双方的长期合作关系时，往往在某一地区仅选择一家最合适的中间商专门销售企业产品。不同的汽车企业，往往会从自身的特点出发，选择不同的汽车分销渠道类型结构。

1. 一层渠道类型

一层渠道类型，即由生产企业转经销商直售型。汽车生产企业先将汽车卖给经销商，再由经销商直接销售给消费者。这是经过一道中间环节的渠道类型。其特点是中间环节少、渠道短，有利于生产企业充分利用经销商的力量，扩大汽车销路，提高经济效益。我国许多专用汽车生产企业、重型车生产企业都采用这种分销方式。国际上以福特、通用汽车为代表的美国企业，随后是以丰田为代表的一批日本和欧洲企业，通过电子商务，其汽车分销渠道被大大缩短，成本和库存得以降低，与顾客的交流反馈更加直接有效，顾客对企业的忠诚度也大为提高。

此种类型也称总代理型。现在汽车企业多采取内部市场化模式，将生产职能与销售职能分开，成立汽车销售总公司，专门负责本企业的汽车销售工作。

2. 二层渠道类型

二层渠道类型有以下两种模式：

（1）由生产企业经批发商转经销商销售型　汽车生产企业先把汽车批发销售给批发商（或地区分销商），由其转卖给经销商，最后由经销商将汽车直接销售给消费者。这是经过两道中间环节的渠道类型，也是分销渠道的传统模式。其特点是中间环节较多、渠道较长。一方面，有利于生产企业大批量生产，节省销售费用；另一方面，也有利于经销商节约进货时间和费用。这种分销渠道在我国大中型汽车生产企业的市场营销中较常见。

（2）由生产企业经总经销商转经销商直售型　汽车生产企业先委托并把汽车提供给总经销商（或总代理商），由其销售给经销商，最后由经销商将汽车直接销售给消费者。这也是经过两道中间环节的渠道类型。其特点是中间环节较多，但由于总经销商（或总代理商）无须承担经营风险，易调动其积极性，有利于开拓市场，打开销路。

3. 三层渠道类型

三层渠道类型，即由生产企业经总经销商与批发商后转经销商直售型。汽车生产企业先委托并把汽车提供给总经销商（或总代理商），由其向批发商（或地区分销商）销售汽车，批发商（或地区分销商）再转卖给经销商，最后由经销商将汽车直接销售给消费者。这是经过三道中间环节的渠道类型。其优点是总经销商（或总代理商）为生产企业销售汽车，有利于了解市场环境，打开销路，降低费用，增加效益；缺点是中间环节多，流通时间长。

4. 直接渠道

直接渠道也可称为零层渠道，是一种不通过任何中间商家，由汽车生产企业直接面对最终消费者的分销模式。一般来说，汽车企业开店直销、上门推销、电话直销、信函直销、网络直销，以及日益发展起来的大数据直销，都属于直接渠道的基本形式。

零层渠道类型，即汽车生产企业直接销售型，也就是汽车企业不通过任何中间环节，直接将汽车销售给消费者。显然，这是一种最简单、最直接、最短的分销渠道。其优点是产销直接见面，流通环节少，既有利于降低流通费用，也可以及时了解市场行情，迅速开发与投放满足消费者需求的汽车产品。但这种渠道类型需要生产企业自设销售机构，因而不利于专业化分工，难以广泛分销，不利于企业拓展市场。

但是，在互联网和大数据时代，直接渠道的弊端则已经不复存在。通过互联网和大数据进行直销，不仅可以突破时间和空间的限制，实现生产者和消费者的直接对接，让消费者身临其境地进行现场考察和商务洽谈，而且，借助大数据的力量，还可以更准确地掌握消费者明确的甚至潜在的心理需求，实现定制营销、投其所好的分销效果。

延伸阅读

国际新能源智能汽车体验中心落户重庆

发展新能源汽车是我国从汽车大国迈向汽车强国的必由之路，各大汽车企业纷纷加大对新能源汽车，特别是电动汽车的开发力度。小康公司开业界之先河，在重庆建成了服务全行业的公益性产业服务平台——国际新能源智能汽车体验中心（见图8-4和图8-5）。

图8-4 体验中心外观　　　　　　　　图8-5 体验中心试车场

国际新能源智能汽车体验中心位于重庆国际博览中心S8馆，占地面积达40000m^2，分为五大展区：新能源及汽车科普区，主要是对能源知识的科普教育；汽车展示区，用于展示各种新能源汽车；互动体验区，带来乐趣十足的互动体验；学术交流与俱乐部，用于业界相互学习交流；另外，户外体验区拥有2000m^{2}试驾区域、4000m试驾路线和先进的充电桩设备。

据了解，除了以上功能以外，该体验中心作为一个开放式产业服务平台，更为产业打造了集四大平台于一身的体系：

（1）国际国内新能源智能汽车展示平台　在注意力紧缺的时代，新能源智能汽车能够经常性地展现在各界人士面前，对品牌宣传起着极其重要的作用，也是产品销售最直接的渠道。

（2）创新思想与学术交流平台　新能源产业蓬勃发展，技术、设计、营销、公共设施等，几乎每一个课题都能瞬间引爆产业内各种思维的碰撞。为了给业界人士提供一个创新思想和学术交流的空间与平台，体验中心特别在功能设置、服务、圈层等方面下足功夫，期望能聚集各种人才和思想，为产业增添更多活力和创意。

（3）信息数据交换平台　体验中心庞大的人流，每时每刻都在表达着对各种产品、技术的偏好，而这些偏好数据的收集和处理，无疑是产业一笔巨大的公共财富。为此，体验中心采用了一套智能化运营系统，用于采集各种数据。未来，这里将成为新能源智能汽车消费数据中心。

（4）公众体验与互动平台　以互动体验为核心，体验中心不仅已经装备了众多互动性体验设备，如光能飞行、激流挑战、风能、潮汐能等各种有趣的设施，未来还将通过

技术合作，开发更多能够体现各品牌技术特色的互动性设施。

目前，体验中心首批展示车型有来自全球的宝马 i3、奔驰 smart、大众 up！、特斯拉 70D 和 85D、通用雪佛兰 Volt、丰田雷凌双擎等，以及国内的启辰晨风、小康公司旗下商用车瑞驰 EC35、乘用车 EC360 等共计 18 个品牌、26 辆电动车。后期将会有更多的全球知名品牌入驻。

8.2 汽车分销渠道的构建

在构建汽车分销渠道时，汽车制造商决定什么是最佳渠道可能不成问题。在比较小的市场，企业可以直接销售给零售商或大客户；在比较大的市场，它可以通过专业经销商销售产品。在某个地区，它可以采用独家经销；在另一个地区，它可以通过所有愿意经销这一产品的零售商出售商品。问题的关键是，如何选择并说服目标市场中的一个或几个合适的中间商来经销某一汽车产品或品牌。所以，要建设理想的汽车分销渠道，必须充分考虑方方面面的因素，并在此基础上做出正确的决策。

8.2.1 影响分销渠道选择的因素

汽车分销渠道构建必须考虑产品性质、企业特点、中间商性质、市场状况、社会环境等多方面因素。特别是在选择中间商时，必须对中间商的性质和作用有比较充分的了解。

1. 企业因素

汽车分销渠道的选择与汽车生产企业之间的关系，主要表现在以下方面：

（1）企业的实力　这里所谓的实力，既是指企业的经济实力，也包括企业的社会声誉，即企业的知名度和美誉度。财力雄厚、规模大的企业，有能力选择较固定的中间商经销产品，甚至建立自己控制的分销系统，或采取短渠道；反之，则依靠中间商。企业声誉是一面旗帜，声誉越高，越可以自由地选择分销渠道，甚至可以建立自己的销售网点。

（2）企业的经营能力　汽车营销是一门艺术。消费不是凭理智购买，却能够凭感觉拒绝。就消费心理而言，具有爱屋及乌的特点，因为喜欢你，才会听你的。就此而言，企业的经营能力，以及经过学习和实践积累起来的分销经验，就成了影响汽车分销的重要因素。汽车生产企业选择分销渠道，还必须考虑自己的管理能力与经验，如果缺乏市场营销方面的经验与能力，就应多依靠中间商。有些企业为了有效控制分销渠道，宁愿花费较高的渠道成本，建立短而窄的渠道；反之，根据成本等因素，采取较长且宽的分销渠道。

（3）企业可能提供的服务　汽车生产企业所能提供的服务越多，越能引起中间商销售其产品的兴趣；反之则不然。现阶段，一些国内企业要求建立"3S 店"［即整车销售（Sale）、零配件供应（Spare Part）、售后服务（Service）］或"4S 店"［即整车销售（Sale）、零配件供应（Spare Part）、售后服务（Service）、信息反馈（Survey）］的愿望日益强烈，表明了服务在分销渠道中的重要作用。

2. 产品因素

汽车是一种技术复杂、价值较高、国家监管较为严格的商品，应努力减少中间环节。以下几个方面是影响汽车分销的产品因素：

(1) 销售频率较低　汽车的购买比较特殊,销售频率不及日用品,宜由较少的零售商销售。

(2) 品种规格较少　汽车的品种规格较少而产量一般较大,可以由中间商销售。

(3) 时尚性较弱　汽车的时尚性相对于时装、玩具等还是弱一些,故渠道的长短要求在这方面也相对较弱。但对于具有较高时尚性的新车型,或一些特殊规格、式样的汽车,以及具有特殊功能的专用汽车,宜以较短渠道或由企业直接向用户销售;而对款式不易变化的汽车产品,分销渠道可以长些。

(4) 技术性强　汽车具有较强的技术性,汽车产品技术复杂,用户对其维修服务要求较高,需要经常提供售后服务,故渠道的长度和宽度都不宜过大,宜采用直接渠道或短渠道。

3. 中间商因素

汽车分销中间商是指介于汽车生产企业与消费者之间,参与汽车流通、交易业务,促成汽车买卖行为发生和实现的经济组织或个人。显然,中间商具有平衡市场需求、集中和扩散汽车产品的功能,在汽车分销渠道中起着十分重要的作用。汽车分销中间商按其在汽车流通、交易业务过程中所起的作用,可分为总经销商(或总代理商)、批发商(或地区分销商)和零售商(或特许经销商)。

汽车总经销商(或总代理商)是指具有国家规定的汽车总经销商和品牌经销商资质条件,受汽车生产企业委托在某一区域内全权代表汽车生产厂家开展汽车销售活动的经销商。汽车总经销商(或总代理商)把汽车销售给经销商,最后由经销商将汽车直接销售给消费者。总经销商(或总代理商)无须承担经营风险,积极性高,厂家依靠汽车总经销商(或总代理商)易于开拓市场,打开销路。

汽车特许经销商是指由汽车总经销商(或汽车生产企业)作为特许授予人(简称特许人,Franchiser)按照汽车特许经营合同要求以及约束条件授予其经营销售某种特定品牌汽车的汽车经销商(作为特许被授予人,简称受许人,Franchisee)。对于汽车经销商来说,只有具备一定的条件才可以成为汽车特许经销商,主要有独立的企业法人地位、一定的汽车营销经验和周转资金。

无论哪一种形式的汽车中间商,一般都具有两个方面的基本功能:一是调节汽车生产企业与最终消费者之间在汽车供需数量上的差异。这种差异是指汽车生产企业所生产的汽车数量与最终消费者所需要的汽车数量之间的差别。二是调整汽车生产企业与最终消费者之间在汽车品种、规格和等级方面的差异。汽车分销中间商的具体功能有以下几个方面:

(1) 商品转移功能　由于供需双方在地域、时间、信息沟通、价值评估及对汽车所有权等方面存在着差距,供需双方自行完成汽车交易有一定的困难。而中间商的积极工作可以消除上述差异,从而沟通生产企业和最终消费者,促成汽车交易,使汽车顺利地从生产领域转移到消费领域。

(2) 市场营销功能　中间商的价值就在于其能代替汽车生产企业执行所有的市场营销职能,如进行市场调查、市场开发、汽车储运、售后服务工作;同时,中间商还能为生产企业提供商业信贷,催收货款,帮助汽车生产企业在消费者中树立信誉,拓宽产品市场。

(3) 产品增值功能　中间商进行汽车运输和存储,提供售前、售中和售后服务,从而增加了汽车的价值。

(4) 信息反馈功能　中间商最了解汽车市场的情况,知道哪些汽车畅销,哪些汽车滞销。这样可以及时把信息反馈给汽车生产企业,使汽车生产企业能够根据汽车市场的情况组织生产，避免生产中的盲目性。

具有批发资质的中间商，还具有销售管理功能。批发商应通过销售管理，使经销商在自己的领域内规范、高效地开展销售工作，减少经销商之间的内耗，合理处理各类渠道冲突，稳定销售价格，更好地集中精力开拓市场，服务顾客。它主要进行供需矛盾的协调、销售计划的制订和执行、销售模式的转换以及对经销商销售网络的重组；进行经销商购车结算、资金管理和业绩评估；根据所管辖地区的现状制订培训计划以及开展多方面培训；对经销商进行硬件与非硬件指标体系的评估、用户满意度的考核；建立信息系统网络，完善汽车产品客户信息，提高销售管理效率和客户服务水平。

4. 市场因素

市场因素主要是指潜在顾客规模、地理分散程度、顾客集中度、交易准备期和平均订货数量等方面对渠道选择的影响。概括起来，有以下几个方面：

（1）市场的大小　市场的大小直接影响着是否选择批发商和零售商。如果汽车市场过大或过小，一般借助中间商的力量比较合适。

（2）市场的地理位置　市场集中与否是采用间接与直接分销渠道的一个因素。市场比较集中，可进行直接销售；反之，则需要通过中间商。汽车市场相对比较分散，密集度有高有低，中间商还是很重要的。市场范围越大，分销渠道相应越宽；相反，则可窄些。

（3）市场竞争情况　汽车市场由于生产厂家较多，生产能力过剩，在分销渠道方面的竞争很激烈。通常，同类产品应与竞争者采取相同或相似的分销渠道。一般来说，采用与竞争者同样的分销渠道比较容易占领市场。但也有例外，如广州本田汽车和上海通用的别克汽车利用在我国"后来居上"的优势，在产品投放市场初期，即大力开展建设高规格的专卖店销售体系，一反常规，取得了成功。在竞争特别激烈时，则应伺机寻求有独到之处的分销渠道。

（4）消费者的购买习惯　消费者对汽车购买的方便程度的要求、购买汽车的数量、购买地点及购买方式等，也会影响汽车生产企业选择不同的分销渠道。

5. 社会环境因素

社会环境因素主要是指影响汽车分销的外在客观因素，如经济与市场因素、政治与法律因素、自然与人口因素、文化与科技因素等对汽车分销的影响。其中，经济与市场因素、政策与法律因素对汽车分销的影响，具有相当高的敏感性。

（1）经济与市场因素　经济是市场发育的基础，市场是经济发展的必然。当社会经济形势好、发展较快时，分销渠道的选择余地就大；而当出现经济萧条、市场需求下降时，就应该减少不必要的中间环节，使用较短的渠道。如我国家用轿车的消费环境越来越好，企业可考虑增加渠道或使渠道拓宽，使一般的县市都能有汽车销售市场。

（2）政治与法律因素　政治是经济的集中表现，法律则是政治的集中表现。国家的政策与法律具有强制性的影响力。就此而言，汽车分销渠道的选择必须遵守有关汽车分销的政策与法规，如专卖制度、反不正当竞争法、反垄断法规、进出口规定、税法、价格法、消费者权益保护法等，使用合法的中间机构，采用合法的销售手段。

由于汽车商品的特殊性及各汽车生产企业自身因素的不同，在当前的社会环境条件下，涌现出多种渠道模式，但是，对现有的渠道模式还需要进一步调整、优化。这要求各汽车生产企业对上述各种影响因素加权评分，进行定量分析和定性分析，在经济性原则、时间性原则、竞争性原则、应变性原则和消费者满意原则的制约下对自身的渠道进行评价，进而拟定比较完善的分销渠道。

8.2.2 汽车分销渠道的决策

汽车企业在构建分销渠道时，必须在理想的渠道和实际可能利用或新建的渠道之间做出选择。这一决策过程一般要经过分析消费者对渠道服务提出的要求，确定渠道目标和限制条件，制订可供选择的渠道方案，评估主要渠道方案，以及设计汽车分销渠道五个阶段。

1. 分析消费者对渠道服务提出的要求

构建市场营销渠道的第一步，是要了解目标市场上的消费者购买什么、在哪里购买和怎样购买，即分析消费者的这些购买特点对分销渠道服务水准的要求，以及考虑渠道提供这些服务的能力与费用。这些要求通常表现在下列三个方面：

（1）一次购买批量的大小　例如轿车市场，像车队会批量购买，家庭一次只购买一辆，因而应为大客户购买者和家庭购买者分别建立渠道。

（2）商品多样化　顾客往往要求商家提供多样化的产品组合，以方便其挑选。而产品组合的宽度越大，相应要求的服务水准就越高。

（3）服务支持　服务支持是指分销渠道提供的附加服务。提供的服务支持越多，渠道的工作量也越大。

2. 确定渠道目标和限制条件

渠道目标是在企业营销目标的总体要求下，所选择的分销渠道应达到的服务产出目标。这种目标一般要求所建立的分销渠道达到总体营销规定的服务水平，同时使整个渠道费用减少到最低（或合理）程度。企业可以根据消费者需要的不同服务要求细分市场，然后决定服务于哪些分市场，并为之设计选择最佳渠道。

3. 制订可供选择的渠道方案

企业在确定了目标市场和期望的服务目标后，必须明确选定几个主要的渠道方案。选择渠道方案涉及三个因素：中间商类型、中间商数量和渠道成员的参与条件与应负责任。

（1）中间商类型　企业首先要明确可以完成其渠道任务的中间商类型。根据目标市场及现有中间商的状况，可以参考同类产品经营者的现有经验，构建自己的分销渠道方案。如果没有合适的中间商可以利用或企业直接销售能带来更大经济效益，企业也可以设计直销渠道或直复营销渠道。

（2）中间商数量　企业必须确定在每一渠道层次利用中间商的数目，由此形成所选择分销渠道的宽度类型，即密集式分销、选择性分销或独家经销。

汽车产品一般采用独家经销分销，只有因特殊的目的或市场潜力与现有经销商能力不匹配时才考虑增加同一区域经销商的数量。

（3）渠道成员的参与条件与应负责任　汽车制造商必须确定渠道成员的参与条件与应负责任。在交易关系组合中，这种责任和条件主要包括：

1）价格政策。企业制定出的价格目录和折扣标准要公平合理，能被中间商认可。

2）销售条件。这是指付款条件和制造商承诺，为中间商解除后顾之忧，促使它们批量进货。

3）经销商的区域权利。这是渠道关系的一个重要组成部分，应通过法律文件加以明确。

4）各方应承担的责任。应通过制定相互服务与责任条款，来明确各方责任。

4. 评估主要渠道方案

在这一阶段，需要对几种初拟方案进行评估，并选出能满足企业长期目标要求的最佳方案。评估方案可以从经济性、可控性和适应性等几个方面进行。

（1）经济性标准评估　主要是比较每个方案可能达到的销售额水平、费用水平、经济效益的大小。首先要考虑哪一种做法会带来较高的销售额；其次要考察每一渠道的销售费用。例如，销售代理商多为小公司或大公司在较小的分市场中销售产品时所采用。

（2）可控性标准评估　利用独立的中间商或代理商，可控程度较低。渠道越长，控制问题就越突出。对此需要进行多方面的利弊比较和综合分析。

（3）承担一定的义务　如果市场环境发生变化，承诺将降低制造商的适应能力。为此，应考察企业在每一种渠道方案中承担义务与经营灵活性之间的关系，包括承担义务的程度和期限。对一种涉及长期（如5年）承担义务的渠道的选择，一般只有在经济性或可控性方面的条件非常优越时，才能予以考虑。

总之，营销渠道的构建是汽车生产企业的基础工作之一。构建理想的分销渠道是制造企业占领市场的首要工作，汽车生产企业无一不给予足够的重视，尤其是当新产品进入市场时，需要对分销渠道进行整体规划和精心设计。

5. 设计汽车分销渠道

汽车分销渠道的设计是一项比较复杂的工作，在考虑企业自身因素的同时，尤其要充分考虑营销环境、竞争品牌、客户需求等外部情况。根据美国渠道学权威路易斯·W. 斯特恩（Louis W. Stern）提出的"用户导向分销系统"设计模型，可以将汽车渠道战略设计过程划分为五个阶段，共14个步骤。

（1）当前环境分析　这一阶段包括第1~4步。要求通过这些步骤，对目前分销渠道的状况、覆盖的市场范围及其对企业的绩效、面临的挑战，有清晰的认识和准确的把握。

第1步：审视企业渠道现状。通过对企业过去和现在销售渠道的分析，了解企业以往进入市场的步骤；各步骤之间的逻辑联系及后勤、销售职能；企业与外部组织之间的职能分工；现有渠道系统的经济性（成本、折扣、收益、边际利润）。

第2步：了解目前的渠道系统，即了解外界环境对企业渠道决策的影响。宏观经济、技术环境和消费者行为等环境要素对分销渠道结构有重要影响。渠道设计和改进始终面临着复杂变化的环境挑战。一般地说，渠道环境越复杂、越不稳定，客观上就越要求对渠道成员进行有效控制，而同时也要求渠道更具有弹性，以适应迅速变化的市场。这种高弹性和高控制是相矛盾的。设计者必须根据对环境要素和行业发展状况的分析，考虑不同的备选渠道方案。

第3步：收集渠道信息。对企业及竞争者的渠道环节、重要相关群体和渠道有关人员进行调查分析，获取现行渠道运作情况、存在问题及改进意见等方面的第一手资料。

第4步：分析竞争者渠道。分析主要竞争者如何维持自己的地位，如何运用营销策略刺激需求，如何运用营销手段支持渠道成员等。具体列出这些资料，以便了解主要竞争威胁及直接挑战竞争者所应采取的大致策略。一般采取避开竞争者的渠道较容易取得成功，但也有成功利用竞争者渠道取得成功的先例。

（2）制定短期的渠道对策　在这一阶段，设计者应根据前面的调研分析的结果，把握渠道战略可能做出某些调整的机会，进行短期"快速反应"式调整。

第5步：评估渠道的近期机会。综合第1~4步获得的资料，进一步分析环境变化，特别是竞争者的渠道策略变化带来的机会。如果发现企业在渠道策略执行中有明显错误或竞争者的渠道有显而易见的弱点时，就应当果断采取对策，以免错失良机。

第 6 步：制订近期进攻计划。这是一个将焦点放在短期策略上的计划，即"快速反应"计划。这种计划通常是对原渠道策略的适时、局部调整。

（3）渠道系统优化设计 这一阶段包括第 7~10 步，要求设计人员"忘掉"以前已有的分销系统，摒弃惯性思维，一切从零开始，进行全新渠道的设计。

第 7 步：终端用户需求定性分析。这一步的关键是了解在服务输出过程中，最终用户想要什么。一般要考察以下因素，即购买潜在价值、分销网点的信息、技术支持、运输和等待时间（最终用户关心的是运输时间还是运输安全性）、产品的多样化或专业化（最终用户愿意选择大卖场还是 4S 店）。

第 8 步：最终用户需求定量分析。在了解用户需要何种服务产出的基础上，本步骤将进一步了解这些服务产出（如地点便利性、低价、产品多样性、专家指导等）对用户的重要程度，并比较分析这些特定要求对不同细分市场的重要性。做这种分析有大量调研方法可供使用，如相关分析法、混合模型或及时总量模型等。

第 9 步：行业模拟分析。这一步骤的重点是分析行业内外的类似渠道，剖析具有高效营销渠道的典型企业，发现并吸纳其经验与精华。

第 10 步：设计"理想"的渠道系统。这是关键的一步。目标是建立能最好地满足最终用户需求的"理想"分销渠道模型。为此，首先，要认真评估第 7~9 步调研分析得出的服务产出聚类特性整合到渠道中去是否可行，这常常需要收集和充分听取熟悉分销的专家和其他人员的观点；其次，要论证渠道将上述服务产出传递到相应的细分市场需要做出哪些努力，即设置哪些渠道功能才能保证满足客户的期望；最后，要确认各分销功能由何种机构承担，才能带来更大的整体效益。

构建"理想"渠道系统时，应尽可能周密考虑下列问题：有哪些没有价值的职能（如过多的销售访问）可以削减，而又不会损害客户或渠道成员的满意程度？有没有多余的行为可以削减，以使整个系统成本最低？某些任务是否可以删除、重新确定或合并，以使销售步骤最少、周转时间缩短？能否使某些行为自动化（如电子商务），以减少产品到达市场的单位成本？是否存在改进信息系统，以减少调研、订单进入或报价阶段的行为成本的机会？等等。

（4）限制条件与鸿沟分析 本阶段要求对拟订出的"理想"渠道方案的现实限制条件进行调研分析，并比较分析"理想"渠道系统同现实渠道系统的差异，为最终选定渠道战略方案提供依据。

第 11 步：设计管理限制。具体包括对管理者的偏见、管理目标和内部、外部强制威胁的详尽分析。本步骤要通过与渠道方案的执行人员进行深入访谈，了解未来的方案能否被认可和执行。要综合分析本企业的政策、管理目标、组织结构和文化传统，了解传统观念和做法的力量有多强；新方案的证据和逻辑力量是否足以使方案获得通过；企业是否有这样的人（包括渠道主管），具有足够的权力和威信保证渠道变革的实施，等等。应当允许管理层对渠道方案提出各种疑问和限制。他们可以就有关效率（如成本－收益关系）、效益（市场份额、投资回报率等）和适应性（投入资本的流动性、营销新产品能力、应用新技术的能力等）等方面提供限制意见，并列出在企业可能采用的所有分销渠道中，明确什么是或什么应该是目前或将来的目标。

此外，还应当调查了解渠道系统设计的约束条件，如是否有无法更改的行规。许多行业有历来严格遵守的行规，有的做法已成为法律。例如美国汽车行业，经销商系统已存在 60 余年，基本上是无法改变的。部分原因是美国汽车分销法律结构的要求，还有部分原因是行业惯例和价值观将经销系统变得不可侵犯。

将所有合理或不合理的目标和限制条件明白地列出来，就可以看到改变分销渠道的各种困难。这时，设计者应将这份清单转变为调查工具，分发到企业内与分销有关的所有人员手中，让他们进一步做出类似销路设计的权衡分析。然后再分析这些数据，以确定目标和限制条件的相对重要性，拟订出受"限制"的分销系统方案。

第12步：鸿沟分析。这一步要对三种不同的分销系统进行比较，分析其差异即鸿沟。这三种系统分别是"理想"的（用户导向）系统、现有系统和管理"限制"的系统。

（5）渠道战略方案决策 本阶段要根据前面调研分析的结果选择分销战略方案，设计构建最佳渠道系统。

第13步：制订战略性选择方案。这一步从检验管理偏见的有效性开始。方法是将目标和限制条件陈述给企业外部人员和内部挑选出来的人员，评估其合理性，是否不可改变，以及改变可能带来的损益；接着，召开非正式会议，分析说明管理层的定位和理想定位之间的差距（这里的前提是高级管理层应当一直支持理想系统的关键步骤）。高级管理层应回顾过去出现的"限制"（目标和约束）因素对理想系统的影响，说明这些限制怎样才能尽可能与用户的期望统一起来。然后，应当列出宏观环境和竞争机会的制约。最后，综合以上信息和意见，决定达至理想系统所需要的对原系统进行重新构建的原则。

第14步：最佳渠道系统决策。最后一步是让"理想"的渠道系统（第10步得出）绕过管理层保留或认可的目标和制约，形成充分吸纳了整个过程（13步）中合理要求的最佳分销渠道系统方案。最佳系统可能并不是"理想"的系统，但它将能最大限度地满足管理层的质量（传递最终用户的满意度）、效率、效益、适应性标准。

8.2.3 汽车经销商的招募

一个好的渠道方案的实现，关键是能否招募到理想的经销商，特别是当汽车经销不再是迅速聚财的"香饽饽"时，富有远见的汽车生产企业就必须采取一系列的方法策略来争取到理想的经销商。通过整合性地采用会议展览、人员游说、网站营销等策略，借助专业的企业信息数据库、广泛的行业协会合作关系，在较短时间内，多渠道、全方位地接触、沟通和影响目标渠道代理商，高效地达成渠道招商目标，快速实现产品对目标市场的覆盖。

1. 招募经销商的策略

（1）会展策略 通过会议和商品展示的方法，把潜在渠道商召集在一起，营造气氛，展示产品竞争力和市场前景，以引起渠道商的兴趣，通过各种手段，吸引他们竞相签订协议。厂商可以从众多商家中选择理想的渠道商。

会展招商要取得成功，必须注意以下几个方面：

1）周密策划。会展招商要取得成功，必须充分准备，对目标渠道商的兴趣、展会地点、会议时间要综合考虑，以系统的观点确定最优方案。要加大宣传与客商邀请工作，特别是对重点客商，需要借助多方力量主动邀请。这方面的工作可以委托一家在当地有实力的咨询公司帮助实施。会议中要留给双方进行一对一的项目交流与洽谈的机会。特别是要了解当地企业对哪些内容感兴趣，使会议内容安排能够做到既有的放矢，又使参会方有所收获。

2）最好请政府高层领导出访参加会展活动，这样会引起当地政府的重视，也会使当地有影响力的企业高度关注。

3) 取得行业协会、有关咨询公司或已经在该行业取得成功的企业帮助。在招商推介会上，最好安排已经在当地取得成功的企业做交流发言，因为当地企业对它们发言的信任度比较高。

另外，会议组织最好请当地专业公司承办，除非当地会展水平有限，则需要更专业的公司介入。这样会议的质量比较高，效果会更好。

（2）游说公关策略　与会展策略不同，游说公关策略主要是针对事前明确的目标进行说服。游说古今中外被广泛应用于影响当权者的政策制定，战国时晏子使楚、商鞅说秦，都是典型的游说事例。在今天的美国，游说已成为一个职业。2004年，美国游说业用在游说联邦政府上的费用高达21亿美元。

游说泛指通过多方活动陈述自己的建议、主张，希望自己的建议、主张被采纳、实施。招商中的游说，主要针对有实力的经销商和大客户的决策组织核心人物，组织公关团队采取多种方式说服他们重视游说方的建议、主张，最终改变态度，采纳游说者的主张，达到合作的目的。游说要取得成功，可以针对游说对象制订相应方案、采取有效方式展开。常用的方法有以下几种：

1) 提供专项调查研究报告。向目标渠道商提供系统数据与论证，使游说言之有据，避免游说对象产生对立情绪。

2) 研讨或者讲座。西方以午餐讲座最多，主讲者与评论者阐述，听众可以提问与质疑，游说对象被邀请在听众之中。

3) 旅行考察。将游说对象组织起来开展考察活动。很多美国政界人士会参与类似活动，比如美中关系全国委员会就组织美国的市长代表团与国会助理代表团访华，但是这需要专门向相关单位备案报告。

4) 间接辅导。游说机构有意识地利用媒体、决策机构内部媒体、针对游说对象的培训进修项目，利用这些途径传达所需要传达的信息，同时也维护与这些人的关系。

（3）互联网策略　互联网作为新兴的媒介平台，如今已成为众多企业宣传推广的主要渠道。企业招商离不开宣传，传统广告费用和参展费用过于高昂，而现在使用网络招商推广，寻求全国各地经销商，全面开拓市场，投入较低，不少宣传还是免费的。更重要的是，有实力和远见的企业，除了自建网站招商外，还把招商广告长期与品牌宣传链接起来。由于互联网招商具有很大的不确定性，因此，它主要是基于把渠道建设作为一项长期工作来实施而采取的招商策略。常用的方法有以下几种：

1) 吸引咨询。互联网常常按照行业和区域划分为若干内容频道，针对目标客户进行快速、低成本的招商信息传播。吸引咨询需要事先制订有效的网络招商推广方案，精选出与汽车相关的网站投放招商广告信息。这些网站平均每天都有数以万计的访问者，他们对汽车经销比较感兴趣，因而能将产品充分展现给最可能有意向的经销商；特别是利用首页5s全屏彩页，能震撼地冲击每一个访问者，配之以Flash广告，让汽车品牌给访问者留下深刻的印象，吸引全国各地经销商咨询回函；然后利用营销函要约经销商，促使其产生意愿，参观洽谈，并最终签约。

2) 加强沟通建设网上的互动平台。在网上构筑诚信品牌是网上招商的基本条件。委托专业公司在一些专业网站上设立一个论坛，经常去论坛与经销商沟通，真心交流，建立一个企业和经销商共有的"家"，这也是一种很好的宣传方式。口碑营销可以保证持续不断的访问和巨大的顾客群，让经销商对中小企业建立信任，从而提高招商签约率。

3) 加强企业官方网站建设。许多企业都有自己的网站，并在网站的首页设立招商专栏。设立专栏需要注意的是不要让网站浏览者填写过多的注册信息，因为网站浏览者一般是无意识看到的，事前没有准备花太多时间用于某项事情的处理上，如果简单，就会有更多的人进入。然后，由招商信息专员负责跟踪，最后进行筛选、发函邀请。这是一项长期的工作，特别是用于经销商补充和后备经销商储备方面，可以起到不可或缺的作用。

2. 优选经销商

在获得多个准经销商后，就可以对其进行评价优选。评价优选要注意以下几点：

1）企业可以综合考评它们的开业年限、经营汽车产品范围、盈利及发展状况、财务支付能力、协作愿望与能力和以信誉等级为主的一系列条件。

2）如果是销售代理商，还要进一步考核其经营的其他汽车产品种类、性质以及销售人员的规模和素质。

3）对于要求独家经销的大型零售商，如汽车贸易公司，则需要侧重评估其销售地点的位置、布局、将来发展的潜力和顾客类型。

关于渠道成员选择，国内外学者做过很多研究，典型的是借鉴罗杰·潘格勒姆（Roger Pegram）提出的最具综合力和影响力的选择渠道成员的标准，通过德尔菲法得到的汽车营销渠道成员选择评估指标体系。该指标体系，从综合能力、预期合作、市场及产品覆盖面、信誉四大方面对被考核对象进行综合实力的考核与评估。具体来说，汽车营销渠道成员选择评估指标体系从开业时间、发展历程及经营表现、资金实力和财务状况、综合服务能力、经营机制及管理水平六个因素对被考核对象进行综合能力的考核；从战略目标及经营理念一致性、合作精神及企业文化两个因素来考虑被考核对象的预期合作实力；从地理位置、经营范围、产品结构和专业知识四个因素对被考核对象进行产品及覆盖面的考核；从资金信用度和业界美誉度两个因素来评估被考核对象的信誉。当企业同时面对多个备选经销商时，就会从这四大方面（14个因素）的角度来对各考核对象进行综合评估，最后根据评估结果选择综合实力最强的被考核对象作为本企业的经销商。

8.3 汽车分销渠道的管理

汽车分销渠道的管理主要包括对各类中间商的具体指导、服务、考核、激励，以及根据情况变化调整渠道方案和协调渠道成员间的矛盾。

8.3.1 渠道成员的指导与服务

1. 对汽车经销商的指导

对汽车经销商的指导主要是业务指导，而业务指导是营销渠道管理工作中最频繁、最重要的经常性管理活动。它主要包括：

1）对汽车经销商进行汽车知识，即汽车贯标、性能、特色的指导。

2）对汽车经销商进行汽车促销策略、谈判技巧，以及商务法规、价格政策、激励措施等方面的指导。

3）对汽车经销商进行销售店堂布置、汽车形象展示，以及店堂音乐、温度、灯光等方面的指导。

2. 对汽车经销商的服务

1）加强对经销商进行促销的支持，促进营销，提高资金利用率，使之成为经销商的重要利润源。

2）对经销商提供产品服务支持，妥善处理营销过程中出现的产品损伤、顾客投诉、顾客退货等问题，切实保障经销商的利益不受无谓的损害，保证顾客投诉处理的正确性。

3）加强对经销商订货的结算管理，规避结算风险，保障制造商的利益；同时，避免经销商利用结算便利制造市场混乱。

4）加强经销商培训，增强经销商对企业理念、价值观的认同以及对产品知识的掌握。还要负责协调制造商与经销商之间、经销商与经销商之间的关系，尤其对一些突发事件，如价格涨落、产品竞争、产品滞销以及周边市场冲货或低价倾销等干扰市场的问题，要以协作、协商的方式为主，以理服人，及时帮助经销商消除顾虑、平衡心态，引导和支持经销商向有利于产品营销的方向转变。

3. 对汽车经销商的考核与激励

（1）对汽车经销商的考核　对中间商的工作绩效要定期考核或评估。评估的目的是及时了解情况，发现问题，以便更有针对性地对不同类型的中间商实施激励和推动工作；对长期表现不佳者，果断中止关系。

对汽车经销商的考核，主要包括对汽车销售额的考核、对销售回款率的考核、对顾客满意度的考核和对顾客投诉率的考核四个方面。

（2）对汽车经销商的激励　由于中间商是独立实体，它们在处理同供应商、顾客的关系时，往往偏向于自己和顾客一方，认为自己是顾客的采购代表，讨价还价，其次才考虑供应商的期望。所以，欲使中间商的分销工作达到最佳状态，制造商应对其进行持续不断的激励。激励中间商通常可采取三种方式：合作、合伙与经销规划。

1）合伙。汽车制造商着眼于与经销商或代理商建立长期的伙伴关系。首先，企业仔细研究并明确在销售区域、产品供应、市场开发等方面，制造商和经销商之间的相互要求；然后，根据实际可能，共同商定在这些方面的有关政策，并按照其信守这些政策的程度确定职能奖酬方案，给予必要的奖励。

2）经销规划。这是一种更先进的激励方式。其主要内容是建立一个有计划的、实行专业化管理的垂直市场营销系统，把制造商与经销商双方的需要结合起来。汽车制造商在企业内设立"经销商关系规划部"，其任务是了解经销商的需要，制订交易计划，帮助分销商以最佳方式经营。该部门引导经销商认识到它们是垂直营销系统的重要组成部分，积极做好相应的工作便可以从中得到更高的利润。

8.3.2　渠道成员绩效评估

对中间商的工作绩效要定期评估。评估的目的是及时了解情况，发现问题，以便更有针对性地对不同类型的中间商实施激励和推动工作；对长期表现不佳者，果断中止关系。

评估标准一般包括汽车销售定额完成情况、平均存货水平、促销和培训计划的合作情况、货款返回状况以及对顾客提供的服务等。其中，一定时期内各经销商实现的汽车销售额是一项重要的评估指标。具体评估有以下三种方法：

1）横向比较。汽车制造商可将各中间商的销售业绩分期列表排名，目的是促进落后者力争上游，领先者努力保持绩效。但有时销售额列表排名评估往往不够客观。

2）纵向比较。将中间商的汽车销售业绩与其前期做比较。

3）定额比较。根据每一中间商所处的市场环境及其销售实力，分别制定出其可能实现的汽车销售定额，再将其销售实绩与定额进行比较。

8.3.3 渠道成员间的矛盾协调

不管渠道设计如何精良，管理如何优秀，渠道成员之间总会出现冲突和矛盾，需要加以协调和解决。

1. 渠道冲突的类型

渠道冲突主要有以下三种类型：

（1）垂直渠道冲突　即同一渠道中不同层次之间的冲突。如制造商与批发商、经销商之间，批发商与零售商之间，可能就购销服务、价格和促销策略等方面发生矛盾和冲突。

（2）水平渠道冲突　即某渠道内同一层次成员之间的冲突。如特许经销商之间的区域市场冲突，零售商之间对同一品牌的价格战等。

（3）多渠道冲突　即同一制造商建立的两条以上渠道向同一市场出售产品引起的冲突。如汽车企业在同一地区通过几家经销商销售，当地又有品牌专营店，汽车制造商自己又开店直销，三者之间会引起冲突和不满等。

导致上述渠道冲突的原因主要有：①各自的目标不同；②没有明确的授权；③对未来的预期不同；④中间商对制造商过分依赖，由此会产生一系列冲突。渠道冲突有些是结构性的，需要通过调整渠道的方法来解决；有些则是功能性的，可以通过管理手段加以控制。

2. 渠道冲突的协调

渠道成员间矛盾冲突的协调，从管理控制方面考虑主要有：

（1）确立和强化共同目标　不管职能有何差异，渠道成员有其共同目标，如生存目标及市场份额、高品质、消费者满意度等。管理者要有意识地激发成员的共同目标意识，引导它们紧密合作，战胜威胁，追求共同的最终目标价值。

（2）在两个或两个以上渠道成员之间交换人员　其办法是互相派员到对方的相关部门工作一段时间，促进彼此之间的了解，更好地从对方角度考虑问题。

（3）合作　这是指一个组织为赢得另一组织领导者的支持所做的努力，包括邀请对方参加咨询会议、董事会等，使其感到其建议受到重视，以及表达合作诚意并根据对方意见合理修订有关政策，以有效减少冲突。

（4）发挥行业组织的作用，加强渠道成员之间的业务沟通　如通过商会、工商联合会，组织专题研讨会，对商贸工作中的一些热点问题广泛交换意见，促进各方的了解和做好工作。

（5）根据法律程序解决冲突　当冲突经常发生或冲突激烈时，有关各方可以采取谈判、调解和仲裁办法，根据法律程序解决冲突，以保证继续合作，避免冲突升级。

美国汽车经销商会制度（NADA）

全美汽车经销商协会（the National Automobile Dealers Association，NADA）是美国汽车流通领域的行业组织，成立至今已经90余年历史，注册会员16500个，代表了在美国市场销售的36个汽车品牌，是美国汽车行业中极具影响力的经销商组织。NADA成立于1917年，第一次年会在芝加哥汽车展期间举行，当时有138名代表参加。NADA经历了不平凡的发展历史，为推动美国乃至世界汽车产业的发展做出了积极的贡献。

成立之初，协会给100多位制造商写信请求帮助，但仅有33名回复了。到1920年，NADA的员工发展到6人，1924年在芝加哥举行的年会已经有2000人参加；到1934年年初，NADA已经拥有20000名积极的、主动付费的会员，到年底则达到了30000人。

NADA的使命始终为经销商和产业争取利益，并积极参与各项公益服务。NADA多年致力于游说和改善经销商的关系，呼吁取消10%的新车税等。NADA统一和系统化了地方和州经销商协会，在首都建了一座8层的建筑，建立了货车建议委员会，并且为经销商及其家庭制订了退休计划。1979年，"汽车运动"策划了一个"You Can If You Plan"（心想事成）的广告来告诉消费者，如果他们超前计划，则他们就会有足够的汽油使用。

正如麦卡锡（McCarthy）总裁的感言："我们经历了无数的挑战——两次能源禁令，一次经济衰退。但是，人们对汽车的热爱——那才是最强大的动力"。NADA的未来会有更多从未有过的经历，也会有更多的人致力于NADA的事业并引领全球汽车产业驰骋未来。

8.4 汽车分销渠道的调整与变革

汽车分销渠道的调整与创新对汽车销售企业开拓汽车市场并有效运营具有举足轻重的作用。近年来，我国汽车工业得到了长足的发展，现代汽车营销模式更加注重吸收、推广和应用国内外成功的汽车营销经验和技术。汽车分销渠道创新是支撑汽车营销体系高效运作的关键。

8.4.1 汽车分销渠道的调整

由于汽车消费者购买方式变化、市场扩大或缩小、新的分销渠道出现，致使现有渠道结构已不能带来最高效的服务产出。在这种情况下，为了适应市场环境变化，现有分销渠道经过一段时间运作后，往往需要加以修改和调整。

汽车生产企业调整分销渠道，主要有以下两种方式：

1. 增减某一渠道成员

这属于结构性调整，立足于增加或减少原有渠道的某些中间层次。企业做这种调整需要进行经济增量分析，即分析增加或减少某个中间商，将会对企业的销售量、利润等重要经济指标带来何种影响，影响程度如何，以及对其他经销商的需求、成本和情绪会产生什么影响等问题。

2. 增减某一分销渠道

当在同一渠道增减个别中间商不能解决主要问题时，企业就会考虑采取增减某一条分销渠道的方式。这属于功能性调整，立足于将一条或多条渠道工作在渠道成员中重新分配。例如，某汽车公司发现其经销商注重经营商用车市场而忽视家用轿车市场，导致其家用轿车销售不畅。为了促进家用轿车市场的开发，就需要增加一条新的分销渠道。做出这样的决定也需要进行系统分析。

当汽车分销渠道不能通过简单的增减解决问题时，就要进行渠道的变革与创新。分销渠道的变革与创新，包括汽车分销渠道的整合、汽车分销渠道的联合、汽车分销渠道的网络化等。

8.4.2 汽车分销渠道的整合

由于许多企业在初创时期对汽车营销渠道的发展缺少严密科学的论证，甚至存在无计划性、渠道层级冗长、缺乏效率、成员复杂，经销商与厂家之间、经销商与经销商之间、不同层级经销商之间，往往在利益、文化观念等多个方面冲突不断，造成汽车销售网络的混乱。因此，汽车制造商不得不对原有的营销渠道进行创新变革，通过对原有营销渠道的整合增强自己对分销渠道的控制能力，以达到企业营销目标。

1. 汽车分销渠道整合的内容

所谓汽车分销渠道的整合，是指汽车经销商及其下设的汽车代理商所组成网络的整合活动。它是一个系统工程，具体内容包括组织整合、信息整合和文化整合。

（1）组织整合　汽车分销渠道的组织整合是指对汽车经销商的优胜劣汰、对网络结构的改善、对渠道营销效率的提高、对渠道的差异化和互补水平的提高等。

（2）信息整合　汽车分销渠道的信息整合，一方面是指市场信息整合到制造企业，充分发挥 4S 店的调研功能，收集并向各自汽车制造商反馈顾客本身的信息、顾客对具体车型的意见和建议以及对服务的建议等信息；另一方面，以汽车制造商为核心，以经销商为主体，开展整合营销传播，充分发挥其特定汽车品牌的营销传播功能，使不同地区的消费者感受到相同的品牌形象，接受同样的服务内容。

（3）文化整合　汽车分销渠道文化整合的核心是推行文化营销，使渠道成员统一到共同的价值观、共同远景的文化平台上来。

2. 汽车分销渠道的整合过程

汽车分销渠道整合是一个系统工程，要进行分销渠道整合，必须开展决策过程、实施过程和支持系统三大板块的整合工作。决策过程的整合是开展渠道整合的基础，它必须由整合的目标和具体措施这两大子系统支持。对实施过程的整合，首先要梳理经销过程中的各种关系，然后在此基础上开展经销商评估工作，最后筛选出合格的经销商。而对支持系统的整合则是渠道良好运行的保障，它包含物流系统、信息系统、培训系统以及配件系统等其他支持系统的整合工作。

汽车分销渠道的整合，首先是建立在科学合理的决策基础之上的，整合的目的必须有利于企业市场竞争能力的提升，有利于汽车销量的增加，有利于企业对渠道的控制；其次，进行整合实施，对现有分销渠道或网络的关系进行梳理，建立评估机制以进行现状评估，对汽车经销商进行筛选；最后，整合支持系统，汽车分销渠道的有效运行是建立在物流系统、信息系统、培训系统以及配件系统等众多其他系统协调高效运作前提下的，特别是在产品知识、产品卖点、销售技巧、营销政策理解、目标市场分析等方面，厂家和经销商之间需要沟通协调，经销商也迫切需要汽车制造商提供相关的产品、销售和市场方面的培训。对经销商培训的内容有销售现场管理规范、服务管理规范、客户关系管理、网络管理培训、市场研究方法、经营管理理念、市场营销、人力资源管理、领导艺术和绩效考察办法等；对汽车制造商市场部人员培训的内容有产品知识、谈判技巧、沟通与协调能力、市场研究方法、网络计算机知识、客户关系管理、促销技巧等；对维修人员培训的内容有业务接待流程、技术水平、用户维修档案、用户追踪回访等。此外，在某些汽车制造商建立的驾驶员学院中，也可以进行某些汽车使用维护等方面的培训。

8.4.3 汽车分销渠道的联合

目前，我国汽车分销特别是乘用车的分销是以品牌4S店为主的模式。这种4S店的渠道模式存在三大问题：①投资大，经营成本高，经销商风险大；②品牌单一，目标市场狭窄，难以满足市场多层次的要求；③无法提供有竞争力的薪金，人才匮乏，使多数4S店意识落后，缺乏长远规划，信息反馈功能形同虚设，管理和服务专业化水平难以提升。基于以上问题考虑，汽车生产企业和经销商开始探索汽车分销渠道的联合，对渠道的联合具有本能的冲动。从目前情况来看，以下几种渠道的形式是目前针对以上三大问题较为有效的应对措施：

1. 多品牌、多功能汽车超市

成熟的汽车经销商为了规避风险、降低成本，在同一地区投资多个不同品牌的汽车专卖店（如上海永达和南京朗驰），朝着品牌多样化、服务多样化的多品牌汽车超市方向发展。

集咨询、选车、上牌、落户、汽车金融服务、汽车保险服务、汽车售后服务、二手车业务于一体的汽车营销新业态汽车超市，既保持了品牌专卖店的优势，又降低了汽车经销商的经营风险；既满足了消费者货比三家的需求，又大大方便了卖主；更有积极意义的是，汽车超市节省了社会资源。因此，汽车超市既符合社会发展趋势，又符合经销商的内在驱动力。对经销商来说，经营汽车超市投资相对少，经营可以规模化，同品牌市场竞争相对有序；多品牌经营可以降低成本，最终降低经营风险。同时，相比投资巨大的4S店，汽车超市占用的社会资源要少得多。汽车经销行业应力求适应政府关于建设节约型社会、落实科学发展观的号召，而汽车超市符合政府政策要求，符合绿色营销、社会营销的发展方向。

汽车超市虽然受《汽车品牌销售管理实施办法》的限制，但目前汽车超市通常是由一些有实力的、手上掌握多个汽车品牌销售网络资源或代理权的运营商及经销商运作的，或者是从其他4S店进货的二、三级经销商入市经营。无论是车厂还是车商都必须尊重市场，有更多的汽车品牌必将选择汽车超市等销售业态来生存和发展，而且，目前国内主要汽车生产厂家表示能接受多品牌汽车超市。在国外，汽车超市形式的汽车零售随处可见，如高速公路边、机场边。随着我国经济的发展、生活水平的提高和汽车售后服务与维修业的社会化发展，汽车超市必将得到快速发展。例如，成都置信经典、北京经开国际汽车汇展中心、北京东方基业国际汽车城、上海国际汽车城、长春汽贸城、亚泰名车超市、苏宁环球汽车城的成功都是很好的佐证。

2. 汽车连锁经营

汽车连锁经营是有实力的大型汽车销售集团为了规避风险降低成本，在不同地区投资多个相同品牌或不同品牌的汽车专卖店。例如，中国亚飞汽车经销商集团，以及广东的广东物资集团汽车贸易公司、新协力集团有限公司等。

大型汽车销售集团的出现是资源集中的结果，而资源集中除了资本的高效运转之外，也体现在管理资源的整合上，特别体现在市场部的工作上。集团对市场广告、市场调研等常规行为进行整合，可以降低成本，达到资源投入产出的最佳结果，使销售集团下属的4S店相比一般4S店能够获取更多、更好的市场支持。在人力资源方面，销售集团也存在明显的优势。目前汽车行业十分缺乏优秀的管理和销售人才，集团内部各家4S店之间人才的流动有利于建立合理的人才培养机制，更有利于人尽其用。

汽车连锁经营的核心竞争力在于，这种渠道模式很好地适应并满足了中国的消费形式与特点。连锁企业尤其是全国连锁，使得其订单量相较其他形式的渠道要大，订单量大必然要求制造商为其提供更低的价格或更优惠的车型，优惠的价格又使其销售量进一步加大，销售量的进一步加大又使连锁企业有更强大的实力从制造商处得到更低的价格和更优惠的车型，从而进一步降低汽车价格。特别是经济型及中档车型，这部分消费者群体对价格较为敏感，是连锁超市发展的基点。大型汽车营销集团全国连锁经营的典范是唐山冀东物贸集团，旗下拥有近百家 4S 店，经营触角北上内蒙古，南下湖南、江西，特别在其大本营河北境内，销售网络已经基本覆盖每一个地级市。

不管连锁企业定位于哪种档次的汽车，它都要求具有出色的管理能力和强大的自有资金或融资实力来买断制造商的产品资源。同时，这种连锁经营有可能造成厂家对连锁企业的失控和价格上的混乱而遭到汽车生产厂家的抵制。因此，汽车超市除发挥连锁经营优势外，还是应该向以汽车售后服务、汽车配件经营为主的汽车后市场方向转换，以化解矛盾和风险。

8.4.4　汽车分销渠道的网络化

借助电子商务可以实现汽车分销渠道的电子化，它在我国具有很大的发展潜力。互联网技术的发展扩展了汽车的分销渠道，提供了全新的消费模式。汽车厂商利用电子商务提高对顾客的服务水平，降低企业的经营成本，使顾客需求信息迅速地传递到制造商手中，使供应链上的各个环节都能对顾客需求变化做出迅速反应，大大缩短交易周期，同时降低供应链上每个环节的库存，减少浪费，降低企业经营成本。汽车电子商务包括企业上网、网上市场调研、网络分销联系、网上直接销售等。在网络上开辟市场的最大优点是能跨越时空和地域，直接同世界各地的用户接触。这种新的销售方式对汽车销售产生了巨大的影响：

1）汽车电子商务改变了传统的汽车销售方式。只要输入汽车厂商的网址，用户便可以方便地进入某个汽车 4S 店的销售网络，进行查询、购买等活动。

2）汽车电子商务为用户提供了方便。用户只要轻击鼠标，就可以在网络中自由选择，可以根据自己的爱好任意订购汽车产品，选择不同的汽车颜色，并且，计算机屏幕上可以即刻显示出用户选择后的汽车立体模型，为用户提供直觉感受，就好比亲临现场一样。

3）用户可以在各大汽车公司的网站之间任意转换，对同类型汽车进行价格、性能等方面的比较，比较内容可以具体到某个零部件、某项汽车性能指标等，从而买到更满意的汽车产品。

除了以上三种渠道的调整与创新外，还有线上线下相结合的方式。汽车分销渠道的创新是永无止境的，任何模式都不可能是一成不变的，一定会随着市场环境的变化和经济的发展而发展变化。各种汽车分销渠道模式将会长时期共存，并不断创新。

北汽福田公司的营销文化

商战如兵战。在商战中，北汽福田公司（简称福田公司）何以成为胜者？营销文化创造了市场空间。

1. "一、二、三"的营销准则

在福田公司成立之初，总经理王金玉提出了"用户第一、经销商第二、福田公司第三"的营销准则。福田公司的营销准则很直白，开宗明义地讲明了福田公司的效益观。这种营销准则不是以福田公司自我为中心，中间反映出深刻的内涵：福田公司的营销不是单打独斗，而是与经销商建立了良好的合作关系,组成了利益联盟,在营销活动中,努力做到"双赢"。

(1) 让经销商赚钱　福田公司把经销商的利益同企业利益看得一样重要,福田公司赚钱的前提是让经销商赚钱,在合作中福田公司做的第一件事就是教经销商赚钱。由于福田公司是多产业化经营,经销商自然也是多元化的,20世纪末的福田有汽贸公司、农机公司、农机推广站等,不同的经销商有不同的赚钱方式和渠道,也有各自的局限性,可谓"尺有所短,寸有所长"。营销公司经常帮经销商进行"诊断",给经销商"支着儿",或者把其他经销商好的促销方法告诉它们,以提高经销商的盈利能力。

(2) 为经销商制造卖点　福田公司的产品再好、经销商再为福田公司尽心尽力,没有卖点,照样不会吸引顾客。对此福田公司十分重视,积极制造卖点。福田公司有专门的营销策划委员会,由总经理亲自挂帅,成员由营销公司、经销商、社会专业调查公司和广告公司的有关人员组成。营销策划委员会定期召开会议进行策划,以引导市场,创造市场。"福田小卡"的广告词"不大不小,用着正好",就是策划的结果。它极为准确地概括了"福田小卡"的产品定位和产品性能,使用户在微型货车和轻型货车之间找到了一个"不大不小、用着正好"的产品。"福田小卡"的策划可以说是福田营销的经典案例,产品一投放市场就激起了用户的购买欲望,一时间成为用户追逐的产品,形成了热销局面,创下了月销售6000辆的佳绩。

善于进行营销策划,制造卖点,使福田公司的营销变得很"聪明"、很"理智",在市场中争取了主动,也等于给了经销商一把开启市场的"金钥匙"。

2. 用文化造就一支"铁军"

福田营销公司的1600名将士不断提高自身素质,构成了福田公司的营销方阵。他们活跃在全国各地,靠什么把这支"分散"的队伍组织起来?营销公司在统一营销人员思想的同时,加强制度建设,加大考核力度,从制度上对营销人员进行激励与约束。

3. 价值分享抢占先机

通过20多年的发展,福田营销文化又焕发了新的光彩。在福田公司看来,商用车是关联度最高、产业链最长的产业之一,供应商、制造商、经销商、服务商等价值链各环节"同甘易、共苦难"似乎已是产业的一种常态。福田公司视制造企业和合作伙伴始终是共同协作、共兴共荣的上下游关系。今日福田公司提出了建立一个以目标消费人群为核心,包括整车制造商、零配件供应商、销售商、维修商在内的"价值共同体",构建更具向心力、凝聚力和战斗力,能够保证企业可持续发展的"绿色生态圈"。

2017年8月,福田公司主动与平置水泥搅拌车发明人郭宏伟先生联系,要为他设计专用底盘。平置水泥搅拌车是针对传统搅拌车重心高、通过性差的痛点而开发的,是一项世界领先的国家发明,但在样车没有出来之前,很多企业不敢合作,福田公司敢于和上游企业一起承担风险,主动为其研制配套底盘,抢占了新一代水泥搅拌车市场的先机。

福田公司作为商用车品牌的后起之秀,如其文化味十足的品牌名称一样,始终把自己放在产业链的命运共同体之中,在车联网、大数据、云计算大潮之中,加紧构建以客户为中心的生态系统,加速迈向福田工业4.0。

案例讨论题:

1. 福田公司作为商用车汽车后起之秀,成功的原因是价值分享,还是自强不息?
2. 假如你是销售总经理,你将如何管理1000人的营销队伍?
3. 福田公司能培养出乔·吉拉德式的人物吗?

本章小结

汽车分销渠道是指汽车所有权从生产者手中转移到消费者手中所经历的过程和通道，按流通环节的多少可以分为直接渠道和间接渠道。影响汽车制造商选择分销渠道的因素是多种多样的，包括产品性质、企业特点、中间商性质、市场状况、社会环境等。分销渠道的决策过程一般要经过分析消费者对渠道服务提出的要求，确定渠道目标和限制条件，制订可供选择的渠道方案，以及评估主要渠道方案四个阶段。汽车分销渠道的管理主要包括对各类中间商的具体指导、服务、考核、激励，以及根据情况变化调整渠道方案和协调渠道成员间的矛盾。互联网时代，汽车分销渠道的调整与创新通常有渠道的整合、渠道的联合、渠道的电子化等形式。

自测习题

Ⅰ. 思考题

1. 什么是分销渠道？为什么说影响汽车制造商选择分销渠道的因素是多种多样的？
2. 简述互联网对汽车分销渠道的影响。
3. 为什么要进行分销渠道管理？进行汽车分销渠道管理要开展哪些工作？
4. 简述汽车分销渠道的调整与创新。

Ⅱ. 选择题

1. 消费品中的便利品、工业品中的辅助品，消费者对其购买的便利性极为重视，故应采用（　　）分销战略。
   A. 密集式分销　　B. 选择型分销　　C. 独家分销　　D. 合作制分销

2. 企业选择分销渠道时，经常会受到所在国家或地区经济形势及有关法规的影响，当出现经济萧条、衰退时，企业市场需求下降，通常会减少一些中间环节，此时采用的是（　　）。
   A. 密集式分销　　B. 选择型分销　　C. 独家分销　　D. 短渠道

3. 长渠道和短渠道相比，下列哪个是不正确的？（　　）
   A. 长渠道的覆盖面比较广　　　　　　B. 长渠道更加容易发生窜货
   C. 采取长渠道的企业风险大　　　　　D. 短渠道的价格更加有竞争力

Ⅲ. 判断题

1. 分销商介入渠道交易能够减少交易次数，因此，使用的分销商越多，渠道销量就越高。（　　）
2. 窜货也包括良性窜货，并非所有的窜货都应该加以制止。（　　）
3. 垂直渠道模式是由生产、批发、零售商组成的统一的联合体。（　　）

第 9 章 汽车促销策略

引导案例

"汽车推销大王"乔·吉拉德的故事

乔·吉拉德，1928 年 11 月 1 日出生于美国底特律市的一个贫民家庭。35 岁以前，乔·吉拉德患有相当严重的口吃，换过 40 多个工作仍一事无成。35 岁那年，乔·吉拉德负债高达 6 万美元。然而，谁能想象得到，3 年之后，乔·吉拉德以年销售 1425 辆汽车的成绩，打破了汽车销售的吉尼斯世界纪录。从此之后，他连续 12 年平均每天销售 6 辆车，至今无人能破。那么，他的秘诀是什么呢？

（1）250 定律　在每个顾客的背后，都大约站着 250 个人。在乔·吉拉德的推销生涯中，他每天都将 250 定律牢记在心，抱定生意至上的态度，时刻控制着自己的情绪，不因顾客的刁难，或是不喜欢对方，或是自己心绪不佳等原因而怠慢顾客。乔·吉拉德说得好："你只要赶走一个顾客，就等于赶走了潜在的 250 个顾客。"

（2）名片满天飞　乔·吉拉德到处递送名片，在餐馆就餐付账时，他要把名片夹在账单中；在体育场观看比赛前，他把名片大把大把地抛向空中，名片漫天飞舞，飘散到运动场的每一个角落。乔·吉拉德就是这样，时刻不忘记向每一个人推销。

（3）建立顾客档案，更多地了解顾客　乔·吉拉德说："在建立卡片档案时，你要记下有关顾客和潜在顾客的所有资料，包括他们的孩子、嗜好、学历、职务、成就、旅行过的地方、年龄、文化背景及其他任何与他们有关的事情，这些都是有用的推销情报。有了这些资料，你就会知道他们喜欢什么，不喜欢什么，你可以让他们高谈阔论、兴高采烈、手舞足蹈……只要你有办法使顾客心情舒畅，他们不会让你大失所望。"

（4）猎犬计划：让顾客帮助你寻找顾客　乔·吉拉德的一句名言就是"买过我汽车的顾客都会帮我推销"。如果他介绍别人来买车，成交之后，每辆车他会得到 25 美元的酬劳。1976 年，猎犬计划为乔·吉拉德带来了 150 笔生意，他付出了 1400 美元的猎犬费用，收获了 75000 美元的佣金。

（5）推销产品的味道，让产品吸引顾客　乔·吉拉德在和顾客接触时，总是想方设法让顾客先"闻一闻"新车的味道。如果顾客住在附近，乔·吉拉德还会建议他把车开回家，让他在自己的太太、孩子和领导面前炫耀一番，顾客会很快地被新车的"味道"

所陶醉。新车的"味道"已深深地烙印在他们的脑海中，使他们难以忘怀。

在汽车推销史上，乔·吉拉德以自己独特的方式，一生共推销出去了1万多辆汽车，并因此被人们誉为"汽车推销大王"。

在市场经济条件下，企业的前途和命运并不取决于它的生产水平，而取决于它的销售能力。就此而言，可以认为，汽车促销既是产品价值的实现形式，也是企业价值的实现形式，具有非常重要的意义。

9.1 汽车促销组合

9.1.1 汽车促销的概念

汽车促销是指企业营销部门通过一定的方式，将汽车产品信息及购买途径传递给目标顾客，激发顾客的购买兴趣，强化购买欲望，甚至创造需求，从而促进汽车产品销售的一系列活动。汽车促销的实质是传播与沟通汽车信息，其目的是促进汽车销售，提高汽车市场占有率，以及增加企业的收益。为了沟通市场信息，企业可以采取两种方式：一是单向沟通，即要么是"卖方向买方"的沟通，如广告、展示、说明书、宣传报道等，要么是"买方向卖方"的沟通，如顾客意见书、评议等；二是双向沟通，如汽车销售员上门推销、汽车展示销售等方式，即买卖双方相互沟通信息和意见的形式。无论采用何种方式沟通市场信息，促销具有以下含义：

1）汽车促销首先要通过一定的方式进行。汽车促销方式一般包括两大类：人员促销和非人员促销。非人员促销具体又包括公共关系、销售促进和广告三个方面。促销策略的实施，事实上也是各种促销方式的具体运作。

2）汽车促销的任务就是达成汽车买卖双方的信息沟通。一方面企业作为商品的供应者或卖方，面对广泛的消费者，需要把有关汽车的信息传达给汽车用户，使他们充分了解，借以进行判断和选择；另一方面，在汽车促销过程中，作为汽车买方的用户，又把对汽车企业及产品或服务的认识和需求反馈给汽车经营者，促使汽车厂家根据市场需求进行生产。所以，汽车促销的实质是汽车经营者与汽车用户的信息沟通，是一种由汽车经营者到用户和由用户到汽车经营者的不断循环的双向沟通。

3）汽车促销的最终目的是促进汽车产品和服务的交易。通过运用各种促销手段，引起用户注意，使他们对汽车企业所发出的产品和服务信息感兴趣，触发需求动机，进而采取购买行为，实现汽车产品和服务的转移。

9.1.2 汽车促销的作用

在现代社会中，汽车促销活动至少具有以下重要作用：

（1）提供汽车信息　通过促销宣传，可以使顾客知道企业生产经营什么产品，有什么特点，到什么地方购买，购买的条件是什么等，从而引起顾客注意，激发并强化购买欲望，为实现和扩大销售做好舆论准备。

（2）突出汽车产品特点，提高竞争能力　促销活动通过宣传企业的产品特点，提高产品和企业的知名度,加深顾客的了解和喜爱,增强信任感,从而提高企业和产品的竞争力。

(3) 强化企业形象,巩固市场地位　恰当的促销活动可以树立良好的企业形象和商品形象,能使顾客对企业及其产品产生好感,从而培养和提高顾客的忠诚度,形成稳定的顾客群,可以不断地巩固和扩大市场占有率。

(4) 刺激需求,影响顾客的购买倾向,开拓市场　这种作用尤其对汽车新产品推向市场效果更为明显。企业通过促销活动诱导需求,有利于汽车新产品打入市场和建立声誉。汽车促销也有利于培育潜在汽车需要,为汽车企业持久地挖掘潜在汽车市场提供可能性。

总之,汽车促销的作用就是花钱买市场。但企业在进行促销组合决策时,应有针对性地选择各种促销方式的搭配,兼顾促销效果与促销成本的统一。

9.1.3　汽车促销组合

所谓汽车促销组合,就是把人员促销、营业推广、广告宣传、公共关系等各种不同的促销方式有目的、有计划地结合起来,并加以综合运用,以达到特定的汽车促销目标。企业在制定汽车促销组合策略时,应考虑下述因素:

(1) 汽车促销目标　确定最佳汽车促销组合,需考虑汽车促销目标。汽车促销目标不同,应有不同的汽车促销组合。如果汽车促销目标是提高汽车品牌的知名度,那么,汽车促销组合的重点应放在广告和营业推广上,辅之以公共关系宣传;如果汽车促销目标是让顾客了解汽车产品的性能和使用方法,那么,汽车促销组合应采用适量的广告、大量的人员促销和某些营业推广;如果汽车促销目标是立即取得某种汽车产品的促销效果,那么,重点应该是营业推广、人员促销,并安排一些广告宣传。

(2) 汽车"推动式"销售与"拉引式"销售　在汽车销售渠道中,采用"推动式"销售还是"拉引式"销售,对汽车促销组合有较大影响。"推动式"销售是一种传统式的销售方式,是指汽车企业以人员促销为主要手段,首先争取中间商的合作,将汽车产品推销给总经销商或批发商,利用中间商的力量把新的汽车产品或服务推向市场,推向用户,如图9-1所示。

"推动式"策略是在汽车制造商与中间商对新产品或服务的市场前景看法比较一致、双方愿意合作的情况下经常采用的手段。运用这种策略,对制造商来说,相较"拉引式"策略风险小,推销周期短,资金回收快;但其前提条件是要有中间商的共识与配合。

"拉引式"销售是一种以市场为导向的销售方式,是指汽车制造商(或中间商)针对最终用户,利用广告宣传、公共关系等促销方式,激发用户需求,经过反复、强烈的刺激,使汽车用户向中间商指名购买这一汽车产品,这样,中间商必然要向汽车制造商要货,从而把汽车产品拉进汽车销售渠道,如图9-2所示。

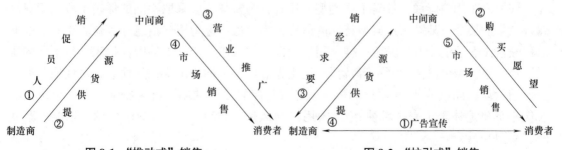

图 9-1　"推动式"销售　　　　　　　　图 9-2　"拉引式"销售

在通常情况下，企业也可以把上述两种策略配合起来运用，在"推动"的同时进行"拉引"，用双向的促销努力把汽车产品或服务推向市场，这比单独地利用"推动式"策略或"拉引式"策略更为有效。也就是说，制造商在向中间商进行大力促销的同时，通过大量的广告宣传刺激市场需要。其程序如图9-3所示。

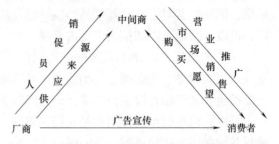

图9-3 "拉引式"策略与"推动式"策略配合运用

（3）汽车市场特征 不同的汽车市场，由于其规模、类型、潜在用户数量的不同，应该采用不同的促销组合。规模大、地域广阔的汽车市场，多以广告宣传为主，辅之以公共关系；反之，则宜以人员促销为主。汽车用户众多却又零星分散的汽车市场，应以广告宣传为主，辅之以营业推广、公共关系；反之，则宜以人员促销为主。潜在汽车用户数量多的汽车市场，应采用广告宣传，有利于开发需求；反之，则宜采用人员促销。

（4）汽车产品档次 不同档次的汽车产品，应该采用不同的促销组合。一般说来，广告宣传一直是各种档次汽车市场营销的主要促销工具；而人员促销是中、低档汽车的主要促销工具；营业推广则是高、中档汽车的主要促销工具。

（5）汽车产品生命周期 汽车产品生命周期的阶段不同，促销目标也不同，因而要相应地选择、匹配不同的促销组合。

在介绍期，促销目标是使用户认知汽车产品，建立产品的"知晓度"。此时应主要采用广告宣传介绍汽车产品，选派销售人员深入特定用户群体详细介绍汽车产品，并采取展销等方法刺激用户购买。

在成长期，促销目标是建立产品的"知名度"，吸引用户购买，培养其汽车品牌偏好，继续提高汽车市场占有率。此时仍然可以广告宣传为主，但广告的内容应突出宣传汽车品牌和汽车特色；同时也不要忽略人员促销和营业推广，以强化产品的市场优势，提高市场占有率。

在成熟期，促销目标是建立产品的"创新度"，战胜竞争对手，巩固现有市场地位。此时需要综合运用促销组合各要素，应以提示性广告和公共关系为主，并辅之以人员促销和营业推广，以提高汽车企业和汽车产品的声誉，巩固并不断拓展市场。

在衰退期，应把促销规模降到最低限度，尽快处理库存，集中精力于售后服务，进而建立品牌的"偏爱度"。

（6）汽车用户画像 针对不同类型的用户行为特征，应采取不同的促销手段。用户画像是汇集了某个或某类用户典型特征的虚构人物，也被称为用户信息标签化。正如彩虹的七种颜色代表了上百万种颜色一样，用户画像就像是用一个虚拟的图像代表大量不同的实际用户，把一个个鲜活的消费者特征，运用大数据技术抽象出来，从而有针对性地开展各类促销活动。如风神AX4用户画像，就是要把年轻炫酷的用户行为特征，在一个虚拟的人像中形象地体现出来。风神AX4的用户画像是泛"90后"、时尚、新潮、炫酷、互联网、小型SUV。

延伸阅读

汽车消费者消费行为洞察

未来10年，汽车产业将会真正进入大数据时代。

随着智能汽车的发展，汽车正面临全面数据化、智能化。在汽车营销领域，特别是汽车用户的行为数据化，将成为车企的竞争利器。如驾驶习惯、行车路线、维修保养记录、地理位置等信息，都蕴含着巨大的价值。

例如，采集智能行车记录仪数据，就很容易获得驾驶行为、车辆轨迹、交通路况等信息。如果这个行车记录仪与云终端连通，那么通过行车记录仪拍摄的实时路况的大数据就变得有价值，如果一个城市里有几十万甚至上百万辆车都安装了这样的行车记录仪，并且可以实时上传所拍摄到的路况信息到云端，那么这个城市的所有路况信息的大数据就近在眼前了。它对其他车主也是最具价值的，可以由云端分享给需要实时路况信息的车主。甚至未来预设导航目的地和行车路线后，预测下个时段路况信息的数据结果，都可以通过云计算得出一个几乎真实的结果。这些大数据不仅可以为企业带来巨大的商业收益，更为汽车行驶和交通的智能化提供了最为基础的大数据来源。

汽车行业大数据洞察，全面透析造车、买车、卖车、养车等全产业链的各个环节，给汽车行业提供汽车舆情管理、汽车服务评价、汽车产品评价、汽车价格监测、汽车用户洞察、汽车销售线索、数据报告等一系列产品及服务。汽车大数据时代已经来临，驾驶行为大数据之于车险、维保大数据之于二手车评估、智能导航大数据之于交通智能……与汽车用户相关的海量数据的挖掘与应用，蕴含无限商机。

9.2 汽车人员促销策略

人员促销是一种起源最早的促销方式。按照现代产品促销观念，人员促销和营业推广属于"不推不销"的"推销策略"；广告宣传和公共关系则属于"不推而销"的"拉销策略"。

9.2.1 汽车人员促销策略概述

根据美国市场营销协会定义委员会的解释，所谓人员促销，是指通过销售人员与顾客的直接接触，以达到销售目的的促销方式。显然，人员促销在产品的分销渠道中属于直接销售的范畴，并具有产品直销的所有特点，如推销目的的多重性、推销手段的针对性、推销过程的情感性、信息沟通的双向性、信息反馈的及时性、推销策略的灵活性等。但是，人员促销又与专卖直销、连锁直销、拍卖直销和网络直销不同，其推销的效果如何，显然受销售人员素质的影响较大，优者可以产生"爱屋及乌"的效果，劣者也会带来"厌恶和尚，恨及袈裟"的后果。

山西汽车工业集团销售部长邢宗信对消费心理颇有研究。他在谈到市场营销中的"我"与"他"时，也曾一针见血地指出："销售人员在营销活动中，每接触一位用户，首先推销的是自己的人格，用一颗实实在在的心打动用户，让他们接受你，认可你，与你交朋友；然后再真诚地给他当参谋，帮他选择适合运输需要的车。这时，翻开你的账本，一笔一笔算给他听，就会收到好报。"一位顾客准备拿 76 万元购买进口车搞运输，山西汽车工业集团的销售人员得到消息后，马上给他算了一笔细账：一辆进口车的价格是一辆东风车价格的 4 倍，而效率却只是东风车的 1.5 倍。这么高的投入，多少年才能收回成本啊？那名顾客口服心服，于是只花了 17 万元就购买了一辆东风自卸车，一天净赚 1500 多元，四个半月就收回了车款。半年后他又来到山西汽车工业集团销售部，一次就提走了 5 辆东风车。

通过人员促销进行促销，是成功还是失败，起决定作用的因素是销售人员的素质。因此，如何选拔、培训、组织、激励销售人员，显然是一个重要问题。美国著名管理学家汤姆·彼得斯（Tom Peters）提出了"关键要素说"。他认为，对销售人员进行管理的关键是抓住以下 10 个要素：要注意选拔足够数量的销售人员；要重视对他们的培训；要赋予他们处理问题的权力；要在销售技术上支援他们；要给予他们优厚的待遇；要在他们之中提拔干部；要尊重销售人员；要倾听他们的意见；企业高层领导要花费时间和精力与他们进行交往和交流；企业应当建立行之有效的整体促销和全员促销制度。

9.2.2 汽车人员促销的特点

日本著名市场营销学家夏目志郎认为："真正优秀的销售人员，并不是在推销产品，而是在推销自己。"这就是说，如果你想让别人听你的，并按你的意见行事，只有一条道路可走——让别人真心实意地喜欢你。否则，你的努力就可能失败。

人员促销具有广告宣传等促销方式所无法比拟的优势，主要包括：

1）双向传递信息。在人员促销的过程中，销售人员可以向顾客宣传、介绍产品的质量、性能、售后服务，以及拥有产品后的好处和愉快心情等，起到促销的作用。销售人员还可以倾听顾客的意见和要求，了解顾客的态度和疑虑，收集和反馈企业在营销工作中存在的问题，为企业改进营销管理提供决策依据。

2）具有较大的灵活性。销售人员在访问的过程中可以亲眼观察顾客的反应，并揣摩顾客心理变化的过程，因而能酌情改变推销陈述和销售方法，以适合不同顾客的需要，促进最终交易的达成。

3）人员促销的针对性强，无效劳动少。广告所面对的受众十分广泛，其中有些根本不可能成为企业的顾客；而销售人员总是带有一定的倾向性，目标较明确，往往可直达顾客。

4）人员促销在大多数情况下能实现潜在交换，只要顾客确实存在对产品的需求，就会达成实际交易。

5）人员促销经常用于竞争激烈的情况。汽车是一种专业性很强的复杂商品，仅仅靠一般的广告宣传是无法促使潜在顾客购买的，而训练有素的汽车销售人员通过为顾客展示产品，并解答其疑惑，往往能促成交易。

当然，人员促销也有一些缺点，主要是成本费用较高。企业决定使用人员促销时必须权衡利弊，综合决策。

9.2.3 汽车销售人员的形象素质

汽车销售人员的素质培养包括树立专业的形象、培养良好的个性以及掌握高超的推销技巧等，而这些均需要进行培训。

1. 树立专业的形象

汽车产品是技术复杂的大宗商品，对其销售人员要求高：汽车销售人员要注意仪表礼节和内在修养；对产品技术要了如指掌；在促销方面，要着眼长远的感情投资，多为潜在顾客提供力所能及的帮助。

2. 培养良好的个性

一个优秀的销售人员，除了具有专业形象外，推销业绩还与其良好的个性有关。例如，具有良好的表达沟通能力；头脑灵活，反应敏捷，善于察言观色，善解人意；性格温和，不急不躁，善于与人相处，富有耐心。尤其在我国含蓄而注重礼尚往来的文化背景下从事推销活动，销售人员应做到不管市场是热是冷，都常与顾客走动，有生意谈生意，没有生意叙友谊，把老顾客当知己，把新顾客当朋友，不可急功近利，更不能杀鸡取卵。

3. 掌握高超的推销技巧

销售人员在推销过程中，经常会遇到各种障碍和困难，只有掌握足够的推销技巧，克服这些障碍和困难，才能取得产品推销的成功。海因兹•M.戈德曼（Heinz M.Goldman）在《推销技巧》一书中，曾经把它归纳为"阻碍达成交易的30个因素"，如心理准备不充分、组织准备不够好、规划设计不完善、效果估计不乐观、推销技巧不新颖、接受任务不主动、绩效评价不满意、拜访次数不太多、接触顾客无技巧、业务洽谈无气氛、业务拜访无把握、表达愿望无话题、消除异议无措施、遭到冷遇不适应、价值推销不理解、产品结构不了解、提问方法不会用、心理判断不正确、顾客人多不习惯、自说自话一言堂、表达能力待提高、价格谈判无对策、面对失误无举措、研究材料无兴趣、拜访次数有差距、对于顾客无感情、对于推销无热情、推销失败理由化、圆满结束办不到，以及其他经常出现的自我障碍。

"顾客永远是正确的"，汽车销售人员在掌握推销技巧的同时，必须拥有正确的销售理念。海因兹•M.戈德曼认为："顾客并非永远是正确的，但是，让顾客正确，既是必要的，也是值得的。"除此以外，欢迎顾客提出异议、认真倾听顾客的异议、科学分析顾客的异议、巧妙应答顾客的异议、不要争论顾客的异议、冷静处理顾客的异议和整理保存顾客的异议等，也都是克服障碍的有效策略。

9.2.4 汽车人员促销的流程方法

汽车人员促销并不是没有规律可循的个性化工作，"公式化推销"理论将促销过程分成七个不同的阶段，如图9-4所示。

图9-4 人员促销过程

（1）寻找顾客　这是推销工作的第一步。

（2）事前准备　销售人员必须掌握以下三个方面的知识：

1）产品知识，即关于本企业及其产品的特点、用途和功能等方面的信息和知识。

2）顾客知识，即潜在顾客的个人情况，具体包括顾客的生产、技术、资金情况，顾客的需要，顾客的性格特点等。

3）竞争者的知识，即竞争者的能力、地位及其产品特点。同时，还要准备好样品、说明材料，选定接近顾客的方式、访问时间、应变语言等。

另外，对业务繁忙、顾客多的销售人员，计算机方面的知识也很重要，他们必须学会运用合适的 CRM 软件辅助工作。一方面，以此提高汽车销售的工作效率；另一方面，可以因为对顾客服务水平、能力的提升使顾客满意度得到提高。

（3）接近　开始登门访问，与潜在顾客开始面对面的交谈。

（4）介绍　在介绍产品时，要注意说明该产品可能给顾客带来的利益，要注意倾听对方发言，判断顾客的真实意图。

（5）克服障碍　销售人员应随时准备应对不同的意见。

（6）达成交易　接近和成交是促销过程中两个最困难的阶段。

（7）售后跟踪　如果销售人员希望顾客满意并重复购买，则必须坚持售后跟踪。销售人员应认真执行订单中所保证的条件，如交货期、售后服务等内容。

9.3 汽车营业推广策略

营业推广也称销售促进，是一种直接的短期诱导性促销方式。它向产品的销售人员、分销商或者最终用户提供一种额外的价值或者激励，其首要目标是创造即刻的销售。所以，营业推广是营销活动的一个关键策略。如果说广告宣传提供了顾客购买的理由，营业推广则提供了促使他们迅速购买的刺激。汽车是昂贵的耐用产品，因此，汽车销售不仅需要广告传播产品信息，更需要营业推广激发购买者的购买欲望，而且汽车营业推广必须包括各种多数属于短期性的刺激工具。

9.3.1 汽车营业推广的特征和类型

1. 汽车营业推广的对象和形式

营业推广的对象主要包括目标顾客和汽车经销企业两类。对目标顾客的营业推广，目的主要是鼓励顾客试买试用、试乘试驾，以争夺其他品牌的顾客。其形式主要有服务促销、价格折扣、数量折扣、展销、卖方信贷、试乘试驾、汽车拉力赛等。对经销企业的营业推广，目的主要是鼓励其大量购进，并建立持久的合作关系。其主要形式有批量和现金折扣、展销、业务会议、推销奖励、广告补贴、商业信用、价格保证以及各种形式体现互惠互利的企业联合等手段。

2. 汽车营业推广的特征

1）营业推广是广告宣传和人员推销的一种补充手段，是一种辅助性的促销手段。

2）营业推广是一种非经常性的促销活动，而广告宣传和人员促销则是连续性、常规性的促销活动。

3）营业推广的刺激性很强，但促销作用不能持久，有时还有副作用。

9.3.2 对最终用户的营业推广

对最终用户营业推广的主要形式有以下几种：

1. 服务促销

通过周到的服务，使用户得到实惠，在相互信任的基础上开展交易。主要的服务形式有售前咨询、试乘试驾、订购服务、维修服务、供应零配件服务、培训服务、咨询信息服务、俱乐部活动等。以下是一些汽车公司的服务促销措施。

大众汽车公司在德国的 4000 多个经销店和服务站，都可随时接受用户订车。在那里有宽敞明亮的展厅、周到细致的布置，为用户创造了良好的购车环境。有些条件优越的经销店，不仅为用户准备了可口的咖啡、热茶，还为用户的小孩配备了游乐区。有些经销商还给用户提供相当全面的服务，包括旧车回收、二手车交易、维修服务、备件提供、附件销售、车辆租赁、代办银行贷款、代办保险、车辆废气测试、紧急营救等。

梅塞德斯-奔驰汽车公司采取了一系列扩大服务、促进销售的措施。例如，成立货车租车公司，长期出租货车；在欧洲实行货车用户协议办法，持卡者可免费在公司设在欧洲的 2700 个维修点维修车辆和增配零件；开设了以旧换新服务项目，建有旧车销售网和旧车销售情报中心，为用户免费提供咨询；为出租车、救护车等专用车采购大户提供特别服务；实行奔驰机场修车和保养服务，用户可利用出差、度假时间，在机场交出车辆进行保养维修。

宝马（BMW）汽车公司十分重视对中间商就用户的特殊服务和全面服务进行培训。除了境内众多的培训中心外，BMW 在近东、远东以及拉美都建有培训点。BMW 认为经销商是 BMW 的形象代表，经常对用户展开有奖调查，以检查经销商是否符合 BMW 的要求。BMW 还设有 24h 巡回服务。行驶在世界各地的 BMW 汽车，一旦出现故障，只要一个电话，就近的巡回车就会赶到现场迅速排除故障。BMW 还对用户的报废车辆进行回收，建有拆卸旧车试验场，既为用户带来好处，又符合环保要求。

本田汽车公司为了向用户提供优质服务，十分注重提高经销及技术服务人员的素质，对他们的举止仪表都有具体规定。例如，本田设于泰国的一个经销商，规定管理人员每两个月要到五星级宾馆进行一次接待礼仪方面的研修，定期为女职员开设美容及选择服装方面的讲座。此外，为了提醒用户，该公司在定期车检之前，通常采取信函方式通知用户前来接受服务，并对用户的合作表示谢意。修配厂还设有娱乐设施并免费提供饮料，即使用户开来了其他公司的车，他们也一样服务周到，让用户满意而去。

2. 开展汽车租赁业务

开展租赁业务，对用户而言，可使其在资金短缺的情况下，用少部分现钱获得汽车的使用权。汽车投入使用后，用户用其经营所得利润或其他收入在几年内分期偿付租金，最终还可以少量投资，得到汽车的产权，避免货币贬值的风险。对我国运输经营者而言，租赁业务可使用户享受加速折旧、税前还贷、租金计入成本、绕过购车手续等优惠。20 世纪 90 年代，欧洲汽车市场连年萧条，各汽车公司竞相推出"租借"销售法。这种方法的租借期一般为 2~3 年，公司计算出三个基本要素：①租借押金，一般为新车价格的 30%；②每月租借费；③租借期满时汽车的价值（以限定里程数为基础计算），即 MGFV 价。每月租金按新车价格减去押金、MGFV 价后，再加上利息计算出来。用户期满后有三种选择：①支付 MGFV 价，买断这辆汽车；②如用户认为汽车价值超过 MGFV 价，也可卖掉，归还租借商 MGFV 价；③归还汽车。这种销售方法对暂时无力购买新车的用户来说，每月租借费并不高，比从银行贷款一次性买断新车合算，而汽车公司也可从中赚取更多的利润，有利于满足更多喜欢新车用户的要求，有利于促进新车的销售。

3. 分期付款与低息贷款

针对用户购车资金不足，除租赁租借销售方式外，分期付款与低息贷款也是汽车促销的重要方式。分期付款是指用户先支付一部分购车款,余下部分则在一定时间内,分期分批支付给销售部门,并最终买断汽车产权;而低息信贷则是指用户购车前先去信贷公司贷足购车款,然后再购车,用户的贷款由用户与信贷公司结算,汽车销售部门则在用户购车时一次收清全部购车款。信贷业务与汽车销售业务相互独立。至于信贷公司,既可以由企业、中间商或银行分别兴办,也可以由它们联合兴办。

分期付款与低息贷款的销售方法在西方国家十分盛行。例如,克莱斯勒汽车公司每年要向数十万名用户发放卖方贷款,用户的贷款可在两年内分 18 次偿还;福特汽车公司不仅给予用户 400~4000 美元的价格折扣,而且给予 2.9% 的低息贷款;丰田汽车公司实行"按月付款销售";现代汽车公司的用户购车时只需支付 20%~25% 的车款,余下部分可在十几个月至几十个月(最长可达 50 个月)内付清。我国目前很多汽车公司也在推行分期付款销售。2007 年 7 月,上海通用在湖南市场推出了分期付款措施——针对乐风推出的"5050"计划,即首付五成,剩余五成在一年内还清。此计划迅速受到了消费者欢迎。4S 店有 1/3 的销量都是由分期付款车型提供的,上海通用推出的分期付款业务,不需要抵押房产,而是以车为担保,还款方式比较灵活、自由,这也是分期付款受到消费者认可的原因。

4. 鼓励购买"自家车"

国外汽车公司普遍对自己的员工优惠售车,它们将此方式称为购买"自家车",并以此唤起员工对本公司的热爱,激发员工的责任感和荣誉感,从而较好地将汽车销售与企业文化建设结合起来。例如,大众汽车公司规定本公司员工每隔九个月可以享受优惠购买一辆本公司的汽车,每年大众汽车公司以此方式销售出去的汽车近 10 万辆。近年来,我国部分汽车公司也在推进这种销售方式,加快汽车进入家庭的进程。

5. 订货会与展销

订货会是促销的一种有效形式,可以由一家企业举办,也可以由多家企业联办,或者由行业及其他组织者举办。订货会的主要交易方式有现货交易(含远期交易)、样品订购交易,以及进出口交易,中的易货交易、以进代出贸易、补偿贸易等。

展销也是营业推广的有效形式。通过展销,可起到"以新带旧""以畅带滞"的作用;同时,企业在展销期间,一般给予购买者优惠,短期促销效果很明显。展销的主要类型有以名优产品为龙头的展销、新产品展销、区域性展销等。

6. 价格折扣与价格保证

价格折扣是生产企业为了鼓励中间商和用户多买而在价格上给予的优惠,包括批量折扣、现金折扣、特种价格折扣、用户类别折扣等。这些方法都能促成中间商和广大用户扩大进货量、车型买断,并有助于促进双方建立长期友好合作关系。通用汽车公司曾在 20 世纪 80 年代将 X 型紧凑轿车的零售价调至比批发价高 26%,雪佛兰调高 20%,然后分别以削价 100 美元和 500~700 美元的折扣出售,打破了销售困局。

价格保证则是针对购买者持币待购、处于观望的心理而实行的促销方法。如果企业的产品在保证期限内出现了降价,那么用户可持购车发票去企业领取当时价格与购买价格的差额。这样就可以消除用户持币待购的顾虑,打破销售的沉闷局面。推行此种销售方法,由于增加了即期需求,价格可能反而不会下降。这种价格保证促销方法,在汽车市场滞销时有利于打消用户"买涨不买落"的心理作用。例如,2004 年年关,东风日产推出了降价补偿活动,打破了用户持币观望的僵局,实现了蓝鸟、阳光、天籁的销售大满贯,成为当年低迷高档车市中难得的亮点。

7. 先试用、后购买

这种促销方法是企业先将汽车产品交付用户使用，待使用一段时间后，用户满意则付款购买，如不满意则将车退回企业。

8. 以旧换新

"以旧换新"促销方法在汽车工业发达国家十分流行。这种方法是汽车公司销售网点收购用户手中的旧车（不管何种品牌），然后将本公司的新车再卖给用户，两笔业务分别结算。汽车公司将回收的旧车经整修后，再出售给那些购买二手车的用户。这种促销方法既能满足用户追求新异的心理，又能保证车辆的完好状态，具有较好的经济和社会效益。

9. 竞赛与演示

企业根据目标市场的特点，对经销人员和单位组织各种形式的竞赛，以刺激和鼓励经销商和销售人员努力推销本企业的产品，树立良好的企业形象。对用户则可以采取知识竞赛、驾驶水平竞赛等。演示促销可提供现场证明，增强用户的信任感，激发购买欲望等。汽车产品还可通过举办汽车拉力赛将竞赛与演示结合起来。企业可以利用这些比赛充分展示企业产品的性能、质量和企业实力，以树立和保持产品形象和企业形象。

对汽车最终用户的促销方式还有多种，尤其值得一提的是，汽车营销者应注重培育潜在市场和挖掘潜在需求，即创造需求，不断地为企业开辟更广阔的市场。例如，被誉为"汽车销售之神"的神谷正太郎针对20世纪60年代很多日本人不会开车的事实，在丰田汽车公司创办了汽车驾驶学校，任何人都可以去那里免费学习汽车驾驶。这一举措吸引了不少的驾驶学习者。凡来参加学习的人员，不仅很快学会了驾驶技术。而且培育了驾驶乐趣和爱好，丰富了潜在用户的汽车理论知识和占有欲望，从而不断地为丰田汽车公司培养了忠诚的客户。

9.3.3 对中间商的营业推广

上述针对最终用户的促销方式，有些也可用于对中间商的促销，如会议、展销、激励、奖励和价格保证等促销方式。总体上讲，生产企业对中间商的促销一般应围绕给予中间商长远的和现实的利益进行，具体方式可以在贸易折扣。建立牢固的合作机制、资金融通、广告贴补、商业信用等方面展开促销。

从贸易折扣方面看，生产企业可以从多个方面给予中间商贸易折扣。常用的贸易折扣有以下三种：

1. 现金折扣

现金折扣是指如果中间商履行有利于企业的付款条件，如提前付款，企业可以按原批发折扣再给予中间商一定的折扣。例如按规定，中间商应在一个月内付清货款。如在20天内付清款项，给予1%的折扣；在10天付清款项，给予2%的折扣。显然，这种促销方式有利于企业尽快回收资金。

2. 数量折扣

数量折扣是指企业对大量购买的中间商给予的一定折扣优惠，购买量越大，折扣率越高。数量折扣可按每次购买量计算，也可按一定时间内的累计购买量计算。中间商买断某一款车型，厂家给予较大的折扣实际上也是一种特殊的数量折扣。在我国，数量折扣通常称为"批量差价"。

3. 功能折扣

功能折扣是指企业根据中间商的不同类型、不同分销渠道所提供的不同服务等条件，给予中间商不同折扣。例如，制造商某款产品报价 100 元，给零售商折扣 40%，即卖给零售商的价格为 60 元，给批发商再折扣 10%，即 54 元。

有些汽车公司还根据中间商的合作程度给予不同折扣。例如，我国某汽车公司与经销商和用户建立了一种利润共享、风险均担的机制。在市场疲软时，合同外增购的汽车将享受较大的价格折扣；对市场疲软时不要求增加价格折扣的经销商，则在市场畅销时相应提高其价格折扣。

从建立稳固的合作机制方面看，企业还可以同中间商就服务、广告补贴、送货、运费、资金融通等方面达成长期协议。

总之，企业无论对哪种对象展开促销活动，都应根据具体情况，综合运用各种促销组合策略，并在实践中不断地创造有效的促销方式，为企业的市场营销增添新的特色和内容。

9.3.4 对本企业销售代表及终端推销人员的营业推广

为充分发挥能动性，企业会对销售成绩优异的本企业销售代表及终端推销人员（以下统称销售顾问）进行激励，其目的就是促进销售。如果激励方式使用恰当，确实能给企业的销售带来意想不到的效果。但是，正如前面提到的，作为一种销售促进方式，必须是阶段性的，否则就会演变成一种附加工资或变相福利而失去营业推广的作用。销售顾问的激励方式很多，企业可以通过环境激励、目标激励、竞赛激励等方式来提高销售顾问的工作积极性，达到促进销售的目的。

1. 环境激励

环境激励是指企业营造一种良好的工作氛围，使销售顾问富有优越感、自豪感，能心情愉快地开展工作。企业对销售顾问的重视程度很重要。众多实践表明，如果对销售顾问不重视，其离职率就高，企业又要招募新的销售人员，就会陷入招募、培训、离职的恶性循环之中，这样企业的整体销售绩效就差；如果企业重视，销售顾问的离职率就低，企业整体销售绩效就好。要营造良好的工作氛围，有许多工作要做，如改善销售顾问的办公条件，制定行业内有竞争力的管理制度，定期召开销售会议或非正式集会，为销售顾问提供良好的工作环境，给予销售顾问与公司领导交谈的机会，给予他们在更大群体范围内结交朋友、交流感情的机会，增强他们的优越感和自豪感等，进而达到促进销售的目的。

2. 目标激励

目标激励是指为销售顾问确定一些拟达到的目标，以目标来激励他们上进。企业应建立的主要目标有销售定额、毛利额、访问户数、新客户数、访问费用和货款回收等。许多公司为其销售顾问确定销售定额，规定他们一年内应销售的数量，并按产品分类确定。公司先确定一个可能达到的合理的预计销售指标，然后分解到各片区，再由各片区经理将定额分配给本地区的销售顾问，对每个销售顾问，根据指标的完成情况给予一定的物质和精神奖励。

（1）物质激励　物质激励是指对取得优异成绩的销售顾问给予晋级、奖金、奖品和额外报酬等实际利益，以此调动销售顾问的积极性。研究人员在评估各种可行激励的价值大小时发现，物质激励对销售顾问的激励作用最为明显。

（2）精神激励　精神激励是指对取得优异成绩的销售顾问给予表扬，颁发奖状、奖旗，授予称号等，以此激励销售顾问上进。对于多数销售顾问来讲，精神激励也是必不可少的。精神激励是一种较高层次的激励，通常对那些受正规教育较多的年轻销售顾问更为有效。所以，企业负责人应深入了解销售顾问的实际需要。他们不仅有物质方面的需要，而且还有诸如理想、成就、荣誉、尊敬等精神方面的需要，尤其当物质方面的需要基本得到满足后，对精神方面的需要就会更为迫切。如有的公司每年都要评出"销售冠军""推销明星""金牌顾问"等，这些做法的激励效果很好。

3. 竞赛激励

竞赛是企业常用的激励销售顾问的工具。它可采取多种形式，充分发挥销售顾问的潜力，促进销售工作的完成。

竞赛能激发销售顾问求胜的意志，鼓舞士气。汽车销售是一项很具挑战性的工作，所以，销售主管要不时地为销售顾问加油或充电。开展业绩竞赛是一个好方法。然而，业绩竞赛虽然是强心剂，但如果"用药过猛"，也达不到预期效果，反而成了散心丸。有的销售主管没有一套严格的规章和做法，心血来潮则大奖小奖一起来，人人受奖等于没奖，结果花了大笔费用，起不到激励效果，有时还因目的不明、操作不当而激励了少数伤害了多数。一般来说，设置竞赛项目及奖励办法应注意以下原则：

1）奖励设置面要宽，竞赛至少要设法使参加者人数的 50%~60% 有获得奖励的机会。成功的奖励办法是能鼓励大多数人。奖励面太窄，会使业绩中下水平的销售顾问失去信心，从而导致无动于衷。

2）业绩竞赛要与年度销售计划相配合，要有利于企业整体销售目标的实现。

3）要建立具体的奖励颁发标准，奖励严格按实际成果颁发，杜绝不公正现象。

4）竞赛的内容、规则、办法力求通俗易懂、简单明了。

5）竞赛的目标不宜过高，应使大多数人通过努力都能达到。

6）专人负责宣传推动，并对竞赛情况进行适时公布。

7）要安排宣布推出竞赛的会议，并不时以快讯、海报等形式进行追踪报道，渲染竞赛的热烈气氛。

8）精心选择奖品，最好是大家都希望得到，但又舍不得自己花钱买的东西。

9）奖励的内容有时应把家属也考虑进去，如奖励去某地旅行，可把销售顾问的家属也列为招待对象。

10）竞赛结束，马上组织评选，公布成绩结果，并立即颁发奖品，召开总结会。

9.4 汽车广告宣传促销

在汽车市场竞争日益激烈的今天，企业除了要有过硬的产品外，还要有深入的广告宣传相配合，才能打开产品销路。

9.4.1 广告宣传概述

美国市场营销协会定义委员会首先指出了广告与宣传的不同。他们认为，所谓广告，"是指由特定广告主以付费方式对构思、策划、产品、劳务的非人员介绍及推广"；而所谓宣传，则"是指发起者无须花钱，在某种出版媒体上发布重要商业新闻，或者在广播、电视、屏幕、舞台上获得有利的报道、展示和演出等，用这种非人员促销方式来刺激目标顾客对某种产品、服务或者商业单位的需求"。

广告与宣传都是指那些通过信息传播来影响人们的思想和行为，以求达到传播者所期望的目的或者效果的所有活动。这些活动包括发布广告，也包括新闻报道、文艺作品、文艺活动和文体活动等。

9.4.2 汽车广告促销策略

1. 汽车广告的形式

（1）按广告的内容和目的划分　汽车广告形式可分为产品广告和品牌广告。其中产品广告也包含服务广告，品牌广告也包含公关广告。有时候一个具体的广告可能包含多个目的，但必有一个目的为主。

1）产品广告。产品广告是一种通过传播产品信息、提高产品信誉、完善产品形象的方式，直接促进产品销售的广告形式。产品广告也是一种古老的广告形式。就汽车广告而言，生产厂家借助传播媒介，把所生产汽车在功能、造型、品牌、商标和销售服务等方面的特点，以恰当的形式，有选择地传达给目标顾客，以提高他们的价值感受，激发他们的购买欲望。

20 世纪 70 年代，美国通用汽车公司发现，刚刚推向市场的 M 车型，其制动系统存在着严重的质量问题。将此事公之于众，会影响企业的形象；置之不理，更是后患无穷。于是，通用汽车公司在各大媒体发布广告表示："通用汽车公司从即日起，对今年售出的所有通用汽车进行免费检测和维修服务。"显然，这是以"销售服务"面目出现的产品广告。尽管只字未提 M 车型的制动系统，却消除了该系统的安全隐患；同时，由于主动服务、布告天下，还赢得了顾客的普遍好感。

2）品牌广告。品牌广告是一种通过传播企业相关信息，提高产品品牌知名度和美誉度、提升企业形象的方式，间接促进产品销售的广告形式。品牌所传达的主要不是产品信息，而是汽车厂家在理念、行为、结构和标志等方面的特点。如果说产品广告是"卖产品"，那么，品牌广告则是"卖企业"，不仅可以间接促销，而且可以产生长期和全面的社会效益。

美国通用雪佛兰汽车公司的一则获得大奖的电视广告，用长达 1min 的时间来展示美国国旗、美国景点以及美国人民的生活和工作情景。显然，这是一个以爱国主义为主题的形象广告。当人们将雪佛兰与"爱国心"联系起来的时候，雪佛兰汽车的畅销就是自然而然的了。

其实，在更多情况下，产品广告和品牌广告是紧密结合的。法国标致公司为其三种新车所做的广告，均列有技术参数，如排量、最大功率、最高时速和加速时间等。发布的是产品信息，当属产品广告。但是，标致的广告画面却同时突出了标致品牌标志所传达的威武、敏捷并充满活力的"雄狮"形象。

（2）按表现形式划分　汽车广告可以划分为印刷媒介广告、广播电视广告、户外广告、实物广告、网络广告、交互感应广告等。

1）印刷媒介广告。印刷媒介广告是汽车企业常用的广告形式，主要包括报纸广告、杂志广告、直邮（Direct Mail，DM）广告等。报纸广告的传播范围广、说明性强、权威性较高、制作简单，但存在时效短、表现力有限；杂志受众明确、传播时间长、传播的信息量较大，但传播的范围较小。

2）广播电视广告。广播电视广告是汽车企业常用的重要广告形式。特别是电视广告，是树立汽车品牌形象的理想广告形式。电视广告的优点是表现力强、覆盖面广、注意率高，但针对性差，制作和传播的费用高；广播作为广告媒介的优点是听众广泛、传播速度快、制作简单、费用较低，但传递的信息量和表现力有限，不适合做说明性广告。

企业在选择媒体种类时，除了应了解各类媒体的主要优缺点外，还应考虑目标顾客的喜好、产品种类及成本费用等。例如，要介绍一种新汽车产品的特点，宜以报纸、杂志为佳，而广播、电视则难以说清。

企业在选择广告媒体时还应具体化。例如，在报纸上做广告，就需要决策在哪一种报纸的哪一版面的何种栏目处做广告效果最好。

3）户外广告。户外广告有路牌广告、招贴广告、壁墙广告、海报、条幅、霓虹灯、广告柱以及广告塔、灯箱广告等多种形式。在户外广告中，路牌和招贴是最为重要的两种形式，影响甚大。设计制作精美的户外广告能成为一个地区的象征。户外广告的主要特征有：反复宣传，印象强烈；强迫诉求，内容单纯，避免干扰。2007年4月，上汽集团在上海新国际展览中心旁包下一整幢20多层高楼的外墙面，制作了面积达2万m^2的荣威品牌广告，方圆10km都能看见，气度不凡，冲击力强，使荣威"世界为我所用"的品牌理念给受众留下了深刻印象。但户外广告媒体也存在覆盖面小、位置固定、效果难以测评等不足之处。

4）实物广告。所谓实物广告，是指企业借助有形物体来传播信息。其特点是可以触摸、转移，但接触的受众有限。实物广告的表现形式通常是模型、样品，有时汽车本身也作为实物广告的组成部分。因此，展览会、展销会、博览会、博物馆以及试乘试驾等活动中的汽车，都可以看作实物形式的广告。仿真车模是常用的实物汽车广告。例如，1998年值红旗轿车诞生40周年之际，一汽集团特别授权深圳博泰公司制造红旗检阅车精品车模。该车模按照1984年邓小平乘坐的CA770TJ红旗检阅车原型复制、绝版发行，仅制造10000辆，公开发行8888辆。并实行地区限量发行、对每辆车模进行编号。其中，"10"个特殊号码公开拍卖，"10"代表号码用于收藏。在用于收藏的号码中，编号1997者赠送给我国香港特别行政区。红旗车标识、红宝石镶嵌、红木盒包装、纯金质话筒，每辆车模都成了永放光芒的红旗广告。

5）网络广告。所谓网络广告，即通过互联网发布的广告。欧洲著名广告公司施普林格（Axel Springer）负责人在谈到他所成立的网络广告公司时说："传统广告是为了怂恿顾客去买一辆轿车，而网络广告也许是为了诱使顾客去研究某款轿车，然后在网上订购。"德国广告业协会的托马斯·多克斯认为："电视观众喜欢娱乐，而网络用户主要是搜寻信息。"因此，将两者结合起来，在电视上发布信息，在网络上搜寻信息，既可以使用户获得更多的信息，也可以使用户参与广告的过程，从而获得更加理想的广告效果。

6）交互感应广告。该类广告以计算机视觉和虚拟现实等技术为基础，使普通广告能够根据人体动作而产生相应变化。例如，把单一的平面广告改造成集合了趣味性和娱乐性的多媒体广告。交互感应广告作为一种广告活动，必须具备以下四个条件：内容主题、受众、时间、媒介或载体。离开其中任何一个条件，都构成不了交互感应广告。交互感应广告作为一种广告手段，是一种符合人类自然沟通行为的双向沟通理念，它区别于传统的广告方式。

汽车广告除以上主要形式外，还有海报画册、公共汽车、流动广告车、电梯、霓虹灯、DM单、商品包装物、视频资料，甚至人们所穿的衣服鞋帽等，都是广告形式。随着现代科学技术的发展，广告形式仍在不断增加与创新。

2. 汽车广告的策略

企业做广告，需要决策的内容很多，除上述媒体的选择外，至少还应在以下方面进行决策：

（1）广告目标的选择　首先，应对企业营销目标、产品、定价和销售渠道策略加以综合分析，以便明确广告在整体营销组合中应完成的任务、达到的目标；其次，要对目标市场进行分析，使广告目标具体化。广告目标的具体内容包括：

1) 促进沟通，需明确沟通到什么程度。

2) 提高产品知名度，帮助顾客认识、理解产品。

3) 建立需求偏好和品牌偏好。

4) 促进购买，增加销售，达到一定的市场占有率和销售量。

（2）广告同产品生命周期的关系　产品所处生命周期不同，广告的形式和目标应有所差异。对处于介绍期和成长期的产品，广告的重点应放在介绍产品知识、灌输某种观念、提高知名度和可信度上，以获得目标顾客的认同，激发购买欲望；对处于成熟期的产品，重点则应放在创名牌、提高声誉上，指导目标顾客的选择，说服顾客，争夺市场；对处于衰退期的产品，广告要以维持顾客的需要为主，此时企业应适当压缩广告。

（3）广告定位策略　广告定位策略有以下三种：

1) 广告的实体定位策略。该策略就是在广告中突出宣传产品本身的特点，主要包括功能定位、质量定位和价格定位，确立怎样的市场竞争地位，在目标顾客心目中塑造何种形象，从而使广告最富有效果。例如，沃尔沃突出安全，丰田雷克萨斯突出高端精致。

2) 目标市场定位策略。该策略是使广告传播更加具有针对性。例如，中央电视台的黄金播出时间是晚7~9点，但如果是农用车，广告最好不选择在夏秋两季的晚7~8点播出，因为这段时间我国大部分地区的农民还在劳作。另外，进入外国市场，也要按照当地特点进行重新调整，使之符合当地文化和传统习惯。

3) 心理定位策略。该策略主要包括正向定位、逆向定位和是非定位三种方法。正向定位主要是正面宣传本产品的优异之处；逆向定位主要是唤起顾客的同情与支持；是非定位则强调自己与竞争者的不同之处，把强大的竞争者逐出竞争领域。

（4）广告创意与设计　确立了广告的媒体之后，还必须根据不同媒体的特点，设计创作广告信息的内容与形式，立意应独特、新颖，形式要生动，广告词要易记忆，宣传重点要突出。切忌顾客看了广告后，却不知道广告要表达的是什么产品的什么特点。广告应达到讨人喜、独具特色和令人信服的效果，或者说要引起注意、激发兴趣、强化购买欲望并最终导致购买行为。例如，丰田汽车"车到山前必有路，有路必有丰田车，更远更自由"的广告语，宝马"有容乃悦"的广告语，都非常经典。

（5）广告时间决策　广告在不同时间宣传，会产生不同的促销效果。这一决策包括何时做广告和什么时刻做广告。前者是指企业根据其整体市场营销战略，决定自什么时候至什么时候做广告；是集中时间做广告，还是均衡时间做广告；是做季节性广告，还是做节假日广告等。后者则是决定究竟在哪一时刻做广告。例如，电视广告是在黄金时间做广告，还是在一般时间内做广告，是否与某一电视节目相关联等。

综观国内外的汽车广告，宣传的主题主要是围绕汽车产品的安全性、环保性、节能性、动力性、驾驶性、舒适性和浪漫性等内容展开。

9.4.3 汽车宣传促销策略

宣传有广义和狭义之分。广义的宣传包括广告；狭义的宣传则是指那些无须付出金钱或物质的代价，因而难以控制内容的信息传播方式，如新闻报道、文艺作品等。

1. 汽车宣传的形式

按照宣传的方式，可以划分为新闻宣传和文艺宣传两大类型。

（1）新闻宣传　从广告宣传的角度看，新闻宣传是企业借助新闻报道的形式来传播产品和企业信息，提高产品和企业信誉，并最终促进汽车销售的宣传形式。显然，新闻宣传是公关广告的发展。但是，新闻宣传与公关广告相比，不仅更加重视时效性、空间性、真实性和趣味性，而且具有其他任何形式的广告都不具有的公告性。广告以新闻的形式出现，似乎都是客观事实的反映，可以轻而易举地避免"王婆卖瓜，自卖自夸"的嫌疑。其宣传和促销的效果也令广告望尘莫及。

（2）文艺宣传　从广告宣传的角度看，文艺宣传是企业借助文艺作品或文艺活动的形式，传播产品和企业信息，提高产品和企业信誉，并最终促进汽车销售的宣传形式。显然，文艺宣传是新闻宣传的发展。一般来说，报告文学、纪实文学、散文、小说、诗歌、小品、电视、电影等文艺作品，以及舞蹈、演唱、绘画、书法、邮展等文艺活动和体育活动的任何形式，都可以作为广告宣传的工具。

2. 汽车宣传的策略

汽车宣传的策略主要表现在传播信息、创造新闻、行动宣传和现身说法四个方面。

（1）传播信息　心理学研究发现，信息的积累，既可以形成公众的态度，也可以改变公众的态度。就此而言，可以认为，通过信息传播以达到广告宣传的目的，是汽车宣传的基本策略。只要企业愿意公之于众，同时也可以提高企业知名度和美誉度的信息，如品牌宣传月、新车投放日、产销过大关、质量得大奖、价格新举措、消费花絮等，都可以通过大众传播媒介，让它们尽可能地传播开来。可以向公众传播的主要信息有品牌信息、产品信息、产量信息、销量信息、质量信息、价格信息、消费花絮等。

（2）创造新闻　大众传播媒介讲究"轰动效应"，尤其喜欢"人咬狗"类的宣传效果。如果企业无以成为"新闻焦点"，为了避免被公众遗忘，则不妨创造新闻、播撒花絮，制造一些诸如攀登高峰、环球旅行、生日庆典、世纪婚礼、车手签名之类的"新闻焦点"。

（3）行动宣传　行为是理念的直观表现。从传播学的角度看，如果行为在行动中，也就是说行为具有明显的运动特征，更能引起公众的注意，也更能强化他们的记忆，从而产生理想的宣传效果。在此方面，长途拉练、公益活动、服务宣传、用户调查等，都是汽车厂家惯用的行动宣传策略。

（4）现身说法　心理学研究发现，在宣传过程中，宣传者虽然处于主动的地位，但是，接受者却并非被动的接受者，而是主动的探索者，喜欢窥探宣传者的动机，并习惯做出"王婆卖瓜，自卖自夸"的归纳，从而使宣传效果大打折扣。但是，如果反其道而行之，让用户现身说法，显然比较容易引起其他用户的认同。在此方面，用户心声、开放参观等，都是汽车厂家惯用的现身说法策略。

9.5 汽车公共关系促销策略

在现代社会化大生产中，任何组织在其业务活动和营销活动中都必须和与其有关的公众打交道。企业公共关系活动就是现代社会化大生产的产物。对汽车企业来说，既要与企业外部的原材料供应商、产品经销商、代理商、顾客、政府管理部门、各种公众团体以及竞争者打交道，又要与企业内部的合伙人、股东、董事、员工等内部公众打交道，因而存在错综复杂的公共关系。汽车企业必须研究和学会正确处理这些关系，并善于利用，为企业营造一个良好的营销环境，更好地服务于企业的各项生产经营活动。对此，当代市场营销学界的权威菲利普·科特勒认为："必须向消费者施加压力，造成非买不可的结果。"并说："一般来说，可以向消费者施加的压力主要有公共关系和政治力量两个方面"。就此而言，从产品促销的角度看，可以把公共关系促销分为关系促销和权力促销两个方面。当然，这里所说的权力，是指一个人或一个组织对他人的影响力，而不是以权谋私。

9.5.1 公共关系概述

所谓公共关系，是指通过信息的双向沟通，交流思想，交流感情，增进彼此之间的了解、理解、信任和支持，争取对自己有用的朋友，从而为自身事业的发展创造有利的社会环境。

公共关系的对象是各种各样的社会公众，汽车企业的公关对象有着自己的特点。首先，作为汽车厂家，有众多品种的原材料、零部件供应厂家和配套单位，产品用户也遍及各行各业；其次，汽车企业一般规模和影响较大，它的许多事务涉及各方面、各层次的政府部门和企事业单位；最后，同其他企业一样，汽车企业需要开展新闻、法律方面的工作，需要商业、服务业等方面的配合支持，同时也有着员工、家属及各种社会关系。另外，对中外合资企业而言，还涉及各投资方、政府涉外部门和许多国外的组织和个人。

9.5.2 汽车公共关系促销的实施步骤

在考虑如何和何时使用公共关系进行汽车促销时，企业管理层应当制定公共关系促销目标，选择公共关系主题和载体，实施公共关系促销计划，并评估公共关系活动的效果。

1. 制定公共关系促销目标

公共关系促销人员应为每一项公共关系活动制定特定的目标，如建立知名度、建立信誉、激励销售人员和经销商、降低促销成本等。一般来说，公共关系费用要比广告费用低；公共关系越有成效，越能节省广告费用和人员促销费用。

2. 选择公共关系主题和载体

公关目标确定后，公共关系促销人员就要鉴别或拟定有趣的题材来宣传。公共关系主题要服从企业的整体营销和宣传战略。公共关系宣传语要与企业的广告、人员促销、直销和其他宣传工具相结合。公共关系载体主要有以下几种：

（1）新闻　公共关系促销人员可以找出或创作一些对企业有利的新闻。有时新闻故事自然而然就形成了，有时是公共关系促销人员创作出来的。

（2）演说　演说也能营造企业的知名度。另外，企业领导者必须圆满回答记者提问，或在行业协会上做演讲,这些事件都有利于树立企业形象。

(3) 特别活动　特别活动包括企业新闻发布会、汽车新品发布会、各类庆典活动和各种展览会等。

(4) 书面材料　书面材料包括汽车宣传册、文章以及企业内部的新闻小报等。

(5) 公益活动　例如各种赈灾募捐活动,是企业开展公益活动的主要机会。

3. 实施公共关系促销计划

公共关系促销人员要与政府部门、社会团体、各类媒体等开展长期而稳定的沟通与互动,并建立良好的关系,要准确了解政府部门、社会团体、各类媒体等的需求与关注点,从而开展公共关系精准促销。同时,可借助政府和媒体为本企业做形象宣传,从而提高公共关系促销的社会认可度与有效性。

4. 评估公共关系活动的效果

如果公共关系活动在其他促销手段之前开展,可以通过如下三种方法进行评估:

(1) 展露度衡量法　该方法是检视公共关系报道在媒体上的展露次数和时间,从中可以了解宣传报道的影响范围。

(2) 衡量公众对产品的注意、理解、态度三方面的变化　这也是一个较好的衡量方法。例如,举办重要的研讨会,邀请知名人士演讲,举办周年纪念,开展体育比赛,举行记者招待会等。

(3) 计算公共关系的投资收益率　该方法是将公共关系活动后销售额和利润的增加与公共关系投入相比较。这是最有说服力的一种评估方法。公共关系投资收益率越高,就说明公共关系活动越有成效。

一般来说,公共关系活动往往是与其他促销活动同时进行的,因此,任何方法都很难准确地评估公共关系的效果,只能估计数字而已。在通常情况下,企业可不必去评估其效果。

9.5.3　公共关系促销的主要方法

现代企业公共关系活动的开展可谓丰富多彩,常用的公共关系促销的方法主要有以下几种:

(1) 创造和利用新闻　企业公共关系部门可编写企业的有关重要事件、产品等方面的新闻,或举办活动、创造机会,以吸引新闻媒体和公众的注意,扩大影响,提高知名度。例如,日本丰田汽车公司每年举办"丰田杯"足球赛,对提高丰田汽车公司在全世界的知名度有很大作用。

(2) 参与各种社会活动　企业通过有计划地参与各种有意义的社会活动,可以树立企业热心社会公益事业的良好形象,培养与有关公众的感情,从而增强企业的吸引力和影响力。例如,一些汽车公司给灾区人民、"希望工程"和老少边地区捐赠汽车等活动。

(3) 开展各项有意义的活动　通过举办丰富多彩的活动,如产品和技术方面的展览会或研讨会、演讲会、有奖比赛、纪念会、开幕式或闭幕式等,吸引广大公众对企业和产品的注意,提高企业及产品声誉。现在许多世界著名的汽车公司十分注重在中国的公共关系工作。例如,在我国举办的多次汽车展览会上,许多大型国际汽车公司都展现了它们的优良汽车产品和较强的技术实力,对提高其产品和企业在我国的声誉起了巨大作用。

（4）编写和制作各种宣传材料　宣传材料包括介绍企业和产品的宣传图册、业务通讯、期刊、录像带、幻灯片或电影等公众喜闻乐见的宣传品。

此外，企业还可通过反映企业形象的员工名片等各种途径搞好企业的公共关系。

9.5.4　CIS公关促销策略

近几年来，国内很多企业开始采用企业形象识别系统（CIS）策略进行公关促销，由此产生了非常巨大的营销效果。所谓企业形象识别系统，就是将企业经营活动以及支配此经营活动的企业经营理念，通过媒体的传播手段来塑造良好的企业形象，以赢得社会公众的信赖和肯定，从而达到销售目的的一种经营策略。一个完整的企业形象识别系统由三个方面构成，即企业的理念识别（MI）、行为识别（BI）和视觉识别（VI）。MI一般包括企业使命愿景、企业精神等；BI包括企业制度、行为规范等；VI一般包括基本要素和应用要素两个部分，其中基本要素包括企业标志、标准字、标准色、象征图案等，应用要素包括办公用品、标识标牌、衣着制服、交通工具、广告传播等。CIS的三个组成部分是一个互相关联的整体系统，其中MI是灵魂，统领BI和VI两部分。

就一般规律而言，实施CIS公关策略大体上要经历以下五个阶段：调查现状、市场定位、途径选择、实施运作和总结评价。

1. 调查现状

企业形象并不是凭空树立起来的，首先，它与人的主观愿望有关，即企业自己期待的形象和消费者或社会公众希望的形象，这些可以说都属于目标中的形象；其次，企业形象还与实际存在的现状有关，即目前企业在实际经营中留给消费者或社会公众的现实形象。上述两者之间是有距离的，企业形象现状调查，就是要弄清两者之间的距离，发现其中存在的问题，然后才能考虑如何去改进。不同的企业会有不同的形象问题，目前汽车企业存在的常见形象问题大致有以下几方面：

1）与其他企业合并后，必须重新塑造形象。

2）企业名称与商品和服务的形象不符。

3）与同行业其他企业比较，企业自身的公共关系能力不足，在形象竞争力及公众认知程度上明显处于不利地位。

4）企业形象因某个事件受损。

5）缺少能代表整个企业的统一性标志。

6）赶不上国际化形象的潮流。

7）当前的经营战略与企业形象无法配合等。

2. 市场定位

市场定位和企业形象的树立有着十分密切的关系。市场定位就是指在目标市场上，本企业的产品和服务与竞争者相比应处在什么位置。这种位置既可以是实物方面的，也可以是心理方面的，如企业或其产品具有较高的知名度、美誉度等。如果企业为自己的产品树立"市场领先"的形象策略，这就意味着必须提供"领先"的产品，开展"领先"的市场服务，以此吸引"领先"的顾客。

3. 途径选择

提高企业形象的核心内容是提高企业在消费者或社会公众心目中的知名度和美誉度，使消费者认知企业及其商品，使消费者对企业及其商品产生好感与信赖，进而产生购买行为。但是，企业的知名度和美誉度并不一定同时并存。

4. 实施运作

实施运作是把 CIS 策略付诸实施的过程，如果没有实施运作，那么导入 CIS 策略不过是纸上谈兵罢了。实施运作一般可分为四大步骤。

（1）组织落实　为了保证实施运作工作的落实，首先要做到组织落实，它是实施 CIS 策略的最基本保证。

（2）确立企业理念　企业要制定明确的企业理念和企业目标，并把它们用文字表述出来，成为企业成员和社会公众共同的概念。

（3）建立视觉识别系统　这是将企业的理念视觉化。所谓视觉化，包括两层内容：①把企业理念应用于企业基本要素的设计，即企业的标志、名称、标准字体等内容要能反映出企业的理念；②把企业识别系统的基本要素应用于办公用品、宣传用品等实物要素之上。

（4）活动识别的展开　围绕树立企业形象，根据设定的 CIS 策略展开一系列 CIS 活动，包括员工教育、员工行为以及企业行动等。

5. 总结评价

对企业形象现状进行评价的目的：①为了对现状的实际情况做客观了解；②从中找出存在的问题。为了更有效地对企业形象现状进行评价，必须做好以下各项工作：

（1）拟订评价提纲　在评价提纲中，可以根据需要，就企业管理水平、经济效益、社会贡献、顾客反应、知名度、美誉度、经营环境、公共关系、广告宣传等方面列出详细项目，并将这些要素分成若干等级，以便进行量化。

（2）开展社会调查　将评价提纲中需要评定的项目进行社会调查，这项工作涉及调查表的设计、调查对象的选择以及调查方式的决定等内容。

（3）企业形象的自我评价　企业调查人员根据形象调查所获得的信息对企业形象现状进行分析，并提出看法，最后得出结论性意见。

实施 CIS 策略是一项长期活动，并非一劳永逸，而必须循序渐进。每次对企业形象的总结评价，不仅意味着一次旧循环的结束，同时意味着一次新循环的开始。也就是说，每次总结评价，对成绩要继续巩固，而对存在的问题，则列为下一次循环的主攻方向。对于实施 CIS 策略的企业而言，追求良好企业形象的目标是永无止境的。

宝马的网络电影广告宣传策略

随着社会形态和消费需求的不断变化，宝马也在与时俱进，不断地更新自己的传播策略手段。在信息大量冗余的现代生活中，电视、广播、杂志和报纸等传统媒介对中青年白领消费者而言，已逐渐失去其在传播信息中的主流地位，网络成了部分高端品牌进行分众传播的新宠，而网络的主动性、参与性和互动性等特点更加契合汽车类商品进行广告传播。

2001 年 4 月，宝马公司隆重推出了其投资拍摄的系列网络电影短片广告《雇佣》的第一集，由导演约翰·弗兰肯海默执导，片名为《伏击》（Ambush），讲述了一位驾驶着宝马汽车的保镖是如何受人雇佣，出生入死完成使命的。第一集中，主角由英国男演员克莱夫·欧文扮演。在片中他扮演的保镖为了保护他的雇主，驾驶最新的740i型宝马汽车与追击者在乡间小路上展开汽车追逐战。片中尽管欧文表演得淋漓尽致，但真正的主角其实是银灰色的宝马汽车。随后，宝马公司又拍摄了7部同类型的影片，分别为《人质》（Hostage）、《实时引爆》（Ticker）、《打败魔鬼》（Beat the Devil）、《抉择》（Chosen）、《跟踪》（The Follow）、《明星》（Star）、《火药桶》（Powder Keg）。这些短片都是由好莱坞顶级导演，包括吴宇森、盖伊·里奇、李安等精心执导，而且邀请到众多世界级明星倾情加盟。这些网络电影短片广告一开始先在电视、电影院和杂志上做宣传，以吸引更多的目标顾客登录其网站主页，而在其观看全片的同时，自然就会注意到网站上的其他信息，从而使资源利用最大化。

宝马公司投资了几千万美元来开发这些网络电影短片，每集短片都通过一个引人入胜的故事来传达宝马的品牌精神。虽然整部片子并没有正面且专门介绍宝马汽车的优良性能和高贵的品牌定位，但通过镜头特写和故事情节渲染以及各种特技表演，使人真实地感受到宝马汽车的优越性，并深切地体会到宝马汽车所要传达的品牌精神。由8部电影短片组成的《宝马广告Hire网络电影精选》在网络上放映。8部宝马网络电影短片广告围绕此主题，采用或庄重或幽默或调侃的氛围和故事，将消费者牢牢锁定在期望的联想中，唤起了人们对宝马这一品牌的向往之情以及驾驶的欲望。

宝马网络电影短片作为一种全新的广告形式，与传统广告相比，它的独到之处主要体现在：

1. 品牌形象论

宝马的广告创意不拘泥近期的传播目标，而是把眼光放得更加长远。宝马网络电影短片广告从宏观角度出发，以整个营销策略为蓝图，以广告传播目标结合整体营销目标，为整体营销目标服务，并为其成功实现创造适宜的营销氛围，同时两者之间相互影响，形成一种长期合作的亲密关系。宝马的这些广告创意就是站在宝马整体营销策略的高度，利用网络短片的方式在全球网络社群发动营销活动，通过网络用户的口碑宣传和主动传播，使信息像病毒一样传播和扩散，再利用快速复制的方式传向数以百万计的受众，从而达到让用户彼此之间主动谈论品牌、认识品牌、感受品牌的效果，为品牌精神的传播营造良好的氛围，使品牌更具个性化、人性化，同时提高消费者对品牌和产品的满意度，增加消费者的认同感，加强消费者对品牌的倾向性，提升品牌的附加价值。

2. 表现方式：电影短片

宝马网络电影短片广告的诉求显得隐晦、含蓄。这并不是因为宝马不重视广告诉求，而是充分考虑到广告的表现方式，因为受众在接触广告的过程中是基于对电影的喜爱而主动搜索观看的，即受众对它的第一印象是电影。电影将消费者带入一种预先设定好的感情氛围中，带有感情偏执的消费者便更容易被特定的营销手段所打动，广告诉求就在这样的潜移默化中直接融入消费者的头脑中。这种诉求是消费者通过将电影内容与自身感受加工而成的，因此在认识上比那些直接给出的更加深刻，更符合个体需求。

3. 故事性和情节性

宝马网络短片电影广告以网络为平台，通过使用电影这种独立的表现方式，可以使其所有观看者在没有其他广告的干扰下专门观看，如果看不明白，随时可以重看。这意味着，观看者主动将此片拿去给他人分享才是最重要的，因此内容就成为当之无愧的重中之重，只有优秀的内容才能吸引受众的注意力，引起他们的兴趣。除了让人们知道广告在说什么之外，还要在片子中提供众多有趣的小细节、若干能引起争议的话题，使广告内容更加丰满，如大导演大明星的加盟、充满悬念的故事情节、夸张的汽车特技等。

4. 电影人员的参与

宝马的广告创意全部由非广告专业的电影人员完成，然而作品的可视性、审美性、艺术性均超过专业广告人的创意。宝马广告主可以将其编排成电影邀请贵宾观看，或以院线的方式放映。这样一来，相应的营销活动又将掀起新一波的传播高峰。

宝马网络电影广告短片的横空出世，极大地丰富了广告创意与传播模式，淡化了商业与艺术的区别。如果说过去人们仍然强调广告的创意，那么，今后人们似乎更应该关注创意的广告。因为广告的创意，其中心词或者内容仍然是广告，只不过是将广告予以创意；而创意的广告，其中心词或者内容则是创意，广告只不过是一个表现形式。

未来的广告必然将从"广告的创意"向"创意的广告"演变和发展，创意将越来越成为信息传播的关键所在。

案例讨论题：

1. 宝马网络电影广告的利弊是什么？
2. 除了用电影广告，还可以用什么形式的广告？
3. 是否存在比广告更有效的促销手段？

本章小结

汽车促销的实质是传播与沟通汽车信息，分为人员促销和非人员促销两类方式。人员促销是一种"不推不销"的"推销策略"，通过销售人员直接与购买者接触、洽谈、介绍产品，以达到促销的目的。非人员促销分为广告宣传、营业推广（销售促进）、公共关系等多种方式。其中，汽车广告的策略需要在广告目标的选择、广告同产品生命周期的关系、广告定位策略、广告创意与设计、广告时间决策等方面进行决策。汽车宣传的策略主要表现在传播信息、创造新闻、行动宣传和现身说法四个方面。营业推广的对象主要包括目标用户和汽车经销企业两类。对最终用户的营业推广主要有服务促销、价格折扣、展销、卖方信贷、试乘试驾、汽车拉力赛等；对经销商的营业推广，其主要形式有批量和现金折扣、展销、业务会议、推销奖励、广告补贴、商业信用、价格保证以及各种形式体现互惠互利的企业联合等手段。常用的公共关系促销方法包括创造和利用新闻、参与各种社会活动、开展各项有意义的活动、编写和制作各种宣传材料等。汽车促销策略就是这几种方式的最佳选择、组合和运用。汽车产品由于其自身特点，更适合人员促销。

自测习题

Ⅰ.思考题

1. 什么是促销？什么是促销组合？
2. 简述汽车促销的两种策略。
3. 比较汽车人员促销策略、公共关系促销策略、营业推广促销策略、广告宣传促销策略各自的特点。
4. 企业如何选择促销方式？
5. 怎样开展企业形象促销？

Ⅱ.选择题

1. 对于衰退期的产品，促销的重点是促成持续的信任和刺激购买，宜多采取（　　）的方式增进购买。
   A.人员推销　　　B.公共关系　　　C.广告宣传　　　D.营业推广
2. 一般来说，目标市场的空间大，属于消费品市场，潜在顾客数量较多，促销组合中（　　）成分要大一些。
   A.人员推销　　　B.公共关系　　　C.广告　　　D.营业推广
3. 儿童智力玩具一般宜选择（　　）作为广告媒介。
   A.报纸　　　B.广播　　　C.电视　　　D.杂志

Ⅲ.判断题

1. 促销的实质是一种沟通、激励活动。（　　）
2. "推动式"促销策略要求制造商以中间商为主要的促销对象。（　　）
3. 公共关系的目标是塑造组织形象。（　　）

第 10 章　汽车服务营销

雪佛兰"金领结服务"

2017"零距金领结——雪佛兰金领结服务品鉴日"系列活动正如火如荼地在全国开展，精彩的内容、丰富的互动形式获得了车主朋友们的喜爱。

"金领结服务"是雪佛兰在 2010 年 1 月启动的售后服务品牌，以"懂车更懂你"为品牌主张，强调不仅为车提供专业全面的维修服务，更为人提供以主动关怀为前提的贴心服务。雪佛兰特设的金领结服务长岗位，在用户休息等待的过程中提供主动关怀和及时帮助，并传达雪佛兰品牌的服务宗旨及上海通用汽车各项专案活动内容。同时，金领结服务长还通过"新车 10 分钟课堂""金领结课堂""金领结面谈"三个沟通平台，了解车主的个性化需求，实现销售与售后的无缝连接，不断改善服务品质和服务产品，提高客户满意度。

雪佛兰"金领结服务"为用户提供共计 9 项终身免费检测服务，并配备 24h 紧急救援服务车。高效的"叫号"式业务接待流程更是为售后服务大厅创造了完善有序的环境，在节省用户时间的同时，使整个接车服务过程更加舒适、顺畅。同时，雪佛兰还建立了包括神秘客户暗访、客户拦截访问、"第三方售后服务满意度调查"、"飞行检查"等经销商督导机制，确保服务理念和服务流程得以有效地贯彻和实施。

雪佛兰金领结服务，已经将售后服务"以车为本"的被动式维修保养，上升为"以人为本"的主动式贴心关怀。对于广大雪佛兰车主来说，雪佛兰金领结服务将远远超越一般意义的修车养车，而成为一路陪伴你构建高品质有车生活的知心伙伴。

近年来，汽车工业已经从以产品导向发展成为以顾客导向，与此相适应，汽车营销也必须从以产品为中心转向以满足顾客需求为中心。对于从事汽车生产、营销的企业来说，能够向顾客提供满意的产品和服务，使他们乘兴而来、满意而归，是企业在当前激烈的市场竞争中抵御风浪的关键。所以，满意的顾客是企业的无价之宝。企业只有不断地培养满意顾客，不断地满足顾客的需求，才能获得持续发展的不竭动力。

10.1 顾客满意理论与服务营销

美国《哈佛商业评论》杂志发表的一项研究报告指出："再次光顾的顾客比初次登门的顾客可能为公司多带来 25%~85% 的利润，而吸引他们的因素，首先是服务的质量，其次是产品的本身，最后才是价格。"这就要求企业快速转变营销观念，开展服务竞争，不断进行服务创新，赶上时代步伐。所以，在营销向更高层次拓展时，作为营销重要手段的服务，已经成为留住顾客、建立忠诚、增加效益的核心策略。

10.1.1 顾客满意理论

CS 是 "Customer Satisfaction" 的缩写，意为"顾客满意"。它本是商业经营中一个被普遍使用的生活概念，没有特别的含义。1986 年，一位美国心理学家借用 CS 这个词来界定消费者在商品消费过程中需求满足的状态，使 CS 由一个生活概念演变为一个科学概念。企业界在心理学家定义的基础上，对 CS 的内涵进行了扩展，把它从一种界定指标发展成一套营销战略，直接指导企业的营销甚至经营活动，并被称为 CS 营销战略。

1. 顾客满意理论的由来

CS 营销战略的产生，源于日益加剧的市场竞争。早期的企业竞争取决于产品的价格。随着技术不断进步和市场竞争加剧，各竞争企业之间的技术差距缩小，产品的相似之处多于不同之处。企业竞争环境发生了变化，买方市场的特征逐渐明显，消费者的经验和消费心理素质也日趋成熟，消费者对产品和服务的需求已从"价廉物美"转向"满足需求"。于是，综合服务质量成为企业竞争的关键，靠优质服务使顾客感到满意已成为众多优秀企业的共识，以服务营销为手段提高顾客满意度是企业在激烈竞争市场中的理性选择。

著名美国学者彼得·德鲁克说过："营销的目的在于充分认识及了解顾客，使产品或服务能适合顾客的需要。"美国市场营销大师菲利普·科特勒在《市场营销管理》一书中明确指出："企业的整个经营活动要以顾客满意度为指针，要从顾客角度，用顾客的观点而非企业自身利益的观点来分析考虑顾客的需求。"

2. CS 营销战略的内涵

CS 考虑问题的起点是顾客，它要求企业以顾客为中心，建立为顾客服务、使顾客感到满意的运营管理系统。CS 营销战略的指导思想是：企业的全部经营活动都要从满足顾客需要出发，用顾客的观点而不是企业自身的观点来分析考虑顾客的需求，以提供满足顾客需要的产品或服务作为企业的责任和义务。CS 营销战略的主要内容有：

1）站在顾客的立场上而不是站在企业的立场上去研究设计产品（包括有形产品和无形服务）。

2）不断完善服务生产与提供系统，最大限度地使顾客感到安全、舒适和便利。

3）重视顾客意见、顾客参与和顾客管理。

4）创造企业与顾客彼此友好和忠诚的界面，使服务手段和过程处处体现真诚和温暖。

5）按照以顾客为中心的原则，建立富有活力的企业组织。

10.1.2 CS 营销战略的实施

实施 CS 营销战略，主要应从以下几方面入手：

1. 开发令顾客满意的产品

从顾客需求出发，把顾客需求作为企业开发产品的源头。因此，企业必须熟悉顾客，了解顾客的现实和潜在需求，分析他们的购买动机和行为，研究他们的消费传统和习惯、消费能力和水平。只有这样，企业才能科学地确定产品的开发方向。

2. 提供令顾客满意的服务

企业要不断完善服务系统，真正为顾客着想，最大限度地使顾客感到安心和便利。为顾客着想的真诚服务能带来顾客满意，而满意又是顾客再次上门的主要因素。

3. 增加实用实惠的服务项目

为消费者服务不能只唱高调，搞华而不实的花架子，而应从小事着手，将"顾客至上"的理念落到实处。例如，增加网络订购服务、在线咨询服务、技术指导服务和送货上门服务等，全方位地为消费者服务。

4. 实行超值服务工程

超值服务是指企业不仅经营质量好、价格低的产品，而且提供全过程周到、齐全、快捷以及意想不到的服务并主动承担各种风险。换言之，就是将为顾客提供的服务贯穿经营活动的全过程，使顾客自始至终都能感受到文明、尊重、信任和享受周全、细致的服务。

（1）售前服务　在产品销售前，及时向顾客提供有关产品质量、性能、操作方法、适用对象等方面的充分信息，可以提供在线咨询、网上产品体验服务，以便顾客售前充分了解。

（2）售中服务　在顾客选购产品时，主动热情接待，认真展示、介绍产品，激发顾客的购买欲望，真正做到"百拿不厌、百问不烦"。

（3）售后服务　在产品售出后，进行跟踪服务，如汽车售出后，回访、保养、维修等服务要持续进行。售后服务并不是企业对顾客的回报或施舍，而是对顾客购买行为的延伸，是企业的一种义务。

5. 创造悠闲的购物环境

随着生活水平的提高，现代人的休闲意识日益增强，"购物也是休闲"是消费者的新需求，也是大型零售商新的增长点。因此，大型零售商在销售产品的同时，还要提供餐饮、娱乐、信息等配套服务，设立休憩场所，创造休闲、娱乐、购物三位一体的新的购物方式——悠闲购物。当今的汽车 4S 店不仅环境幽雅，还提供有休息区、交流区，有的还定期举办聚会，使 4S 店成为车主们的一个休闲场所。

6. 建立一套顾客满意分析评价系统

企业需要建立顾客满意分析评价系统，用科学的方法和手段来检测顾客对企业产品和服务的满意程度。首先，按照顾客满意测量标准，实施顾客满意度调查，测量顾客满意指数，并找出顾客不满意的原因；其次，将结果及时反馈给企业管理层，采取措施改进工作流程和方法，提高顾客满意度。

10.1.3 服务与服务营销

1. 服务的含义

就企业市场营销而言,服务可以区分为三大类:

(1)作为有形产品附加的服务　这种服务是产品整体概念中扩增产品层面的一个构成元素,以满足顾客的附加需求,如汽车的售后维修与保养。

(2)作为独立产品存在的服务　这种服务本身是一项独立存在的产品,是可以运作的经营项目,能够满足顾客的一项独立需求,如汽车的美容与改装。

(3)作为经营行业存在的服务　这种服务是一个行业,可以满足顾客某种类别的需求,如医疗行业、物流行业、金融行业等都是专门从事某种专门业务的服务行业。

2. 服务的特征

与有形产品相比,服务具有以下特征:

(1)生产过程与消费过程不可分离　服务的生产过程与消费过程同时进行,即服务人员向顾客提供服务的时候,也正是顾客消费这项服务的时候,两者在时间上不可分离。例如,组织汽车自驾游时,只有车主驾车参加才能完成这一服务过程。这表明,顾客只有而且必须加入到服务的生产过程中才能最终消费服务。

(2)服务质量与顾客的感知存在差异　服务无法像有形产品那样实现标准化,每次服务带给顾客的效用及顾客感知的服务质量都可能存在差异。这主要体现在两个方面:第一,由于服务人员的服务技能、努力程度等原因,服务存在差异;第二,由于顾客的知识水平、爱好等原因,对同一服务的质量会产生不同的效果。例如,同样是去旅游,有的人非常满意、乐而忘返,有的人却怨声载道、败兴而归。

(3)服务具有不可储存性　实物产品是有形的,因而可以储存,而且一般有较长的使用寿命,但服务不可能先生产、储存,然后再销售或消费。如购车咨询、维修保养,都无法预先生产并储存,然后再进行销售或消费。

3. 服务营销的分类和作用

服务营销的核心是顾客满意和顾客忠诚,通过取得顾客的满意和忠诚来促进互惠互利的交换,最终实现营销绩效的改进和企业的持续成长。服务营销的作用主要表现在以下五个方面:

1)服务作为一种有形产品的促销手段,能够消除顾客的后顾之忧,增强其购买信心。

2)服务作为一种市场竞争的手段,既有利于增强公众信赖,又有利于超越竞争者,形成竞争优势。

3)服务作为一种与用户面对面的直接接触沟通方式,能够使顾客加深对品牌的了解,增进对品牌的感情,能够修补品牌损伤,建立品牌忠诚。

4)服务作为一个产品或行业,具有盈利性,能够为企业开辟新的经济增长点,成为企业继续发展壮大的重要支撑。

5)服务需求是一项随着社会进步不断扩大的需求,服务所创造的价值也随着社会的进步越来越大,而服务需求的满足也将进一步推动社会进步。

4. 服务营销的要点

由于服务的特征,服务营销要特别注意以下六点:

1)由于服务是无形的,顾客只能更多地根据服务设施和环境等有形线索来判断其质量和效果,所以,有形展示是服务营销的一个重要工具。

2)由于顾客直接参与服务的生产过程,顾客与服务人员的沟通和互动影响着服务质量及顾客对企业的评价。因此,要保证实际提供的服务达到每一位顾客预期的质量水平,服务人员与顾客之间必须进行充分的沟通,服务人员要针对不同顾客的需求差异保持足够的应变能力。

3)由于服务的不可储存性,就要求企业或服务性行业准确地平衡服务供求关系。

4)由于服务不具有实体特征、不能运输,所以服务的分销不同于有形产品的分销。对这些服务来说,要么顾客必须到生产设施所在地,要么生产设施必须运到或建在顾客所在地。

5)由于服务不能储存、不能运输,因此限制了在同一地点大规模地生产和销售服务。所以,服务企业要获得规模经济效益,必须异地化、分散化、连锁化,这也是服务企业成功的秘诀。

6)由于服务是无形产品,它具有不同于有形产品的特点。传统的市场营销组合,即 4P's 在服务市场营销中具有其局限性,因此又增加了 3 个 P,即服务人员(People)、有形展示(Physical Evidence)和服务过程(Process)。这样就构成了服务市场营销的 7P's 组合。

10.1.4　服务营销策划应考虑的因素

影响服务营销策略制定的因素较多,因此,在服务策划时应通盘考虑以下几个方面的因素,做好这些因素的衔接与协调。

1)服务形象与品牌形象密不可分,服务形象是品牌形象的具体体现与细化展现,服务形象策划应在品牌形象之下展开,而不能超越或背离品牌形象。换句话说,品牌形象也需要通过服务形象具体化、生动化。

2)服务目标应服从于营销目标,营销目标要通过包括服务目标在内的目标体系展开、贯彻落实。

3)服务内容策划应紧扣顾客需求,提供顾客需要的服务项目,而不应仅从企业出发,想当然地推出并不符合顾客需求的服务项目。

4)服务效益必须大于服务成本,因为提供服务是要付出成本的。在促销性服务中,服务具有促进销售、维护品牌的双重作用,服务效益是间接体现的;而在营销性服务中,服务效益是直接体现的。

5)服务既是竞争的重要领域,又是竞争的重要武器。在进行服务策划时,要运用竞争理念,超越竞争者,营造服务特色和竞争优势。

6)服务是无形的、有差异的,但并不等于没有服务规范与服务标准,否则,就不能形成统一的服务形象,保证一定的服务质量水平。为此,必须制定服务规范与服务标准,并严格贯彻实施。

7)服务培训是服务策划的重要内容。服务理念、服务技术和服务行为规范都需要通过服务培训才能让服务人员掌握,才能在服务实施中推行。所以,在服务策划中,必须重视服务培训。

8)服务现状评估是服务策划的依据。服务是一项长期而平凡的工作,做好服务管理与服务评估,是正确认识和检查服务工作现状,发现服务中的问题,进一步改进服务工作,提高服务质量的需要。所以，在服务策划开展之前，要对服务现状进行评估。

9）服务工作既要做得好，又要说得好，做好服务宣传与推广工作，让社会公众更广泛地了解企业的服务，对促进产品销售、提升品牌形象均具有积极意义。所以，在服务策划中，要制定服务宣传与推广的措施，并安排相关费用。

服务营销的九大原则

1. 获得一个新顾客比留住一个已有的顾客花费更大。
2. 除非你能很快弥补损失，否则失去的顾客将永远失去。
3. 不满意的顾客比满意的顾客拥有更多的"朋友"。
4. 畅通沟通渠道，欢迎投诉。
5. 顾客不总是对的，但怎样告诉他们是错的会产生不同的结果。
6. 顾客有充分的选择权利。
7. 你必须倾听顾客的意见以了解他们的需求。
8. 如果你不愿意相信，你怎么能希望你的顾客愿意相信？
9. 如果你不去照顾你的顾客，那么别人就会去照顾。

10.2 汽车产品的服务营销

我国汽车市场迅速增长，2009年成为了世界第一大汽车消费市场。随着汽车工业的发展，竞争越加激烈，竞争的焦点已经从产品营销转向服务营销。同时，汽车保有量的增加使市场对汽车服务业务的需求越来越大，所以，汽车产品服务营销的重要性不言而喻。

10.2.1 汽车产品的服务营销理念

菲利浦·科特勒曾说："营销的目的就是使推销成为多余。营销的目的在于深刻地理解和了解顾客，从而使产品和服务完全适合顾客的需要而形成产品的自我销售。"汽车高价值、耐用和高技术的特点，使其服务营销理念更加成为战略的出发点和企业经营策略的诱因。面对迅速发展和越来越成熟的汽车消费市场，重塑和提升汽车服务营销理念，重新制定企业经营战略，强化企业竞争力和竞争优势，已成为各大汽车公司的普遍做法。

1. 深度营销理念

所谓深度营销，是指在满足消费者表层需求之后，以深层次服务营销巩固、保留原有市场并拓展新的市场的过程。汽车服务营销的深度营销是由汽车产品特征和汽车消费特征决定的。它有两层含义：一是以优质的服务质量和新的服务项目巩固、维持和深化已有的市场；二是拓展基本需求之后新的深层次市场，引导消费者实现消费层次的不断提升和消费结构的不断调整。而以上两个层次的核心是顾客的信任度和忠诚度。所以，深度营销就是通过在服务项目和服务内容的深度与广度上扩展，赢得顾客的长期信赖和支持，培养顾客的忠诚度。

市场份额的总量只能反映企业当时的市场竞争地位，而不能预示企业未来的发展和竞争态度。从更深的层面来看，市场份额的质量是企业竞争力内质的反映，并以市场占有的稳定性和市场份额结构来体现。其中，市场占有的稳定性用顾客忠诚度来衡量；市场份额结构即构成消费市场的消费者群体构成。研究表明，一个稳定的、转移度小、保留度高且具有主要消费能力的消费者群体，可以大大降低企业的市场风险，减少企业经营的波动。实际上，企业核心竞争力的最终体现就是满足顾客需求的能力和赢得顾客的能力。

汽车产品因其独有的产品特征，在围绕有形产品营销的同时，无形的服务营销成为其必然的内容并得到广泛延伸，以战略的方式构筑个性化、多层面和全方位的汽车服务营销的深度营销，如汽车改装和装饰，汽车保险和服务的个性化方案，以及从买车、用车到卖车、再买车等多层面的汽车服务。汽车信贷、保险、保养、维修、年审、用车指导、汽车的技术升级、二手车的评估和转让等全方位的服务项目，适应了汽车消费的固有特征，并迎合了汽车用户对深层次服务的要求，强化了汽车用户对汽车服务和汽车服务企业的依赖。实施市场结构优化战略，形成新市场竞争优势，是汽车服务企业的必然选择。

2. 双赢营销理念

双赢营销理念强调的是在商品（服务）的交换过程中，卖方合理利润的获得和买方利益的维护。针对汽车产品而言，汽车服务营销的根本就是在买卖双方之间建立亲善、和谐和相互依存又相互信赖的伙伴关系，这是双方都需要的长期依赖和合作。在这种关系中，制造商和经销商要建立一种对价值和利益的新的判断，弱化其对立性，强化其依赖性。所以，企业必须突破以销售为唯一目的的思考方式，考虑顾客终生价值，也就是预期可以从顾客身上得到多少未来利润的现值。有关调查表明，汽车用户的用车消费是购车消费的1.5~2倍。因此，汽车的价格目标（尤其是第一次交易）不应是企业利润的唯一来源。企业的目标在于为顾客带来更长期的价值，并由此创造出关系维系更久的顾客。企业的利润建立在为顾客建立更长期价值的基础之上，这就是双赢营销理念。

从这一理念出发，企业的竞争战略应该是谋长远发展之大略，其行为目标不再只盯着简单的、一次性的产品价格，而是把价格视为整个企业发展战略中的一颗棋子。由此，企业经营策略的重心不再是对产品价值余额分割的考虑，而是如何将"蛋糕"做多、做大，让消费者在未来的消费中不断品尝到新鲜的"蛋糕"，喜欢并产生偏好。当然，企业也不必在一块"蛋糕"上将利润赚足，稳定且持久的利润来源才是企业生存的根本。

消费者在接受产品和服务时，心理上的平衡是供需双方的信任和良好关系建立的开始，也为企业的生存与发展提供了保障。双赢营销理念的行为转化就是企业竞争与发展战略的构建，即以维护消费者利益作为企业发展战略的根本出发点，并据此调整企业的产品策略、价格策略及促销策略。

3. 超值营销理念

超值心理预期来自三种形式：①产品利益的折让，即以较低的价格出售较高质量的产品（服务），消费者以低价获得高质的产品（服务）；②超越常规的服务，即超越行业通行的服务标准和内容；③消费者对产品的认知和感知超越了原有的预期。其中，前两种形式在一般的产品营销当中作为一种营销策略屡见不鲜。奇瑞汽车公司对奇瑞A1车型实行4年12万km国际标准保修服务，相对目前国内通行的2年6万km或者3年5万km的保修标准，奇瑞给用户带来了2倍于我国服务行情的超值服务，将国际化的标准服务融入自己的产品。超值服务就是企业战略的价值取向，它是用爱心、诚心和耐心向消费者提供超越其心理期待

（期望值）的、超越常规的全方位服务。

汽车产品是一个时代科学、技术、文化以及生活方式的缩影，汽车设计中的理念、创意和高新技术的采用能否被消费者感知和认同，在很大程度上取决于制造商和经销商向消费者传递的信息。广告的传播范围是广泛的，但不是深入的。销售人员的推广在汽车产品营销中有着极其重要的作用。直面汽车实体，在讲解、演示或示范的过程中，消费者通过亲身体验来感知汽车产品的优秀品质和精良设计是很重要的。

4. 大数据营销理念

大数据营销是指通过互联网采集大量的行为数据，依托大数据技术，分析消费者的行为规律，以此为依据制定正确的营销策略，精准地将合适的产品在合适的时间，以合适的渠道、合适的方式销售给合适的人。

大数据营销改变了传统的营销思维。全样本分析、挖掘、深度学习等大数据时代的技术，带来了万物数字化、数据价值化、世界智能化的全新思维变化。用户在互联网平台的一系列行为都被记录成数据，通过计算机的深度学习，采用深度挖掘技术自动分析，可以掌握用户的行为模式，为商业决策提供可视化数据支持。

汽车的现实和潜在消费者数据被商家视为宝贵的财富，从中可以挖掘出消费者对汽车品牌、汽车产品的认知，了解消费者对汽车价格的敏感性，掌握消费者的媒体习惯，从而可以准确地选择媒体投放广告。通过对汽车消费者的数据挖掘，可以从中找到消费者的新需求，开发新的商机。同时，连接大数据的平台商业模式、融合大数据的跨界商业模式，催生了新的盈利模式和企业类型。

10.2.2 汽车产品的服务营销策略

1. "四全"服务策略

从宏观角度看，汽车的服务营销可以扩展到全过程、全方位、全天候、全参与四个维度，即"四全"服务策略。

（1）全过程服务 从汽车咨询开始，到销售、贷款、上保险、办牌照、维修保养、二手车转让直到汽车报废，实现从"生"到"死"的服务，这显然是全生命周期的服务。

（2）全方位服务 汽车传统的"4S"服务模式，是整车销售、配件供应、售后服务、信息反馈"四位一体"的服务。而现代的汽车销售服务已经大大突破了这种服务模式，采取的往往是更加积极、更加广泛的服务模式，如信息服务、技术服务、金融服务、保险服务等，不仅为车服务，还为车主服务，如汽车俱乐部、自驾游等。

（3）全天候服务 许多汽车公司都开通了24h销售服务热线电话，作为与全国乃至世界沟通的桥梁，如24h的汽车救援、24h的汽车保险等。

（4）全参与服务 菲利普·科特勒提出的"整体市场营销"观念认为，企业市场营销的成功，不仅依赖企业的努力，而且依赖广泛的社会支持，需要企业内部和企业外部，如供应商、销售商、生产者、消费者、同盟者、竞争者以及政府机关和新闻机构等的共同参与。所以，汽车企业要广泛利用社会力量，营造有利于顾客满意的良好环境。

2. 提高让渡价值策略

所谓顾客让渡价值，是指顾客总价值（Total Customer Value）与顾客总成本（Total Customer Cost）之间的差额。其中，顾客总价值是指顾客期望得到的，由产品价值、服务价值、人员价值和形象价值等组合而成的一组收益；顾客总成本则是指顾客为得到这些价值所支付的货币以及所耗费的时间、精力和体力等成本组合而成的一组代价。所以，要取得销售服务的成功，一方面要想方设法提高顾客总价值，另一方面要尽可能地降低顾客总成本，即提高顾客让渡价值，如图10-1所示。

一般来说，提高汽车顾客让渡价值主要有以下四种策略：

（1）缩短服务半径　增设服务站点，缩短服务半径，是降低用户时间成本、精力成本和体力成本的重要途径。1996年，一汽集团率先提出了"缩短服务半径"的思想，在全国建立了600个服务网点，将服务半径缩短到80km，取得了"到家服务"的效果。

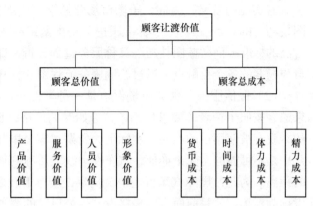

图10-1　顾客让渡价值

（2）缩短服务时间　缩短服务时间是借降低时间成本来提高顾客让渡价值的一种措施。上海大众提出了"小修不过夜"的做法，如果前来"小修"的桑塔纳轿车到午饭或者晚饭时还没有修好，等待在侧的驾驶员可以心安理得地享受"免费的午餐"。

（3）美化服务环境　美化服务环境是借提高形象价值来提高用户让渡价值的一种措施。从市场营销的角度看，服务环境也是"文雅的劝说者"，可以通过营造某种特定的情景氛围，来激发消费者的购买动机。大部分汽车4S店为了营造优美舒适的服务环境，都将展厅布置得优雅温馨，而且还为顾客准备了休息室，有的还配备了娱乐设施，如电视机、乒乓球台以及报纸、杂志等，顾客在这里休息片刻，即可以办妥全部手续。

（4）提高服务档次　提高服务档次是借提高服务价值来提高顾客让渡价值的一种措施。为了实现汽车销售服务的"全过程、全方位、全天候、全参与"，1998年，东风公司推出了"推进四项工程、抓住三件大事"的销售服务措施，即围绕优质服务工程、能力建设工程、形象塑造工程、服务管理工程，从优质服务深入化、服务站点系统化、服务活动标准化三个方面狠抓服务质量，实现"卖出一台东风汽车，服务一个汽车用户，结交一个知心朋友"的服务目标。

3. 超值服务策略

服务是产品的延伸，因此，服务的质量也是产品的质量。从价格与价值对应的角度看，服务质量的最低标准应该是产品本身的"完美无缺"，并将这种"完美"充分地表现出来，让顾客100%满意。显然，顾客的"满意度"是与产品的"零缺陷"紧密联系的。在我国，一汽大众最早提出了"零缺陷战略"的思想，并在其《质量管理标准手册》上赫然写道："99%无错误意味着：在德国，杜塞尔多夫国际机场每天发生2起紧急着陆事件；每小时将有20000个邮件失踪；外科手术每周将发生500起医疗事故……"如果一辆汽车真的是"百里挑一"的问题产品，则对于拥有它的顾客，将是100%的挫折。服务质量的公平标准是产品保值，即所得等于付出，因此，汽车生产厂家的"零缺陷"是顾客应当享受的待遇，而并非激励价值。为此，市场营销的理论家和实践家都提出了"超值服务"的思想，即让服务超越顾客的期待，使他们101%满意。一般来说，超价值服务策略主要有以下四种：

（1）达标服务　服务质量达标是一种类似于产品生产"零缺陷"的质量保证措施。既然顾客付出的金钱是"完美无缺"的,他们所得到的产品和服务也应当"缺陷为零"。只是服务质量的标准难以确定。由于服务的无形性、同步性、异质性和易逝性特点,加之顾客的需求千差万别,只有投其所好,才能使他们得到所期望的满足。因此,许多市场营销学家都认为,客观的质量标准并不存在,只有采取主观的"顾客满意度"作为标准,所谓质量达标才具有实在的意义。为此,美国市场营销学家伯瑞(Berry)等提出了"标准跟进"和"蓝图技巧"的观点。其中,"标准跟进"是指紧跟在竞争者之后,通过与竞争者的比较来确定自己的标准;而"蓝图技巧"又称服务过程分析,即把整个服务过程进行分解,找出服务人员与顾客的各个接触点,通过绘制服务流程图的方式来确定每个接触点的标准和规范。

(2)保值服务　服务质量保值是一种类似于产品销售"零公里"的质量保证措施。如果顾客按照生产者的要求付出了"原始"的价格,那么,他所得到的产品也应当是"原始"的、没有被使用过的产品。实际上,所谓"零公里"销售,在理论上是存在的,而实践上则几乎是不可能的。无论如何,汽车在下线之后和到达用户手中之前,总是要行驶一段超过零的距离。为此,国际汽车行业协会规定,新车下线之后,行驶记录不超过80km的汽车均可以称为新车。就目前而言,最接近"零公里"的服务方式,就是实现汽车的离地位移。

其实,实现"零公里"销售仅仅是服务质量保值的措施之一。质量不能保值,如汽车质量不能达标、行驶里程超过规定等,则应当做出索赔承诺。在有缺陷或有亏欠的地方以服务或金钱填补,从而达到价值与价格的平衡。

(3)超值服务　服务质量超值,也可称为"超值服务",是指服务的广度和深度超越常规,既超越了企业承诺的范围,也超越了用户期待的范围,尽可能拓展产品的延伸结构以赢得竞争的服务。例如,"免费走保、用户投保"和"四免二优"服务。所谓"四免",即免费技术咨询、免费检查调整、免费诊断疑难、免费第二次保养;所谓"二优",即配件价格优惠3%,工时、费用优惠10%。该收的不收或者少收,对于顾客来说,也是一种"超值服务"。

现在看来,"让顾客100%满意"只是顾客应该得到的,而不是服务的延伸,而"让顾客101%满意"的1%看似微不足道,对于顾客来说,所得到的却是意外的惊喜。惊喜之余的顾客不仅会再次上门,进而发展成为企业的忠诚用户,而且会将惊喜与他人共享,起到业余宣传员和业余推销员的作用。

(4)放心服务　虽然将"让顾客101%满意"说得头头是道,但是,那1%到底是多少,却难以量化。其实,无论是服务质量达标、保值还是超值,归根结底,都是企业实施的"放心工程",并借以提高顾客的满意度。无论如何,"放心"和"满意"都是销售服务的直接目的。1996年,上海联合汽车交易市场首先推出了"购车放心工程"。凡是参加"购车放心工程"的企业,所销售的汽车均可享受免费质量咨询、免费安全检测、免费办年检、免费公路牵行、免费紧急排障等系列服务。"放心工程"、厂家热心,一经推出,就受到了驻场单位的热烈欢迎。

汽车"三包"政策

　　汽车"三包"政策是零售商企业对所售商品实行"包修、包换、包退"的简称。它是产品进入消费领域后,卖方对买方所购产品负责而采取的在一定限期内的一种信用保证办法。

1. 换车

同一故障修理超过 5 次可换车。

在"三包"有效期("三包"有效期为 2 年或 5 万 km,以先到为准)内,如果汽车修理时间累计超过 35 天,或者同一个产品质量问题引发的修理累计超过 5 次,消费者可以换车。

2. 退车

自销售者开具购车发票之日起 60 日内或者行驶里程 3000km 之内(以先到者为准),发动机换 2 次仍不正常可退车。

在"三包"有效期内,因严重安全性能故障累计进行了 2 次修理,严重安全性能故障仍未排除或者又出现新的严重安全性能故障的;或发动机、变速器累计更换 2 次后;或转向系统、制动系统、悬架系统、前/后桥、车身的同一主要零件因其质量问题,累计更换 2 次后,仍不能正常使用的,消费者选择退货时,销售者应当负责退货。

如果家用汽车产品符合更换条件,销售者无同品牌同型号产品,也无不低于原车配置的产品向消费者更换的,消费者可以选择退货,销售者应当负责退货。

3. 修车超 5 天,车主有权开备用车

在保修期内,家用汽车产品出现产品质量问题,消费者凭"三包"凭证由修理者免费修理,其中包括工时费和材料费。

10.2.3 汽车产品服务营销策划

作为汽车整体产品一部分的服务,不仅具有极强的促销功能,而且有利于增强企业的竞争力和品牌亲和力,有利于企业超越竞争对手,争取更多的顾客,取得更大的市场份额。因此,汽车企业要高度重视服务产品,而周密的策划是服务营销制胜的关键。

1. 服务形象的策划

如何在众多服务中形成自己的特色,树立自己的服务形象,形成自己的服务优势,这是服务策划首先要明确并解决的问题。所以,服务策划应从服务形象策划开始。对服务形象的策划,企业应做好以下工作:

1)首先要明晰企业的服务理念是顾客导向和 CS 理论。

2)服务形象的策划需要确定一个寓意良好的服务名称。服务名称的选择要符合企业理念和企业形象,符合顾客的心理期待,具有产品与行业特征,使人产生美好与广阔的联想,有利于提及、传播服务形象。例如,"路路通""车爵士""百援"等都是非常好的寓意。

3)服务形象的策划要打造一个区别于竞争者的鲜明特色。服务形象包括硬件形象和软件形象。汽车服务企业既要有一个能体现企业形象特点、令顾客宾至如归的外在环境,又要通过亲切周到的服务项目、规范标准的服务行为体现对顾客的关怀。例如,上海通用的"别克关怀"活动体现的"比你更关心你"的品牌主张就具有鲜明的形象特色。

4)服务形象的策划有必要运用一些视觉元素,如服务品牌、服务标识、服务形象代言人、服务吉祥物、服务专用品等。服务视觉形象的运用犹如企业形象策划中的形象识别(VI),对于识别和传播企业服务形象具有重要意义。

2. 服务项目的策划

企业应该向顾客提供哪些服务项目？从增强竞争力和对顾客的感召力方面来说，当然是提供的服务项目越多越好。但从增加企业效益方面来说，却并非服务项目越多越好，甚至有些服务项目的投入成本很高，但顾客并不一定十分重视并存在强烈需求，因此其促销作用并不十分明显，未必一定提供不可。在策划服务项目时，为保证服务的竞争力和效益，可按以下步骤与要求进行：

1) 对目标顾客进行服务需求调查，了解顾客期望获得哪些服务，并按顾客需求普遍性、强烈性、迫切性的顺序对服务项目进行重要程度排序。

2) 对竞争者进行服务竞争调查，了解目前竞争者提供哪些服务项目，提出哪些服务承诺，达到何种服务质量水平；分析每种服务项目对顾客的吸引力与促销力度，以及对品牌形象的贡献力度。

3) 根据顾客对服务项目的重视程度，竞争者提供的服务项目，以及本企业服务目标、服务形象、服务资源、服务成本等方面的要求，提出适合本企业的服务项目策划。最完美的选择是：企业所提供的服务项目，不仅是顾客需要的，并且是超越其心理期望的；不仅是超越竞争者、具有竞争力的，而且是符合企业品牌形象和服务形象的；不仅是企业的资源和成本所能够承受的，而且是企业可以真正做得到、做得好的。

4) 当达不到这种完美的境界时，就需要在某些服务项目上进行取舍，舍弃一些顾客需求并不迫切或并不普遍，但成本却很高的项目，或舍弃一些成本高而又难以形成服务竞争特色与优势的项目。例如，美国特福莱汽车服务企业在我国的连锁店，根据各区域的市场需求以及各连锁店的规格，相应设置了汽车快修、汽车美容、汽车装饰、汽车养护、汽车电子、汽车音响、汽车改装、汽车文化等服务项目。

3. 服务承诺的策划

企业不仅要对服务项目做出选择，还必须对服务内容和水平做出决策，并以服务承诺的形式公布于众，让顾客知晓，以增强其购买本企业产品的信心。在进行服务承诺的策划时，要考虑以下因素：

（1）产品的技术水平和价值大小　产品的技术性强、价值高，对服务水平与内容的要求也较高，因此，应有较高水平的服务承诺才能消除顾客的后顾之忧，促进其购买。

（2）企业的技术装备水平和产品质量水平　企业的技术装备水平越高，产品质量越好，免费服务范围可以越广，免费服务期限可以越长；相反，则不宜过多过度承诺，以免使企业背上沉重的服务成本包袱，难以为继。

（3）服务承诺的促销效应　不同的服务承诺，顾客的重视与需求程度不同，因此其对促销的作用与效果也不尽相同。对影响销售比较大的服务承诺项目，企业应竭尽全力做好，并不断加以改进，保持动态领先。为此，这些项目的服务水平要高一些，承诺要突出一些。

（4）业内行规与通行做法　要通过服务调查，掌握竞争者的服务水平和服务承诺，了解业内的行规与通行做法，作为制定本企业服务承诺的参考依据。

（5）竞争激烈程度与竞争策略　一般来说，竞争越激烈，对服务的压力也越大，服务水平和服务承诺必须达到一定的基准，才能参与服务竞争。当行业内的竞争主要集中在服务领域时，服务水平和服务承诺必须高于竞争者，服务形象必须超越竞争者，服务质量必须优于竞争者。否则，可以参照业内行规与通行做法执行。

（6）产品生命周期的不同阶段　当产品处于介绍期时，响亮的承诺有利于打开产品市场；当产品处于成长期时，服务开始成为市场竞争的重要武器之一，企业应该提高服务水平；当产品处于成熟期时，服务成为争夺市场份额的重要手段，此时，服务的重点在于如何兑现服务承诺，保证服务质量，而不在于增加新的承诺或使承诺升级；当产品处于衰退期时，企业通常采取维持或削减服务的策略。当然，企业的营销观念、营销目标、经营状况、经营实力、服务力量与服务成本也会影响到服务水平和服务承诺的决策。

长期以来，我国汽车服务行业的通行做法是等顾客上门，这种方式已经越来越不适应汽车业快速发展的需要。吉利集团从顾客的利益出发，提出了"寻找不满意顾客"的主动关怀思路。活动开始前，吉利组织对所有顾客的用车情况进行详细排查，主动联络不满意顾客，约定服务时间上门服务。本次活动的目的就是要让顾客感受到企业比车主更加关心其汽车。据汽车领域权威调查机构 J.D.Power 报告显示，吉利集团是我国 2006 年汽车行业顾客满意度提升最快的企业。

4. 服务规范的策划

由于服务存在分散性、独立性，难以标准化，不利于统一服务形象、保证服务质量。然而，服务又会直接接触顾客，服务水平的优劣会直接给顾客留下深刻印象，从而对企业和品牌带来直接的影响。为此，企业必须制定严格统一的服务规范，让服务人员在服务过程中共同遵守。服务规范策划的主要内容包括：

1）严格服务流程。

2）统一服务态度、服务语言、服务技术、服务行为的规范等。

服务规范的策划要坚持"顾客第一"的原则与"企业形象至上"的原则，同时必须考虑可衡量性，并体现企业与顾客之间的人情味。

5. 服务模式的策划

一般来说，服务模式有以下三类：

（1）企业自己组建服务网点和服务队伍为顾客提供服务　我国汽车企业大多数采取这种模式。自建服务网点和服务队伍的好处是可以保证服务质量和服务形象的统一性，便于与销售密切配合，便于及时发现问题、及时解决问题；缺点是成本费用较高。

（2）通过产品经销商的服务队伍为顾客提供服务　外资品牌在我国基本采取这种模式。利用经销商或独立服务机构的好处是服务网点接近顾客，可以较快捷地为顾客提供服务，且节约成本费用；缺点是服务质量、服务规范与服务形象难以统一，可能会因此影响顾客对企业的印象与对品牌的评价，服务问题也难以被及时发现和整改。

（3）通过社会上的独立服务机构为顾客提供服务　例如，选择信誉较好的维修企业作为本企业的特约维修站。这种模式的优点是投入成本少，维修网络可以布置得更加密集，方便顾客；缺点是无法统一服务形象，服务质量控制难度大。

这三种服务模式各有利弊，因此，企业究竟采取何种方式，还必须根据市场状况、产品状况、行业状况和企业状况等多种因素进行综合考虑。

需要指出的是，一个企业也可以针对市场的不同性质采用多种服务模式。例如，在城市市场，顾客对服务质量和服务规范的要求较高，企业可采用自建服务队伍的模式。在农村市场，顾客对服务规范性要求不太高，而企业自建服务网点费用过高，则可以通过在经销商或独立服务机构中选拔、培养服务人员，建立特约维修服务站的方式为顾客服务。当然，一个企业也可以在不同的时期采取不同的服务模式。当企业在迅速成长，且社会上又没有完善的服务机构时，可以采用自建网点和队伍的模式；当企业进入稳定时期，而社会上的服务机构也比较成熟和规范时，可以考虑服务模式的社会化、维修业务的外包化。

10.3 汽车产品的情感营销

著名营销学家菲利普·科特勒曾把消费者的行为分成三个基本阶段：①量的消费阶段，即人们追逐买得到和买得起的产品；②质的消费阶段，即寻求货真价实、有特色、质量好的产品；③情的消费阶段，即注重购买产品的情感体验和人际沟通。汽车被称为"移动的家"，是能充分体现情感的产品。

10.3.1 情感营销的概念

时代发展到今天，人们的生活环境和消费观念发生了很大变化：生活富裕了，情感需要随之增强，人们向往的是更高一级的精神需要。因此，追求时尚、讲究品位、喜爱舒适、展示个性、发展自我成了众多消费者，特别是年轻一代的普遍心态。这种心态表现在市场上，就是越来越多人情味十足的营销方式开始博得消费者青睐。在此情形下，成功的营销策略便更多地依赖于人的情感需求满足。只有打动顾客的心，赢得顾客的爱，产品才能顺利地实现让渡。

所谓情感营销，是指通过心理沟通和情感交流，赢得消费者的信赖和偏爱，进而扩大市场份额，取得竞争优势的一种营销方式。具体含义如下：

1）情感营销是企业追求的一种持久的联系。这种联系使顾客感觉自己是如此有价值，感觉自己得到了如此的关心，以至于他们愿意忠诚品牌，反复购买企业的产品。

2）情感营销是经营哲学领域顾客高度满意的具体体现。它并不在意每笔交易效益的高低，而是在意消除企业与顾客之间在时空上的距离感，并通过建立、拓展、保持、强化与顾客的关系，达到长期利益最大化。

3）情感营销就是使企业在恰当的时间、恰当的地点，把恰当的情感内容和信息传递给恰当的顾客。

在今天物质产品极大丰富、竞争白热化的社会里，情感因素必定成为企业经营中重要而独特的因素。企业树立情感营销的观念，有利于培养众多忠诚顾客。具体做法如下：

1）从"情"切入，设计营销组合。要寻找产品和服务对应的消费者情感中枢的对应点，借助一定的艺术形式，在设计、包装、服务、公关等方面赋予有关精神情感的内涵和灵性，会强烈地冲击和感染消费者，激发其潜在的购买欲望，起到"润物细无声""四两拨千斤"的巧妙作用。可见，情感营销就是要求企业经营者把消费者的个人情感差异和需求作为企业经营战略的一个重要核心，借助情感设计、情感包装、情感销售、情感广告、情感服务、情感公关等策略来实现企业经营目标。

2）利用情感营销创造忠实顾客。现在一些企业认为，顾客满意就是企业服务的终极目标。据《哈佛商业评论》报告，在满意于产品的顾客中，仍有65%~85%的人会选择替代品或竞争者的产品；而高度满意或忠诚的顾客却很少改变购买。因此，对于顾客来说，满意只是一个必要条件——仅仅是满意的顾客不会成为忠诚的顾客。如果说普通的营销能够改变一个人对企业的感受，那么情感营销便是促使人们从一次单独购买再到重复购买直至形成长期忠诚顾客的桥梁。正如全球最大的未来学研究机构之一的丹麦哥本哈根未来研究院（CIFS）院长罗尔夫·詹森（Role Jensen）指出："未来的产品必须取悦我们的心，而不是大脑。现在是为产品和服务加入情感价值的时候了。"

10.3.2 汽车产品的情感设计

随着人们在汽车中度过的时间越来越长，汽车成为一个承载车主情趣、个性和梦想的移动的家。因此，汽车企业要根据人的情感需求，设计出与时代接轨、满足个性需求的汽车产品，用打动人心的广告使冷冰冰的汽车人格化、感情化。

1. 设计人文关怀的"情感"汽车

（1）设计智能化　在同等成本下，尽量提高汽车设计的科技含量，引入先进的智能化设备，如卫星导航、360°影像监视、车载视频、蓝牙车载移动电话等配置。例如，为豪华轿车设计的记忆功能，能够记住驾驶人独特的个人偏好，不论汽车的座椅、车内温度等如何调整，只要按一下按钮，就会恢复到驾驶人偏爱的状态。

（2）车型动感化　进入21世纪，流线型、滴水型、风速型等设计理念不断融入汽车设计中，使原来硬朗的线条逐渐演变得柔和、厚重、饱满，更具有灵性。"动"的设计理念被越来越多地采用，如尾灯设计、尾部高度、轮胎高度等，都被赋予"动"的神态。豹子、飞鸟等形象将"动"元素刻画得更加淋漓。吉利国产跑车"美人豹"，因其流线型的外观设计，看似"飞奔中的猎豹"。

（3）内饰人性化　汽车内饰能较好地满足人们的心理情感的需求。现代汽车的内饰色彩明快、温馨。例如，轿车内的氛围灯让在黑夜中行驶的轿车如家一般的温馨。大众公司新甲壳虫及奔驰迈巴赫超级豪华轿车，在内饰中添加了一个花瓶，这样每天沐浴着花香，驾驶人开车的心情也会如阳光般灿烂。

（4）品牌民族化　中国文化博大精深，中国人强烈的爱国情结，使国人更加青睐国产轿车，若中国企业能加快自有品牌的设计，相信能够迅速填补国人的情感空白。例如，君威轿车的一系列设计都是结合中国古代思想家的"仁与智、山与水、动与静"的哲理，提炼出君威"动静合一"的品牌理念。奇瑞QQ也大做民族品牌文章，同时符合年轻人的消费心理，自然备受市场青睐。

（5）设计绿色化　由于人们的环保意识日趋加强，"绿色汽车"的设计也应加快步伐，人们出于社会的利益，在心理上更偏重于环保型的产品。例如，美国特斯拉公司推出了特斯拉纯电动汽车，戴姆勒 - 克莱斯勒则推出了以奔驰A系列为基础的燃料电池车。如今，中国汽车企业在电动车的研发和量产上也毫不逊色，比亚迪和上汽荣威都推出了自己的电动轿车，东风公司和北汽集团推出了纯电动商用车，充分展示了国产电动车的强劲发展势头。

2. 设计打动人心的"情感"广告

（1）现实的艺术创作　打动人的广告经常来源于现实生活，展现人们内心对生活的热爱和憧憬。在奔驰轿车的一则广告中，一个小孩正在汽车的后座上用积木搭房子，与此同时，一个小男孩正在给他的奶奶递热茶。将生活中的场景移至车内，体现了奔驰轿车的舒适性和平稳性。

（2）情感交融的作品　广告只有以情动人，才会有强烈的感召力。广告要通过各种抒情手法的运用，将消费者引入情文并茂、情景交融的艺术境界，使消费者产生情感上的共鸣。大众"甲壳虫"的广告用优秀的创意将价廉物美的产品很有品位地表现出来：平面广告为了突出大众汽车空间的宽裕舒适，袋鼠宽松的口袋和企鹅脚下那双肥大的鞋子就成了创意的最好注解。仿佛在诉说，来吧，坐在大众的小轿车里，你就像小袋鼠藏在妈妈的袋子里那样宽松温暖，像企鹅一样悠闲自得。大众诉求的人性化和拟人化，赢得了受众心理共鸣。

10.3.3 汽车产品的情感服务

汽车产品的情感服务就是站在顾客的角度，用心去为顾客选购一辆称心如意的汽车，全心全意做好每个细节的服务。

1. 5S 服务概念

5S 就是在整车销售、维修、零配件供应、售后服务、信息反馈的基础上增加了一个"S"（Style，风格）。5S 汽车销售店不仅提供一流的环境，还提供一流的服务，集标准化和人性化管理于一身，在 4S 店功能的基础上增加了倡导"汽车文化、汽车生活"的功能。5S 汽车销售店的选址要在环境优美、交通便利的地方，采用简单流畅的玻璃幕墙建筑，内设宽敞的大厅，展出各种知名品牌的汽车，并设有顾客休息室和洽谈室，提供汽车咨询、销售、贷款、上牌、保险、缴费和代办驾驶培训手续等一条龙服务。

2. 体贴的销售流程

售前、售中顾客可以在轻松的环境下咨询汽车导购人员，会有专人为其讲解、演示，并可以试乘试驾。一旦顾客决定买车，会有相关人员为其办理按揭、上牌、保险、抵押等一切手续，此后还可享受到周到的售后服务、免费的汽车美容、加入汽车俱乐部等，充分体验人车生活。在顾客使用汽车的过程中，关于车辆的保养、保险、年审都有温馨提醒。如果经销商真正能从顾客角度出发，想顾客所想、急顾客所急，千方百计为顾客减少麻烦，让顾客轻松购车，就会渐入人心，得到认可。

3. 完美的售后服务

强大的服务网络和实时的服务热线，能保证顾客几乎在任何地方、任何时间都可以享受到优质的服务。例如，北汽福田为保证顾客 48h 内得到服务，分销服务网络遍布全国各省市，在全国有上千家特约维修厂、服务站和配件供应点，服务网络远远超出分销网络，以确保顾客在最短时间得到服务。通用汽车公司早在 20 世纪 80 年代初就提出了"情感营销战略"，并最早使用了 800 免费电话和 5 个电话应答中心，为顾客提供汽车使用和保养知识，帮助他们诊断遇到的故障与问题，并提供最迅速的技术援助。

4. 温馨的细节服务

建立顾客管理数据库，如在顾客购买汽车之后，马上寄去一张贺卡，祝贺他拥有了一辆新车；顾客生日时，送去一份祝福；顾客使用汽车几个月后，打电话询问一下新车驾驶是否一切顺利。福特汽车公司的土星车甚至会给车主寄一张汽车生日卡，祝贺他购买汽车一周年。事实上，形成终身顾客关系并不难，只要在意你的顾客，并适时给予真诚的帮助，顾客就会回报你更多，要"以心换心"。

10.3.4 汽车产品的情感公关

汽车产品的情感公关主要是通过企业开展情系社会的各种活动，传播汽车消费文化，进而树立企业形象，提高知名度和美誉度。

1. 情系社会，树立企业形象

企业是社会的成员，只有积极承担社会责任，才能树立良好的企业形象。汽车产业作为我国的龙头产业之一，随着汽车销售额的猛增，回馈社会也是目前大多数汽车企业开展情感公关的一项举措。

例如，东风汽车公司为汶川地震灾区捐款捐物五千余万元，捐款捐物总额列居国内汽车行业首位，受到国家发改委致信感谢；福特汽车公司设立汽车环保奖，以提高人们的环保意识。这些情感公关举措能够以社会效益带动经济效益，不仅树立了良好的企业形象，也宣传了企业。

2. 传播汽车的情感文化

情感公关的最终目的，就是要通过传播一种消费文化和理念，来吸引顾客消费产品。爱丽舍进行的"嘉年华巡演"，正是遵循了这种情感公关的思路。在活动中以轻松活泼、充满浪漫时尚的氛围演绎出爱丽舍"精致生活"的理念，提倡和引导了一种汽车消费文化，起到了汽车广告无法匹敌的宣传效果。

古语有云："感人心者，莫先乎情。"情感，是人类所特有的。随着人类社会的发展，其影响力也将越来越大。在富有人情味的中国，汽车企业只要充分运用情感营销这一有效手段，从汽车产品的研发设计、广告创新到销售、服务一体化，处处注入关怀顾客的情感因素，必将会赢得顾客、赢得市场。

讨论案例

温暖的能量——奥迪摘得售后服务"奥斯卡"五连冠

如今，国内乘用车销量增速减缓已成为必然趋势。增速的放缓让市场竞争日趋激烈，当大多数厂商还在使尽浑身解数、力求为产品争得一席之地的时候，有的品牌已经意识到售后服务的重要性，而这也成了其领军市场的关键。

2017年7月27日，堪称售后服务领域"奥斯卡"的J.D.Power2017中国汽车售后服务满意度指数研究（CSI）报告新鲜出炉。一汽-大众奥迪以764分的佳绩在获得高满意度五星评级的同时，连续第五次摘得豪华车品牌组的桂冠。

多年载誉而归，印证了以"温暖"用户为己任的奥迪服务得到了广大用户的认可与支持，"温暖"已成为奥迪品牌的巨大能量。

1. 为温暖而守护

J.D.Power中国汽车售后服务满意度研究（CSI）已连续开展了17年，采用顾客满意度得分的方式来衡量授权经销商在满足用户对售后服务体验的期望方面的表现，并通过"服务质量"（22%）、"服务后交车"（22%）、"经销商设施"（20%）、"服务顾问"（18%）和"服务启动"（18%）五个衡量因素来全面衡量售后服务总体水平。

由此不难看出，若想成为这项调研中的佼佼者，汽车品牌自身需具有以用户为导向的强大服务体系作为支撑。一直以来，一汽-大众奥迪夯实服务体系的每一项举措，都是以对用户需求的洞察为基础，这成了奥迪服务获得用户青睐的必要条件。

早在2014年，奥迪服务便在行业率先开启了服务战略升级的大幕，制定了用户导向和经销商导向的全新服务战略,并构建了"温暖"服务体系。从"暖车""暖人"与"暖心"出发,守护"温暖"而行的奥迪服务收获了用户的信赖,也得到了行业的高度认可。

2. 为温暖而改变

"温暖"是奥迪服务对奥迪用户许下的郑重承诺。实际上,为信守诺言,奥迪服务不仅致力于提升服务品质,更是基于用户需求全方位不断刷新用户的服务体验,力求以细致入微的"温暖服务"满足用户内心对服务的深层次需求,给予用户最大化的服务价值。

近年来,奥迪服务从"打造可持续发展的服务能力""突破传统服务管理理念,聚焦用户忠诚度""实现全渠道数字化的服务流程"到与落实"人、车、社会、生活"相结合的服务营销理念四个维度进行深耕。随着一系列创新服务项目的高效推进,奥迪用户得以体验到"温暖、高效、个性、专属、数字化"的全新服务。

这其中,有践行"温暖"的奥迪经销商售后服务人员激励项目;有引领"高效"的奥迪绿色钣喷与悦·享60分快保服务;有充满"个性"的奥迪服务个性化尊贵体验活动;有倾情打造"专属"的奥迪季节服务活动与服务金融季;还有生动演绎"数字化"的奥迪全渠道数字化服务流程……

喜人的成绩是对过往的嘉奖,面对未来,一汽-大众奥迪销售事业部副总经理于秋涛表示:"随着社会的不断发展和人们生活水平的提高,我们将把奥迪车主给予我们的荣誉作为动力,更准确地洞察用户需求、不断提升服务质量、丰富服务内容,努力为奥迪车主打造一个人、车、社会、生活紧密结合的高品质全新生活方式!"

未来,奥迪服务将会继续引领行业,开辟一个全天候、全行程、贴近个性化需求的汽车服务新时代,"温暖"的能量也将助力奥迪服务不断超越,精彩无限!

案例讨论题:
1. 请简要分析奥迪售后服务的核心内容。
2. 结合本章知识,奥迪的成功经验对你有何启示?

本章小结

本章从顾客满意理论入手,阐述了服务营销的概念、要点和特征,讲解了汽车服务营销的主要策略;重点探讨了汽车服务营销策划的五大方面,即服务形象、服务项目、服务承诺、服务规范和服务模式;最后分析了情感营销在汽车产品设计、汽车广告设计、汽车销售、汽车服务和企业公关方面的应用。

自测习题

Ⅰ. 思考题

1. 何谓顾客满意理论?其主要内容有哪些?实施CS营销战略主要应从哪些方面入手?

2. 什么是服务？与有形产品相比，服务具有哪些特征？
3. 汽车企业应建立哪些服务营销理念？
4. 阐述汽车产品服务营销的具体内容。
5. 阐述汽车产品情感营销的具体内容。

Ⅱ. 选择题（多项选择）

1. 在服务营销中，服务产品质量难以实施标准化的主要原因是服务特性中的（　　）。
   A. 无形性　　　　B. 不可储存性　　C. 差异性　　　　D. 不可分离性
2. 汽车营销的产品包括有形产品和无形产品，服务属于无形产品。汽车营销的无形产品包括汽车保险、汽车信贷、（　　）等。
   A. 汽车维修保养　B. 汽车零部件　　C. 二手车的评估　D. 驾驶培训
3. 以下属于CS营销战略内容的有（　　）。
   A. 站在顾客的立场上而不是站在企业的立场上去研究、设计产品。
   B. 不断完善服务生产与提供系统，最大限度地使顾客感到安全、舒适和便利。
   C. 重视顾客意见、顾客参与和顾客管理。
   D. 按照以利润为中心的原则，建立富有活力的企业组织。
4. 在顾客总价值与其他成本一定的情况下，以下正确的是（　　）。
   A. 时间成本越低，顾客让渡价值越低　　B. 时间成本越低，顾客让渡价值越高
   C. 服务价值越低，顾客让渡价值越低　　D. 服务价值越高，顾客让渡价值越低
5. 服务市场营销的7P's组合是指产品、渠道、价格、促销以及（　　）。
   A. 服务人员　　　B. 有形展示　　　C. 服务场所　　　D. 服务过程

Ⅲ. 判断题

1. 根据顾客让渡价值理论，顾客总价值与顾客总成本之间的差距越小，顾客越满意。（　　）
2. 服务消费与有形消费一样都是结果消费。（　　）
3. 服务企业可以通过服务时间调节来解决供给与需求的矛盾。（　　）
4. 正确地进行情感营销可以促成交易，并有助于培养长期客户。（　　）
5. 在汽车"三包"有效期内，同一故障修理超过5次可换车。（　　）

第 11 章 汽车营销创新

"双 11"天猫与滴滴跨界营销,打造全新场景营销

2016年11月7日,滴滴线下试水"移动超市",搭建全新购物体验场景:选取北京、上海两地,分别投入1111辆带有天猫专属标识的"天猫双11专快车",2万多份"天猫超市"限量大礼,乘客扫码后,即可从车中免费领取礼包。同时,"打滴滴送只喵"线上话题阅读量高达9416.4万,活动当日以超过25万的热度冲至热搜榜第三,登上热门话题推荐首页。线上线下无缝对接,使得滴滴本次跨界营销完美收官。从此次跨界合作不难看出,作为覆盖全国400余座城市的一站式出行平台,依托庞大用户基数、高频产品使用率,以及对互联网和新兴事物接受程度较高的用户特征,滴滴将成为电商、汽车以及快消等行业品牌主精准投放的营销新渠道,使品牌一举跃入优质用户的海洋,变身移动营销载体。作为商业翘楚的天猫已然走在了品牌推广模式变革的前列,积极寻求新的方式与渠道为品牌发声,为销售引流。谁能找到高投资回报率(ROI)的引流方式,精准定位目标人群与需求,将线下体验的真实与线上购物的便捷结合得最为完美,谁就有可能处于下一个风口之上。通过精准匹配用户需求,可实现ROI最大化。当新投放渠道满足了品牌方"被看见"的需求后,如何让消费者接受品牌并产生好感,是目前市场营销的高阶题目。此次滴滴与天猫合作,精准分析用户群体,让购物场景与用户需求恰当结合,使活动更易于被接受,实现ROI最大化。

滴滴担当"线下"载体,线上线下无缝对接。滴滴作为出行平台,扮演"线下"移动载体,与电商"线上"平台无缝对接,使线下乘车、免费体验、线上购买、即时取货的行为同步发生,真实性与便捷感兼顾,实现移动购物新体验。不仅仅是"移动超市","滴滴+"模式大有可为。除去滴滴为天猫提供的"移动超市"玩法,滴滴全平台线上线下商业合作产品还为品牌方提供了更多呈现形态与展示机会。例如滴滴Offers,利用欣赏广告减免车费的形式刺激用户主动点击,设置领券机制,更有观看视频、回答问题等多种互动形式。当车费性价比已成为用户乘车痛点,页面之中的"立减车费"字样就很容易吸引受众的注意力。用户点击后既能得到车费优惠券,又能在途中观看到切合自身需求的产品广告,因此不仅不会对广告产生排斥,还可能与品牌进行良性互动。

> 另外，滴滴用户端开屏、冠名红包、App 内各使用页面焦点图，定制"一键叫"等新营销模式更是不胜枚举。依此来看，滴滴不仅是优质的流量入口，更可以帮助品牌方开拓新的社会化推广、销售渠道，使用户入口与产品、产品输出口得到进一步拓宽。
>
> 可以想象，随着 3C、数码、快消品、虚拟优惠券等多种类型体验品的加入，借助"滴滴+"新营销模式平台，在乘坐滴滴出行的碎片时间里，品牌方就能向用户精准提供他们所关注、喜爱及感兴趣的各种产品及服务，用户满意后可直接利用智能终端下单订购，形成全新移动式营销闭环，实现品牌方与滴滴的双赢。预期在不久的未来，将会有更多企业与滴滴联手，突破旧有模式，华丽转身，开启"移动场景"营销的新时代。
>
> 滴滴与天猫跨界试水移动超市，这一跨界营销新形式为人们带来了新的启示，标志着移动式场景营销时代已来临。

汽车行业正处在前所未有的变革之中，汽车产品从出行工具向全新的移动终端转变，汽车流通从品牌授权向多样化方式转变，共享经济催生新的汽车使用方式和商业模式等。汽车营销由 10 年前的网络化、时尚化、个性化和品牌化，朝信息化、智能化、电动化、共享化的方向发展。因此，汽车企业在运用基本营销策略的同时，必须结合国内外汽车市场的形势，有所创新和发展。

11.1 概述

对于企业来说，市场上并没有一成不变的营销模式，只有适合市场、适合目标消费群、适合企业现状的营销模式才是好的营销模式。企业只有在实践中不断摸索和完善，才能找到一种真正完全属于自己的营销模式。总结国内外汽车市场营销的经验，我国汽车市场营销的创新主要表现在体验营销、概念营销、名人营销、订单营销、展会营销、网络营销、公益营销、跨界营销和事件营销、文化营销、体育营销等方面。其中，对事件营销、文化营销、体育营销将进行比较深入的探讨。

11.1.1 体验营销

体验营销起源于 20 世纪 70 年代，是指企业通过采用让目标消费者观摩、聆听、尝试、试用等方式，使其亲身体验企业提供的产品或服务，让消费者实际感知产品或服务的品质或性能，从而促使消费者认知、喜好并购买的一种营销方式。这种方式以满足消费者的体验需求为目标，以服务产品为平台，以有形产品为载体，生产、经营高质量产品，拉近企业和消费者之间的距离。由于体验营销是拉近企业和消费者之间距离的重要经营手段，已成为了企业获得竞争优势的新武器。但是，体验式营销并不适合所有行业和所有产品，只有产品具备不可察知性，即其品质必须通过使用才能断定的特性，才可以运用体验营销方式。

汽车是一种实用性商品，其内在品质只有通过体验才能感受得到。另外，汽车消费者在对汽车进行选择时，需要考虑的因素有很多，如车型、车速、安全性能、车内设施等。这些在选择汽车时构成了非常独特的行为，这些行为是汽车企业进行体验式营销的良好条件。因此，让汽车媒体和潜在消费者试驾汽车，已成为汽车厂家和经销商营销工作的一个重要内容。汽车体验营销的方式有媒体试驾试乘、消费者试驾试乘、汽车驾驶特训营、节油大赛、娱乐体验、场景体验等。最早的体验营销可以追溯到1933年，沃尔沃为伦敦市区汽车影院项目提供崭新的车辆，其间使尽浑身解数为观众提供一流的娱乐体验，融入"沃尔沃创领人生"的品牌主张。沃尔沃通过汽车影院，打造了一流娱乐体验。该营销模式也吸引了一些大的电影制作公司同沃尔沃洽谈合作事宜，要求在沃尔沃汽车影院中首映其影片；酒、美容及食品品牌的赞助商也纷至沓来，想参与到沃尔沃下一阶段的主题活动中。沃尔沃将自己的品牌和产品同消费者的现实生活联系起来，通过一种独特的方式，有效地将消费者同品牌之间既有的关系转化成购买的动力，促成其购买决策的制定，而跳出了一味卖产品的套路。允许潜在消费者亲身体验，并将这种体验娱乐化，有利于参与者长期记忆并将其二次传播。除了沃尔沃，福特同样积极尝试这种创新的营销形式。在当地广播站的协助下，福特于同年夏天在英国的11个不同地点选择了供参观的豪华古宅赞助播放一些户外电影，作为其为新款Galaxy（银河）汽车上市所做的营销工作之一。

在汽车新产品发布时，企业通常选择媒体试乘试驾，便于媒体的宣传报道。在终端销售过程中，通常让潜在消费者进行试乘试驾。消费者在试驾时感受到的不仅仅是汽车的车速、性能，更为重要的是驾驶汽车时的体验。这一体验是多方面的，既是身体上的，也是情感上的。汽车企业需要关注消费者在心理上对汽车的需求，在体验式营销过程中加强与消费者之间的情感交流，增强消费者的良好体验，让企业生产的汽车成为帮助消费者实现情感需求以及尊重需求的工具，让消费者对汽车企业以及汽车本身更加认同。

11.1.2 概念营销

概念是让某种产品或服务不同于其他产品或服务的核心信息。所谓概念营销，是指企业将市场需求趋势转化为产品项目开发的同时，利用宣传与促销，向消费者提供近期的消费倾向及其相应的产品信息，进而引起消费者的关注与认同，并唤起消费者对新产品的期待和积极购买。概念营销着眼于消费者的理性认知与积极情感的结合，通过导入消费新观念来进行产品促销。通过概念营销，使消费者对产品及企业形成一种新的深刻印象，建立起鲜明的功用概念、特色概念、品牌概念、形象概念、服务概念等，以增强企业的竞争性实力。所以，概念营销的精髓在于，寻找能够打动你的消费者，并让他们记住你的"核心差异信息"。

自从2008年以来，概念营销在我国汽车行业甚为流行，这主要是由于上海通用赛欧的示范作用。当年赛欧借"10万元小别克"的概念红遍大江南北，引得其他厂家纷纷效仿。此后，几乎每一款新车下线，厂家都会给出一个新的概念。例如，别克凯越HRV传达的是"健康、休闲、活力"；宝来的概念是"驾驶者之车"；蓝鸟的概念是"E时代轿车"，等等。

2010年12月28日广州车展上，概念营销作为亮点之一，为各品牌所关注。福田汽车在发布新车型迷迪时，为这款新车冠以"商家车"之名，既借原有的商用优势，又向乘用靠拢，两边兼顾，成功实现了福田汽车由商用车向乘用车的重大转型。而广汽丰田更是先行一步，瞄准车展，在开幕前的"静默"时段，重磅推出了国内首款时尚多功能车（Fashionable Utility Vehicle，FUV）"逸致"。广汽丰田给出的概念诠释是，FUV不仅仅是一个概念，它充分满足了轿车的舒适性、燃油经济性，同时又拥有MPV的宽敞灵活空间，兼具SUV的动感和高安全性的"三车一体"的消费需求，这些都是传统轿车、MPV、SUV所不能比拟的。概念营销还体现在合资自主品牌上。广汽丰田与东风日产发布的首款自主车型"传祺"与"启辰"概念车更是大玩概念。而东风日产"启辰"由于没有量产车，索性发布概念车和品牌主张，直接给出概念和轮廓，助推销量。概念营销需避免纯粹玩文字游戏，它必须建立在产品优越本质的基础上。概念营销作为一种炒作手段，其成败需要有核心内容来支撑，而这也是车企以及产品核心竞争力的体现。

11.1.3 名人营销

在现代市场竞争中，不少企业都喜欢打"名人牌"，试图通过名人来宣传企业的形象，进而推动产品的销售。对于汽车营销来讲，几乎所有的汽车都在做名人营销。名人营销，也就是请名人为汽车代言或拍广告，借助名人的"明星效应"，引发认同感，扩大知名度，推销汽车产品，使汽车品牌和产品顺势成为市场的明星，从而起到"四两拨千斤"的效果。但是，要发挥名人营销的最大效果，除了选对名人，还必须让名人的形象、言行与汽车的特点相吻合，如果随便硬拉一个名人做代言人，很可能花钱不讨好。总之，请名人为汽车代言或拍广告并不能从根本上扭转汽车产品的销售形势，名人营销所起的作用只是"锦上添花"，而绝不是"雪中送炭"，指望请一两个名人来救活一款车是不大现实的。

近两年较为典型的名人营销案例是猎豹汽车的名人营销。在猎豹汽车"傲闯前路"猎豹CS10新车上市发布会上，长丰集团董事长李建新先生宣布猎豹CS10量产车正式上市。"型"车上市，引发诸多媒体蜂拥而至，争先恐后一睹猎豹CS10的傲人轻奢风采。而知名明星郑恺及伊一携手出场，为猎豹CS10新车站台，更是瞬间"引爆"活动现场。由于在某综艺节目中展现"开挂"的跑步技能，郑恺被网友们亲切地称为"小猎豹"。而作为一个积极进取、充满傲闯精神的明星，郑恺与猎豹CS10的精神特质不谋而合。在2015年上海车展上，"小猎豹"空降现场，邂逅猎豹汽车，为新车上市呐喊助威，绕场奔跑表演"速度与激情"，可谓机缘巧合。在发布会现场，郑恺更是表达了对猎豹CS10的美好期许，并为新车签名留念。另一位特邀嘉宾——浙江卫视当家花旦伊一倾情加盟。作为猎豹汽车发布会的主持人，伊一以亦庄亦谐的主持风格，充分调动现场观众热情。业内人士点评道，产品功能固然重要，然而更需要吸引眼球的形象。这只是名人代言营销方式的第一步——建立好感度，从而影响消费者购买行为是更为重要的部分。因此，选什么人作为汽车品牌的代言人，需要慎重考虑，品牌个性与名人的风格是否一致是重点被考虑的部分，正如郑恺的"跑男"形象与猎豹CS10不谋而合。品牌的价值和形象一同融入消费者的意识当中，品牌个性的差异成为品牌与不同消费者沟通的桥梁。除了形象代言，长久以来，车商对车展的重视也是不容小觑的，车展早已是众商家展示自我实力和形象的舞台。纵观历届车展，除了炫目的新车外，精彩的互动环节也能吸引不少消费者驻足观看。在2015年的上海车展上，猎豹汽车设计了多个逗趣十足的互动环节，以供线下及线上消费者共同参与。"城市画师"穿梭其中，以灵动鲜活的图片为看展观众记录精彩瞬间；神奇的体感试驾游戏，让消费者一秒体验速度与激情；散落展台各处的铜像"城市人体雕塑"，带领消费者一起自拍，装酷搞怪上演"七十二变"；而适逢表演时间，"城市人体雕塑"们便会纷纷动起来，与身着闪亮舞服的拉丁舞者一起舞动全场，为车展观众演绎都市惊艳舞姿，力图为消费者献上精彩的汽车盛宴。

另一个典型案例是 2013 年 12 月 26 日东风日产发起第四届"明星公民"启动仪式，携手"明星公民"传递正能量。东风日产携手"明星公民"倡导"宽·容世界"，希望凭借明星的影响力，有效传递宽容的价值观。正如本届"明星公民"形象大使、天籁品牌形象代言人黄晓明所言："宽容，不是向这个世界屈服，而是为了更好地赢得世界。"值得一提的是，作为本届"明星公民"的合作伙伴，东风日产天籁品牌的品牌主张也正是"宽·容世界"。通过与"明星公民"的合作，东风日产希望向社会传递一种"宽容"的正能量，并借由《宽·容世界》微电影将天籁品牌所倡导的"宽·容世界，人生从此大不同"概念进行了深度诠释。

11.1.4 订单营销

订单营销是汽车厂家和经销商不提供现车进行销售，消费者只能提前根据自己的喜好下订单，厂家在接到订单后组织生产，并在一定期限内交车的营销方式。实行订单营销，对于厂家可以大大减少新车和零部件的库存，保证企业在经营过程中的现金流处于健康状态；同时，销售价格比较稳定，也可避免经销商之间的价格战。但订单营销考验企业的生产经营管理，更考验物流能力。对消费者来讲，通过订单买车，可以满足其个性化需求，但要等一段时间才能提车，在此期间可能会有其他新车推出，或者其他车型会有降价行动，因而必须承担这种风险。在订单营销中，让消费者成为整个生产和销售过程中的起点和终点。生产企业在一个符合国家产业安全环保等各项法规的基础车型平台上，向消费者提供可供自由组合的各种个性化配置，并最后由消费者直接参与、决定自己爱车的定型生产，自主选择自己爱车的特色配置。客观地讲，这更符合人们的思维定式。当然，这样的订单式生产对生产企业的管理要求和物流要求也更加苛刻。

由于汽车市场竞争激烈，如今"订单营销"又有了另一种含义。简单地讲，订单营销就是厂家通过高调发布惊人数量的订单来达到刺激消费者消费热情的一种营销手段。例如 2004 年锐志上市时，一汽丰田就曾通过媒体发布"锐志上市 9 天，订单超 5000 辆""锐志上市 1 月，订单突破 1.2 万辆""订单太多，锐志产量不足"等多篇媒体新闻稿，并且颇有成效，锐志前几个月的销量确实喜人。这种订单营销确实能在短期内激发消费者的消费欲望，给新车造成一种"欣欣向荣"的气势。可是，虽然厂家刻意营造出来一种"订单太多，供不应求"的氛围，但当新车的产能提高以后，每个月的实际销量榜单就会令这种"热销"现象不复存在。所以，汽车厂家进行这种"订单营销"时，要掌握好运用的时机和订单营销延续的时间。

随着我国汽车市场竞争的全面加剧，在各企业只注重产品升级之后，在营销、服务和企业文化全面升级的同时，订单营销的升级也势在必行。对于一件价值不菲的重要消费品，汽车消费者必须承受一个从预订到提货的时间周期，这也是我国汽车消费走向理性和成熟的一个心态转变过程。但目前我国许多汽车厂家还没有订单营销的能力，而对于豪华车来讲，订单营销将是汽车厂家以消费者满意度为核心经营战略发展的必然结果。

订单营销和定制营销是两个不同的概念。定制营销，简称 C2M，是指企业在大规模生产的基础上，将每一位顾客都视为一个单独的细分市场，根据个人的特定需求来进行市场营销组合，以满足每位顾客的特定需求的一种营销方式。工业 4.0 时代，大数据、物联网等技术确保了汽车企业工艺流程的灵活性和资源的有效利用，以及在多批次小批量生产环境下的获利能力。消费需求出现个性化、多样化、定制化、网络化发展，VR（Virtual Reality，虚拟现实）、AR（Augmented Reality，增强现实）和 AI（Artifical Intelligence，人工智能）技术将会广泛应用于顾客交流、研发、制造，企业将会进一步加大智能制造程度，不断优化柔性制造能力。个性化定制的汽车本质依然是一辆汽车，所以，车企必须有强大的开发供应链和质保体系。在这样的条件下，企业才有能力与顾客互动交流，才可以让顾客需求在企业内部有一个落地点，通过 C2B 为用户创造全生命周期的美好体验，提供独特的用户价值。在选购的时候，车企也可以与顾客进行互动、个性化改装。这些改装的零件在众筹众包的平台上向社会开放，开放之后经过主机厂的认证，最终在主机厂生产线上实现改装的个性化。

汽车营销模式由大规模生产朝大规模定制方向发展。20 世纪初至 20 世纪 20 年代，以福特 T 型车为代表开始了"大规模生产"；20 世纪 70 年代，以丰田生产方式为代表，后推广为"精益生产方式"。大规模生产是"标准化与改型产品"，大规模定制则是"个性化定制产品"，它会成为继福特 T 型车流水线生产和丰田生产方式之后汽车行业的下一个变革方向：用户全程参与成为核心，个性化将得到充分满足。国内的一汽奥迪、东风商用车公司等正在逐步实施大规模定制的生产方式，并且将逐步扩充。

11.1.5　展会营销

展会在传统营销理论中只是营业推广的手段之一，随着其内涵、形式、内容和功能的不断发展，与其他促销方式相比，展会在企业市场营销战略中的地位重新被认识。就其功能和作用而言，展会营销已经成为品牌主要的一种营销方式和推广方式，其营销渗透效应越来越强，是众多企业拓展市场的一把利刃。企业参加展会可以获得许多好处，如展示企业形象和品牌形象，进行业界交流，开展市场调研，利用媒体提升企业形象等。另外，通过展会营销传播品牌形象的成本较低。据英联邦展览业联合会调查，展会是优于人员推销、公共关系、广告宣传等手段的营销中介。通过一般渠道找到一个客户，需要的成本为 119 英镑；而通过展会，成本仅为 35 英镑。

汽车厂家大规模参加车展，应紧紧围绕传播品牌形象这个中心来做文章，让新闻媒体、消费者与品牌形成良好的互动。其具体策略有争夺媒体全程报道、新车揭幕上市、发布概念车、专访企业老总、制造新闻事件、展台设计、展台表演、派发礼品资料等。

全球知名的国际车展

国际上较为知名的车展有北美国际车展、巴黎国际车展、日内瓦国际车展、法兰克福国际车展、东京车展、北京（上海）国际车展六大车展。在这些车展上，参观者可以观看并了解到各大汽车制造商家最新的研发动态以及未来汽车工业的发展方向。

（1）巴黎国际车展　两年一度，固定在法国巴黎举办的国际性汽车展览。巴黎国际车展通常与德国的法兰克福国际车展采用隔年轮流举办的方式进行，不在同一年内举办，由世界汽车工业国际协会负责筹办。它创立于 1898 年，目前已有 100 多年的历史，曾用名为"汽车沙龙"。巴黎国际车展往往是概念车云集的海洋，各款新奇古怪的概念车常常使观众眼前一亮，这里聚集有汽车工业最前沿的信息和技术。

（2）法兰克福国际车展　每年举办一届，轿车和商用车轮换展出，固定在德国法兰克福举办的国际性汽车展览。其主办单位为德国汽车工业协会，创办于1897年，是世界上最早举办的国际车展，有世界汽车工业"奥运会"之称。1991年第54届时，主办单位决定在奇数年举办轿车展、偶数年举办商用货车展。

（3）东京车展　东京车展是世界顶级的汽车工艺、科技、设计、环保及未来发展趋势的汽车情报展览。它起源于1954年，最初展览名称为"全日本汽车展览"。自1964年起，展览更名为"东京汽车展览"。展览的主题从以前的"休闲娱乐"转为重视"环境保护"和"安全科技"方面。2007年（第40届）起，本展览将轿车、商用车、机车和相关零件汇集一起，由日本汽车工业协会主办，展览会期更改为两年一次。

（4）北美国际车展　北美国际车展每年1月固定在底特律的寇博中心（Cobo Center）举办，属于国际性汽车展览，是北美洲规模最大的车展。

（5）日内瓦国际车展　这一车展于1905年首次举办，作为世界级别的车展，云集了装载三轮、四轮甚至四轮以上的动力车辆；电动汽车或替代能源汽车；特殊车身设计、动力机械；改装车辆；汽车OEM制造厂；汽车保养维修厂以及各项与汽车工业相关的零件与服务，与汽车相关的内容在这里几乎都可以找到。

（6）北京（上海）国际车展　北京（上海）国际车展，首次在北京举办是1990年，目前已有20多年的历史，后来由北京和上海隔年轮流举办。目前北京（上海）国际车展已经发展成为企业发展战略发布、全方位形象展示的窗口，是全球最前沿技术创新信息交流的平台，以及最高效的品牌推广宣传平台。

11.1.6　网络营销

广义地说，凡是以互联网为主要手段进行的、为达到一定营销目标的营销活动，都可称为网络营销（或称网上营销）。也就是说，网络营销贯穿于企业开展网上经营的整个过程，包括从信息发布、信息收集，到开展网上交易为主的电子商务阶段，网络营销一直都是一项重要内容。网络营销具有很强的实践性特征，比空洞的理论宣传更有实际意义。如今，报纸、电视、杂志等传统媒体广告的市场占比持续下降，其中相当大的市场份额被网络广告市场所抢占。随着网络内容的丰富以及面向中产阶级内容网站的崛起，汽车市场的网络营销趋势将不可阻挡；并且，由于网络广告市场的精准性、互动性、内容丰富、黏性高和成本低等特点，将为汽车广告主带来超值回报。例如，面向都市白领一族的奇瑞QQ，在上市前就运用网络开展定价竞猜游戏，给广大网友带来了惊喜，赢得了网络上的一片赞誉，使得奇瑞QQ未上市已先声夺人。又如，在营销策略上一直长袖善舞的丰田，应用网络营销更具有战略性。丰田锐志不仅在新浪、搜狐等国内主流门户网站的汽车频道上有计划、有规模地投放广告，而且实施网络公关，制造了"中级车价格将要崩溃""锐志将打响价格大战""中级车市的定时炸弹"等说法，人为地为消费者设定了较高的价格心理保险，为锐志的上市和目标顾客的设定奠定了基础。

随着移动互联网的发展,汽车用户正在发生深刻的改变,互联网已经成为人们生活不可分割的一部分,尤其是伴随网络成长的年轻消费者,逐渐成为汽车购买和消费的主力人群,而他们的很多行为都有着深刻的网络烙印。互联网正渗透到用户看车、选车、买车、用车、卖车和售后服务的整个生命周期。近几年所出现的新媒体营销与网络营销相比,既相互联系又有区别。

随着互联网和移动互联网的发展,营销界不断出现新名词,如网络营销、数字营销、互动营销、新媒体营销、无线营销、移动营销、手机营销、自媒体营销等。新媒体(New Media)是一个相对的概念,是在报刊、广播、电视等传统媒体之后发展起来的新的媒体形态,包括网络媒体、手机媒体、数字电视等。新媒体也是一个宽泛的概念,是利用数字技术、网络技术,通过互联网、宽带局域网、无线通信网、卫星等渠道,以及计算机、手机、数字电视机等终端,向用户提供信息和娱乐服务的传播形态。新媒体营销是基于特定产品的概念诉求与问题分析,对消费者进行针对性心理引导的一种营销模式。从本质上来说,它是企业软性渗透的商业策略在新媒体形式上的实现,通常借助媒体表达与舆论传播使消费者认同某种概念、观点和分析思路,从而达到企业品牌宣传、产品销售的目的。新媒体营销的平台很多,主要包括门户网站、搜索引擎、微博、微信、博客、播客、BBS、RSS,以及手机端和移动设备端的各种App。新媒体营销涵盖网络营销,且新媒体更注重互动性和用户的心理攻占。

11.1.7 公益营销

公益营销,作为一种强有力的提高知名度、独特性、亲和力的营销方法,是近几年在我国兴起的一个比较时尚的概念。所谓公益营销,就是以关心人的生存发展、社会进步为出发点,借助公益活动与消费者沟通,在产生公益效益的同时,使消费者对企业的产品或服务产生偏好,在做购买决策时优先选择该企业产品的一种营销行为。企业通过公益营销的方式,不仅增加了销售额,提高了知名度、美誉度,也在很大程度上融洽了企业与社会的关系,使消费者,包括潜在消费者,更加关注企业的品牌,并对企业及其产品产生好感,拥有较高的忠诚度。近年来,除了汽车制造商从事公益营销外,汽车零部件企业和汽车经销商也参与到了其中。

公益营销可分为两种:公益活动和公益宣传。公益营销的基础就是公益活动。公益活动的内容包括社区服务、环境保护、知识传播、公共福利、社会援助、紧急援助、青年服务、慈善活动、社团活动、专业服务、文化艺术活动、国际合作等。我国汽车新闻工作者协会(CNAJA)秘书长李元胜指出,我国汽车营销进入了公益时代,我国汽车企业将会更多地通过选择公益营销模式来获得企业、慈善机构、受众群体及客户的多方共赢。综合来看,汽车企业的公益行为主要集中在教育、体育、友好事业、质量建设和环保等领域。解放汽车可谓应用公益营销的典范。在抗洪抢险中,解放汽车的一句"解放军为我们保护家园,解放车为我们重建家园"的广告口号博得了灾区千万人民的心。在广告播放的同时,各大重灾区投放解放车救灾小分队,派驻员工携带原厂配件到一线修车,不仅给灾区人民留下了刻骨铭心的体验,而且电视镜头中不时穿梭的解放车也给受众留下了深刻的印象。解放车借助公益营销策略,赢得了产品极大的美誉度和忠诚度。又如,沃尔沃通过撞车试验等公关手段来实现汽车的安全品质;福特设立"福特汽车环保奖",致力于推动经济和社会的可持续发展。

11.1.8 跨界营销

随着市场竞争的日益加剧，行业与行业之间相互渗透、相互融合，已经很难对一个企业或者一个品牌清楚地界定它的属性。跨界（Crossover）现在成为国际上最潮流的字眼，它代表一种新锐的生活态度和审美方式的融合。跨界营销的实质，是实现多个品牌从不同角度诠释同一个用户特征。跨界合作对品牌的最大益处，是让原本毫不相干的元素相互渗透、相互融合，从而给品牌一种立体感和纵深感。首先，可以建立跨界关系的不同品牌，一定是互补性而非竞争性品牌。其次，跨界营销策略中关于寻找互补性合作伙伴的依据，是用户体验的互补，而非简单的功能性互补。跨界营销通过行业与行业之间的相互渗透和相互融合、品牌与品牌之间的相互映衬和相互诠释，实现了品牌从平面到立体、由表层进入纵深、从被动接受到主动认可、由视觉和听觉的实践体验到联想的转变，使企业整体品牌形象和品牌联想更具张力，对合作双方均有裨益，让各自的品牌在目标消费群体中得到一致的认可，从而改变了传统营销模式下品牌单兵作战易受外界竞争品牌影响而削弱品牌穿透力、影响力的弊端，同时也解决了品牌与消费者多方面融合的问题。早在1999年，德国的运动服饰品牌彪马（Puma）就提出了"跨界合作"的概念，与德国高档服饰品牌吉尔·桑达（Jil Sander）合作推出高端休闲鞋。到2003年，彪马联手宝马MINI，双方签订合作市场推广协议，彪马专门设计出一款黑色的驾驶用鞋——Mini运动二分鞋（Mini Motion 2 Part Shoe）。服装品牌与汽车品牌的跨界并非偶然，因为衣食住行构成了消费的大部分内容，也构成了生活的基本元素。某种程度上，在衣食住行上的风格，也体现出个体之间以及不同社会群体之间的差异。由于个性与差异，将相同或类似消费群体定位为目标消费群体的品牌，就有机会走到一起，从各自的侧面来诠释目标消费群体的特征。

目前，跨界营销在汽车企业具体的实践过程中，通常体现在以下几个方面：一是产品方面，主要是指基于品牌之间层面的跨界营销。例如，东风雪铁龙C2与意大利知名时尚运动品牌Kappa合作，因为它们在产品设计上有许多共同点：对产品的设计都追求美感、动感；都面向类似的消费群体，喜爱运动、追求时尚，以及卓尔不群的用户体验等。这种跨界是目前企业间比较流行的做法。二是营销传播方面，通过对产品的消费群体进行再定义和重新分类，实现产品在另一细分市场突围。

汽车企业与互联网企业联手开创的"互联网+"跨界营销受到了社会的广泛关注。2015年2月，上海通用汽车与腾讯共建高效数据联盟，除了基于精准营销的大数据之外，上海通用汽车还与腾讯微信平台、腾讯视频、腾讯游戏、腾讯移动产品群等就营销进行全方位创新合作。腾讯在大数据分析方面的强大优势，为上海通用汽车建立定制化车型设计与制造体系、建立精准化营销模式奠定了强大的数据驱动力量。

如今，互联网已经成为人们生活不可分割的一部分，尤其是伴随网络成长的年轻消费者，逐渐成为汽车购买和消费的主力人群，而他们的很多行为都有着深刻的网络烙印。互联网正渗透到用户看车、选车、买车、用车、卖车和售后服务的整个生命周期。

上海通用汽车与腾讯联手创造的"互联网+"营销模式，不仅为汽车行业营销的数据化、精细化、智能化提供了更多可能，同时也为汽车企业定制了更深度贴合用户需求的营销方案，为用户提供了同步互联网时代的全新品牌和产品体验。未来，这一模式将会涉及更多的行业领域，为各大品牌企业创造更多的价值。

11.2 事件营销

事件营销是近年来国内外都十分流行的一种公关传播与市场推广手段，它作为一种崭新的获取倍增效应的市场营销战略方式，为企业新产品推介、品牌展示、建立品牌识别和品牌定位发挥着长久的作用。因此，事件营销越来越受到企业的重视，利用事件营销的企业不仅数量越来越多，而行业分布也越来越广；同时，事件的策划、运作水平也在提高。例如，海尔的张瑞敏利用"砸冰箱"事件将产品过硬的质量和良好的服务推向了社会；乐百氏集团利用"黑桶"事件，将自己推向桶装水市场；奥克斯空调利用价格清理市场，将其"优质平价"的"民牌"形象传达给消费者；统一润滑油凭借"多一点润滑，少一点摩擦"荣获2004年中国杰出营销奖获胜企业。它们都是以成功的事件营销取胜的实例。

11.2.1 事件营销的概念

事件营销作为一种特殊的公关传播与市场推广手段，集新闻效应、广告效应、公共关系、形象传播、客户关系于一体，当之无愧地成为企业新产品推介、品牌展示、建立品牌识别和品牌定位的营销手段。

1. 事件营销的含义

所谓事件营销（Event Marketing），是指企业通过策划、组织和利用具有新闻价值、社会影响以及名人效应的人物或事件，吸引媒体、社会公众和消费者的兴趣与关注，从而提高企业和产品的知名度、美誉度，树立良好的品牌形象，并最终促进产品或服务销售的手段和方式。

由于这种营销方式是在真实和不损害公众利益的前提下实施的，它集新闻效应、广告效应、公关效应、形象传播、客户关系管理于一体，具有受众面广、突发性强的特点，在短时间内能使信息达到最优传播的营销效果。因此，它也是近年来国内外流行的一种市场推广手段。

从上述定义可以看出，企业事件营销的效果取决于制造或者放大某一具有新闻效应的事件能否使各种传媒竞相报道，进而吸引公众的注意。实际上，事件营销根据事件的不同，可分为借势和造势。所谓借势，是指企业及时地抓住社会广受关注的新闻、事件以及人物的明星效应等，结合企业或产品在宣传推广上欲达到的目的而展开的一系列相关活动。借势可分为明星借势、体育借势、新闻借势、节日借势等。所谓造势，是指企业通过策划、组织和制造具有新闻价值的事件，进而吸引媒体、社会公众和消费者的兴趣与关注。造势可分为舆论造势、概念造势和活动造势等。但无论是借势还是造势，都必须基于一定的事件，而这个事件应是真实的和不损害公众利益的事件；否则，事件营销就失去了灵魂。

2. 事件营销的要点

营销是一个组合资源配置、人力资源以及各基本要素的系统工程。在整个市场营销活动中，事件营销是整个营销活动的重要一环，扮演着不可忽视的角色。事件营销具有以下要点：

（1）事件的新闻价值　企业在策划、开展事件营销活动之前，无论是借势还是造势，均应评估该事件或人物是否真正具有新闻传播价值，是否出于人们和社会的常规，事件本身是否具有超越普通事件的能力。否则，没有传播价值的事件就很难得到关注，对营销的贡献度几乎为零。

（2）事件的关联度　企业在策划、开展事件营销活动之前，还要评估该事件或人物是否与企业的产品或品牌存在关联度,以及通过对该事件的传播能否提升企业和产品的知名度和美誉度。企业应切忌生搬硬套,花费大量的人力和物力去赞助一些与企业产品、品牌毫不相干,以及与目标顾客群的利益无关联的活动。

(3) 事件的经济价值　企业在策划、开展事件营销活动之前,还有一项非常重要的工作,那就是要预先准确评估企业赞助或组织该新闻事件活动的投入产出比。如果投入超出了企业的承受能力,即使事件的新闻传播价值很高,也没有实际操作价值。

(4) 事件的长期价值　一般来说,衡量企业事件营销是否成功,不仅要考察当次事件的传播效果,更要考察企业后续的营销能力。因为品牌在新闻事件"降温"之后会被消费者遗忘,企业必须通过各种新闻、广告等手段来不断地提醒消费者。一些大型企业还会持续地组织或赞助某一类型的事件,以加深消费者对品牌内涵的理解。沃尔沃汽车公司每年都会在中国举办高尔夫精英挑战赛就是一个例子。同时,企业要将事件营销作为长期战略,而不能把它作为短期战术行为,如果今天赞助一个活动,明天赞助另一个活动,而这些活动之间没有必然的联系,则根本不能起到传播的作用。

11.2.2　事件营销策略

具体而言,事件营销策略可以划分为以下几种类型:

(1) 概念炒作策略　该策略是指企业为自己的产品或服务创造一种新的理念,引领新的时尚和潮流。在概念炒作时,策划者将市场看作理论市场与产品市场两个不同的侧面。通过先启动理论市场而不是产品市场来传播一种观念,进而做好产品市场。例如,北汽福田就是以一句"天天都是'3·15'",树立了高质、诚信的企业形象。

(2) 新闻舆论策略　该策略是指企业通过利用社会上有价值、影响面广的新闻,或者与相关媒体合作,不失时机地把自己的品牌和新闻事件或消费者身边的热点问题联系在一起,发表大量介绍和宣传企业产品或服务的软性文章进行报道,以理性的手段传播自己,从而吸引公众的视线。

(3) 宣传活动策略　该策略是指企业为推广自己的产品而组织策划的一系列宣传而不是广告活动,以吸引消费者和媒体的眼球,达到传播自己的目的。通常,多数企业是通过体育冠名、赞助或者利用明星的知名度来增加附加值。

11.2.3　汽车事件营销创新的方向

汽车企业事件营销是用最少的力撬动和获得最佳营销效果的方法和手段之一。事件营销的切入点也是非常丰富的,关键是企业应把握好创新的方向。

汽车企业事件营销创新主要体现在以下四个方面:策划和主办大型市场活动、赞助和支持社会慈善公益事业、赞助体育赛事和高层论坛会议、利用新闻事件借题发挥。

1. 策划和主办大型市场活动

在广告效果日益弱化的背景下,汽车企业主动策划、主办大型市场活动,通过媒体对这些活动的报道来传播品牌。事实证明,有创意的事件营销不仅投入少,而且回报高。巧借新闻策划事件营销在我国汽车行业有较多的成功案例,如 1996 年一汽 - 大众策划的"捷达 60 万 km 无大修"活动、2002 年吉利集团策划的"柯受良驾吉利飞越布达拉宫"、2003 年广州本田策划的"广州本田 Fit Lady 选拔赛"、2005 年长安福特策划的"福特福克斯中国新锐导演电影秀"等，都是非常成功的事件营销。2006年，东风日产联手CCTV《绝对挑战——巅峰营销》栏目，百万元年薪招聘营销总监，实现了名利双收。

2. 赞助和支持社会慈善公益事业

赞助和支持社会慈善公益事业，如环保事业、交通安全、教育事业等，是汽车企业应该承担的社会责任，也是任何一个成功企业必不可少的重要因素，更是企业树立良好社会形象的必要条件。特别是由于汽车在使用过程中占用大量能源、道路，并给环境、生态带来一定的破坏，所以，各大汽车公司一般都热衷于赞助和支持环保、节能、安全等领域的社会公益事业，以期在赢得社会公众好感的同时，显示自己在该领域的技术领先性。赞助和支持社会慈善公益事业的事件营销案例更是举不胜举，如福特汽车公司自2000年连续六年在华举办"福特环保奖"、2003年通用汽车中国公司策划"评选安全驾驶先锋"活动、2005年东风标致送出300万元"安全奖学金"的交通安全推广活动、2006年一汽丰田赞助"国家地球奖"宣传环保节能等。

3. 赞助体育赛事和高层论坛会议

赞助体育赛事和高层论坛会议是事件营销创新的一个重要方面。大型体育赛事的观众面广、电视实况转播时间长，因此，体育赛事成为企业赞助的热点。高层论坛会议的与会者往往是政府首脑、高层官员、企业领导、知名学者等，他们不仅身份显要，而且一言一行对社会政治、经济和文化都会产生重大影响，因此，媒体关注度更高。所以，一些汽车厂家特别是高档轿车品牌非常热衷于赞助高级别会议、论坛等。这方面的案例有宝马与奥迪竞相赞助博鳌亚洲论坛、飞碟汽车赞助世界UFO大会，以及我国许多汽车厂家积极赞助2008年北京奥运会等。

4. 利用新闻事件借题发挥

利用新闻事件借题发挥是企业抓住机会开展营销非常有效的手段。因为每天人们周围都会发生很多新闻事件，从表面上看这些事件与企业营销似乎毫无关系，但是有时却能从中寻找出与某些产品和品牌建立某种关系或关联的蛛丝马迹，从而具有开展事件营销的可能性。例如，空难的发生会给推销保险带来营销机会；"非典"时期医药公司大做新药的广告。

2003年3月20日伊拉克战争爆发，统一润滑油抓住央视的收视高峰，迅速出击，在12h内就制作了"多一点润滑，少一点摩擦"的电视广告片，并在21日成为央视伊拉克战争直播节目中插播的第一支广告。此广告反映了人们在渴望和平，也是对伊拉克战争的注解，使其同年的润滑油销量增加了100%。

11.3 文化营销

进入21世纪以来，竞争越来越激烈，市场越来越动荡，要在这样的时代潮流中站稳脚跟、达成目标，势必要有一个先进的营销理念来导航。随着向文化型社会的成功过渡，社会文化正渗透生活的各个领域。在这样一个文化冲击的世纪里，消费者更加注重对充满人性化文化形态的产品进行消费。因此，利用企业文化力进行营销，必能给企业带来勃勃生机。

11.3.1 文化营销的概念

社会学家爱德华·泰勒（Edward Tylor）在《原始文化》一书中指出，文化是一种包括知识、信仰、艺术、道德、法律、习俗和任何人作为一名社会成员而获得的能力和习惯在内的繁杂整体。所以,文化营销是一个组合概念。

1. 文化营销的含义

简单地说,文化营销就是指企业利用文化力(文化或文化性事件)来组织营销工作的过程。在这个过程中,产品是文化传播的载体,而文化则成为产品的核心卖点;消费者购买产品的过程,同时也是参与、分享和传播这种文化理念的过程。

在知识经济时代,人们在消费物质形态产品的同时,更加注重消费文化形态的产品。从这个角度看,企业最大的效益是由文化创造的,利用文化力营销,从而优化资源配置,推动经济发展。由此看来,文化营销是实实在在的生产力。但是,在现实经济生活中,多数企业还没有认识到文化可以带来经济利益这一点,因此,它们还没有成功地导入文化营销。

文化营销的实质是通过文化活动或事件这种"软传播"将产品信息传递给消费者,使消费者在不知不觉中接受企业所提出的品牌理念,进而认可品牌的价值,接受和购买该品牌的系列产品。企业通过文化营销,可以利用文化独特的亲和力,把具有相同文化理念和文化喜好的消费者聚集在一起,成为企业的目标市场。所以,文化营销是企业与消费者寻求价值认同的过程,也是企业开发新市场的过程。

2. 汽车需要文化营销

汽车作为一个产业已经有100余年的历史,无数的设计师为汽车注入了大量的文化元素,使得汽车成为一个国家或民族文化的象征。无论是德国车、英国车、法国车、美国车、日本车还是中国车,它们不仅仅是一种功能性的描述,更是这些国家文化的集中表现。消费者之所以选择某种车,也是认可它们背后所体现出来的一种汽车文化,以及它们所代表的一种生活方式。

另外,从汽车的消费者来看,他们一般收入比较高,文化层次也比较高,在文化休闲方面的追求也比较多。因此,开展一些有品位、有趣味的文化活动,不仅可以起到促销的作用,更能让消费者获得独特的文化附加值,获得品牌推广的效果。所以,有人说"卖汽车,更是卖文化"。特别是当今汽车质量的差异越来越小时,汽车品牌的文化内涵已经成为消费者购买汽车的决定性因素之一,而汽车品牌背后的文化竞争将成为汽车厂家竞争的新战场。

随着汽车行业的繁荣,与消费者有关的各类文化活动越来越多。厂家、商家通过营造有自己特色的汽车文化,来提高自身品牌、企业形象,从而提升市场竞争力。可以说,汽车营销进入了"文化时代"。但汽车文化营销能否成功,关键在于汽车厂家所选择的文化活动或文化事件能否与目标消费者的文化喜好产生共鸣。也就是说,汽车厂家所要传递的文化理念能否满足消费者的文化心理需求。所以,汽车企业在开展文化营销时,首先要进行详细的市场调查,给品牌一个准确的文化定位,切不要出现所策划的文化活动、所传递的文化理念与该汽车品牌想要表达的文化理念不符,如此文化和品牌便成了"两张皮"。其次,汽车厂家在进行文化推广时,要制定长期战略规划,切不要没有一根"主线",东一榔头西一棒子,令消费者搞不清楚这个品牌的真正内涵;也不要把文化营销当成一种短期促销手段,搞一两次文化活动是不可能在消费者心目中建立起品牌文化内涵的。

综上,汽车营销中的文化营销是指汽车企业在提升汽车产品以及相关服务附加价值的同时,将文化理念作为营销的核心,以文化为基础建立情感传递,以文化要素引发消费者的内心共鸣,从而形成一种对品牌的文化依赖,进而影响消费者的购买决定,并维持一定的品牌忠诚度。也就是说,消费者购买的除了商品和服务之外,也接受了汽车产品中被赋予的文化与生活方式,而文化理念体现在服务促销、市场定位、产品设计中。

11.3.2 汽车文化营销策略

俗话说："文化是个筐，什么都往里装。"所以，文化营销包罗万象、纷繁复杂。从我国近几年汽车营销的实践来看，汽车文化营销策略主要有以下四个方面：

1. 时尚文化策略

随着汽车价格的不断走低和家庭轿车越来越普及，以及购车群体越来越年轻化，相比中老年用户，年轻一族把汽车当作自己的一件外套一样，能够向周围的人显示自己的个性和情趣。因此，他们追求外形时尚、色彩鲜艳的个性化小车。而与此同时，汽车厂家也在品牌宣传上刻意增加了时尚元素，如 POLO、QQ、雪佛兰斯帕可（SPARK）等小车体现得尤为突出。飞度、骐达、凯越 HRV、标致 206 等两厢轿车在品牌推广宣传时，也都极力树立时尚、动感、活力的品牌形象，与流行文化相结合，以吸引更多的年轻一族。另外，近几年我国汽车厂家纷纷聘请明星演唱广告主题歌，拉近与目标消费者之间的心理距离，提升品牌的关注度，用以争夺都市年轻一族；同时，广告歌的下载、传播还能起到"病毒营销"的作用。

2. 传统文化策略

我国作为具有五千年历史的文明古国，传统文化根深蒂固，不仅影响着每个人的思想，也影响着每个人的行动。所以，我国消费者在购车时也会下意识地受到传统文化的影响，如追捧三厢车，认为这才是"轿子"的形象，以及对车牌吉祥号码的追捧，更是一种民族文化心理的直观体现。所以，在汽车营销的过程中，突出传统文化，对吸引家庭轿车消费者是很有效的。目前，我国汽车厂家在打出传统文化的旗号上，主要体现在三个方面：①汽车车型的命名富有中国特色，可以让人产生无限遐想，如君威、君越、天籁、锐志、风云、中华、领驭、福美来、吉利中国龙等；②组织策划以中国传统文化元素为主题的各种文化活动，如武术表演、京剧表演、茶艺讲座、书法大赛等；③组织策划一些以弘扬民族精神和爱国情怀为主题的活动。

3. 西方文化策略

对一些高档轿车和豪华轿车，汽车厂家常常借助西方高雅文化元素，如钢琴、交响乐、歌剧、雪茄、红酒、高尔夫等这些显示尊贵、品位的高雅艺术和生活方式，对品牌进行推广，进而提升品牌形象，使目标消费者在情感方面产生共鸣。这些厂家特别热衷于赞助与西方高雅文化相关的各类大赛、会议、节日等。例如，别克君威 2003 年赞助国际钢琴大师演奏会暨国际青年大赛，奥迪 2005 年 1 月赞助"奥迪之夜•郎朗钢琴独奏音乐会"，2004 年和 2005 年宝马集团赞助中国中央音乐学院交响乐团参加国际音乐节，大众汽车集团中国公司从 1998 年开始连续赞助每年的北京国际音乐节，凯迪拉克各地的专卖店均设有雪茄、红酒的展柜等，都是西方文化营销策略的典型案例。

4. 汽车文化策略

汽车厂家利用汽车文化开展各种活动是在近几年兴起的。随着汽车行业的深入发展，同一价位的车型在性能、配置等方面非常接近，很难比较这些车型孰优孰劣。企业要在销售上占据优势，除了汽车品牌的知名度、美誉度外，汽车经销商提供的服务也成了消费者重点考察的一项指标，其中便包括厂商为车主组织的汽车文化活动，以及在活动中提供的各种后续增值服务。车市里最常见的汽车文化活动莫过于车主自驾游。在国庆长假、周末假期，与家人、朋友一起驾车出游，是车市的一大潮流，并深受消费者欢迎。如今，自驾游风头正劲，车主们依然热衷于在城市与乡村之间兜兜转转，几乎每个周末都能看到长长的自驾出游的车队。与此同时，一些汽车经销商还会开展一些既能体现品牌特色，又能满足车主需求的活动，如红彤车主的红酒鉴赏会、宗正奥迪的高品位音乐会、中汽南方的高尔夫比赛等，都在我国车市里颇有知名度。汽车文化活动还具有强大的竞争力，因为无论是自驾游还是音乐会，目的都只有一个，就是给车主们提供一个更好的交流平台，为购车后的消费者提供增值服务，从而巩固消费者对品牌的忠诚度，提高企业的竞争力。所以，汽车文化活动将直接影响到企业的竞争力。同时，一些购车的消费者以及参加自驾游活动的车主，不仅对厂商举办的多姿多彩的汽车文化活动反响热烈，表示这样的活动能给他们带来享受、丰富生活，因此会积极参与，而且在这些活动中，他们体验到商家的服务意识，表示只有在诚心为顾客服务的经销商那里买车，才能放心、安心。这样又为汽车厂家开展汽车文化活动奠定了基础。

汽车文化策略主要体现在汽车产品文化策略、汽车品牌文化策略和汽车企业文化策略三个方面。

值得注意的是，汽车企业在实施上述四类汽车文化营销策略时，除了单一使用某种策略外，往往采用几种方式的结合。例如，2006年华泰提倡并先行的"SUV柴油化"，正式进军柴油SUV领域的经典力作华泰圣达菲，借"女子十二乐坊"开展汽车文化营销模式。圣达菲主要攻占的是国产中高档SUV阵营，而这一阶层消费者的文化品位很独特，他们既不随波逐流，也不爱尝试新奇另类，而是崇尚经典生活、精致演绎。基于此，圣达菲找准了营销传播突破口，那就是颠覆SUV传统的粗线条、高油耗的陈旧形象，取而代之以柔情似水的"女子十二乐坊"作为阳刚、时尚的都市休闲越野SUV的文化营销使者，被称为"刚柔并济"的文化营销新模式。

11.4 体育营销

目前，有越来越多的企业认识到，当今的消费者不仅希望产品提供应有的功能，更希望从产品中得到感性体验。而体育营销恰恰以其特有的公益性、互动性和成本效益优势，成为消费者和商家共同青睐的品牌传播方式。

11.4.1 体育营销的概念

体育营销就是企业以体育活动为载体来推广自己产品和品牌的一种市场营销手段。

1. 体育营销的含义

体育是人类共同的事业。体育营销就是把企业的资源进行重新整合，将体育活动中体现的体育文化融入企业产品中去，实现体育文化、品牌文化与企业文化三者的融合，引起消费者与企业的共鸣，在消费者心目中形成长期的特殊偏好，从而成为企业的一种竞争优势。

所以，从这个角度来讲，体育营销强调的是一种文化。真正执行体育营销的企业销售的不是产品，而是一种文化、一种与消费者针对体育产生共鸣的情感。体育营销对汽车企业的品牌有非常好的促进作用。因为体育本身是有活力的、健康的、有竞争意识的，对于一个汽车企业而言，非常需要与这种理念对接，这对品牌有非常好的帮助；同时，体育很容易让人联想到一个很形象、具体的东西，比单独进行品牌的抽象宣传更有广度和深度。

体育营销是一种战略，企业要想获得预期的效果，必须有一个系统的规划，要强调一种关联性。因为体育营销是依托于体育活动的，必须能够将产品与体育相结合，把体育文化与品牌文化相融合，以形成特有的企业文化。否则，如果不能将产品与体育相结合，企业只能"花钱赚吆喝"。

2. 汽车需要体育营销

汽车是速度的象征，自从汽车诞生的那一天开始，它就与体育和体育赛事有了不解之缘。F1大赛、越野赛、拉力赛、24小时耐力赛等，这些赛事不仅是媒体和车迷追逐的热点，也是汽车厂家和经销商进行品牌传播的极佳平台。除此之外，其他各种体育赛事也是汽车厂家和经销商宣传品牌形象的极好选择。总之，汽车需要体育营销，具体有以下原因：

（1）体育营销可以扩大广告宣传的广度　企业投放广告的目的就是吸引公众的注意力，而高档次的体育赛事恰恰是一个能够高度吸引人们注意力的宣传平台。无论是大规模的四年一度的奥运会、足球世界杯，还是小规模的如一场商业赛事，都能够因为赛事的水准和参赛运动员的明星效应而成为人们眼中的焦点，引起媒体的广泛报道，进而引起社会各个阶层的注意力，达到企业单纯通过投放广告所无法达到的广度。

（2）体育营销可以使品牌宣传变得生动　很多知名运动员由于在自己从事领域内的出众表现和媒体的宣传炒作，成为广受欢迎的大众偶像。因此，高水平的赛事和备受关注的体育明星的魅力、风采与赞助企业的产品联系在一起，能够使产品品牌形象化。同时，与赞助赛事的各类产品的知名品牌集聚在一起，互相衬托，可以起到加盟和搭顺风车的效果，进而在短时间内提升产品和品牌的美誉度和知名度。

（3）体育营销可以为销售装上"加速器"　对于一场高水平的体育赛事，它能够经过各种媒体的报道宣传而吸引人们的注意。体育赛事的赞助企业和赛事组织者可以有意识地引导媒体宣传，利用赛事带来的短时间内的轰动效果，为企业产品的销售提供强大的推动力。企业通过比赛前至比赛期间的宣传攻势，通过店面布置、折价，安排运动员与消费者直接见面，参与现场促销活动，以及购买商品赠送比赛门票、纪念品等多种方式，在短时间内大大提升产品的销售。这种利用体育赛事的魅力推销产品，及时地把抽象的品牌宣传效应转变为实实在在销售额的做法，体现了企业灵敏的商业嗅觉和实施能力，非常值得体育赞助企业和赛事组织者学习和仿效。

（4）体育营销可以提升企业的公众形象　例如，对于许多城市来说，出于吸引旅游者、争夺外来投资等原因，都有宣传自己城市形象的需要。而有影响力的体育赛事，往往能够很好地胜任这种"城市形象大使"的角色，它会在不同地域、不同文化的人们之中产生巨大的影响。所以，像奥运会等全球瞩目的运动会的举办权会引起许多国家和城市的激烈争夺。另外，一场体育赛事的举办，会衍生酒店、餐饮、旅游、购物等外围经济活动，可以刺激赛事举办地的经济。因此，如果一个体育赛事的赞助企业能够以该城市的企业公民的身份，主动承担提升城市形象、刺激当地经济的责任，无疑会受到当地政府和公众的赞许。这将为企业在当地的运营带来许多裨益，如享受税收、土地费用的优惠，以及在产品销售，甚至招揽优秀人才等方面都有所帮助。

（5）体育营销可以充分显示企业的实力　赞助有影响力的体育赛事，是向外界和商业伙伴展示企业实力的好机会。企业可以借此良机，邀请重要商业伙伴的负责人一起观看赛事、与参赛知名运动员见面、进行友谊赛等，培养、维护与合作伙伴负责人的亲密关系，为企业的发展提供良好的外部环境。同时，赞助赛事的企业还可以将举办公益活动和赛事赞助结合起来，不需要经过特别的媒体安排，就可以通过报道赛事的众多媒体将消息发布出去，进而取得更好的效果。

由此可以看到，如果一个汽车企业能够根据自身产品的定位和特性，赞助有影响力的体育赛事，确实可以享受到体育赛事所带来的传播效果，使广告宣传、产品促销、公共关系、封锁竞争者等不同的营销手段有机结合，对企业产品品牌的提升、产品促销、公众形象的建立等，都会起到非常积极的作用。

11.4.2 汽车体育营销策略

汽车企业开展体育营销主要在三个领域：①大众性体育赛事，以提高品牌的传播广度，如奥运会、全运会、世界杯等；②汽车竞技赛事，以展示品牌的技术实力，如F1大赛、越野赛、拉力赛等；③高档休闲运动赛事，以体现品牌的文化内涵，如高尔夫比赛、网球比赛等。但是，什么情况下可以开展体育营销呢？首先，该体育项目要与企业的经营理念和发展目标相吻合；其次，要与企业主推产品的属性和市场定位相符合；再次，要与产品的理念和消费方式相结合；最后，产品的受众最好能在体育运动中与品牌进行互动。具体来讲，汽车企业开展体育营销有如下策略：

1. 赞助大型体育赛事

汽车企业赞助大型体育赛事，其目的是提高品牌的知名度。大型体育赛事关注度高、受众面广，历来都是各类企业宣传品牌的最佳平台，汽车企业更是如此。例如，法拉利与F1方程式大赛的不解之缘，成就了一代车王舒马赫，也奠定了法拉利作为世界顶级汽车的国际形象；大众汽车赞助奥运会，赢得了前所未有的良好口碑。又如2008年北京奥运会的举办，在我国掀起了一个全民运动的新高潮，我国汽车企业也都做出了积极的努力。回顾2000年以来我国汽车企业赞助大型体育赛事，主要有：上海通用汽车2001年成为2008年北京申奥指定赞助商，同年也成为中国九运会的主赞助商；广州本田2003年2月赞助中国—巴西国际足球赛，2004年7月携全国200家特约店支持广州申办2010年亚运会；南京菲亚特2003年9月独家赞助"2003—2004赛季意大利足球甲级联赛"CCTV-5中国地区电视转播；2004年6月，大众汽车集团（中国）正式成为2008年北京奥运会的合作伙伴，大大提升了奥迪品牌知名度；北京现代2004年7月成为亚洲杯足球赛唯一指定官方专用轿车供应商；北汽-戴姆勒-奔驰从2007年起就已占据着中网首席赞助商的位置；2010年3—4月，第12届沃尔沃大师杯业余高尔夫球赛以及第16届沃尔沃中国公开赛的相继开杆，使沃尔沃成为国内第一个赞助国家级职业高尔夫赛事的汽车品牌；2011年首届北京职业公路自行车赛，北汽集团为此届赛事提供了189辆指定用车，此外，北汽还成为2012山东海阳亚洲沙滩运动会独家汽车高级合作伙伴；北汽福田也积极与萨马兰奇基金会合作，支持中国青少年网球事业，并赞助2015年在北京举行的世界田径锦标赛等。2014年，捷豹XF借势巴西世界杯的大事件影响力，以及签约一代足球巨星贝克汉姆这两个天然结合点，在中国市场通过品牌多层级互动活动，扩大信息曝光，输出捷豹2014款XF的动力、设计、科技等定义品牌生命力的魅力精髓。

2. 组队参加汽车赛事

汽车企业组队参加汽车赛事，可以充分展示其产品的卓越性能。从全球范围来看，汽车运动和汽车工业是一对双胞胎，几乎所有汽车企业都会参加汽车运动。对于汽车企业来说，参与汽车运动可以带来以下好处：①因为汽车运动的受众广泛，故具有很强的广告宣传效果；②汽车产品参与汽车运动，可以暴露一些质量问题和缺陷，这将促使企业不断完善产品质量和性能;③汽车运动也是一种文化产品,不仅可以提升企业形象,也会给企业带来一定的经济效益。随着国内汽车企业实力不断加强,它们组队参加汽车赛事的积极性越来越高。例如,上海大众组建333车队,首先以桑塔纳为参赛用车,随后POLO也加入,这是国内最早组建拉力车队的企业。越野车厂商更热心参与能够体现产品综合性能的汽车运动,如陆风汽车公司不仅组队参加马来西亚热带雨林赛,还在国内许多场地越野车赛中取得了好成绩,2008年陆风SUV更是出征达喀尔拉力赛。郑州日产赞助的PALADIN(帕拉丁)车队三度出征达喀尔拉力赛,并取得了好成绩。它们对中国的汽车运动来说具有里程碑式的重大意义。生产货车的企业也不落后,北汽福田赞助2004年、2005年欧曼·欧康杯全国卡车大赛,欧曼成为比赛的专用车。还有东风雪铁龙、吉利、华普、华晨、东风悦达起亚等公司,都曾组建车队参与汽车运动。2015年至今,东风商用车、统一润滑油都赞助了中国大学生方程式赛车冠军参加国际赛事。

3. 主办高尔夫、网球大赛

汽车厂家主办高尔夫、网球大赛,其目的是提升品牌的文化品位。高尔夫运动是传统、尊贵和高雅的象征,具有回归自然、充满挑战、宽松随意、富有内涵等特点。这些特点正好与汽车运动和汽车厂家所宣扬的生活方式相吻合。同时,高尔夫球场通常设在郊外,收费比较昂贵,只有驾车才能前往,这又是一种身份的象征。所以,几乎所有跨国汽车公司都与高尔夫运动结下不解之缘,以提升品牌形象。特别是豪华轿车,如奔驰、宝马、沃尔沃、奥迪等,都赞助和举办过多个高尔夫赛事。网球运动也是汽车厂家热衷赞助的体育赛事。在我国,上海大众举办了一年一度的POLO杯网球公开赛,以传播POLO动感时尚的品牌形象。

宝马MINI Paceman的营销创新

随着微博的普及,微电影也走入时代的舞台。这个一开始只是普通人用手中的相机、DV、手机拍摄的参差不齐的小"短片",随着一些专业人员的加入,变得越来越精良。渐渐的,微电影由于其短小精悍、更易于被传播的特点,其商业机会开始被各大厂家所重视。例如,一汽丰田RAV4的《阿伦与春晓》、凯迪拉克邀请吴彦祖拍摄的《一触即发》和由莫文蔚主演的《66号公路》等。其中,影响力最大的莫过于雪佛兰科鲁兹拍摄的《老男孩》。这个关于"80后"梦想、青春回忆的微电影,点击率超过7000万人次,不仅大大提高了曝光度,而且也是微电影营销和精准客户营销的一次成功组合,为科鲁兹的大卖立下了汗马功劳。

而作为营销界的标杆,宝马MINI则是将微电影营销做到了极致。2013年,MINI的跨界概念SUV车型"MINI Paceman"正式登陆中国市场,但是,有Countryman珠玉在前,如何让Paceman焕发出耀眼的光彩?如何俘获大批拥趸者?如何在宝马MINI已经成功打造的诸多经典中再创高峰?如何实现宝马MINI的自我超越?这些都是宝马MINI营销团队急需解决的难题。

为推广Paceman,宝马MINI投入百万元巨资,精心拍摄了《Paceman城市微旅行》纪录短片,邀请北京作家冯唐、上海《外滩画报》编辑文林、杭州"绿茶餐厅"创始人路妍加盟,三人分别驾驶Paceman在各自的城市中展开一段充满故事的微旅行。这部只有32min的纪录短片,是宝马MINI此次传播活动的灵魂。没有浓厚的商业味道,没有刻意的LOGO长时间大特写外加画外音，没有对Paceman性能的大加渲染，整部片子里面，Paceman只是默默地陪着三位主角，在北京银装素裹的豆角胡同中闪转腾挪，在杭州灵隐山浓翠的竹林中静静穿行，在上海外白渡桥和乌鲁木齐路中如风驶过，用他们的眼睛和语言，记录下近在咫尺却未曾被发现的生活之美。恍惚之间，观众似乎觉得，只有与宝马MINI Paceman相伴，旅行才有意义。该纪录片一经推出，便大受好评。

但只是拍纪录片这么简单吗？当然不够！宝马MINI要做的是寻找一个更有创意的推广载体和推广手段，深度传递Paceman的品牌理念，最大限度地唤起受众在人生情感和价值观念上的共鸣，俘获宝马MINI拥趸对新品Paceman的好感并迅速打动潜在受众。为此，宝马MINI以《Paceman城市微旅行》纪录短片为基础，搭乘乐视TV·超级电视的东风，通过乐视"平台＋内容＋终端＋应用"的生态布局，为宝马MINI展开覆盖PC（计算机）、Pad（平板电脑）和Phone（手机）等多终端的四屏联动推广。

宝马MINI在乐视进行四屏联动推广的同时，也在自有的销售终端展开吸引力营销。例如，乐视TV·超级电视进驻宝马MINI展厅，让消费者亲身体验。其次，通过买宝马MINI Paceman送定制乐视盒子C1S或者超级电视服务年费等促销手段，强势品牌联手，延展终端的传播周期和覆盖范围。根据超级电视开机率、覆盖用户数量及开机频次等数据反馈信息显示，在这次联合乐视的宣传过程中，宝马MINI广告PV（页面浏览量）达到3256万次，《Paceman城市微旅行》更是被播放了2250万次。

然而，这场《Paceman城市微旅行》的营销还远未结束。2013年3月25日，宝马MINI和搜狗输入法、搜狗壁纸联袂举办了"MINI Paceman搜狗输入法皮肤、搜狗壁纸设计大赛"，通过这场设计大赛，凭借用户设计的作品，以用户的角度来影响更多的用户，促使他们对新车的认知与思想的认同。据统计，此次活动在搜狗达到了3.8亿次的展现量，预约试驾导流1663次，官网导流超17万，成功地让更多人主动了解了MINI新车，拉近了品牌与消费者距离，以皮肤和壁纸的制作使用，通过视觉冲击和网络生活来感知品牌微旅行概念。而宝马MINI和搜狗也凭借着这次的大赛案例，荣获了第八届金瑞营销奖"2013年度中国最佳网络广告案例奖"。

若只实行前面的任意一项，宝马MINI都只能达到有限的推广效果，但是在一环又一环的营销风暴下，宝马MINI Paceman的推广达到最大化。不得不说，在营销领域中，宝马MINI营销团队的创意是无穷的。

案例讨论题：
1. 本案例中所采用的汽车营销创新策略有哪些？
2. 结合所学内容，请你谈谈未来汽车营销创新的方向。

本章小结

汽车营销将由10年前的网络化、时尚化、个性化和品牌化朝信息化、智能化、电动化、共享化的方向发展。我国汽车市场营销创新主要表现在体验营销、概念营销、名人营销、订单营销、展会营销、网络营销、公益营销、跨界营销和事件营销、文化营销、体育营销等方面。随着汽车营销环境的变化，汽车营销创新也在不断变化和发展。

自测习题

Ⅰ.思考题

1. 简要说明汽车营销创新的方式。
2. 跨界营销的内涵是什么？有哪些特征？
3. 结合当前的营销环境，请简述汽车企业事件营销的发展方向。
4. 请收集 1~3 个汽车营销创新的案例，分析它们的实施要点，总结它们成功的经验或者失败的教训。
5. 结合人工智能（AI）的发展，请分析人工智能将对汽车产业带来的影响，并简述在此背景下汽车企业营销创新的方向。

Ⅱ.判断题

1. 汽车的体验营销适用于汽车购买过程的试乘试驾。（　　）
2. 概念营销着眼于消费者的理性认知。（　　）
3. 概念营销常应用于各类车展活动中。（　　）
4. 借助名人的"明星效应"，可以提升认同感和扩大汽车产品的知名度，因此名人营销中所选择名人的形象、言行应与汽车的特点相吻合。（　　）
5. 订单营销就是定制营销。（　　）
6. 互联网正渗透到用户看车、选车、买车、用车、卖车和售后服务的整个生命周期。（　　）
7. 新媒体营销与网络营销，既相互联系又有区别。（　　）
8. 公益营销是一种强有力的提高知名度、独特性、亲和力的营销方法。（　　）

参 考 文 献

[1] 苑玉凤.汽车营销[M].2版.北京：机械工业出版社，2010.
[2] 吴健安.市场营销学[M].4版.北京：清华大学出版社，2010.
[3] 谢弦，林萍.市场营销学[M].北京：北京大学出版社，2012.
[4] 中国汽车工业协会，中国汽车技术研究中心.中国汽车工业发展年度报告（2017）[R].北京：社会科学文献出版社，2017.
[5] 张国方.汽车营销学[M].2版.北京：人民交通出版社，2017.
[6] 何宝文.汽车营销学[M].2版.北京：机械工业出版社，2010.
[7] 陈永革.汽车营销原理与应用[M].北京：机械工业出版社，2015.
[8] 常兴华，刘金华.汽车营销实务[M].北京：北京理工大学出版社，2016.
[9] 都雪静，安惠珠.汽车营销学[M].北京：北京大学出版社，2015.
[10] 高婷婷.汽车营销[M].北京：清华大学出版社，2014.
[11] 何瑛，马钧，徐雯霞.汽车营销策划[M].2版.北京：北京理工大学出版社，2013.
[12] 刘志忠.汽车营销[M].北京：清华大学出版社，2013.
[13] 波特，柯林斯，金.重塑战略[M].陈媛熙，陈志敏，译.北京：中信出版社，2016.
[14] 孟欣.汽车营销学[M].北京：化学工业出版社，2014.
[15] 戚叔林.汽车市场营销[M].北京：机械工业出版社，2010.
[16] 夏志华，汲羽丹，张子波.汽车营销实务[M].2版.北京：北京大学出版社，2016.
[17] 谢忠辉.汽车营销与服务[M].北京：机械工业出版社，2012.
[18] 杨亚莉.汽车营销理论实务[M].北京：清华大学出版社，2015.
[19] 姚琦.汽车营销与品牌管理[M].北京：人民交通出版社，2014.
[20] 张发明.汽车营销实务[M].2版.北京：机械工业出版社，2016.
[21] 赵培全.汽车营销理论与实务[M].2版.北京：水利水电出版社，2016.
[22] 李克芳.服务营销学[M].北京：机械工业出版社，2016.